汽车检修技能提高教程丛书

汽车发动机构造与检修技术 第3版

主　编　王盛良
副主编　王治博

机 械 工 业 出 版 社

《汽车发动机构造与检修技术　第3版》介绍了汽车发动机的基本理论和发动机曲柄连杆机构、配气机构、润滑系统、冷却系统、燃料供给系统的主要总成及部件的功用、位置、结构、工作原理、工作流程、拆装方法与检修技术。另外，本书还介绍了转子发动机的工作原理及发动机的装配与磨合部分内容。第3版补充介绍了近年发展起来的汽车发动机新技术和相关系统、部件的检修。

本书以力的传递路线、液体的流动路线和气体的流动路线为线索，把各系统的工作原理和流程联系在一起；介绍机械部分时，着重介绍其动力传递路线和工作面(受力面)的定位、检修，以及工作面损坏所引起的故障；介绍燃料供给系统、冷却系统、润滑系统时，结合了液压故障的特点。液压故障的本质是不能建立或维持管路压力，故障原因一般包括部件损坏、泄漏及液压回路中有空气等。

本书采用“积木法”编写，章节编排合理，内容系统连贯，图文并茂，实际操作内容多，具有较强的实用性。本书可作为中、高职类汽车专业教材，也可供汽车从业人员、汽车驾驶人员以及汽车运行管理人员学习参考。

图书在版编目（CIP）数据

汽车发动机构造与检修技术/王盛良主编．—3版．—北京：机械工业出版社，2016.11(2021.8重印)
(汽车检修技能提高教程丛书)
ISBN 978-7-111-55323-6

Ⅰ．①汽…　Ⅱ．①王…　Ⅲ．①汽车-发动机-构造②汽车-发动机-车辆修理　Ⅳ．①U472.43

中国版本图书馆CIP数据核字（2016）第266851号

机械工业出版社（北京市百万庄大街22号　邮政编码100037）
策划编辑：连景岩　杜凡如　责任编辑：连景岩　孟　阳
责任校对：刘志文　　　　　封面设计：鞠　杨
责任印制：单爱军
北京虎彩文化传播有限公司印刷
2021年8月第3版·第2次印刷
184mm×260mm·18印张·443千字
3001—3500册
标准书号：ISBN 978-7-111-55323-6
定价：49.00元

凡购本书，如有缺页、倒页、脱页，由本社发行部调换

电话服务
服务咨询热线：010-88361066
读者购书热线：010-68326294
　　　　　　　010-88379203

网络服务
机 工 官 网：www.cmpbook.com
机 工 官 博：weibo.com/cmp1952
教育服务网：www.cmpedu.com
金 书 网：www.golden-book.com

前　言

我国的汽车工业发展为什么远不如高铁工业、工程机械快？在我国汽车产销量均出现井喷式增长的黄金时期，自主品牌汽车为什么没有处于主导地位？与美、日等汽车强国相比，为什么总是形似而神非？这些是值得我们所有汽车行业从业者深思的问题。作为近30年我国汽车工业发展的参与者，笔者一直在反思、总结。从20世纪80年代末至90年代中期的手工单台生产，到现在的工业化流水线批量生产；从拥有几千家汽车制造企业和上千个品牌，到现在只剩下几个自主品牌和数十个汽车制造企业；自主品牌的国内市场占有率从95%以上，到现在的不足10%。我们缺技术吗？缺资源吗？缺市场吗？面对汽车保有量以每年10%~20%的速度递增的庞大市场，作为汽车人，我们还应该思考怎样实现弯道超车。

笔者在编写汽车专业教材时采用了“积木法”，中国的汽车工业要脱颖而出也要走“积木法”路线，这样既能降低研发、生产成本，避免造成资源分散与浪费，又能提高产品品质和市场竞争力。而要走“积木法”路线，就必须以教育为手段，因为汽车上的每一个小“积木”都能成就一番大事业。作为汽车专业人士，作为想进入汽车行业的有志之士，在万众创新、全民创业的大好形势下，成就自我，成就中国汽车产业，已经迎来最好的契机。如何把汽车“积木”变成产业项目，把项目变成特色，把特色变成效果，把效果变成效益，这是我们要不断思考的问题。

在本书编写再版时，笔者留下大量空间，供汽车专业的教育者、学习者、读者来补充、完善，也期待与高、中等院校汽车专业老师、学生及汽车从业人士，就专业、就业、创业及汽车企业孵化器等问题开展专题讲座与探讨，解决学与用的问题；与汽车制造企业及汽车售后企业，就项目运营、节能减排、创新发展、特色服务及操作进行面对面的交流，解决提高品牌、企业竞争力的问题。

笔者一直在摸索、一直在努力、一直在开拓，尽管培养了一大批优秀汽车行业从业者，指导了一大批汽车售后企业，也拥有一些投入生产的新项目、新技术、新工艺、新方法，但终归力量有限，中国汽车产业的发展，仍然任重道远，需要大家共同努力。参加本书编写的还有谌刚华、王正红、冯建源。本书仍存在许多不足，期待同行与读者批评指正，以惠及更多汽车同仁！

王盛良

目　　录

前言

第 1 章　汽车发动机总体构造及工作原理 ………… 1

1.1　发动机的总体构造及分类 ………… 1

1.2　发动机的常用术语 ………… 3

1.3　单缸四冲程发动机的工作原理 ………… 4

1.4　单缸二冲程发动机的工作原理 ………… 7

1.5　汽油机与柴油机工作的异同 ………… 9

练习与思考题 ………… 9

第 2 章　曲柄连杆机构 ………… 11

2.1　曲柄连杆机构的功用与组成 ………… 11

2.2　机体组 ………… 11

2.2.1　气缸体 ………… 11

2.2.2　气缸与气缸套 ………… 13

2.2.3　气缸盖 ………… 15

2.2.4　燃烧室 ………… 16

2.2.5　气缸垫 ………… 17

2.2.6　发动机的支承 ………… 18

2.2.7　机体组的拆装 ………… 19

2.2.8　机体组的检验与维修 ………… 22

2.3　活塞连杆组 ………… 30

2.3.1　活塞 ………… 30

2.3.2　活塞环 ………… 34

2.3.3　活塞销 ………… 37

2.3.4　连杆 ………… 38

2.3.5　活塞的选配与检修 ………… 40

2.3.6　连杆组的检修 ………… 41

2.3.7　活塞连杆组的拆装 …… 43
2.3.8　活塞连杆组的检验与维修 …… 43
2.4　曲轴飞轮组 …… 44
2.4.1　曲轴 …… 45
2.4.2　曲轴扭转减振器 …… 48
2.4.3　曲轴轴承(轴瓦) …… 49
2.4.4　飞轮 …… 49
2.4.5　曲轴的耗损及检验 …… 50
2.4.6　飞轮的修理 …… 53
2.5　曲柄连杆机构常见故障与维修 …… 54
2.6　曲柄连杆机构可变压缩比技术 …… 57
2.7　曲柄连杆机构案例分析 …… 58
练习与思考题 …… 74

第3章　配气机构 …… 76

3.1　配气机构的组成 …… 76
3.1.1　配气机构的结构 …… 76
3.1.2　配气机构的形式与分类 …… 77
3.1.3　配气机构力的传递路线与工作原理 …… 82
3.2　气门传动组 …… 83
3.2.1　凸轮轴 …… 83
3.2.2　挺柱 …… 86
3.2.3　推杆 …… 87
3.2.4　摇臂与摇臂组 …… 88
3.3　气门组 …… 89
3.3.1　气门 …… 89
3.3.2　气门弹簧 …… 91
3.3.3　气门导管 …… 91
3.3.4　气门座 …… 92
3.4　配气相位与配气相位图 …… 92
3.4.1　配气相位 …… 92
3.4.2　配气相位图 …… 93
3.5　配气机构的检修与调整 …… 94
3.5.1　配气机构的拆装 …… 94
3.5.2　气门间隙的检查与调整 …… 97
3.5.3　气门组零件的检修 …… 99
3.5.4　气门传动组零件的检修 …… 104
3.6　配气机构常见故障与排除 …… 108
3.7　配气机构案例分析 …… 111

练习与思考题 …… 112

第4章　汽油发动机燃料供给系统 …… 114

4.1　汽油发动机燃料混合气的燃烧与发动机运行工况 …… 114
4.1.1　汽油发动机燃烧过程分析 …… 114
4.1.2　空燃比与过量空气系数 …… 115
4.1.3　发动机运行工况及对混合气浓度的要求 …… 117
4.2　汽油发动机燃料供给系统的功用及组成 …… 118
4.2.1　汽油发动机燃料供给系统的功用 …… 118
4.2.2　汽油发动机燃料供给系统的组成 …… 118
4.2.3　汽油发动机燃料供给系统的燃油流动路线 …… 120
4.3　汽油供给装置 …… 121
4.3.1　汽油箱 …… 121
4.3.2　汽油滤清器 …… 123
4.3.3　汽油泵 …… 124
4.3.4　燃油压力调节器 …… 128
4.3.5　汽油分配管 …… 129
4.3.6　喷油器 …… 129
4.4　燃油供给装置常见故障的检修与排除 …… 132
4.5　燃油供给装置故障案例 …… 133
4.6　进排气装置 …… 134
4.6.1　空气滤清器 …… 134
4.6.2　进、排气歧管 …… 136
4.6.3　进气预热装置 …… 136
4.6.4　排气消声器 …… 139
4.6.5　排气净化装置 …… 140
4.7　汽油发动机燃料混合比的控制装置及工作流程 …… 146
4.8　汽油发动机燃料供给系统常见故障及检修 …… 146
4.9　燃油供给系统案例分析 …… 147
练习与思考题 …… 148

第5章　柴油机燃料供给系统 …… 151

5.1　概述 …… 151
5.1.1　柴油机燃料供给系统的组成 …… 151
5.1.2　柴油机燃料供给系统的燃油流动路线 …… 151
5.2　可燃混合气的形成与燃烧室 …… 152
5.2.1　可燃混合气形成特点 …… 152
5.2.2　可燃混合气的形成方式 …… 153
5.2.3　柴油机燃烧室 …… 153

5.3　喷油器 …… 156
5.3.1　喷油器的作用及分类 …… 156
5.3.2　孔式喷油器 …… 156
5.3.3　轴针式喷油器 …… 157
5.3.4　低惯量孔式喷油器 …… 158
5.4　喷油泵 …… 159
5.4.1　喷油泵的功用与分类 …… 159
5.4.2　柱塞式喷油泵的基本结构与工作原理 …… 159
5.4.3　柱塞式喷油泵系列及典型结构 …… 162
5.4.4　VE 型柴油泵的结构与工作原理 …… 164
5.4.5　柴油机喷油正时的调整 …… 168
5.5　调速器 …… 169
5.5.1　柱塞式喷油泵的速度特性及调速器的功用与形式 …… 169
5.5.2　简单机械离心式调速器的构造与工作原理 …… 170
5.5.3　几种常用调速器 …… 173
5.6　柴油机燃料供给系统的辅助装置 …… 179
5.6.1　柴油滤清器 …… 179
5.6.2　输油泵 …… 179
5.6.3　柴油机的起动辅助装置 …… 181
5.6.4　废气涡轮增压 …… 182
5.6.5　柴油机排气净化 …… 182
5.7　电控柴油喷射系统 …… 183
5.7.1　电控柴油喷射的优点 …… 184
5.7.2　电控柴油喷射系统的组成及类型 …… 184
5.7.3　典型电控柴油喷射系统 …… 185
5.8　柴油机燃料供给系统的维修 …… 189
5.8.1　柴油机燃料供给系统的维护 …… 189
5.8.2　柴油机喷油器的检修 …… 190
5.8.3　柴油机喷油泵的检修 …… 192
5.8.4　柴油机调速器的检修 …… 197
5.9　柴油发动机燃油供给系统常见故障与排除 …… 199
5.10　柴油发动机燃油供给系统故障案例分析 …… 203
练习与思考题 …… 205

第 6 章　润滑系统 …… 209

6.1　概述 …… 209
6.1.1　润滑系统的功用 …… 209
6.1.2　润滑方式 …… 209
6.1.3　润滑系统的组成 …… 210

6.2　润滑系统主要部件的构造 …… 213
6.2.1　机油泵 …… 213
6.2.2　机油滤清器 …… 215
6.2.3　机油散热器与机油冷却器 …… 218
6.2.4　曲轴箱通风装置 …… 219
6.3　润滑系统的维修 …… 221
6.3.1　润滑系统的维护 …… 221
6.3.2　机油泵的修理 …… 222
6.3.3　机油滤清器的检修 …… 223
6.3.4　机油压力开关的检测 …… 224
6.3.5　发动机机油压力的检测 …… 225
6.3.6　机油质量的检查 …… 225
6.4　润滑系统常见故障诊断与排除 …… 226
6.4.1　机油压力过低 …… 226
6.4.2　机油压力过高 …… 227
6.4.3　机油消耗过多 …… 229
6.4.4　油底壳油面自行升高 …… 229
6.4.5　机油易变质 …… 230
6.5　润滑系统故障案例分析 …… 232
练习与思考题 …… 233

第7章　冷却系统 …… 235

7.1　概述 …… 235
7.1.1　冷却系统的作用及类型 …… 235
7.1.2　风冷系统 …… 236
7.1.3　水冷系统 …… 236
7.1.4　冷却液的特点与选用 …… 237
7.2　冷却系统主要部件的构造 …… 238
7.2.1　冷却系统的主要部件 …… 238
7.2.2　冷却强度的调节装置 …… 243
7.2.3　冷却液的流动路线 …… 246
7.3　冷却系统的维修 …… 246
7.3.1　冷却系统的使用与维护保养 …… 246
7.3.2　散热器的检查与修理 …… 247
7.3.3　水泵的检查与修理 …… 248
7.3.4　节温器的检查与更换 …… 249
7.3.5　风扇的检修 …… 250
7.4　冷却系统的常见故障诊断与排除 …… 251
7.4.1　冷却液温度过高 …… 251

7.4.2 冷却液温度过低 …… 252
7.4.3 冷却液消耗过多 …… 252
7.5 冷却系统故障案例分析 …… 252
练习与思考题 …… 253

第8章 发动机的装配与磨合 …… 255

8.1 发动机的装配与调试 …… 255
8.1.1 发动机装配注意事项 …… 255
8.1.2 发动机的装配顺序与调整 …… 256
8.2 发动机的磨合 …… 260
8.2.1 磨合试验的目的 …… 260
8.2.2 磨合试验及磨合规程 …… 261
8.3 发动机总成修理竣工技术条件 …… 263
8.3.1 一般技术要求 …… 263
8.3.2 主要使用性能 …… 263
8.3.3 发动机试验 …… 264
练习与思考题 …… 265

第9章 转子发动机 …… 266

9.1 转子发动机概述 …… 266
9.2 转子发动机的基本结构及主要零部件 …… 267
9.2.1 转子发动机机体结构 …… 267
9.2.2 转子发动机供油系统 …… 269
9.2.3 转子发动机进气系统 …… 270
9.2.4 转子发动机排气、排放控制系统 …… 270
9.2.5 转子发动机润滑系统 …… 270
9.2.6 转子发动机冷却系统 …… 270
9.2.7 转子发动机点火系统 …… 271
9.2.8 转子发动机控制系统 …… 271
9.3 转子发动机的工作流程 …… 272
9.4 转子发动机的日常保养 …… 273
练习与思考题 …… 274

参考文献 …… 275

第 1 章

汽车发动机总体构造及工作原理

基本思路：

要学习与研究发动机结构和工作原理，就必须掌握发动机的种类和总体结构。发动机是汽车的动力源，要全面了解和掌握发动机的总体构造和工作原理就必须以各种力的传递路线作为学习和研究的基础。

发动机是汽车的动力源，它最早诞生在英国，因此其概念也源于英语，本义为“产生动力的机械装置”。发动机的发展经历了外燃机和内燃机两个发展阶段：外燃机指燃料在发动机的外部燃烧，如瓦特发明的蒸汽机；内燃机指燃料在其内部燃烧，如人们常见的汽油机、柴油机等。

1.1 发动机的总体构造及分类

汽车发动机的种类多种多样，根据不同的分类依据，主要有以下类型：

1）按使用能源不同分：汽油发动机、柴油发动机、燃气发动机、油电混合动力、纯电动等。

2）按完成一个工作循环所需行程数分：四冲程发动机和二冲程发动机。

3）按冷却方式分：水冷式发动机、风冷式发动机。

4）按点火方式分：点燃式发动机、压燃式发动机。

5）按气缸排列形式分：直列式发动机、V 型发动机、水平对置式发动机。

6）按气缸数分：单缸发动机、多缸发动机。

汽车发动机结构复杂，不同类型或同类型的发动机在结构上都会存在差别，但是不管何种类型的汽油机和柴油机，其总体结构都是相似的，如图 1-1 所示。由于燃料点火方式存在差异，汽油机一般包括两大机构和五大系统，即曲轴连杆机构、配气机构、燃料供给系统、润滑系统、冷却系统、点火系统和起动系统。柴油机则为两大机构和四大系统，即曲柄连杆机构、配气机构、燃料供给系统、润滑系统、冷却系统和起动系统。

1. 曲柄连杆机构

曲柄连杆机构的作用是将燃料燃烧后作用于活塞顶上的力转变为曲轴的转矩并对外输出。曲柄连杆机构由机体组（主要有气缸体、气缸盖、气缸垫、油底壳、发动机支承等零部件）、活塞连杆组（主要有活塞、活塞环、活塞销、连杆、连杆轴瓦等零部件）和曲轴飞轮组（主要有曲轴、扭转减振器、飞轮等零部件）三部分组成。

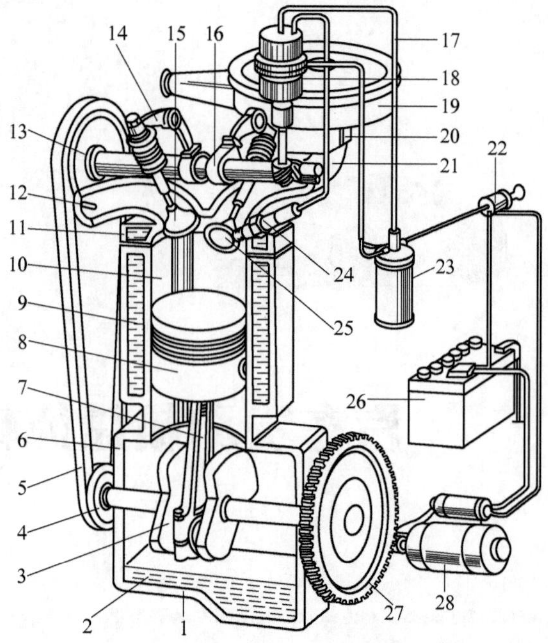

图 1-1　单缸发动机的基本结构

1—油底壳　2—机油　3—曲轴　4—曲轴同步带轮　5—同步带　6—曲轴箱　7—连杆　8—活塞　9—水套　10—气缸　11—气缸盖　12—排气管　13—凸轮轴同步带轮　14—摇臂　15—排气门　16—凸轮轴　17—高压线　18—分电器　19—空气滤清器　20—化油器　21—进气管　22—点火开关　23—点火线圈　24—火花塞　25—进气门　26—蓄电池　27—飞轮　28—起动机

2. 配气机构

配气机构的作用是按照发动机每一气缸工作循环和各气缸点火顺序的要求，定时开启及关闭各气缸的进排气门，使可燃混合气（汽油机）或空气（柴油机）及时进入气缸并将废气及时排出气缸。配气机构由气门组（主要有气门、气门座、气门弹簧、气门锁片等零部件）和气门传动组（主要有凸轮轴、挺柱、推杆、摇臂及摇臂轴等零部件）构成。

3. 燃料供给系统

燃料供给系统的作用是不断地输送清洁的燃油和新鲜空气，根据发动机的要求，配制出一定数量和浓度的混合气，送入气缸，并将燃烧后的废气从气缸内排到大气中去。汽油机燃料供给系统有化油器式和喷射式两种类型。化油器式发动机燃料供给系统主要部件有空气滤清器、进气管道、化油器、进气歧管、燃油箱、燃油泵、燃油滤清器、燃油压力调节器等；喷射式发动机主要部件有空气滤清器、进气管道、空气计量装置、进气歧管、节气门体、喷油器、燃油箱、燃油泵、燃油滤清器、燃油压力调节器等。柴油机燃料供给系统的常用部件主要是空气滤清器、进气管道、进气歧管、燃油箱、燃油滤清器、输油泵、喷油泵、喷油器等。

4. 润滑系统

润滑系统的功用是向进行相对运动的零件表面输送定量的清洁润滑油，以实现液体摩擦，减小摩擦阻力，减轻机件的磨损，并起到对零件表面进行清洗、冷却、防锈和密封的作用。润滑系统通常由机油泵、机油滤清器、机油散热器和油底壳等组成。

5. 冷却系统

冷却系统的功用是将受热零件吸收的部分热量及时散发出去，保证发动机在最适宜的温度状态下工作。发动机上采用的冷却方式主要有水冷式和风冷式两种。水冷式发动机的冷却系统主要部件有冷却液套、水泵、风扇、散热器、节温器等。风冷式发动机主要结构有风扇和散热片。

6. 起动系统

从曲轴在外力作用下开始转动到发动机开始自动地怠速运转的全过程，称为发动机的起动。要使发动机由静止状态过渡到工作状态，必须先用外力转动发动机的曲轴，使活塞往复运动，气缸内的可燃混合气燃烧膨胀做功，推动活塞向下运动使曲轴旋转，发动机才能自行运转，工作循环才能自动进行。完成起动过程所需要的装置，称为发动机的起动系统。起动系统由起动机、起动继电器及附属装置组成。

7. 点火系统

在汽油机中，气缸内的可燃混合气是通过电火花点燃的，因此在汽油机的气缸盖上装有火花塞。能够定时在火花塞电极间产生电火花以点燃气缸内混合气的全部设备称为点火系统，常规点火系统通常由蓄电池、点火线圈、分电器和火花塞等组成。

1.2　发动机的常用术语

汽车发动机是一台结构复杂的能量转换机器，如图1-2所示，为便于研究其工作过程，通常把其主要的运动关系通过一些基本术语来描述，归纳如下：

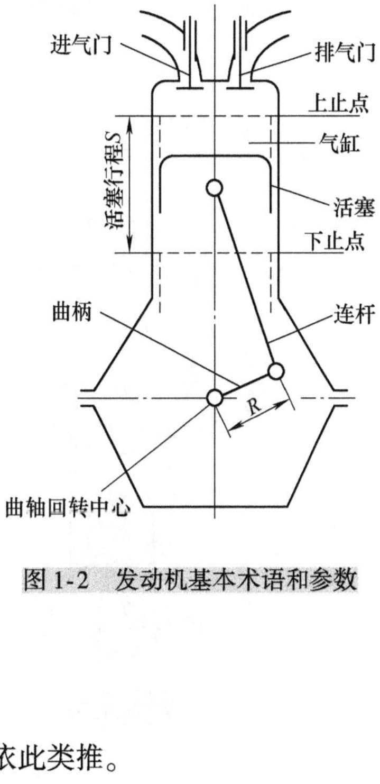

图1-2　发动机基本术语和参数

1）上止点：活塞离曲轴回转中心最远处，即活塞最高位置。

2）下止点：活塞离曲轴回转中心最近处，即活塞最低位置。

3）活塞行程 S：上、下两止点之间的距离（mm）。

4）曲柄半径 R：曲柄销中心到曲轴回转中心的距离。

5）气缸工作容积 V_h：活塞从上止点到下止点所让出的空间容积（L）。

6）燃烧室容积 V_c：活塞在上止点时，活塞上方的空间容积。

7）气缸总容积 V_a：活塞在下止点时，活塞上方的容积，即燃烧室容积与气缸工作容积之和：

$$V_a = V_c + V_h$$

8）发动机排量 V_L：发动机所有气缸工作容积之和，即

$$V_L = iV_h$$

i 为气缸数目，如六缸发动机 $i=6$；四缸发动机 $i=4$，依此类推。

9）压缩比：气缸总容积与燃烧室容积之比称为压缩比，一般用 ε 表示，即

$$\varepsilon = \frac{V_a}{V_c} = 1 + \frac{V_h}{V_c}$$

压缩比的大小表示活塞由下止点运动到上止点时，气缸内的气体被压缩的程度。压缩比

越大，压缩终了时气缸内的气体压力和温度就越高，燃烧效率就越高。一般来说，柴油机的压缩比要大于汽油机的压缩比。汽油机压缩比一般为 7 ~ 13，柴油机的压缩比一般为 16 ~ 22。表 1-1 所示为几种国产轿车汽油机的压缩比 ε。

表 1-1　国产轿车汽油机的压缩比 ε

车名	长安奥拓	夏利	富康	桑塔纳	捷达	标致	奥迪
压缩比 ε	8.7	9.5	9.3	8.5	10	8.0	9.3

10）发动机的工作循环：在气缸内进行的每一次将燃料燃烧的热能转化为机械能的连续过程（一般包含进气、压缩、做功、排气四个行程）。

11）工况：内燃机在某一时刻的运行状况简称工况，以该时刻内燃机输出的有效功率和曲轴转速表示。曲轴转速即内燃机转速。

12）负荷率：内燃机在某一转速下发出的有效功率与相同转速下所能发出的最大有效功率的比值称为负荷率，以百分数表示。负荷率通常简称负荷。

汽车上使用的发动机基本上是往复活塞式内燃机。往复活塞式内燃机主要有四冲程和二冲程两种形式。现代汽车大部分采用四冲程发动机，它包括进气、压缩、做功、排气四个行程，每一个工作循环发动机活塞在气缸中往复运动四次，对外做功一次，曲轴转动两圈，也就是 720°。二冲程发动机在汽车上较少采用，也包括进气、压缩、做功、排气四个行程，每一个工作循环发动机活塞在气缸中往复运动两次，对外做功一次，曲轴转动一圈，也就是 360°。

1.3　单缸四冲程发动机的工作原理

1. 单缸四冲程汽油机工作原理

四冲程汽油机在轿车上使用最多，其工作循环如图 1-3 所示。

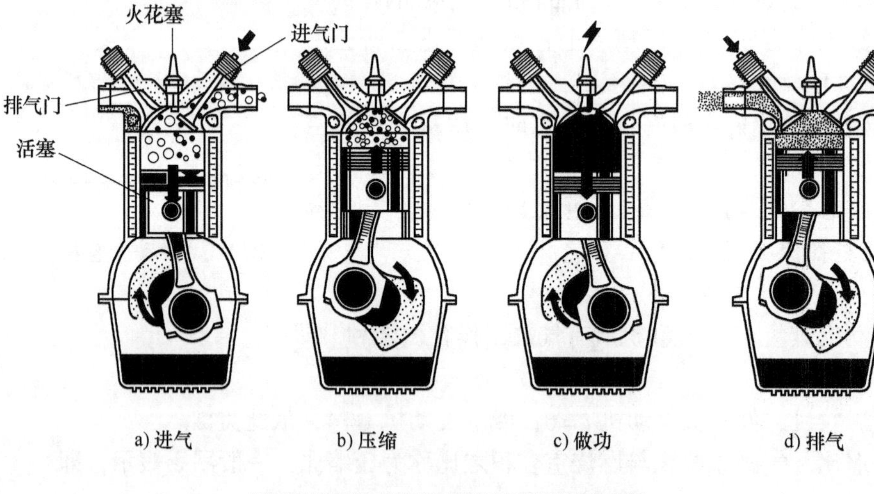

图 1-3　单缸四冲程汽油机工作循环图

为了研究汽车工作循环中，气体压力 p 和相应的活塞所在不同位置的气缸工作容积 V 之间的变化关系，常用发动机循环示功图来表示。如图 1-4 所示，示功图中，曲线所围成的面积表示发动机整个工作循环中气体在单个气缸内所做的功。

（1）进气行程　如图 1-3a 所示，进气行程曲轴带动活塞从上止点向下止点运动，进气门开启，排气门关闭，气缸内活塞上方容积增大，进气行程压力小于外界大气压，形成一定真空度，可燃混合气经进气歧管、进气门吸入气缸。由于进气时间短且进气系统存在压力，进气终了气缸压力略低于大气压力，为 0.074～0.093MPa。气体与气缸壁之间存在摩擦，同时在高温机件和残余废气加热下，其温度上升到 80～130℃。

在图 1-4a 中，进气行程用曲线 *ra* 表示。曲线 *ra* 位于大气压力线下，它与大气压力线纵坐标之差表示气缸内的真空度。

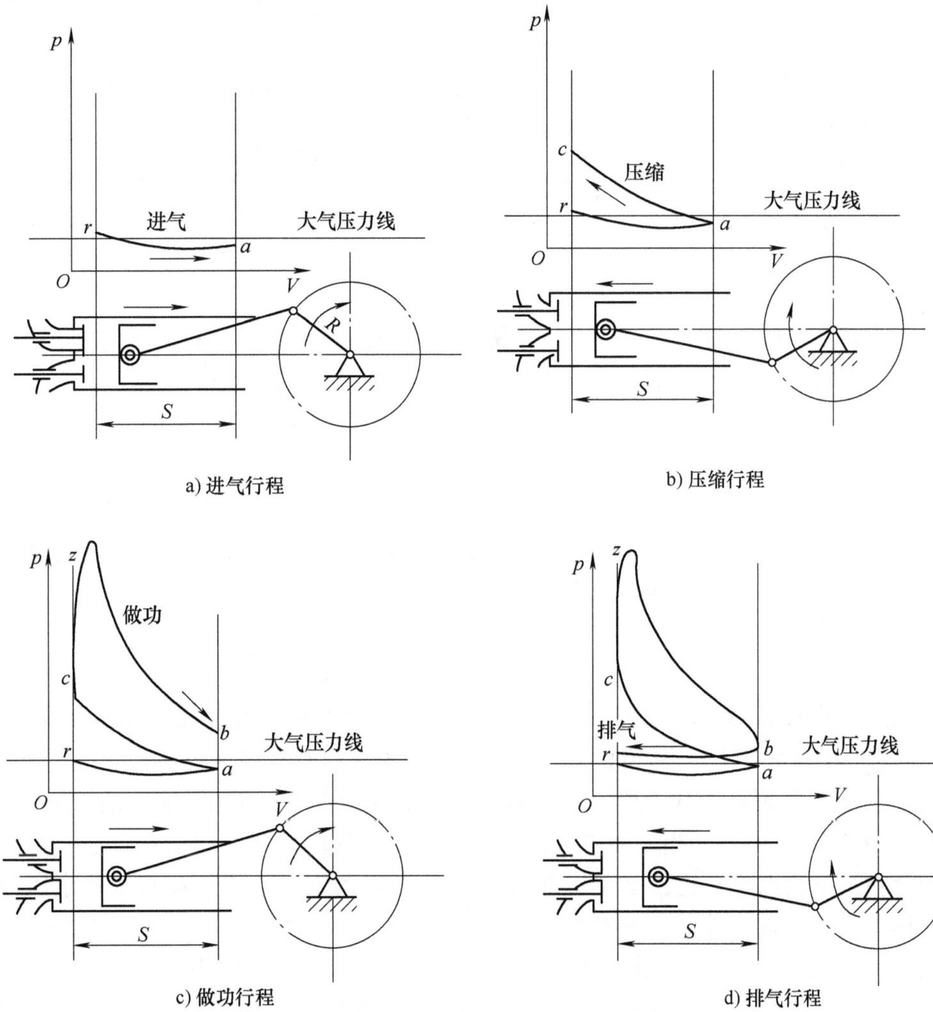

图 1-4　四冲程发动机示功图

（2）压缩行程　为了使可燃混合气能迅速、完全、集中地燃烧，使发动机能输出更大的功率，燃烧前必须将可燃混合气压缩。如图 1-3b 所示，在进气行程终了时，活塞自下止点向上止点移动，曲轴由 180°转到 360°，此时，进、排气门均关闭。随着气缸的容积不断缩小，可燃混合气受到压缩，其温度和压力不断升高。压缩行程一直继续到活塞到达上止点时为止。此时，可燃混合气被压缩到活塞上方的很小空间，即燃烧室中。压缩终了时，可燃混合气的温度为327～427℃，可燃混合气压力为0.6～1.5MPa。如图1-4b所示，压缩行程用曲线 *ac* 表示。

压缩终了时，可燃混合气的压力和温度取决于压缩比，压缩比愈大，燃烧速度愈快，因此发动机输出的功率也愈大，动力性和经济性也愈好。但压缩比过大时，不仅不能进一步改善燃烧状况，还会出现爆燃和表面点火等不正常燃烧现象。爆燃是因气体压力和温度过高，在燃烧室内离点燃中心较远及具有高温处（如排气门头部、火花塞电极和积炭处），可燃混合气自燃造成的一种不正常燃烧。爆燃时，火焰以极高的速率向外传播，在气体来不及膨胀的情况下，由于温度和压力急剧升高，形成压力波，以较高速度向前推进。这种压力波撞击燃烧室壁时便发出尖锐的敲击声，俗称敲缸。爆燃还会引起发动机过热、功率下降、工作不稳定、转速下降、发动机有较大振动、燃油消耗量增加等一系列不良后果。严重时甚至造成气门烧毁、轴承破裂、火花塞绝缘体击穿等机件损坏。表面点火（或炽热点火）是因燃烧室内炽热表面与炽热处（如排气门头部、火花塞绝缘体或零件表面炽热的沉积物等）在火花塞点燃混合气之前产生的另一种不正常燃烧（也称为早燃）。表面点火发生时，也伴有强烈的敲击声（较沉闷），所产生的高压会使发动机机件负荷增加、活塞和连杆损坏，以及气门、火花塞、活塞等零件过热，寿命降低。

因此，在提高压缩比时，必须注意防止爆燃和表面点火的发生。此外，压缩比提高还受到排气污染法规限制。许多国家生产的汽油机，其压缩比出现了下降的趋势。

（3）做功行程　如图1-3c所示，在这个行程中，进、排气门仍关闭。当活塞在压缩行程中接近上止点时，装在气缸盖上的火花塞在高压电作用下产生电火花，点燃被压缩的可燃混合气。可燃混合气燃烧后，放出大量的热能，使燃气的压力和温度急剧升高，如图1-4c曲线 *cz* 所示。最高压力 p 为3～5MPa，相应的温度为1927～2527℃，且体积迅速膨胀。此时，活塞被高压气体推动从上止点下行，带动曲轴从360°旋转到540°，并输出机械能，能量除了维持发动机本身继续运转消耗一部分外，其余部分都用于对外做功，因此该行程称为做功行程。

示功图上，曲线 *zb* 表示活塞向下移动时，气缸内容积增加，气体压力和温度都在降低。在做功行程终了的 *b* 点，压力降到0.3～0.5MPa，温度则降为1027～1327℃。

（4）排气行程　可燃混合气燃烧后生成的废气，必须从气缸中排出，以便进行下一个进气行程。如图1-3d所示，当膨胀过程接近终了时，进气门关闭，排气门开启，曲轴通过连杆推动活塞从下止点向上止点运动，曲轴由540°旋转到720°。废气在自身残余压力和活塞的推力作用下从气缸中排出，进入大气之中。活塞到上止点附近时，排气行程结束。

如图1-4d所示，这一行程用曲线 *br* 表示。排气系统存在排气阻力，因此排气终了时的气缸内压力稍高于大气压力，为0.102～0.120MPa，废气温度为627～927℃。

燃烧室占有一定容积，故排气终了时，不可能将废气排尽，留下的这一部分废气称为残余废气。残余废气量占总气量的比例一般用残余废气系数表示，残余废气系数是表征排气是否彻底的一个非常重要的参数。

2. 单缸四冲程柴油机工作原理

四冲程柴油机的工作原理与四冲程汽油机一样，每个工作循环也要经历进气、压缩、做功、排气四个行程，如图 1-5 所示。柴油机用的燃料是柴油，其所含化学成分稳定性差、自燃性好，又因柴油黏度大且随温度的下降而增加，使柴油机可燃混合气的形成与点火方式都与汽油机不同。柴油机在进气行程中吸入的是纯空气。在压缩行程接近终了时，柴油经喷油泵将油压提高到 10MPa 以上，通过喷油器喷入气缸，与压缩后的高温空气混合，形成可燃混合气（而汽油机的混合气一般是在气缸外面的进气管道内形成的）。柴油机压缩比高，压缩终了的压力可达 3 ~ 5MPa，温度可达 530 ~ 730℃，大大超过柴油自燃温度，故立即自行着火燃烧，使气缸内压力、温度急剧升高，瞬时压力为 5 ~ 10MPa，瞬时温度为 1530 ~ 1930℃。在高压气体推动下，活塞向下运动并带动曲轴旋转。

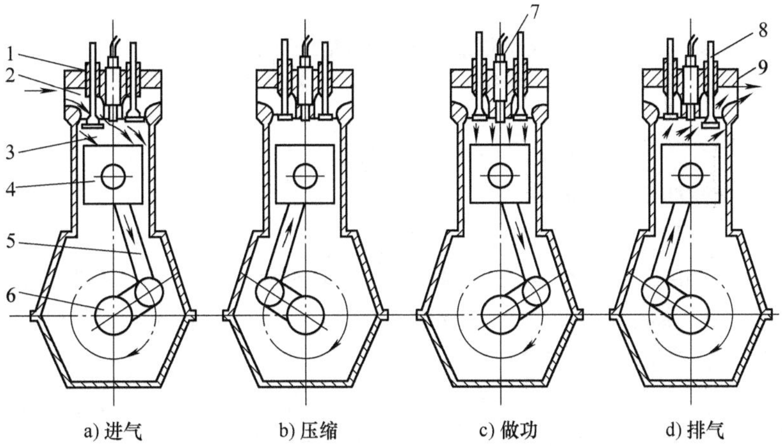

图 1-5　四冲程柴油机工作循环

1—进气门　2—进气管　3—气缸　4—活塞　5—连杆　6—曲轴
7—喷油器　8—排气门　9—排气管

1.4　单缸二冲程发动机的工作原理

1. 单缸二冲程汽油机工作原理

二冲程发动机的工作循环也包括进气、压缩、做功和排气等四个过程，只不过这些过程的完成仅需要活塞运行两个行程，即曲轴旋转 360°。二冲程汽油机的工作循环中，进、排气均由活塞来控制，没有气门机构，如图 1-6 所示。

第一行程：在曲轴的带动下，活塞由下止点向上止点运动，当活塞将换气孔、排气孔和进气孔都关闭时（图 1-6a），活塞开始压缩进入气缸的混合气，同时在活塞的下方形成一定的真空度。因此当进气孔开启时（图 1-6b），燃油供给系统供应的混合气被吸入箱内，直至活塞到达上止点，完成压缩和进气行程。

第二行程：当活塞接近上止点时（图 1-6c），火花塞产生电火花，点燃混合气后形成的高温、高压气体，推动活塞向下止点运动做功。当活塞下行到关闭进气孔后，下方曲轴箱内的可燃混合气被预压。当活塞下行到排气孔开启时（图 1-6d），废气在压力作用下经排气孔排出，紧接着换气孔开启，曲轴箱内预压的混合气经换气孔进入气缸，气缸内废气被排出，这一过程为做功和排气行程。二冲程汽油机的活塞顶一般做成特殊形状，使混合气沿一定方向流向气缸上腔，这样既可以利用混合气排出废气，又可以避免新鲜混合气中过多地混入废

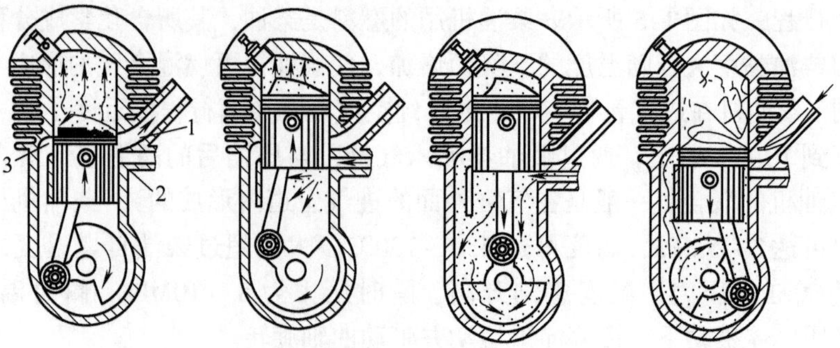

a) 压缩　　b) 进气　　c) 做功　　d) 排气

图 1-6　二冲程汽油机工作循环

1—排气孔　2—进气孔　3—换气孔

气。但是，要完全避免混合气随废气排出是不可能的。

2. 单缸二冲程柴油机工作原理

二冲程柴油机的工作循环与二冲程汽油机工作循环也有很多相似之处，所不同的主要是进入气缸的不是可燃混合气，而是空气。图 1-7 所示为带有扫气泵的二冲程柴油机工作循环图。新鲜空气由扫气泵提高压力（120～140kPa）后，经气缸外部空气室和缸壁进气孔进入气缸内，而废气由缸盖上的排气门排出。

第一行程：活塞自下止点向上止点移动。行程开始前，进气孔和排气门均开启，提高压力后的空气进入气缸进行换气（图 1-7a）。当活塞继续上移时，进气孔被关闭，继而排气阀也关闭，空气被压缩（图 1-7b）。

第二行程：当活塞接近上止点时，喷油器向缸内喷入雾状柴油，随后其自行燃烧（图 1-7c）。燃烧的高温、高压气体推动活塞下行做功。活塞下行约 2/3 行程时，排气门开启，废气靠自身压力排出气缸（图 1-7d）。此后进气孔开启，进行换气。

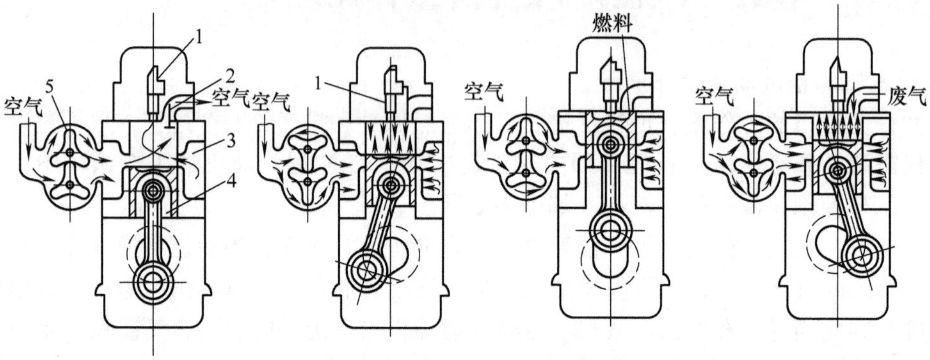

a) 压缩　　b) 进气　　c) 做功　　d) 排气

图 1-7　二冲程柴油机工作循环

1—喷油器　2—排气门　3—进气孔　4—活塞　5—扫气泵

从以上叙述中可以看出，二冲程发动机具有以下特点：完成一个工作循环，二冲程发动机曲轴只转一周，而四冲程发动机要转两周。因此，当发动机工作容积、压缩比和转速相等时，从理论上讲，二冲程发动机的功率应是四冲程发动机的 2 倍，但实际上只有 1.5～1.6 倍。这源于二冲程发动机难以将废气排净，以及可燃混合气随废气排出等问题。因此，二冲程汽油机排量不大，一般用于摩托车或小型机动船上。

1.5　汽油机与柴油机工作的异同

汽油机和柴油机所使用的燃料分别为汽油和柴油。汽油蒸发性好，易挥发，自燃温度较高，为 220～471℃，热值为 44400kJ/kg，对汽油的使用存在抗爆性要求；柴油的蒸发性相对较差，挥发性比较差，雾化效果受到黏度值影响，其自燃温度较低，约为 240℃，热值为 40190kJ/kg，对柴油的使用存在凝点要求。由于燃料性质的区别，汽油机和柴油机的结构也存在一些区别，见表 1-2。

表 1-2　柴油机与汽油机比较

项　　目	汽油发动机	柴油发动机
进气行程	吸进燃油和空气混合气（缸内直喷吸进空气）	仅吸进空气
压缩行程	活塞压缩可燃混合气，压缩比为 7～13，压缩终了温度为 300～400℃	活塞压缩空气，压缩比为 16～22，压缩终了温度为 530～730℃
燃烧冲程	火花塞将压缩混合气强制点燃	燃油喷进高温、高压空气中，自行着火（压燃）
排气行程	活塞强力将气体排出气缸外，主要排放物中 CO 和 HC 多，NO_x 和黑烟少	活塞强力将气体排出气缸外，主要排放物中 CO 和 HC 少，NO_x 和黑烟多
功率输出调整方法	通过控制节气门的开度来改变可燃混合气的供给量	通过控制喷油泵来改变燃油的供给量（进入气缸的空气量不能调整）

练习与思考题

1. 填空题

1）往复活塞式汽油发动机一般由________、________、________、________、________、________和________组成。

2）四冲程发动机曲轴转二周，活塞在气缸里往复行程________次，进、排气门各开闭________次，气缸里热能转化为机械能次。

3）二冲程发动机曲轴转________周，活塞在气缸里往复行程________次，完成________工作循环。

4）汽车用活塞式内燃机每一次将热能转化为机械能，都必须经过________、________、________和________这一连续过程，这称为发动机的一个________。

2. 名词解释

1）上止点和下止点

2）压缩比

3）活塞行程

4）发动机排量

5）四冲程发动机

3. 问答题

1）简述四冲程汽油机工作过程。

2）四冲程汽油机和柴油机在总体结构上有哪些相同点和不同点？

3）柴油机与汽油机在可燃混合气形成方式和点火方式上有何不同？它们所用的压缩比为何不一样？

4）汽油机与柴油机各有哪些优缺点？为什么柴油机在汽车上得到越来越普遍的应用？

第 2 章

曲柄连杆机构

基本思路：

如果说发动机是汽车的“心脏”，那么曲柄连杆机构就是发动机的“心脏”。对本章的学习和研究需要把握住力的传递路线，特别是可燃混合气燃烧后产生的膨胀力。另外，要把曲柄连杆机构的拆装要点掌握好，这关系到“心脏”性能的好坏。常见发动机拉缸烧瓦和更换四配套（活塞、活塞销、活塞环和缸套）均属本机构典型故障和检修方法。

2.1　曲柄连杆机构的功用与组成

曲柄连杆机构由机体组、活塞连杆组和曲轴飞轮组三部分组成：

1）机体组（也称气缸体与曲轴箱组）：由气缸体、曲轴箱、气缸盖、气缸套、气缸垫等不动部件组成。

2）活塞连杆组：由活塞、活塞环、活塞销、连杆等运动部件组成。

3）曲轴飞轮组：由曲轴、飞轮等组成。

2.2　机体组

机体组主要包括气缸体、气缸盖、气缸垫及发动机支承等。

2.2.1　气缸体

1. 气缸体与曲轴箱的结构

气缸体是发动机各个机构和系统的装配基体，它用于保持发动机各运动部件之间的准确位置关系。气缸体装配部件较多，同时要承受高温高压气体的作用力，因此要求气缸体具有足够的强度和刚度；为减轻发动机重量，还要求气缸体结构紧凑、重量较轻。因此大部分气缸体采用优质灰铸铁和铝合金材料铸造。

发动机采用水冷式和风冷式。汽车发动机多采用水冷式，利用冷却液带走发动机高温部件的热量（图2-1a），其气缸体冷却液道和气缸盖内的冷却液套相通，与散热器、水泵等组成冷却系统。多数单缸内燃机则采用风冷的方式（图2-1b），一般将气缸体与曲轴箱分开铸造，在气缸体和气缸盖的外表面铸有散热片以增强散热效果。

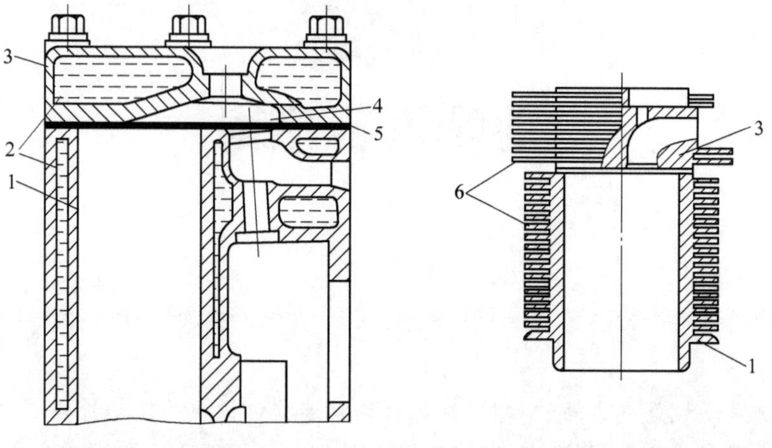

a) 水冷式发动机的气缸体与气缸盖　b) 风冷式发动机的气缸体与气缸盖

图2-1　气缸体和气缸盖剖面图

1—气缸体　2—水套　3—气缸盖　4—燃烧室　5—气缸垫　6—散热片

水冷式发动机气缸体通常将气缸体与上曲轴箱铸成一体。如图2-2所示，气缸体的上半部有若干个气缸，下半部为支承曲轴的上曲轴箱，其内腔为曲轴运动的空间。在上曲轴箱上制主轴承座孔，用于安装轴承。在侧壁上有主油道，前后壁和中间隔板上有分油道，便于轴承的润滑。下曲轴箱也称油底壳，如图2-3所示，主要用于储存机油并密封曲轴箱，同时还可起到使机油散热的作用。油底壳一般采用薄钢板冲压而成，其形状主要取决于发动机总体结构和机油容量。为保证发动机纵向倾斜时机油泵正常吸油，油底壳中部一般较深，并在最深处装有放油螺塞，大部分的放油螺塞具有一定磁性，可吸附机油中的金属屑，以达到清洁机油的目的，减少运动机件的磨损。油底壳内设有挡油板，用于防止汽车振动时油面波动过大。上下曲轴箱之间一般都有密封垫，有些也采用密封胶密封，主要是为防止漏油。

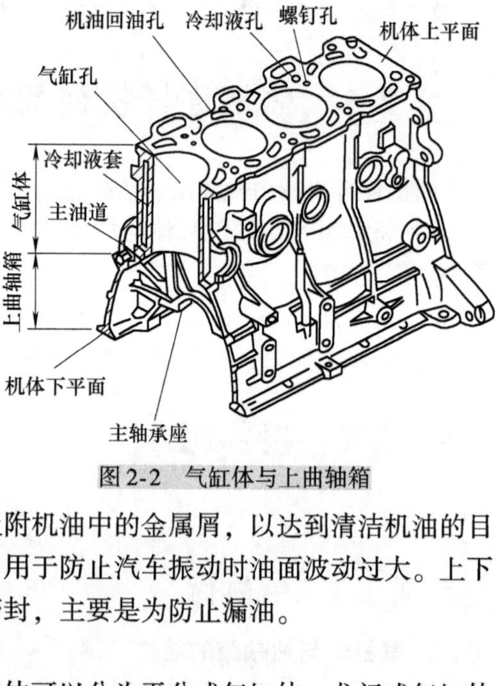

图2-2　气缸体与上曲轴箱

2. 气缸体结构形式

按气缸体与油底壳安装平面的位置不同，气缸体可以分为平分式气缸体、龙门式气缸体和隧道式气缸体三种形式。

（1）平分式气缸体（图 2-4a）　平分式气缸体也称一般式气缸体，其油底壳安装平面和曲轴旋转中心在同一高度。优点是机体高度小，重量轻，结构紧凑，便于加工，曲轴拆装方便；缺点是刚度和强度较差，因此多用于中小型发动机。夏利、富康等的发动机用的是平分式气缸体。

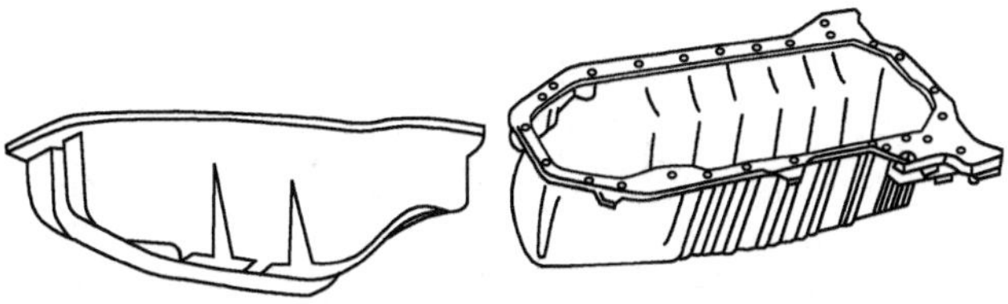

a) 薄钢板油底壳　　b) 轻金属油底壳

图 2-3　油底壳

（2）龙门式气缸体（图 2-4b）　油底壳安装平面低于曲轴的旋转中心。优点是强度和刚度都好，能承受较大的机械负荷，密封简单可靠、维修比较方便，缺点是工艺性较差，结构笨重，加工较困难。该类型的气缸体应用普遍。广州标致、上海桑塔纳、一汽奥迪 100、大众捷达、解放 CA1091 型汽车使用的发动机气缸体都为这一类型。

（3）隧道式气缸体（图 2-4c）　曲轴的主轴承孔为整体式，主轴承孔较大，曲轴从气缸体后部装入。优点是结构紧凑，刚度和强度好；但加工精度要求高，工艺性较差，曲轴拆装不方便。这种气缸体多用于主轴承采用滚动轴承的负荷较大的柴油机，如黄河 JN1181C13 型汽车的 6135Q 型发动机采用的是隧道式气缸体。

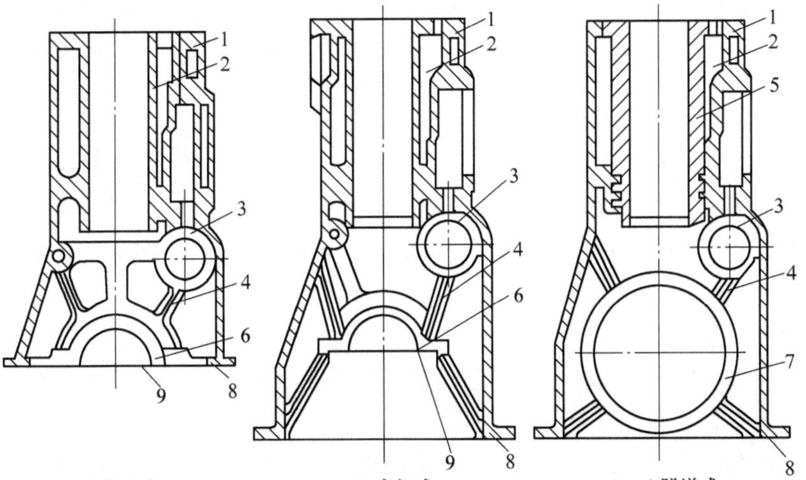

a) 平分式　　b) 龙门式　　c) 隧道式

图 2-4　气缸体的结构形式

1—气缸体　2—水套　3—凸轮轴孔座　4—加强肋　5—气缸套　6—主轴承座
7—主轴承座孔　8—安装油底壳的加工面　9—安装主轴承盖的加工面

2.2.2　气缸与气缸套

1. 气缸及气缸的排列形式

气缸指缸体内引导活塞做往复运动的圆柱形空腔。气缸在发动机上的排列形式主要有三种，如图 2-5 所示，即直列式、V 型、水平对置式。

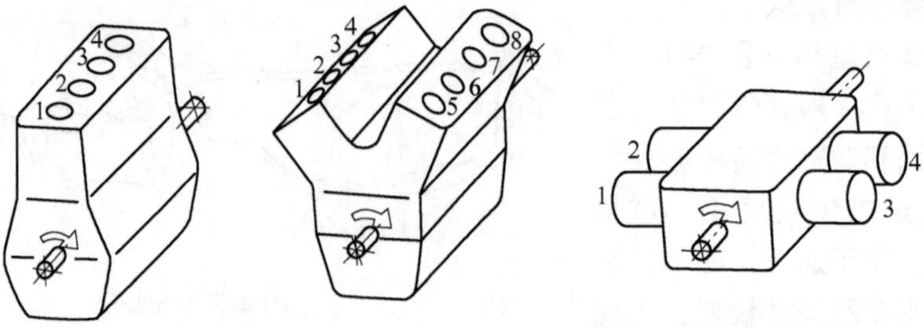

a) 直列式　　b) V型　　c) 水平对置式

图 2-5　气缸的排列形式

直列式发动机多用于六缸以下的发动机。各个气缸排成一列，所有气缸共用一根曲轴和一个气缸盖，气缸多采用垂直布置（极少数采用斜置布置）。直列式发动机结构简单，易于制造，成本较低，但长度和高度都较大。如宝马的大部分车型均采用直列式发动机。

V 型发动机将气缸排成两列，其气缸中心线夹角 $\gamma < 180°$，一般为 60° ~ 90°。V 型发动机采用一根曲轴驱动两列气缸中的活塞运动，曲轴上每个连杆轴颈上连接两个连杆，因此发动机至少应有两个以上的气缸盖。该类型发动机的优点是缩短了发动机的长度和高度，增加了气缸体的刚度及稳定性，运转平稳，结构紧凑。缺点是宽度有一定量增大、形状复杂、加工困难。多用于缸数较多的大功率发动机。如雷克萨斯 ES350、英菲尼迪 Q70 等多缸数车型采用的是这种排列方式。

图 2-6　W12 型发动机

一些制造厂设计了一种特殊的 V 型结构发动机，即 W 型发动机。图 2-6 所示为 W12 型发动机的结构。它的运用实例有布加迪概念车上的 W12 型发动机、大众集团的 W16 和最早被装配在大众帕萨特汽车上的 W8 等。W 型发动机结构与 V 型发动机类似，但每一侧的气缸数是 V 型的两倍。此类发动机结构比 V 型发动机更为紧凑，动力强劲，主要应用在一些负荷较重或者功率要求特别大的车辆上。

水平对置式发动机实际上可以看成是一种特殊的 V 型发动机，其夹角 $\gamma = 180°$。该类型发动机高度最小，主要应用在一些垂直空间非常小的车辆上。

2. 气缸套

气缸工作表面要承受高温高压燃气的作用，同时受到做高速运动的活塞及活塞环的摩擦力作用，因此气缸表面必须耐高温、耐高压、耐磨损和耐化学腐蚀。部分气缸利用表面处理（如表面淬火、镀铬等）方式来提高气缸表面的各方面性能，但表面磨损后性能快速下降，且难以修复；也有部分发动机采用优质材料，但成本高。目前普遍采用的方法是在气缸体内镶入优质合金铸铁或合金钢制造的耐磨性优越的气缸套。

根据是否与冷却液接触，气缸套可以分为干式气缸套（图 2-7a）和湿式气缸套（图 2-7b）两种类型。

干式气缸套不直接与冷却液接触，它用专用仪器压入缸体孔中，由于缸套自上而下都支撑在缸体上，可以加工得很薄，壁厚一般为 1 ~ 3mm。

湿式气缸套直接与冷却液接触，也是用专用仪器压入缸体孔中。冷却液接触到缸套的中部，由于它只在上部和下部有支撑，必须比干式气缸套厚，壁厚一般为 5 ~ 9mm。为了保证径向定位，气缸套外表面有两个凸出的圆环带，即上支承定位带 A 和下支承定位带 B（图 2-7b）；轴向定位则利用上端凸缘实现。为防止漏液，缸套下部设有 1 ~ 2 个耐油耐热橡胶密封圈。湿式气缸套装入气缸孔后，其顶面一般高出气缸体 0.05 ~ 0.15mm，主要目的是在紧固气缸盖螺栓时，将气缸垫压得更紧，以保证气缸良好的密封性，防止冷却液和气缸内高压气体窜漏。湿式气缸套具有散热性好、缸体铸造方便、易拆卸等优点，缺点是气缸体刚度较差，容易于漏液、漏气。

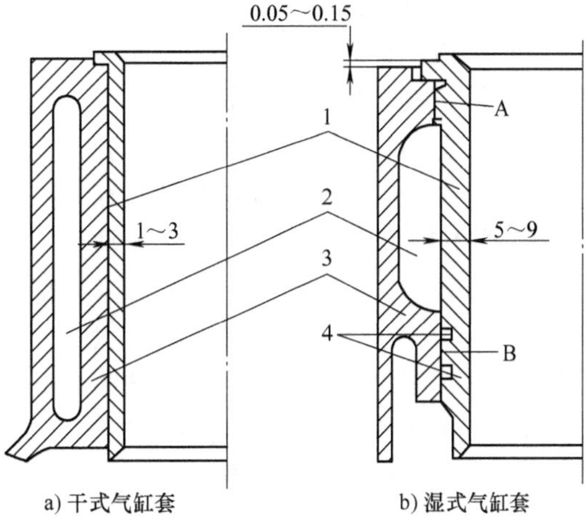

图 2-7　气缸套

1—气缸套　2—水套　3—气缸体　4—密封圈

2.2.3　气缸盖

（1）功用及结构　气缸盖的主要功用是密封气缸上部，与活塞顶部和气缸壁一起形成燃烧室，并承受气缸内的气体压力。气缸盖内部也有冷却液套，其端面上的冷却液孔与气缸体的冷却液孔相通，以便利用循环的冷却液来冷却燃烧室等高温部分。

发动机结构如图2-8和图 2-9 所示，分别为上海桑塔纳 2000GSi 发动机及东风 EQ6100-Ⅰ型发动机气缸盖结构图。从图中可以看出，发动机的气缸盖上有进、排气门座，及气门导管孔和进、排气通道等。汽油机的气缸盖上开有火花塞座孔，柴油机则开有安装喷油器的座孔。

（2）分类　气缸盖可以分为分开式气缸盖和整体式气缸盖两种类型。分开式气缸盖即同一发动机上有多个

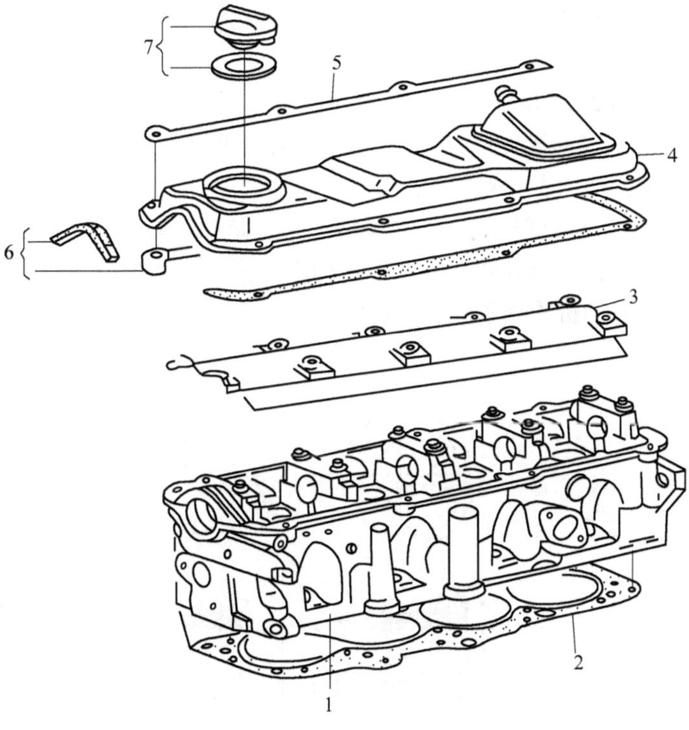

图 2-8　上海桑塔纳 2000GSi 型轿车发动机气缸盖

1—气缸盖　2—气缸垫　3—机油反射罩　4—气缸盖罩
5—压条　6—气缸盖罩垫　7—加油盖

气缸盖，气缸可一缸一盖，也可两缸或三缸共用一盖。分开式气缸盖主要应用在一些重量较大、热负荷重的柴油机或汽油机上。整体式气缸盖指发动机所有气缸共用一个气缸盖，这种类型的气缸盖多应用在热负荷相对较轻的发动机上。

（3）缸盖的材料　气缸盖因形状复杂，一般都采用灰铸铁或合金铸铁铸成，有的汽油机气缸盖用铝合金铸造，因铝的导热性比铸铁好，有利于提高压缩比。铝合金缸盖的缺点是刚度低，使用中容易变形。CA6102 型发动机是采用铜钼低合金铸铁铸造的整体式气缸盖。

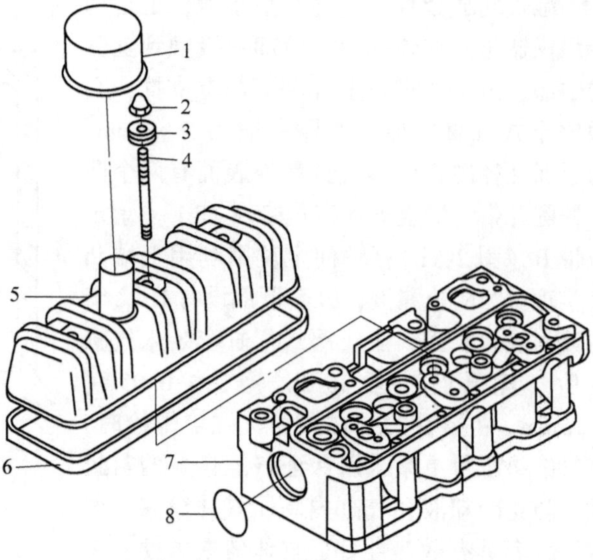

图 2-9　东风 EQ6100-Ⅰ型发动机气缸盖

1—曲轴箱通风空气滤清器总成　2—罩盖螺母　3—密封圈　4—气缸盖螺栓　5—气缸盖罩　6—气缸盖罩垫片　7—气缸盖　8—水堵

2.2.4　燃烧室

汽油机的燃烧室由活塞顶部及缸盖上相应的凹部空间组成。要求燃烧室的结构尽可能紧凑，表面积要小，以减少热量损失并缩短火焰行程；其次是使混合气在压缩终了时具有一定的涡流运动，以提高混合气燃烧速度，保证混合气得到及时和充分的燃烧。

如图 2-10 所示，汽油机常用燃烧室形状有以下几种：

（1）楔形燃烧室（图 2-10a）　结构较简单、紧凑，在压缩终了时能形成涡流，但存在较大的散热面积，对 HC 排放不利。

（2）盆形燃烧室（图 2-10b）　结构较简单、气体在里面燃烧速度快，热效率高，制造工艺较好，维修方便。缺点是结构不够紧凑，体积较大。北京 492QG 型发动机和 CA1091 型货车的发动机采用了这种燃烧室。

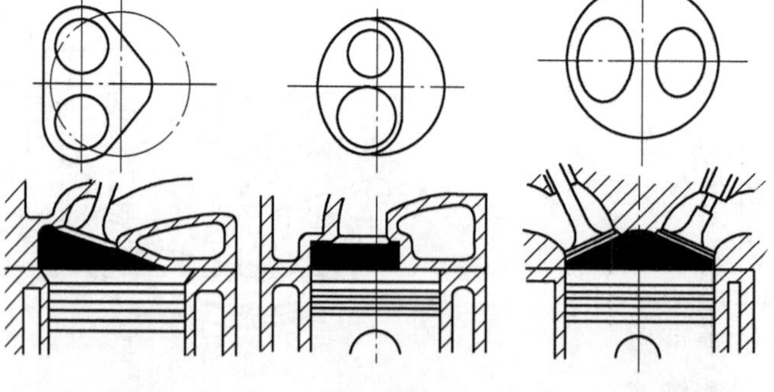

a) 楔形燃烧室　　b) 盆形燃烧室　　c) 半球形燃烧室

图 2-10　常用燃烧室形状示意图

(3) 半球形燃烧室（图 2-10c）　结构较前两种紧凑，但因进、排气门分别置于缸盖两侧，使配气机构比较复杂。它散热面积小，有利于促进燃料的完全燃烧并减少排气中的有害气体，是目前轿车发动机上使用较多的一种燃烧室。

2.2.5　气缸垫

气缸垫（图 2-11）的作用是保证气缸盖与气缸体接触面的密封，防止漏气、漏液和漏油。

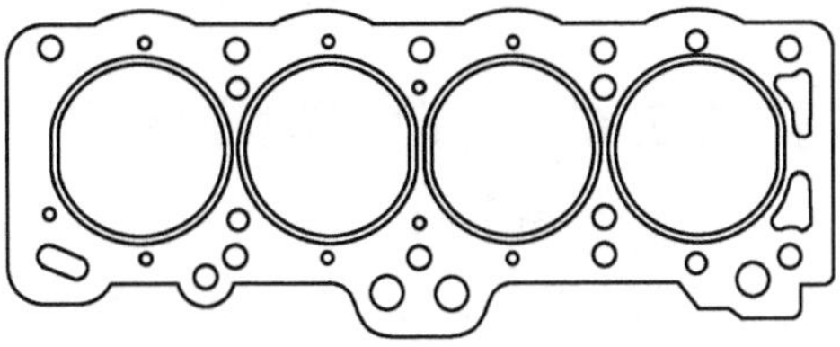

图 2-11　气缸垫

气缸垫装配在气缸盖与气缸体之间，因接触高温高压燃气，在使用中易被烧蚀，故要求气缸垫必须能够耐热、耐腐蚀，还必须具有足够的强度和弹性。目前应用较多的气缸垫主要有两种：金属-石棉气缸垫和纯金属气缸垫。

金属-石棉气缸垫，其结构如图 2-12a 所示，该类型的气缸垫外层为铜皮或者钢皮，内层采用夹有金属丝或者金属屑的石棉材料。同时，为防止烧蚀，在水孔及燃烧室孔周围有镶边以增加强度。金属材料具有很好的散热性，石棉则耐热性和弹性都较好，可以提高气缸的

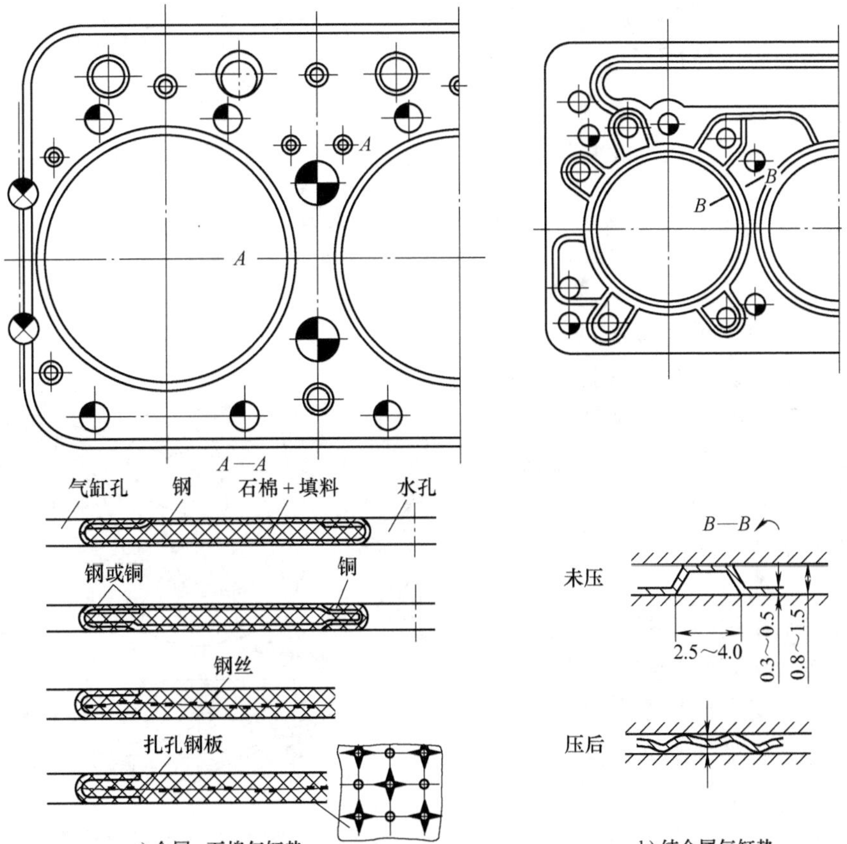

a) 金属-石棉气缸垫　　b) 纯金属气缸垫

图 2-12　气缸垫的结构

密封性能。安装时，应该特别注意要把气缸垫光滑的一面朝向气缸体，否则容易被高压气体冲坏。金属-石棉气缸垫是目前使用最多的一种气缸垫。奥迪100、大众捷达、丰田凯美瑞等轿车采用的均是这一类型的气缸垫。

纯金属气缸垫的结构如图2-12b所示，该类型气缸垫基本上由单层或者多层金属片（低碳钢或铜）制造而成。为加强密封，在气缸孔、水道孔及机油孔周围冲有弹性凸纹，利用凸纹的弹性实现密封。红旗CA7560型轿车使用这种气缸垫。

2.2.6 发动机的支承

发动机支承的作用是支承发动机并给发动机定位，发动机支承一般通过变速器壳和飞轮壳体与车架一起支承发动机。常用的支承方式有三点支承和四点支承，如图2-13所示。三点支承的前支承经过曲轴箱支承在车架上，后支承通过变速器壳支承在车架上；四点支承则是前支承通过曲轴箱支承在车架上，后支承通过飞轮壳支承在车架上。桑塔纳2000GSi发动机的支承如图2-14所示，该支承方式为三点支承。

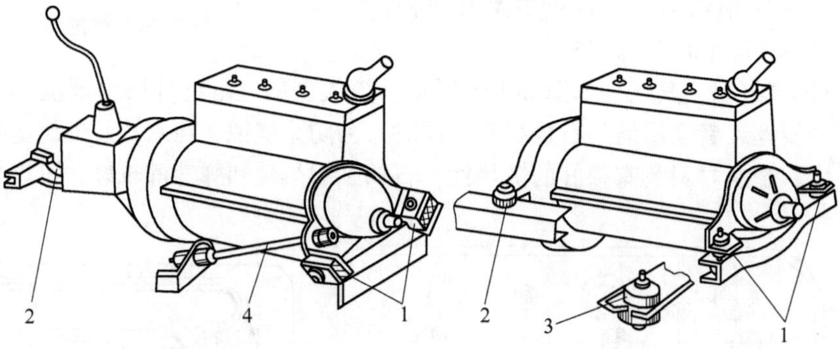

a) 三点支承　b) 四点支承

图2-13 发动机的支承

1—前支承 2—后支承 3—橡胶垫圈 4—纵向拉杆

发动机在工作过程中存在很大的振动，且会对支承及车架产生周期性冲击，这会导致车架及支承产生扭曲变形。为了消除这些不良后果，发动机支承一般采用弹性支承。发动机支承上都有纵向拉杆，其作用是防止汽车制动或加速时因弹性元件变形而使发动机产生纵向位移，它通过橡胶垫圈与车架纵梁和发动机相连。

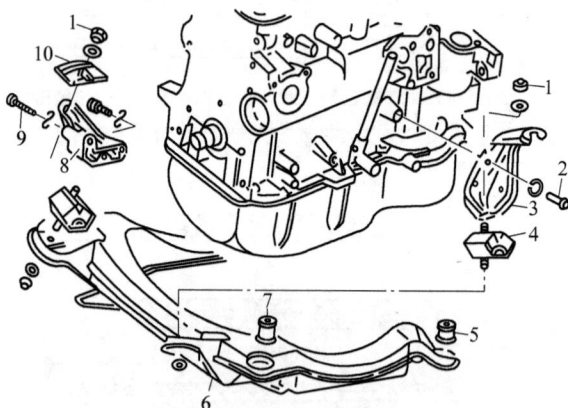

图2-14 桑塔纳2000GSi发动机的支承

1—固定螺母 2—支架固定螺栓 3—发动机左支架 4—橡胶缓冲块 5—发动机悬架后橡胶支承 6—发动机悬架 7—发动机悬架前橡胶支承 8—发动机右支架 9—右支架固定螺栓 10—垫板

2.2.7　机体组的拆装

机体组是发动机中结构最为复杂、零件及附件最多的组件，本节主要介绍气缸盖与气缸体的拆装过程。

1. 气缸盖的拆装

图 2-15 为桑塔纳 2000GSi AJR 型发动机气缸盖分解图。

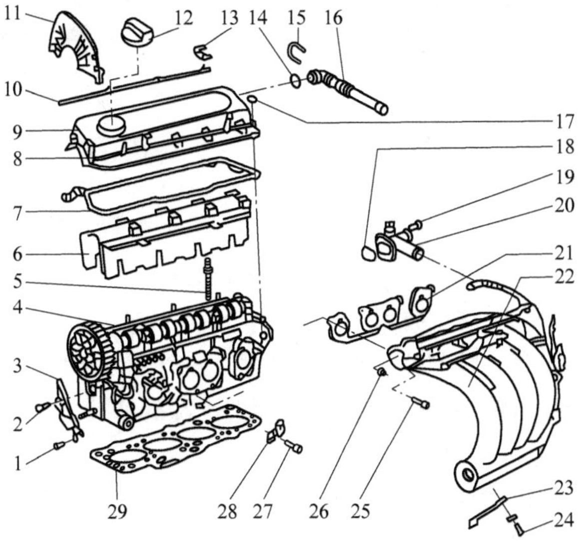

图 2-15　桑塔纳 2000GSi AJR 型发动机气缸盖分解图

1—螺栓（拧紧力矩 15N·m）　2、25、27—螺栓（拧紧力矩 20N·m）　3—正时带后护板　4—气缸盖总成　5—气缸盖螺栓　6—机油反射罩　7—气门罩盖衬垫　8—紧固压条　9—气门罩盖　10—压条　11—正时带后上罩　12—加机油口盖　13—支架　14、18—密封圈　15—夹箍　16—曲轴箱通气软管　17—螺母（拧紧力矩 12N·m）　19—螺栓（拧紧力矩 10N·m）　20—凸缘　21—进气歧管衬垫　22—进气歧管　23—进气歧管支架　24—进气歧管支架紧固螺栓　26—螺母（拧紧力矩 20N·m）　28—吊耳　29—气缸盖衬垫

（1）气缸盖的拆卸步骤

1）关闭点火开关，拆下蓄电池搭铁线。

2）抽取冷却液。

3）拆下发动机盖罩。

4）断开空气流量计的插头。

5）断开活性炭罐电磁阀（ACF 阀）的插头。

6）拔下空气滤清器罩壳上的活性炭罐电磁阀。

7）拆下空气滤清器和节气门控制器之间的空气管路。拆下空气滤清器罩壳。

8）拔下散热器底部和发动机上的冷却液软管。

9）拆下冷却液储液罐，拆下至散热器的冷却液软管。

10）如图 2-16 所示，拔下燃油分配管上的供油管和回油管。注意燃油系统是有压力的，在打开管路之前应在开口处放上抹布，然后缓慢地打开接头以排出压力。

11）如图 2-17 所示，拆下节气门拉索（图 2-17 中箭头所示）。

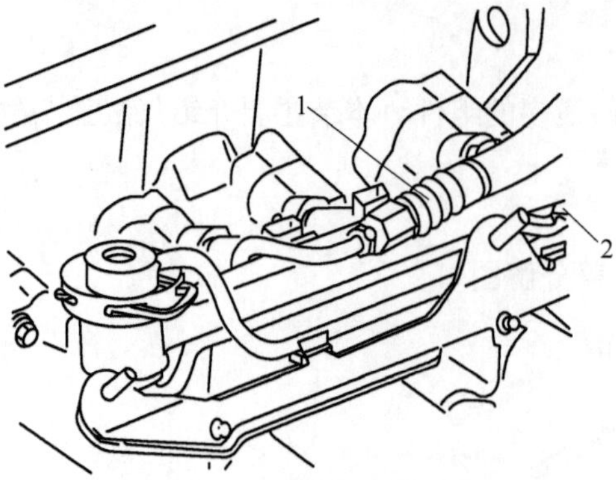

图2-16　拔下供油管和回油管

1—供油管　2—回油管

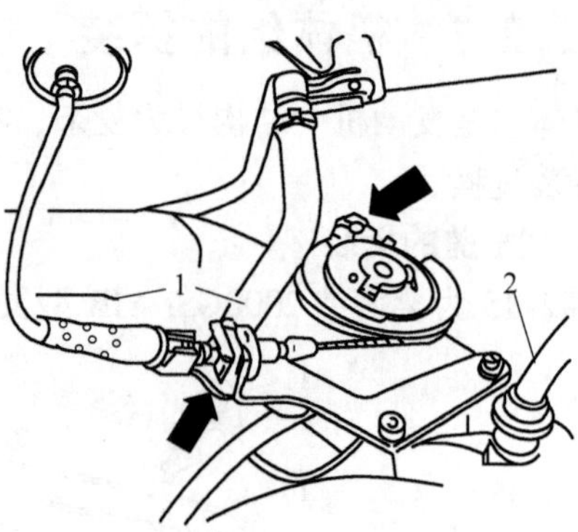

图2-17　拆下节气门拉索

1—通向活性炭罐电磁阀的真空管

2—通向制动助力装置的真空管

12）拔下通向活性炭罐电磁阀的真空管1，如图2-17所示。

13）拔下通向制动助力装置的真空管2，如图2-17所示。

14）拔下喷油器、节气门控制器、霍尔传感器、进气温度传感器接头，如图2-18所示。

15）如图2-19所示，拔下通向暖风热交换器的冷却液软管。

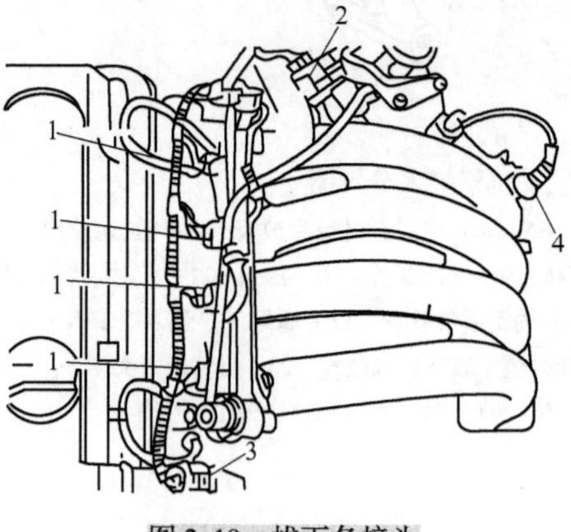

图2-18　拔下各接头

1—喷油器　2—节气门控制器

3—霍尔传感器　4—进气温度传感器

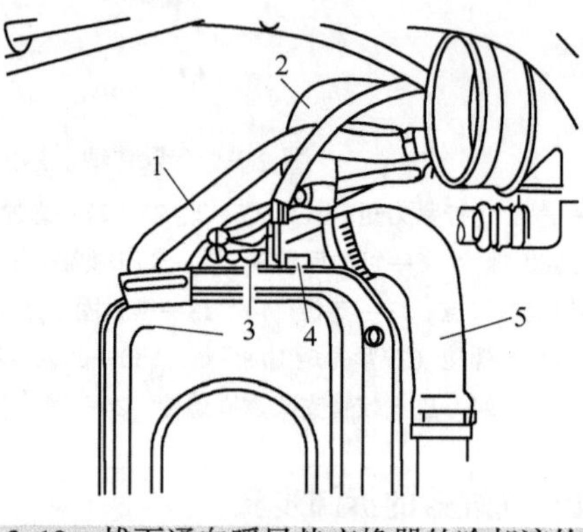

图2-19　拔下通向暖风热交换器的冷却液软管

1—通向膨胀罐的冷却液软管　2—通向暖风热交换器的软管

3—冷却液温度传感器　4—空调控制开关　5—通向散热器的软管

16）拔下冷却液温度传感器上的插头，拔下机油温度传感器的插头。

17）拧下进气歧管支架的下紧固螺栓，如图2-20所示。从排气歧管上拆下前排气管的螺栓。

18）如图2-21所示，拔下氧传感器上的插头。

19）拆下正时带上护罩。如图2-22所示，将凸轮轴正时带轮的标记对准正时带护罩上的标记。

20）如图2-23所示，将曲轴转动到第一缸的上止点位置。

21）松开半自动张紧轮，并从凸轮轴正时带轮上拆下正时带。

22）拧下正时带后护罩的螺栓。

23）拔出火花塞插头，并放置在一边。

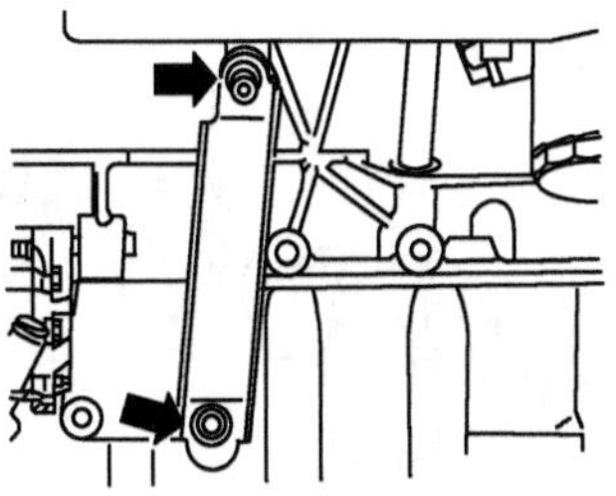

图 2-20　拧下进气歧管支架的下紧固螺栓

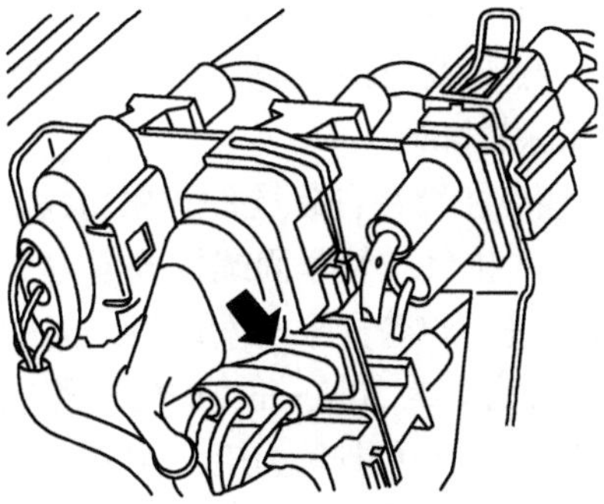

图 2-21　拔下氧传感器上的插头

图 2-22　凸轮轴正时带轮与正时带护罩上的标记

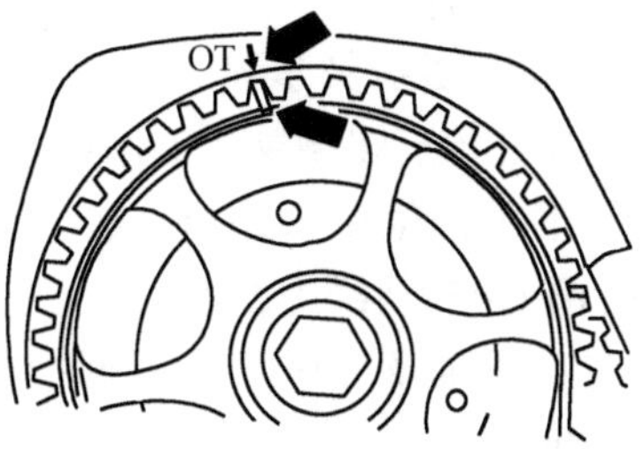

图 2-23　第一缸上止点位置标记

24）拆下气门罩盖。按图 2-24 所示从 1 到 10 的顺序松开气缸盖螺栓。

25）将气缸盖与气缸盖衬垫一起拆下。

26）气缸盖分解全部完成。

（2）气缸盖的安装步骤　气缸盖的安装原则上按照先拆后装的顺序进行，并在装配过程中注意以下问题：

1）在安装气缸盖之前，要将曲轴转动到第一缸的上止点位置。

2）安装气缸盖衬垫时，有标号（配件号）的一面必须可见。

3）更换气缸盖紧固螺栓，不能重复使用已经按照拧紧力矩拧紧过的螺栓。

4）按照图 2-25 所示的顺序以 40N · m 的力矩拧紧气缸盖螺栓，然后再用扳手拧紧 180°。

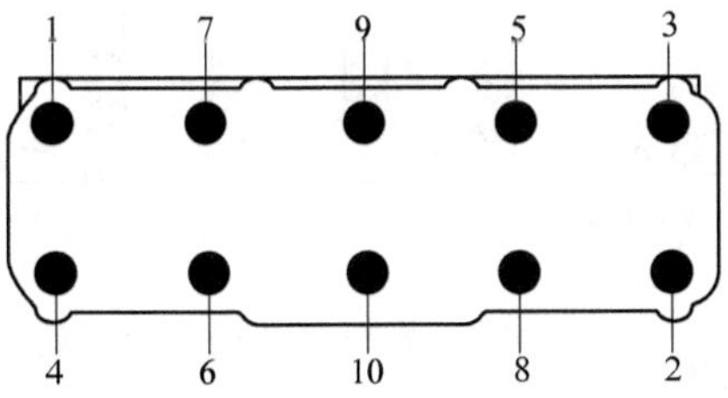

图 2-24　气缸盖螺栓拆卸顺序

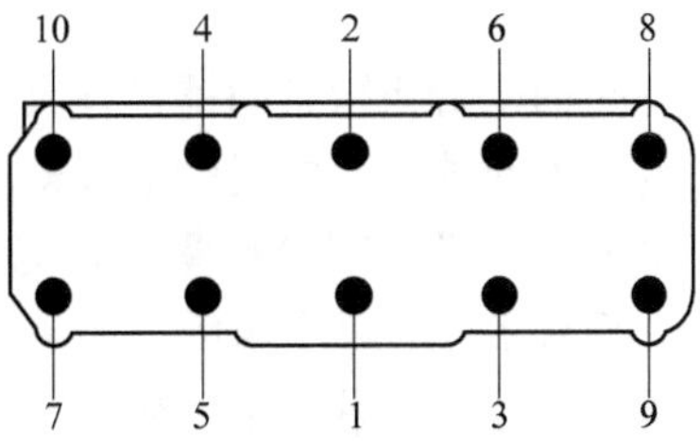

图 2-25　气缸盖螺栓拧紧顺序

5）安装正时带（调整配气相位），安装气门罩盖。

6）调整节气门拉索，加注新的冷却液。

7）执行节气门控制单元匹配。

8）查询故障码。拔下电控单元电子元件插头会导致故障存储，查询故障码，必要时删除故障码。

9）注意主要部件螺栓的拧紧力矩。前排气管与排气歧管紧固螺栓拧紧力矩为20N·m，进气歧管支架与发动机之间的紧固螺栓拧紧力矩为20N·m，进气歧管支架与进气歧管紧固螺栓拧紧力矩为30N·m。

2. 气缸体的拆装

图2-26为桑塔纳2000GSi AJR型发动机气缸体总成分解图。

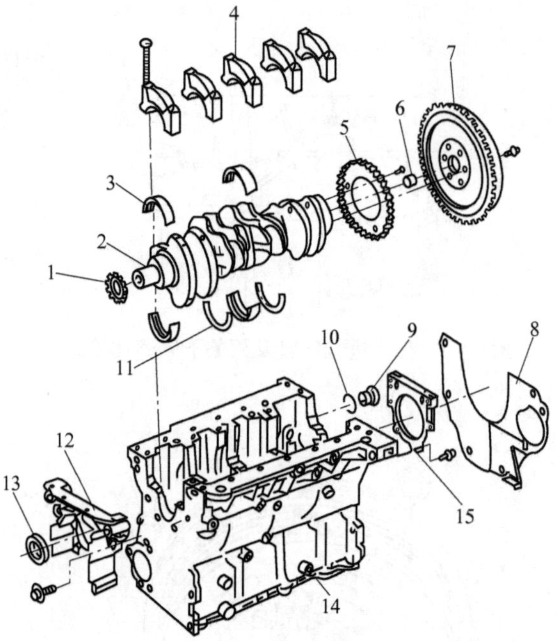

图2-26 桑塔纳2000GSi AJR型发动机气缸体总成分解图

1—机油泵链轮 2—曲轴 3—曲轴瓦 4—轴承盖 5—脉冲轮 6—滚针轴承 7—飞轮 8—中间支板 9—螺塞 10—O形圈 11—止推垫片 12—支架 13—前油封 14—气缸体 15—后油封架

（1）气缸体的分解步骤

1）将气缸体反转倒置在工作台上。

2）拆下中间轴密封凸缘，拆下气缸体前端中间轴密封凸缘中的油封。

3）在汽油泵及分电器已拆卸的情况下，拆下中间轴。

4）拆下正时带轮端曲轴油封。不解体更换该油封时，应使用油封取出器。

5）拆下前油封凸缘及衬垫。

6）分几次从中间到两边逐渐拧松主轴承盖紧固螺栓，如图2-27所示。

7）拆下曲轴各主轴承。

（2）气缸体的装配步骤 气缸体的装配可按与拆卸相反的顺序进行，但注意以下事项：

1）装配气缸体时应更换中间轴密封凸缘油封、曲轴前油封凸缘衬垫。

2）安装曲轴前油封时，应在油封外圈和唇边涂一层薄机油，在曲轴颈上套上专用工具，通过装在导套上的压套将油封压到位。

3）中间轴密封凸缘紧固螺栓拧紧力矩为25N·m。

4）装配中间轴时，中间轴最大轴向间隙应为0.25mm。

5）主轴承盖紧固螺栓拧紧力矩为65N·m，拧紧顺序与图2-27所示序号的顺序相反。

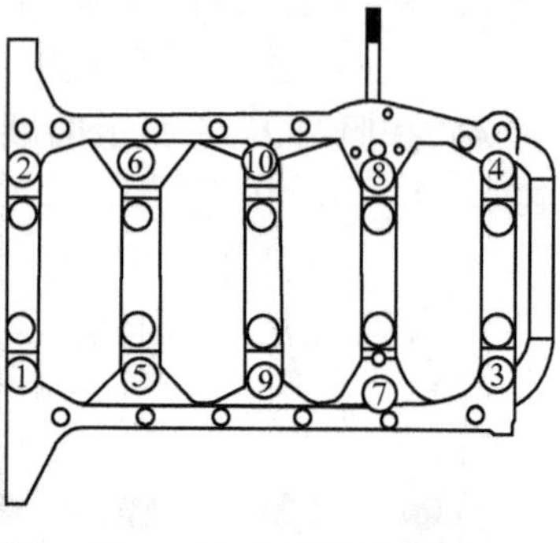

图2-27 曲轴主轴承盖的拆卸顺序

6）曲轴3号主轴承为推力轴承，其两端有半圆形止推环。注意：定位及开口必须朝向滑动轴承安装，各滑动轴承不能互换。

2.2.8 机体组的检验与维修

1. 气缸盖与气缸体常见损伤形式

气缸盖和气缸体常见的机械损伤形式主要有磨损、变形和裂纹。

（1）磨损　机体组内，气缸的磨损是无法避免的普遍现象，气缸的磨损程度通常作为一台发动机是否需要大修的重要依据。正常磨损状态下，气缸磨损的特点是由活塞环运动区域呈上大下小的不规则锥形不均匀磨损。实践证明，气缸磨损最大的部位是活塞运动到上止点时第一道活塞环相对应的气缸壁。气缸磨损的原因主要是在润滑不良、高温、高压、交变负荷和腐蚀性物质作用的恶劣条件下工作。另外，活塞在气缸中高速往复运动进一步加剧了气缸磨损。

（2）变形　气缸盖的变形指与气缸体结合平面处翘曲变形，主要由拆装气缸盖时操作不当，以及未按气缸盖螺栓规定顺序和拧紧力矩操作所致。

气缸体变形主要有以下形式：

1）气缸体与气缸盖结合平面处翘曲变形，因拆装气缸盖时拧紧力矩过大或不均，或不按规定顺序拧紧以及在高温下拆卸气缸盖所致。

2）气缸体上下平面在螺纹孔周围凸起，通常因装配时拧紧力矩过大，或装配时螺纹孔未清洗干净，以及螺栓变形所致。

3）内部变形主要是由于曲轴轴承座孔同轴度偏差较大、曲轴轴承座孔处厚薄不均，以及铸造时造成残余应力不均等原因引起的。

气缸体和气缸盖产生变形，致使气缸体和气缸盖平面度误差加大，这会造成气缸密封不严、漏液、漏气，甚至燃料冲坏气缸垫，从而影响发动机的工作质量。

（3）裂纹　气缸盖的裂纹发生的常见位置是进排气门座之间的过梁处，这是气门座或气门导管配合过盈量较大与镶嵌工艺不当引起的；冬天的时候也可能发生在水道壁较薄处，这源于冷却液在低温下的结冰膨胀。

气缸体产生裂纹的原因则比较多，主要有以下几种：

1）曲轴在高速转动时产生振动，增加了气缸体的负荷，在气缸体薄弱部位发生裂纹。

2）镶换气缸套时，过盈量选择过大或者压装工艺不当造成气缸局部裂纹。

3）装配螺栓时拧紧力矩过大，或者镶套修复损坏的螺纹孔时，其过盈量选择过大使原螺纹孔裂损。

4）发动机处于高温时突然加入大量冷水，或因水垢积聚过多而散热不良，使水道壁产生裂纹。

5）冬天及寒冷地区未加防冻液的车辆，停驶时间较长而未及时放水，导致水道冻裂。

2. 机体组的检修

以奥拓发动机机体组的检修为例，其检修步骤如下：

（1）气缸盖的外观检修内容　气缸盖的结构如图 2-8（或图 2-9）所示。

1）检查气缸盖有无裂纹、机械损伤、化学腐蚀及变形；如有造成漏液、漏气的裂纹和损伤，则应及时修理或更换气缸盖。

2）检查气缸盖排气道、燃烧室和气门座处的积炭情况。根据情况予以清除，以保持发动机不致因积炭严重而发生过热现象。

（2）清除气缸盖内的积炭

1）机械方法。用专用金属丝刷装在电动或气动工具上，通过丝刷的旋转来刷洗积炭部位，或用软金属刮刀、小铲小心地刮出积炭，不允许使用尖锐的金属刀具去清除积炭，以免刮伤或划伤金属表面，如图 2-28 所示。

2）化学方法。利用化学溶剂与积炭层发生化学和物理作用，使炭层松软再通过机械方法清除。一般应使气缸盖在化学溶剂中浸泡2～3h。

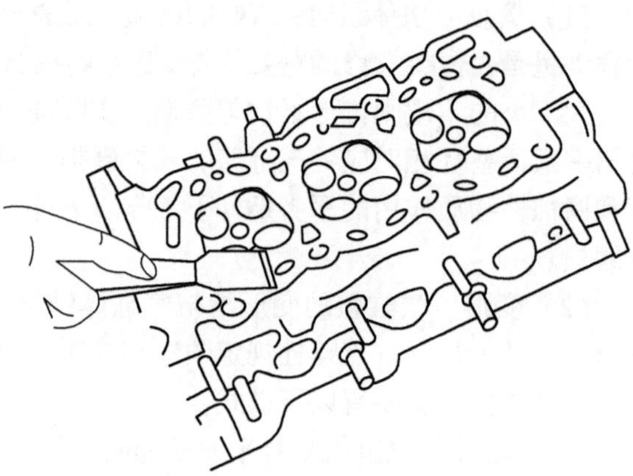

图2-28　清除积炭

(3) 检修气缸盖的裂纹　气缸盖裂纹一般发生在气门座附近和水套薄壁处。对裂纹的检查可采用目测和机械液压试验来发现。

在气缸盖和缸体的水套中，加入足够的水，用294～392kPa的压力，并保持5min以上，应无任何渗漏；或者用汽油或煤油注入气缸体和气缸盖的水套内，30min后，观察有无渗漏。

若气缸盖存在渗漏现象，则应对裂纹进行修理，可采用黏结修补和焊接修补；若裂纹过长过大，则应更换新气缸盖。

(4) 检修气缸盖接合平面

1）气缸盖下平面。气缸盖下平面与气缸垫接合，通过气缸盖连接螺栓与气缸体连接、紧固，以防止燃气外漏。

① 气缸盖下平面的平面度极限值为0.05mm。

② 气缸盖下平面的平面度检查方法。用钢直尺（或光轴）和塞尺对气缸盖的六个方向部位进行检查，取塞尺测量的间隙最大值为平面度误差，检查的任何部位平面度误差的极限值应小于0.05mm，如图2-29所示。

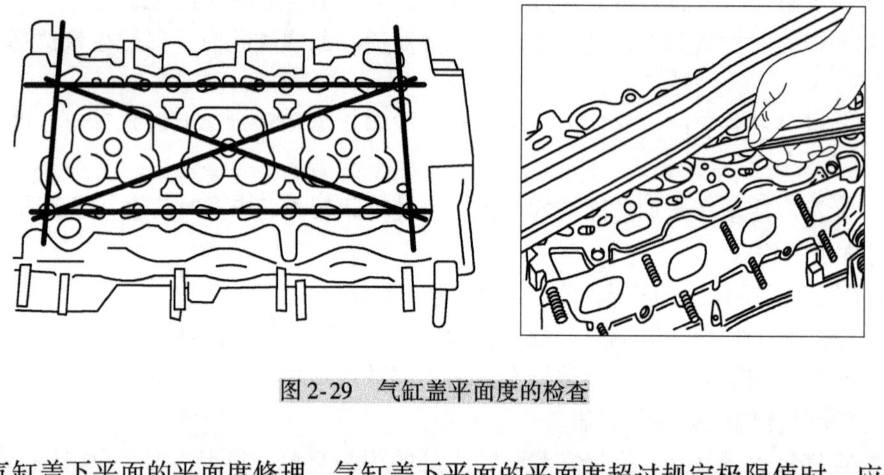

图2-29　气缸盖平面度的检查

③ 气缸盖下平面的平面度修理。气缸盖下平面的平面度超过规定极限值时，应予修理。修理的方法：用一个小平板和400号防水碳化硅砂纸研磨气缸盖下平面，以消除不平高点。研磨时，注意气缸盖的最小厚度尺寸应保持在136.3mm以上，若小于气缸盖厚度尺寸而平面度值又大于平面度极限值时，应更换气缸盖。

2）气缸盖与排气歧管接合平面。

① 气缸盖与排气歧管接合平面的平面度极限值为0.10mm。

② 气缸盖与排气歧管接合平面的平面度检查方法。用钢直尺和塞尺按图 2-30 所示方位检查气缸盖与排气歧管接合平面的平面度。

③ 气缸盖与排气歧管接合平面的修理。当气缸盖与排气歧管接合平面度超过规定极限值时，应予修理。修理的方法：采用磨削的加工方法，但磨削量应小于 0.30mm。

3）气缸盖与进气歧管接合平面。

① 气缸盖与进气歧管接合平面度极限值为 0.10mm。

② 气缸盖与进气歧管接合平面的平面度检查方法。用钢直尺和塞尺按图 2-31 所示方位检查气缸盖与进气歧管接合平面的平面度。

③ 气缸盖与进气歧管接合平面的平面度修理。当气缸盖与进气歧管接合平面的平面度超过规定极限值时，应予修理。修理的方法：采用磨削的加工方法，但磨削量应小于 0.30mm。

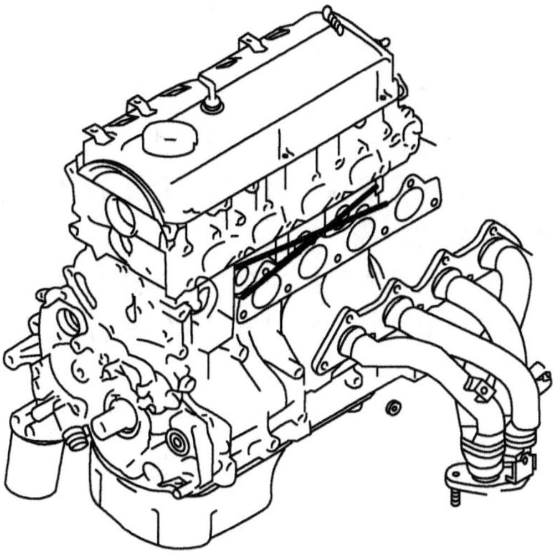

图 2-30　气缸盖与排气歧管接合平面的平面度检查方位

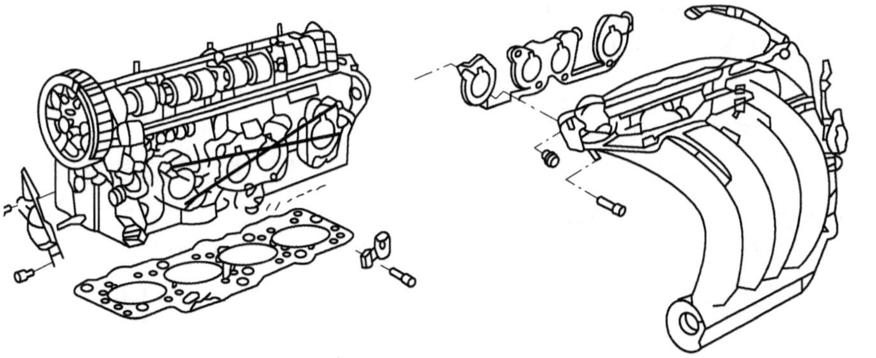

图 2-31　气缸盖与进气歧管接合平面的平面度检查方位

（5）检修气缸盖上轴孔

1）凸轮轴安装孔。

① 凸轮轴安装孔的结构与尺寸：凸轮轴安装孔由气缸盖前端（曲轴带轮侧）至气缸盖尾端（分电器安装侧）共有四个轴承孔，其直径尺寸必须符合标准尺寸，对气缸盖上凸轮轴安装孔进行检查，结合测量的凸轮轴轴颈尺寸计算凸轮轴颈与凸轮轴孔的配合间隙。

② 凸轮轴安装孔尺寸用内径千分表进行检查。检查时，在每个孔的两个部位、互相垂直的两个方向上进行检查。

③ 凸轮轴安装孔检查结果的处理。在对凸轮轴安装孔进行检查后，每个安装孔测得四个数据，结合凸轮轴相应部位测得的数据，进行间隙计算。其间隙要求：标准值为 0.050 ~ 0.091mm；极限值为 0.15mm。计算出的任一径向间隙，如果超过规定的极限值，则首先更换凸轮轴来满足间隙的要求，若更换凸轮轴满足不了径向间隙的要求，则应更换气缸盖。

2）气门导管孔与气门杆间隙的检测。

① 气门导管的安装位置与内孔尺寸。气门导管分为进气门导管和排气门导管，每个气缸燃烧室各两个，三个燃烧室共六个气门导管，分别按图2-32所示装在进气侧和排气侧，进、排气门导管外径尺寸相同，安装要求也一样。

② 气门导管内径的检查方法。气门导管内径的检查方法有两种：内径千分表检查法和用千分表检查气门杆端的偏差法。

内径千分表检查法：用内径千分表在上、中、下三个部位的互相垂直的两个方向上测量气门导管的内径。

千分表检查气门杆端的偏差法：用磁性表座固定千分表来检查气门杆端的偏差是否在规定的极限值内，以判定气门导管是否可用。气门杆偏差极限值：进气门为0.12mm；排气门为0.16mm。

③ 气门导管内径测量值的判定处理。在气门导管内径测出后，结合对进、排气门杆的测量，来计算气门杆与气门导管的间隙，以决定更换哪个零件。气门杆与气门导管的间隙值如下。

a. 进气门：标准值为0.02～0.05mm；极限值为0.07mm。

b. 排气门：标准值为0.03～0.06mm；极限值为0.09mm。

若气门杆与气门导管的间隙超过极限值，应首先更换进（排）气门以调整气门杆与气门导管的间隙。若不能满足要求，则应更换气门导管。

④ 换气门导管参见发动机装配部分。

（6）检修气门座

1）气门座接触面的检查。

① 检查气门座接触面时，气门必须完全符合要求，气门杆和气门导管的配合间隙符合要求时，才能进行气门接触面的检查。

② 气门头工作面接触印痕标准配合宽度及状况的规定：标准配合宽度为1.3～1.5mm，印痕状况为连续无间断环形印痕（进、排气门规定相同）。气门与气门座配合宽度如图2-33所示。

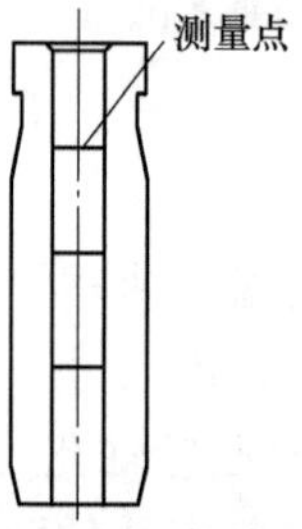

图2-32　气门导管与气门杆间隙检查

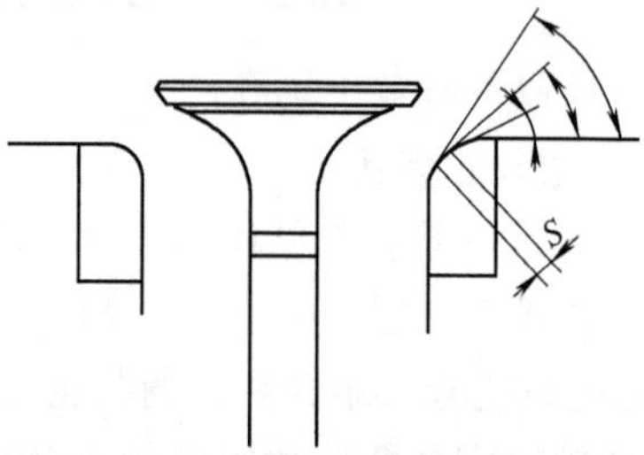

图2-33　气门与气门座配合宽度

③ 检查方法。一般是在气门座上均匀地涂一层红丹油，用气门研磨工具（或合格的进、排气门）使气门座与气门头旋转研配，就能得到各气门的接触印痕。各气门配合面得到的接触印痕必须符合规定。

2）气门座的修理。如果气门座与气门接触不均匀，或气门座接触宽度不在规定范围内时，必须修理或加工，修理后进行研磨。

① 进气门座的修理。进气门座修理用三把不同角度的气门座修理刀具。第一把刀具的角度为 45°，第二把刀具的角度为 15°，第三把刀具的角度为 60°，以适应进气门座三个不同角度的锥面，如图 2-34a 所示。进气门座的修整：首先用第一把 45°的铰刀修整气门座粗糙的接触表面；然后用第二把 15°的铰刀修整气门座，并使 45°铰刀修整的座面周界变为规定值；再用第三把 60°铰刀修整气门座，使 45°铰刀修整的座面宽度达到规定值；最后用第一把 45°铰刀刮去使用 15°和 60°铰刀修整气门座时产生的毛刺。

对于用铰刀修整好的进气门座的工作表面应进行研磨。如图 2-34b 所示，研磨用气门研磨工具进行，其程序分为三步：第一步，粗磨，即在研磨工具上涂上较粗的研磨膏进行研磨，以研磨去刀痕或波纹；第二步，细磨，即在研磨工具上涂上较细的研磨膏进行研磨，以研磨出连续无间断的环形工作面；第三步，清理气门座上的研磨膏，并用红丹油对工作表面进行检查。应得到连续不间断、宽度均匀的环形印痕。

② 排气门座的修理。排气门座的修理与进气门座修理的方法基本相同，仅所使用的刀具角度不同。修排气门座的第三把刀具角度为 75°，以与排气门座的锥面角度相适应，如图 2-34 所示。

a) 气门座的铰削

b) 气门座的研磨

图 2-34　气门座的修理

③ 气门座位置尺寸的检查。在气门座中放入合格的进、排气门，用深度千分尺测量气门最高部位距气缸盖下平面的距离，应保持在规定的极限值内。该极限值的规定按制造厂的技术文件规定执行。

（7）检修缸盖水道口

1）检查水道口是否被腐蚀，若有严重腐蚀，则应修理。

2）修理时，可采用环氧树脂胶粘补或堆焊后重开水道口（但要注意预热、防止变形）。也可采用补板镶补法，即把腐蚀的水道口加工成台阶的圆孔，其深度一般为 3mm 左右，用 4mm 厚的铝板或钢板制成形状相同、略大于孔口的补板，用手锤与手冲头将补板嵌入孔内，然后开出水道口并修整。

（8）气缸体外观的检查内容　气缸体的结构如图 2-35 所示。气缸体外观检查主要是检查气缸体有无机械损伤和化学腐蚀，有无裂纹和气孔、砂眼造成的漏油、漏液部位等。

（9）检修气缸体接合平面　气缸体上平面的平面度误差标准值为 0.03mm，极限值为

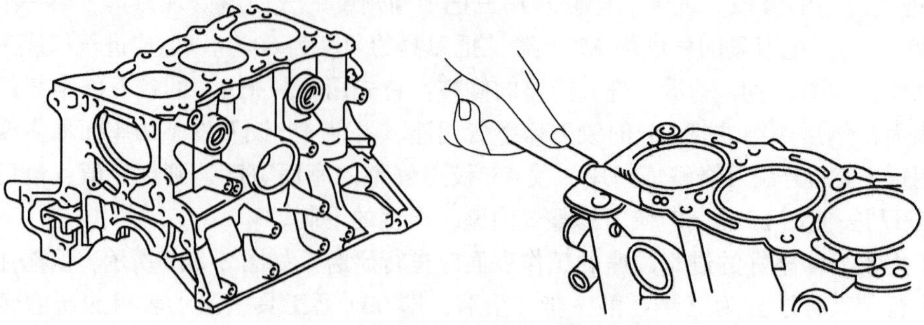

图 2-35　奇瑞 QQ 372 发动机气缸体

0.05mm。其检查与修理方法与气缸盖下平面的检修方法相同，如图 2-36 所示。

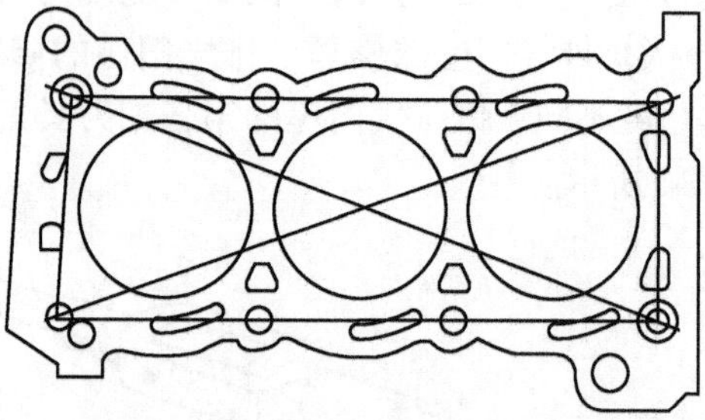

图 2-36　气缸体上平面的平面度检查

（10）检查气缸体缸径

1）气缸体缸径尺寸应符合标准规定。

项目标准值极限值如下：

标准缸径：ϕ68.55mm

第一修理尺寸：ϕ68.80mm

第二修理尺寸：ϕ69.05mm

气缸与活塞的间隙：0.045～0.055mm

三个气缸缸径差值：0.030～0.050mm

2）气缸体缸径的测量如图 2-37 所示。

① 缸径的测量部位。根据气缸的磨损规律，测量缸径时，应在气缸轴向三个截面、三个方位上测量，如图 2-38 所示的①、②、③截面，A、B 方位：①截面在气缸的上部，相当于活塞行程上止点时，第一道活塞环所在的位置，约距缸顶 10～15mm；②截面在气缸的中部；③截面在气缸的下部接近下边缘处，约距缸底 10～15mm。

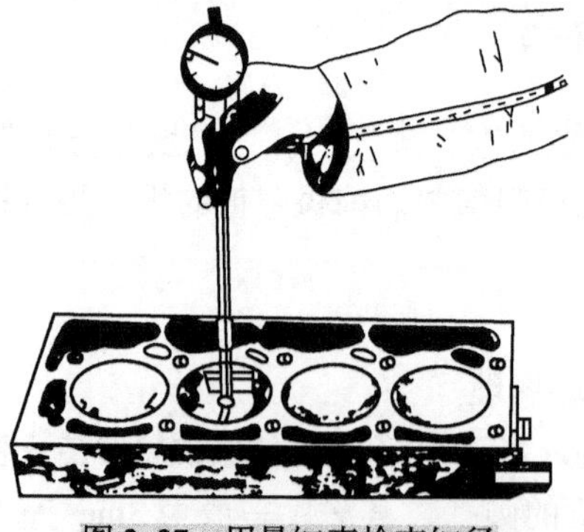

图 2-37　用量缸表检查缸径

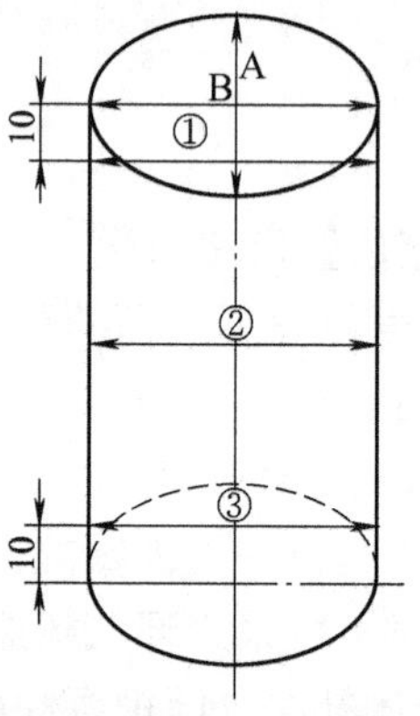

图 2-38　缸径的测量部位

A 方位为发动机的纵向；B 方位为发动机的横向。

② 调整量缸表测量接杆的长度。根据被测气缸的直径选择合适的测量接杆及固定螺母旋入表杆下端。调整接杆长度，使其与活动测杆的总长度同被测气缸直径相适应，即使其测量范围能包含该缸的最大和最小磨损缸径。

③ 测取最小磨损缸径。最小磨损缸径在气缸的下部，因此将量缸表的测杆伸入到接近

气缸孔下边缘处，即图 2-38 中的截面③处的平面内 A、B 方位，找到该处的气缸最小直径作为最小磨损缸径。

注意：用量缸表测量缸径时，应使其下面的测杆处于垂直于气缸轴线的位置。在测某一位置缸径时，应在该直径所处的纵平面内摆动量缸表，如图 2-37 所示。表盘指针顺时针摆转到极限位置刚要回动时，即表明测杆已垂直于气缸轴线。

④ 测取最大磨损缸径。测量最大磨损缸径应在①截面的 B 方位及②截面的 B 方位上测量。即将量缸表的测杆伸入到上述两截面的两个方位即可测取到最大磨损缸径。

⑤ 测量圆度和圆柱度误差。测取最大磨损缸径后即测取同一横截面内的最小缸径。为快捷起见，通常测取与最大磨损直径相垂直的缸径作为该平面内的最小磨损缸径。用上述步骤测得值后，即可计算出该缸的圆度和圆柱度误差，即

$$\text{圆度误差}=\frac{\text{最大磨损缸径 }D_{max}-\text{最小磨损缸径 }D_{min}}{2}$$

$$\text{圆柱度误差}=\frac{\text{最大磨损缸径 }D_{max}-\text{最小磨损缸径 }D_{min}}{2}$$

3）气缸体缸径测量结果的处理。

① 测量的缸孔直径值记录。

② 将所测得的最大磨损缸径及圆度、圆柱度误差值与规定极限值比较，确定是否对气缸进行修理。

③ 在测量出的气缸体各缸缸径数据中，用各缸径的最小值，计算出气缸与活塞的间隙，看是否超过间隙的规定范围，若超过，应对气缸进行修理。

④ 各气缸间缸径的最大与最小缸径之差不应大于 0.05mm，否则应对气缸进行修理。

⑤ 单个气缸的缸壁上如有严重的拉伤或损伤，应对气缸进行修理。

（11）修理气缸

1）气缸修理尺寸的规定。需要修理的气缸，应按照规定的规格尺寸进行。奥拓发动机气缸体气缸的修理尺寸有两个规格；缸径加大 0.25mm 的为第一修理尺寸，缸径加大 0.50mm 的为第二修理尺寸。加大修理的气缸应配装加大相同规格的活塞。

2）气缸的修理方法。气缸加大尺寸的修理，采用镗削和珩磨的加工方法。镗削是将气缸镗到工艺要求的尺寸，珩磨是使气缸磨到缸径尺寸的要求和几何精度的要求。

（12）检修缸体裂纹

1）检查。

① 水压试验。当缸体或缸盖水腔内的水压加到 30～40kPa 时，保持 5min，有裂纹和砂眼的地方就会有水渗出。

② 渗漏法。将汽油或煤油注入水腔内，经过 20～30min，看是否有油渗出。

2）修理。根据检查出的裂纹产生的部位和程度，应采用不同的方法修复。

① 涂胶法。在裂纹两端钻止裂孔，孔径视裂纹部位及程度而定。对裂纹开 60°坡口，坡口深度是壁厚的 2/3，除油时，先用汽油洗，再用丙酮擦，最后用空气吹净，或者用 10% Na_2SiO_3 在 60℃时，对缸体或对缸盖进行 10min 的处理，然后立即用水冲洗，冲洗后再用丙酮擦，并以空气吹干。

涂胶时，先把 6101 环氧树脂 100 份（质量，后同）同邻苯二甲酸二丁酯 15 份混合后，

略加热并不断搅匀，再把被研成粉末状的间苯二胺 15 份注入上述混合物内，然后加热直到粉末全无；接着，再加入石英粉 15 份、石棉粉 10 份、铁粉（或铝粉）20 份等填料，并搅拌均匀，将需涂胶的缸体盖加热到 40℃，把配制好的胶粉涂上。涂胶多少视裂纹状况而定。缸体或缸盖涂胶变冷后即可粘牢。

② 焊接法。先按涂胶法的步骤钻止裂孔、开 60°坡口，并除油，但坡口要用砂布磨光。当钻孔开坡口时，孔间部分应重叠，最后用凿子去掉多余的金属，使坡口边缘连成一条光滑的轮廓。

用铜焊条冷焊（对缸体不预热或预热的温度较低，如低于 400℃）即采用小电流、锤击、分层焊。但是对于温度高、受力大的部位，应采用热焊法，即对缸体预热 650 ~ 700℃，在焊后还应在 500 ~ 550℃温度范围内保持 1h。然后随炉缓冷 16h 以上，直到缸体温度达到正常。焊条为纯镍制成。

③ 种钉法。种钉时，先在裂纹两端钻止裂孔，再沿裂纹序号钻孔、攻螺纹、旋入螺钉并切断锉平（所用螺钉一般为 M6 纯铜棒制的螺钉）。

为保证密封性，各螺钉间应相互搭接 1/3 直径，螺钉锉平前应用锤子轻轻敲击，有时还可用焊料进行钎焊。

（13）检修气缸盖罩总成　发动机气缸盖罩总成结构如图 2-39 所示。检查气缸盖罩是否有裂纹、凸凹损伤及气缸盖接合平面严重翘曲变形等现象，如有，则应修整或更换。

（14）检修油底壳　发动机油底壳的结构如图 2-40 所示。检查油底壳是否有裂纹、凸凹损伤以及与气缸体下平面接合面是否有严重翘曲变形。根据需要修理或更换。

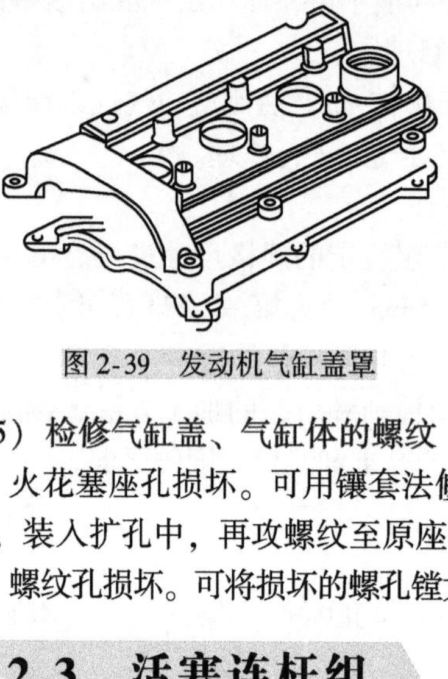

图 2-39　发动机气缸盖罩

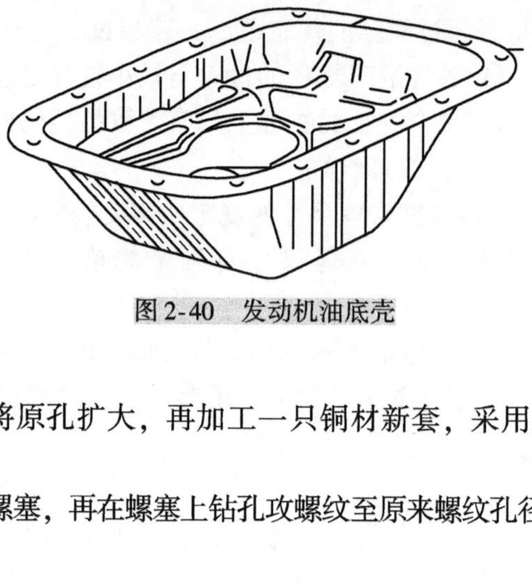

图 2-40　发动机油底壳

（15）检修气缸盖、气缸体的螺纹

1）火花塞座孔损坏。可用镶套法修复。先将原孔扩大，再加工一只铜材新套，采用过盈配合，装入扩孔中，再攻螺纹至原座孔内径。

2）螺纹孔损坏。可将损坏的螺孔镗大，镶入螺塞，再在螺塞上钻孔攻螺纹至原来螺纹孔径。

2.3　活塞连杆组

活塞连杆组主要由活塞 5，活塞环 1、2、3，活塞销 4，连杆 6，连杆螺栓 7，连杆轴承 8，连杆轴承盖 9 等运动部件组成，如图 2-41 所示。

2.3.1　活塞

1. 功用和工作特点

活塞的主要作用是承受气缸中的气体压力，并将此力通过活塞销传给连杆，以推动曲轴旋转，同时，活塞顶部还与气缸盖、气缸壁共同组成燃烧室。

活塞顶部直接与高温、具有一定腐蚀性的燃气相接触，并受到高速运动、周期变化的气体压力和惯性力作用，且润滑条件、散热条件都差，因此其工作条件是极为恶劣的，对于活塞的制造以及工艺也提出了相应的要求：

1）制造必须有较高的精度，以保证活塞与气缸壁之间有较小的摩擦因数。

2）材料必须有较小的质量，以降低惯性。

3）有足够的强度和刚度，特别是活塞环槽区域内要有较大的强度，防止活塞环损坏。

4）活塞顶部耐热、裙部有一定弹性。

5）良好的导热性能及合理的热膨胀性，以便有合理的安装间隙。

6）一定的耐磨性能，以防止周期性运动带来的过度磨损。

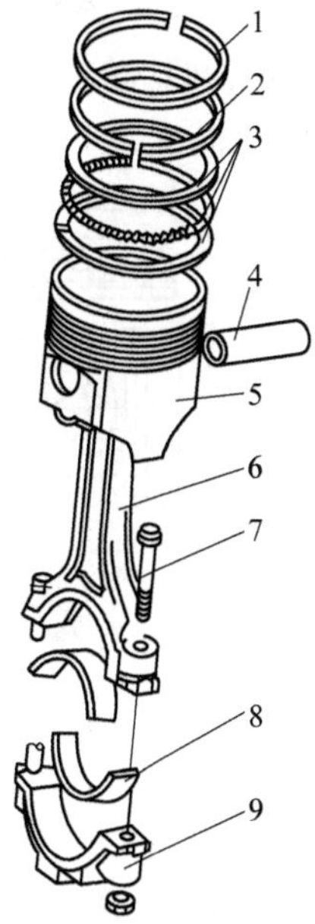

图 2-41 JV 型发动机活塞连杆组分解图

1—第一道气环 2—第二道气环 3—组合油环 4—活塞销 5—活塞 6—连杆 7—连杆螺栓 8—连杆轴承 9—连杆轴承盖

2. 活塞的成形方法

汽车发动机活塞常用铝硅合金材料，采用铸造、锻造、液态模锻等方法制造。

3. 活塞的基本构造

活塞的基本构造可分为顶部 1、头部 2 和裙部 7 三部分，如图 2-42 所示。

（1）活塞顶部　活塞顶部的形状与选用的燃烧室形式有关。活塞顶部的形状主要有平顶、凸顶和凹顶三种。汽油机活塞顶部多采用平顶（图2-43a），其优点是吸热面积小，制

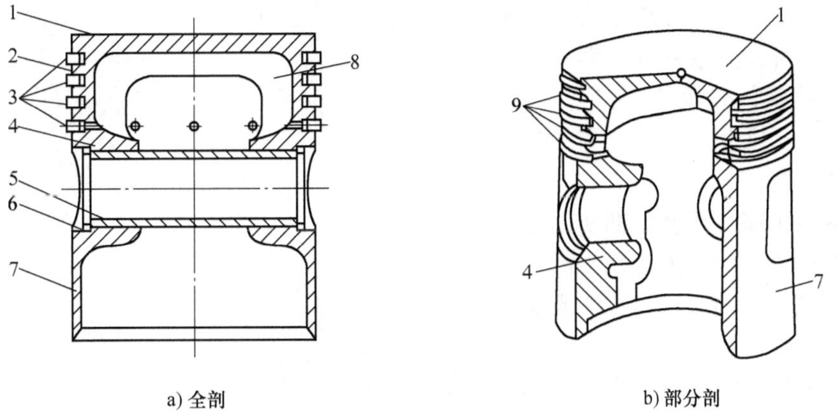

图 2-42 活塞的基本结构

1—活塞顶部 2—活塞头部 3—活塞环 4—活塞销座 5—活塞销 6—活塞销锁环 7—活塞裙部 8—加强肋 9—环槽

造工艺简单，燃烧室结构紧凑。有些汽油机为了改善混合气形成和燃烧环境而采用凹顶活塞（图2-43b），凹坑的大小还可以用来调节发动机的压缩比。凸顶活塞（图2-43c）主要用于二冲程汽油机。

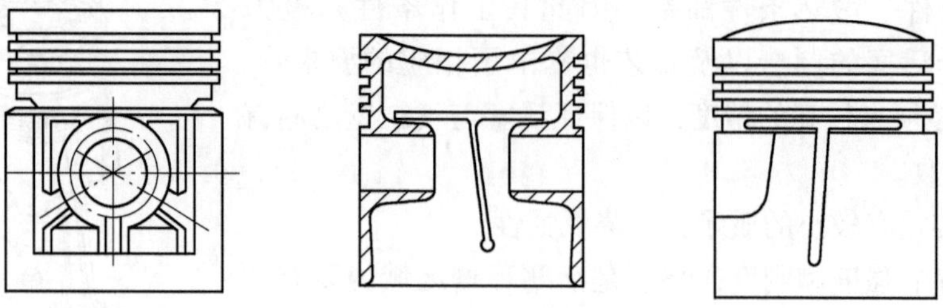

a) 平顶　b) 凹顶　c) 凸顶

图2-43　活塞顶的形状

（2）活塞头部　活塞头部是最下端活塞环槽以上至活塞顶以下的部分。其主要作用有：

1）承受气体压力，并传给连杆。

2）与活塞环一起实现气缸的密封。

3）将活塞顶部所吸收的热量通过活塞环传给气缸壁。头部切有若干用来安装活塞环的环槽。汽油机一般有2~3道环槽，上面1~2道用来安装气环，下面1道用来安装油环。在油环槽底面上钻有许多径向小孔，使被油环从气缸壁上刮下来的多余机油经过这些小孔流回油底壳。

活塞头部一般做得较厚，以便于热量从活塞顶部经活塞环传给气缸的冷却壁面，从而防止活塞顶部的温度过高。

有的发动机活塞在第一道环槽上面切出比环槽窄的隔热槽，其作用是隔断从活塞顶部流下来的部分热流通路，迫使热流方向转折，把原来应由第一道活塞环散走的热量，分散给第二、三环，以消除第一环过热后产生积炭和卡死在环槽中的可能性。

（3）活塞裙部　活塞裙部指活塞环槽以下的所有部分，其作用是为活塞在气缸内做往复运动进行导向并承受侧压力。

活塞工作时，燃烧气体的压力均匀作用在活塞顶上，而活塞销给予的支反力则作用在活塞裙部的销座处，由此产生的变形是裙部直径沿活塞销座轴线方向增大（图2-44a）。侧压力 F_N 的作用也使活塞裙部直径在同一方向上增大

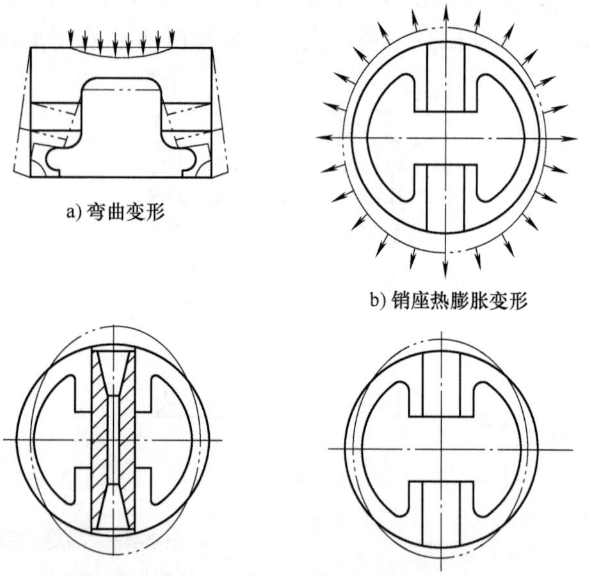

a) 弯曲变形　b) 销座热膨胀变形　c) 挤压变形　d) 裙部综合变形

图2-44　活塞裙部的椭圆变形

(图 2-44b)。此外，活塞销座附近的金属堆积受热后膨胀量大，致使裙部受热变形时，沿活塞销座轴线方向的直径增量大于其他方向。图 2-44c 所示活塞工作时产生的机械变形和热变形，使其裙部断面变成长轴在活塞销方向上的椭圆（图 2-44d）。鉴于上述情况，为了使活塞在正常工作温度下与气缸壁间保持比较均匀的间隙，以免在气缸内卡死或引起局部磨损，必须预先在冷态下把活塞制成裙部断面为长轴垂直于活塞销方向的椭圆形。为了减少销座附近处的热变形量，有的活塞将销座附近的裙部外表面制成下陷 0.5 ~ 1.0mm。活塞裙部形状可以做成变椭圆桶形，即在活塞裙部的不同部位其椭圆度不同，椭圆度由下而上逐渐增大，即活塞裙部横截面越往上越扁，裙部纵向截面呈桶形，其轮廓线为一抛物线，故也称抛物线形活塞裙部。图 2-45 所示为活塞裙部的不同形状和结构。

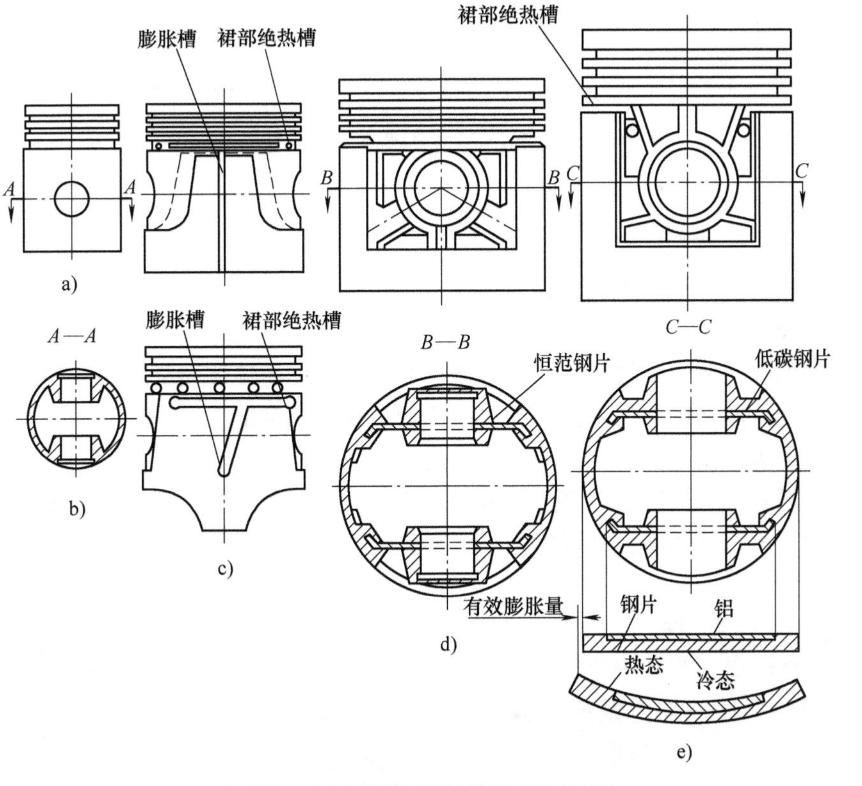

图 2-45　活塞裙部的不同形状和结构

a）锥形裙部活塞　b）椭圆形裙部活塞　c）活塞的膨胀槽和绝热槽
d）恒范钢片式活塞　e）热膨胀自动调节式活塞

（4）活塞销座　活塞销座的作用是将活塞顶部气体作用力经活塞销传给连杆。活塞销座通常有肋片与活塞内壁相连，以提高其刚度。

活塞销座孔内有的设有安放弹性卡环的卡环槽。卡环用来防止活塞销在工作中发生轴向窜动。

活塞销座孔的中心线一般位于活塞中心线的平面内。但也有些高速汽油机的活塞销孔中心线偏离活塞中心线平面，如图 2-46a 所示。图中，活塞销座轴线向在做功行程中受侧向力的一面偏移了 1 ~2mm，这是因为，如果活塞销对中布置，则活塞越过上止点时侧压力的作用方向改变，会使活塞敲击气缸壁面发出噪声，而如果把活塞销偏移布置（图 2-46b），则可使活塞较平稳地从压向气缸的一面过渡到另一面，而且过渡时刻早于达到最高燃烧压力的时刻，可以减轻活塞“敲缸”，减小噪声，改善发动机工作的平顺性。

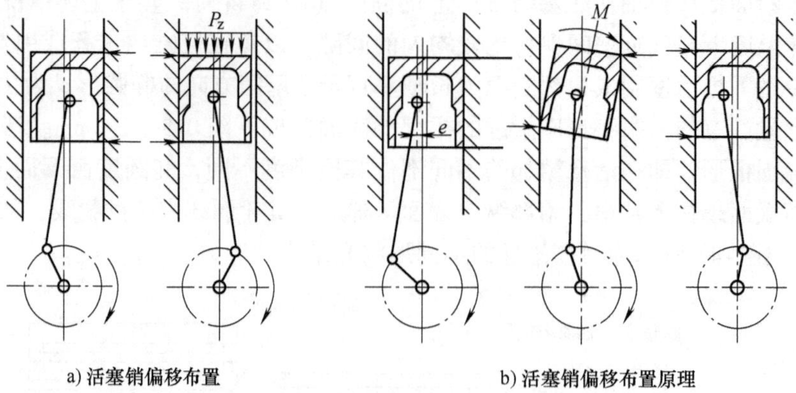

图 2-46　活塞销偏置及其原理

2.3.2　活塞环

活塞环主要可以分为气环和油环两种。

1. 气环的作用

气环的作用是保证活塞与气缸壁间的密封，防止气缸中气体大量漏入曲轴箱，同时还将活塞顶部的大部分热量传导到气缸壁，再由冷却液或空气带走。

2. 油环的作用

油环的作用是刮去气缸壁上多余的机油，并在气缸壁面涂上一层均匀的机油膜，这样既可以防止机油窜入气缸燃烧，又可以减小活塞、活塞环与气缸的摩擦阻力和磨损。此外，油环也起到密封的辅助作用。

3. 活塞环的工作条件

活塞环工作时受到气缸中高温、高压燃气的作用，温度较高（尤其是第一环，温度可达600K）。活塞环在气缸内做高速运动，加上高温下部分机油出现变质，使环的润滑条件变坏，难以保证液体润滑，因此磨损严重。

4. 活塞环的间隙

如图 2-47 所示，活塞环会在发动机运转过程中与高温气体接触发生热膨胀现象，而周期性的往复运动又使其出现径向张缩变形。因此，为了保证正常的工作，活塞环在气缸内应该具有以下间隙：

1）端隙又称开口间隙，指活塞环在冷态下装入气缸后，该环在上止点时，环的两端头之间的间隙。一般为 0.25 ~ 0.50mm。

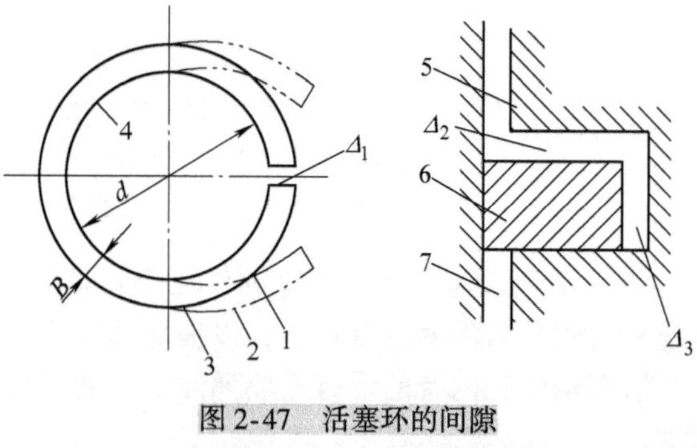

图 2-47　活塞环的间隙

1—活塞环处于工作状态时的形状
2—活塞环处于自由状态时的形状
3—工作面　4—内表面　5—活塞
6—活塞环　7—气缸　Δ_1—开口间隙
Δ_2—侧隙　Δ_3—背隙　d—活塞环内径　B—活塞环宽度

2）侧隙又称边隙，指活塞环装入活塞后，其侧面与活塞环槽之间的间隙。第一道环因为工作温度高，间隙较大，一般为 0.04～0.10mm；其他环一般为 0.03～0.07mm。油环侧隙比气环小。

3）背隙指活塞环装入气缸后，活塞环内圆柱面与活塞环槽底部间的间隙，一般为 0.50～1.00mm。油环背隙较气环大，有利于增大存油间隙，便于减压泄油。

5. 活塞环的泵油作用

由于侧隙和背隙的存在，发动机工作时，活塞环便产生了泵油作用。其原理是：活塞下行时，环靠在环槽的上方，环从缸壁上刮下来的润滑油充入环槽下方，如图 2-48a 所示；活塞上行时，环又靠在环槽的下方，同时将机油挤压到环槽上方，如图 2-48b 所示。如此反复运动，就将缸壁上的机油泵入燃烧室。

活塞环的泵油作用使机油窜入燃烧室，导致燃烧室内形成积炭并增加了机油消耗，并且还可能在环槽（尤其是第一道气环槽）中形成积炭，使环卡死，失去密封作用，甚至折断活塞环。因此要特别注意：活塞环的侧隙、背隙是选择发动机润滑油的高温黏度和 TBN 值的重要参考值之一！

6. 气环

（1）**气环的密封机理**　活塞环有一个切口，且在自由状态下不是圆环形，其外形尺寸比气缸的内径大些，因此，它随活塞一起装入气缸后，便产生弹力进而紧贴在气缸壁上。活塞环在燃气压力作用下，压紧在环槽的下端面上（图 2-49），于是燃气便绕流到环的背面，并发生膨胀，其压力下降。同时，燃气压力对环背的作用力使环更紧地贴在气缸壁上。压力已有所降低的燃气，从第一道气环的切口漏到第二道气环的上平面时，又把这道气环压贴在第二环槽的下端面上，于是，燃气又绕流到这个环的背面，再发生膨胀，其压力又进一步降低。如此继续进行下去，从最后一道气环漏出来的燃气，其压力和流速已经大大减小，因此泄漏的燃气量也就很少了。为数很少的几道切口相互错开的气环所构成的“迷宫式”封气装置，就足以对气缸中的高压燃气进行有效密封。

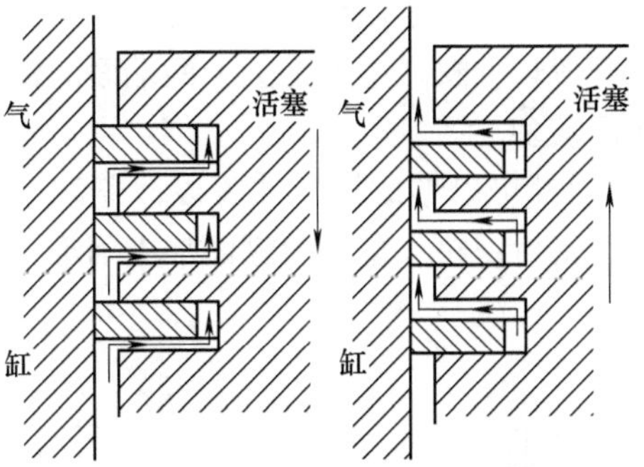

a) 活塞下行　　b) 活塞上行

图 2-48　活塞环的泵油作用

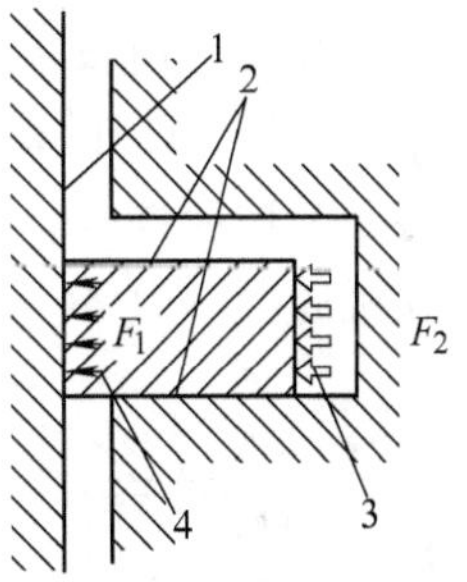

图 2-49　活塞环密封原理

1—第一密封面　2—第二密封面

3—背压力 F_2　4—活塞环自身弹力 F_1

（2）**气环的切口**　气缸内的燃气漏入曲轴箱的主要通路是活塞环的切口，因此，切口的形状和装入气缸后的间隙大小对于漏入曲轴箱的燃气量有一定的影响，切口间隙过大，则漏气严重，使发动机功率减小；间隙过小，活塞环受热膨胀后就有可能卡死或折断。切口间隙值一般为0.25~0.8mm。第一道气环的温度最高，因此其切口间隙值最大。气环的切口形状如图2-50所示。直角形切口工艺性好（图2-50a）；阶梯形切口的密封性好，但工艺性较差（图2-50b）；图2-50c所示为斜切口，斜角一般为30°或45°，其密封作用和工艺性均介于前两种之间，但其锐角部位在套装入活塞时容易折损；图2-50d所示为二冲程发动机活塞环的带防转销钉槽的切口。压配在活塞环槽中的销钉，是用来防止活塞环在工作中绕活塞中心线转动的。

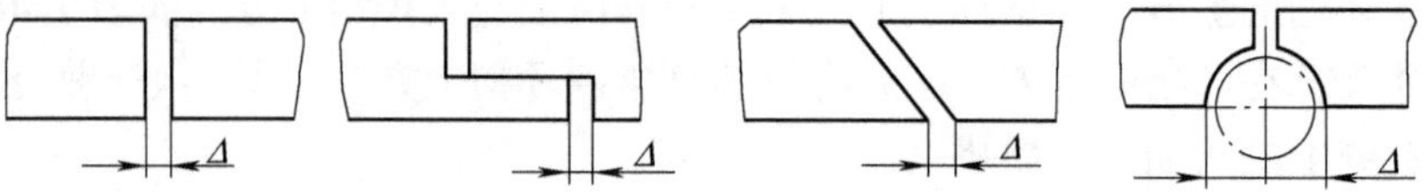

a) 直角形　b) 阶梯形　c) 斜口形　d) 带防转销钉槽形

图2-50　气环的切口形状

（3）气环断面形状

1）矩形环（图2-51a）的优点是结构简单、制造方便、散热性好，废品率低。缺点主要是有泵油作用，容易造成机油消耗量过大并有可能形成燃烧室积炭；另外，矩形环的刮油性、磨合性及密封性较差。现代汽车基本不采用。

2）锥面环（图2-51b）的优点是与气缸壁的接触为线接触，密封和磨合性能较好，刮油作用明显，容易形成油膜从而改善润滑；缺点是传热性能较差。锥面环主要应用在除第一道环外的其他环。

3）扭曲环（图2-51c、d）是当代汽车发动机广泛应用的一种活塞环，主要是因为扭曲环除具有锥面环的优点之外，还能减小泵油作用，同时可减轻磨损、提高散热性能。安装扭曲环时应特别注意：内圆切槽向上，外圆切槽向下，不能装反。

4）梯形环（图2-51e）的主要优点是能把沉积在环槽中的结焦挤出，从而避免了活塞环被黏结而出现折断，同时其密封性能优越，使用寿命长；缺点主要是上下两端面的精磨工艺较复杂。梯形环在热负荷较大的柴油发动机上使用较多。

5）桶面环（图2-51f）的优点是活塞的上下行程都可以形成楔形油膜以改善润滑，对活塞在气缸内摆动的适应性好，接触面积小，有利于密封；缺点是凸圆弧面加工困难，多用于强化柴油发动机的第一道环。

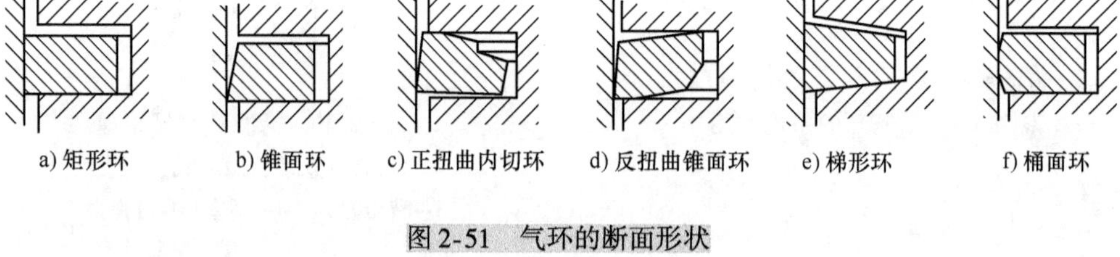

a) 矩形环　b) 锥面环　c) 正扭曲内切环　d) 反扭曲锥面环　e) 梯形环　f) 桶面环

图2-51　气环的断面形状

7. 油环及其刮油作用

油环可以分为普通油环和组合油环两种。

1）普通油环（图 2-52a）又称整体式油环。环的外圆柱面中间加工有凹槽，槽中钻有小孔或开切槽。活塞向下运动时，将缸壁上多余的机油刮下，通过小孔或切槽流回曲轴箱；活塞上行时，刮下的机油仍通过回油孔流回曲轴箱。有些普通环还在其外侧上边制有倒角，使环随活塞上行时形成油膜，可起均匀分布润滑油的作用，下行刮油能力强，减少了润滑油的上窜。这种类型油环的优点是结构简单、造价低，早期发动机上使用较多；但其强度低，易磨损，磨损后刮油效果不理想、寿命较短。现代汽车发动机基本已不采用。

2）组合油环（图 2-52b）一般由上刮片、衬环、下刮片三层组成。优点是质量小、刮油能力强、对缸套变形适应性好、回油通路大等。正因为如此，尽管组合油环造价相对较高，在现代汽车上仍旧得到了广泛的应用。

无论活塞上行或下行，油环都能将气缸壁上多余的机油刮下来经活塞上的回油孔流回油底壳。油环的刮油作用如图 2-53 所示。

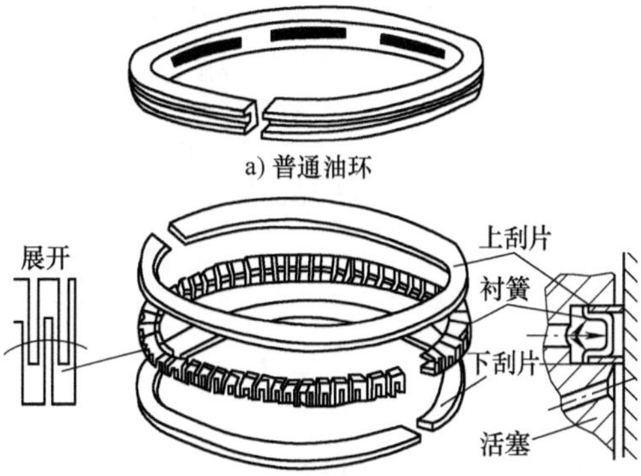

图 2-52　油环

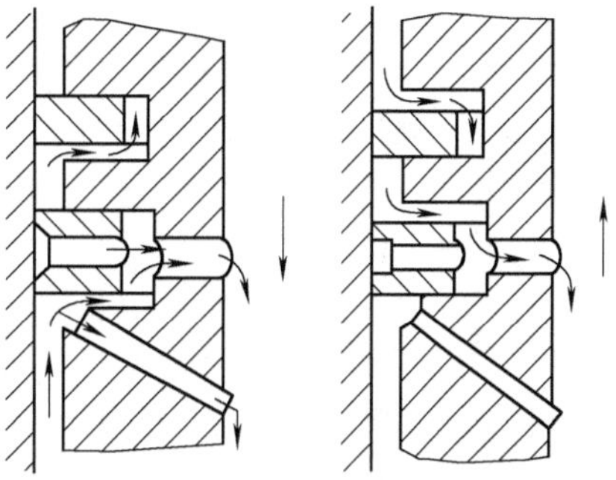

图 2-53　油环的刮油作用

2.3.3　活塞销

1. 活塞销的功用、工作条件及材料

活塞销的功用是连接活塞和连杆小头，将活塞承受的气体作用力传给连杆。

活塞销在高温下承受很大的周期性冲击载荷，润滑条件较差（一般靠飞溅润滑），因此要求有足够的刚度和强度，表面耐磨，质量尽可能小。为此，活塞销通常制成空心圆柱体。

活塞销一般用低碳钢或低碳合金钢制造，先经表面渗碳处理，以提高表面硬度，并保证心部具有一定的冲击韧性，然后进行精磨和抛光。

2. 活塞销的形状及类型

1）活塞销的形状如图 2-54 所示，活塞销的形状主要有圆柱形孔和圆锥形孔的活塞销（图 2-54a、b），质量较小；中间或单侧封闭的活塞销（图 2-54c、d），适用于二冲程发动机；内部有塑料芯的钢套销（图 2-54e），用于要求不高的汽油机；成形销（图 2-54f），用于增压发动机。

2）活塞销按照其与活塞销座及连杆小头的连接方式可以分为全浮式和半浮式两种。

① 全浮式。在发动机正常工作温度时，活塞销能在连杆衬套和活塞销座孔中自由转动，因此增大了实际接触面积，减小了磨损且使磨损均匀，被广泛采用，如图 2-55a 所示。装配

时，应先将活塞在温度为70～90℃的水或油中加热，再将销装入。为防止活塞销因轴向窜动而刮伤气缸壁，在活塞销座两端用卡环进行轴向定位。

② 半浮式。半浮式连接就是销与座孔或连杆小头两处，一处固定，一处浮动。其中大多数采用活塞销与连杆小头的固定方式，如图2-55b所示。

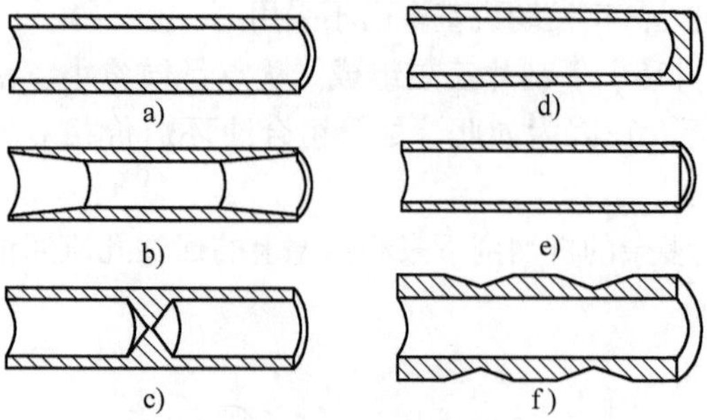

图2-54　活塞销形状

a）圆柱形　b）端部呈锥形扩展　c）中间封闭式　d）单侧封闭式　e）内有塑料芯的钢套销　f）成形销

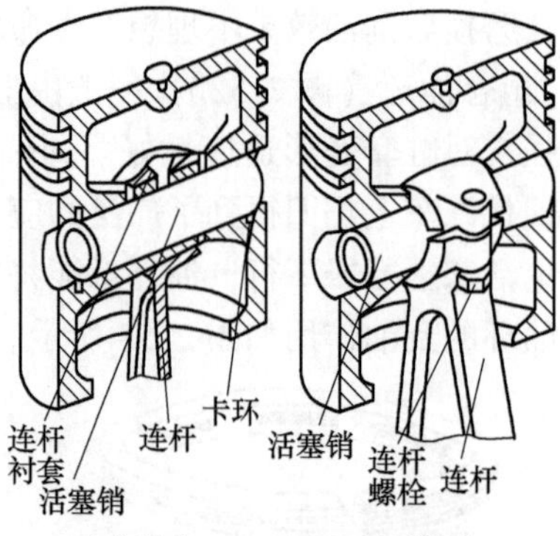

图2-55　活塞销的连接方式

2.3.4　连杆

1. 连杆的作用

连杆的作用是将活塞承受的力传给曲轴，并把活塞的上下往复运动转变为曲轴的旋转运动。

2. 连杆的结构

连杆工作时，承受活塞顶部气体压力和惯性力的作用，而这些力的大小和方向都是周期性变化的。因此，连杆受到的是压缩、拉伸和弯曲等交变载荷。这就要求连杆强度高、刚度大、重量轻。连杆一般都采用中碳钢或合金钢经模锻或辊锻而成，然后进行机加工和热处理。

图2-56所示连杆组件的结构主要包括连杆小头、连杆大头（包括连杆盖）和杆身三部分。

对全浮式活塞销，由于工作时小头孔与活塞销之间有相对运动，常常在连杆小头孔中压入减磨的青铜衬套。为了润滑活塞销与衬套，在小头和衬套上铣有油槽或钻有油孔，以收集发动机运转时飞溅上来的机油用来润滑。有的发动机连杆小头采用压力润滑，在连杆杆身内钻有纵向的压力油通道。采用半浮式活塞销是与连杆小头紧配合的，因此小头孔内不需要衬套，也不需要润滑。

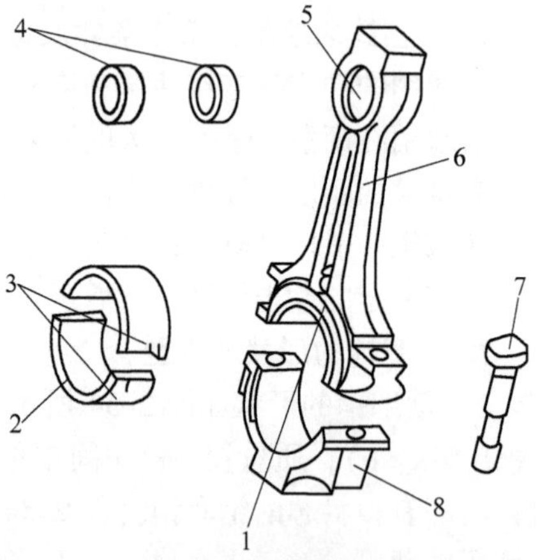

图2-56　连杆组件

1—连杆大头　2—连杆轴承　3—止推凸肩　4—衬套　5—连杆小头　6—杆身　7—连杆螺栓　8—连杆盖

连杆杆身通常做成“I”字形断面，其抗弯强度好、质量轻、大圆弧过渡，且上小下大，采用压力法润滑的连杆，杆身中部都制有连通大、小头的油道。

连杆大头与曲轴的连杆轴颈相连。连杆大头的切口形式可以分为平切口和斜切口两种。

(1) 平切口式连杆　分面与连杆杆身轴线垂直，是汽油机普遍采用的一种形式。这源于一般汽油机连杆大头的横向尺寸都小于气缸直径，可以方便地通过气缸进行拆装。

(2) 斜切口式连杆　分面与连杆杆身轴线成 30° ~60°夹角，是柴油机上使用较多的一种形式。这是因为柴油机压缩比大，受力较大，曲轴的连杆轴颈较粗，相应的连杆大头尺寸往往超过了气缸直径。为了使连杆大头能通过气缸，便于拆装，一般都采用斜切口，最常见的是 45°夹角。

为了便于安装，连杆大头一般做成剖分式，被分开的部分称为连杆盖（图 2-57），用连杆螺栓紧固在连杆大头上。连杆大头与连杆盖是组合加工的，为防止配对错误，在同一侧刻有配对记号。

3. 连杆与连杆盖的定位

连杆与连杆盖在结构上采取了定位措施。平切口连杆盖与连杆的定位多采用连杆螺栓定位，利用连杆螺栓中部精加工的圆柱凸台或光圆柱部分与经过精加工的螺栓孔来保证。斜切口连杆常用的定位方法有止口定位、套筒定位和锯齿定位，如图 2-58 所示。

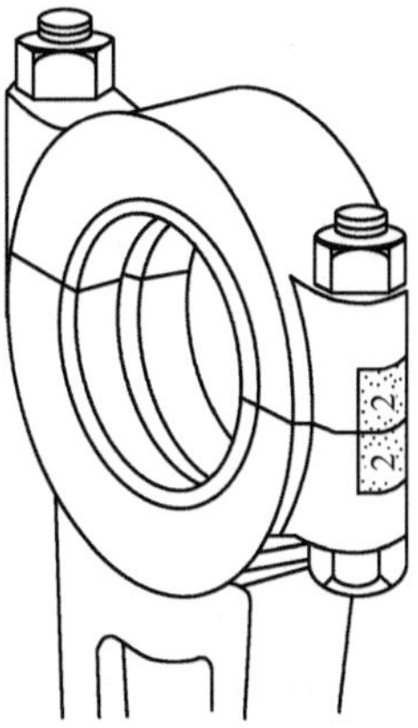

图 2-57　连杆大头与连杆盖的配对记号

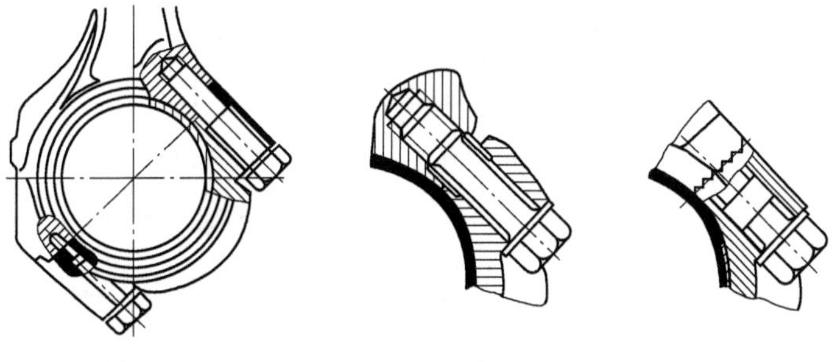

a) 止口定位　b) 套筒定位　c) 锯齿定位

图 2-58　斜切口连杆大头的定位方式

4. 连杆螺栓与连杆轴瓦

(1) 连杆螺栓　连杆盖和连杆大头用连杆螺栓连在一起，连杆螺栓在工作中承受很大的冲击力，若折断或松脱，将造成严重事故。为此，连杆螺栓都采用优质合金钢，并经精加工和热处理特制而成。安装连杆盖拧紧连杆螺栓螺母时，要用扭力扳手分 2 ~3 次交替均匀地拧紧到规定的力矩，拧紧后还应可靠地锁紧。连杆螺栓损坏后绝不能用其他螺栓来代替。

(2) 连杆轴瓦　为了减小摩擦阻力和曲轴连杆轴颈的磨损，连杆大头孔内装有瓦片式滑动轴承，简称连杆轴瓦。轴瓦分上、下两个半片，目前多采用薄壁钢背轴瓦，在其内表面浇注有耐磨合金层。耐磨合金层具有质软，容易保持油膜，磨合性好，摩擦阻力小，不易磨损等特点。耐磨合金常采用的有巴氏合金、铜铝合金、高锡铝合金。连杆轴瓦背面的表面粗糙度很低。半个轴瓦在自由状态下不是半圆形，当它们装入连杆大头孔内时，又有过盈，故能均匀地紧贴在大头孔壁上，具有很好的承受载荷和导热的能力，并可以提高工作可靠性并延长使用寿命。

如图 2-59 所示，连杆轴瓦上制有定位凸键，供安装时嵌入连杆大头和连杆盖的定位槽中，以防轴瓦前后移动或转动，有的轴瓦上还制有油孔，安装时应与连杆上相应的油孔对齐。

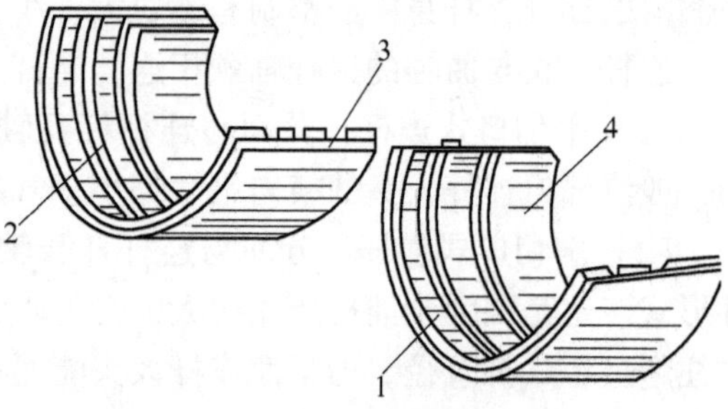

图 2-59　连杆轴瓦

1—钢背　2—油槽

3—定位凸键　4—减磨合金层

5. V 型发动机连杆的结构形式

V 型发动机连杆的结构形式一般有三种，如图 2-60 所示，分别为并列连杆、主副连杆和叉形连杆。

（1）并列连杆（图 2-60a）　连杆可通用，其相对应的左右两个气缸的连杆，沿曲轴的长度方向一前一后装配在一个曲柄销（连杆轴颈）上。特点是两列气缸的活塞连杆组的运动规律相同，曲轴的长度有一定增加量。

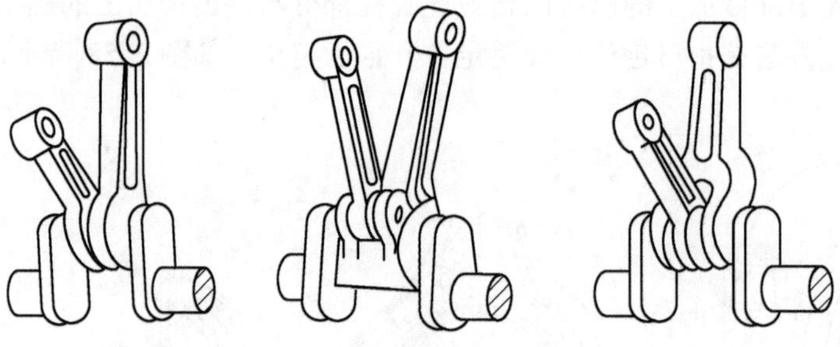

a) 并列连杆　　b) 主副连杆　　c) 叉形连杆

图 2-60　V 型发动机连杆示意图

（2）主副连杆（图 2-60b）　两连杆不能通用，其一列气缸的连杆为主连杆，连杆大头直接装配在曲轴曲柄销的全长上。另一列气缸的连杆为副连杆，副连杆分别与对应的主连杆铰接传动。特点是主副连杆不能互换，两列气缸的活塞连杆组的运动规律不同，曲轴的轴向长度不增加。

（3）叉形连杆（图 2-60c）　左右两列对应气缸的连杆大头制成叉形，跨于另一个厚度较小的片状大头的连杆两端。特点是两列气缸中的活塞连杆组的运动规律相同，但制造工艺复杂，且两个连杆的大头刚度都较低。

2.3.5　活塞的选配与检修

1. 活塞的检修

在正常使用过程中，活塞的主要损伤形式是活塞环槽、活塞销座孔及活塞裙部的磨损，其中以活塞环槽的磨损最为严重，活塞裙部因为承压面积较大，润滑条件较好，且具有良好的弹性，所以磨损较轻。除此之外，发动机长期超负荷工作、燃烧不正常、活塞本身存在制造缺陷、活塞环“三隙”过小或润滑不良等特殊情况下，活塞还会出现烧顶、脱顶、环岸断裂及裙部刮伤等损伤。

直观检视法检查，活塞出现烧顶、脱顶、环岸断裂、明显刮伤、活塞环槽磨损成梯形，可用游标卡尺（或内、外径千分尺）测量活塞销与销座孔的配合间隙。过大时，一般应更换新活塞。如果只是活塞销座孔磨损严重，在技术要求允许的条件下，也可用可调铰刀对销座孔进行铰削修复，并更换相应修理尺寸的活塞销与之配合，活塞销座孔的铰削方法如下：

（1）选择铰刀　根据活塞销座孔的尺寸选择合适尺寸的长刃铰刀。

（2）调整铰刀　将铰刀垂直夹持到台虎钳上，转动铰刀调整螺母，将铰刀调至刀片刚刚露出销座孔。

（3）铰削销座孔　如图 2-61 所示，用两手握住活塞，轻轻下压并推动活塞顺时针转动进行铰削。铰至刀片下端接近活塞下方销座孔的边缘时停止铰削，下压活塞使之从铰刀下方脱出，并松开台虎钳取出铰刀。然后重新将铰刀夹于台虎钳上，将活塞翻转 180°（活塞销座孔上、下方向调换）重新铰削一次。

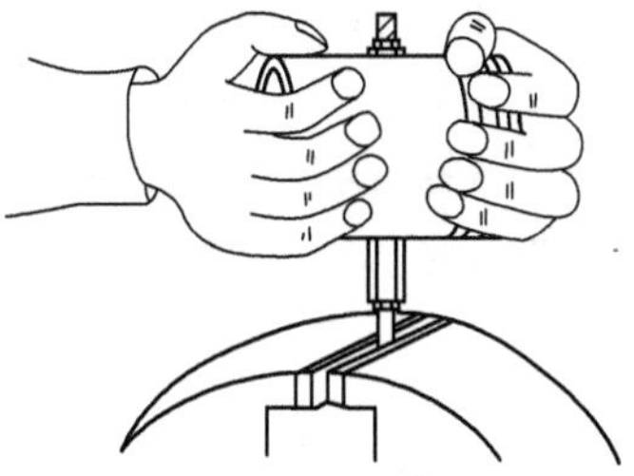

图 2-61　活塞销座孔的铰削

（4）试配　手掌的力量能够将活塞销推入一侧销座孔的 1/3 时，表明铰削符合要求（图2-62），否则应调整铰刀进行进一步铰削。铰削过程中，两手握持要平稳，用力要均匀，而且每调整一次铰刀，要从销座孔两个方向各铰一次。

（5）刮削　符合要求后，用木锤或铜锤将活塞销轻轻敲入销座孔中，再用冲头将活塞销从反方向冲出，然后根据销座孔表面的接触痕迹用三角刮刀进行刮削修正。刮削应按照“从里向外、刮大留小、刮重留轻”的原则进行，而且在刮削过程中应边刮边试，以防将销座孔刮得过大。刮削至能够用手掌的力量将活塞销推入 1/2 ~ 2/3，接触面积达 75% 以上均匀分布时停止刮削。

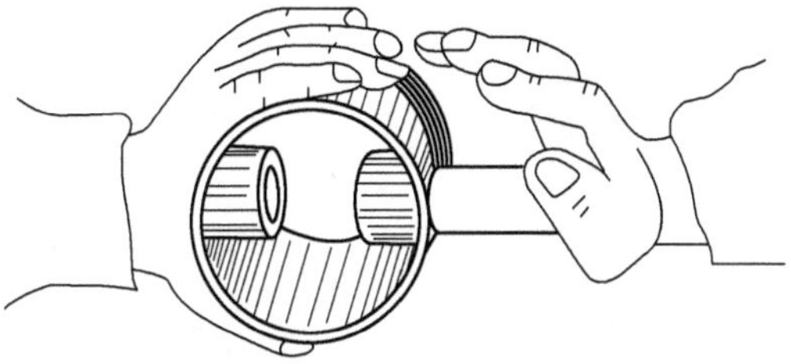

图 2-62　活塞销与销座孔的试配

2. 活塞的选配

发动机镗缸及重新镶套后，或者活塞产生严重损伤时，均应更换活塞。选配新活塞时应遵循以下原则：

1）活塞与气缸应为同一级修理尺寸。

2）同一台发动机上应尽量选用同一厂牌的同一组活塞。

3）不能整组选用时，应保证各缸活塞的材料、质量、尺寸一致，同一组活塞直径差不得大于 0.02mm，质量差不大于 8g。

2.3.6　连杆组的检修

以桑塔纳 2000GSi 发动机为例，连杆组的检修过程如下：

1）检查连杆轴向间隙。连杆轴向间隙的检查如图 2-63所示。连杆的轴向间隙磨损极限值为 0.37mm。

2）检查连杆径向间隙。检查连杆径向间隙时，可用塑料间隙测量片对装好的发动机进行检查。具体测量方

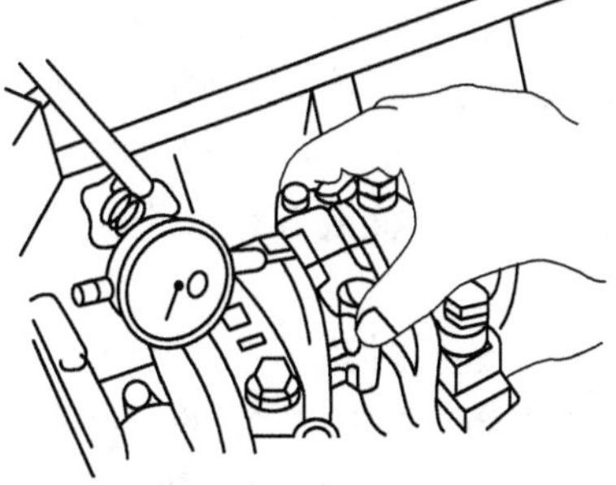

图 2-63　检查连杆轴向间隙

法如下：

① 拆下连杆轴承盖，清洁连杆轴承和轴颈。

② 将塑料间隙测量片沿轴向置于轴颈和轴承上。

③ 装上连杆轴承盖，并用30N·m力矩紧固螺栓，不要转动曲轴。

④ 拆下连杆轴承盖，测量压扁后塑料间隙测量片的厚度，与规定值比较。连杆径向间隙应为0.024～0.048mm，磨损极限值为0.12mm。

⑤ 径向间隙在装配完毕的发动机上进行检查，螺栓允许重复使用一次，但必须在螺栓头上做标记，有此记号的螺栓下次必须更换。

⑥ 安装轴承盖时，在轴承盖螺母接触面涂机油，并用30N·m的力矩紧固，接着再转动180°。

3）检查连杆的弯曲量和扭曲量。使用连杆检验器，把活塞销试装到连杆上，再把连杆大端装到连杆检验器上。如图2-64所示，测量连杆的弯曲量。如图2-65所示，测量连杆的扭曲量。在100mm长度上，连杆的弯曲变形量不得大于0.05mm，连杆扭曲量不得大于0.15mm。否则应进行校正，连杆的弯曲和扭曲的校正如图2-66所示，常温下校正连杆会发生弹性变形，因此校正后可稍许加温处理。

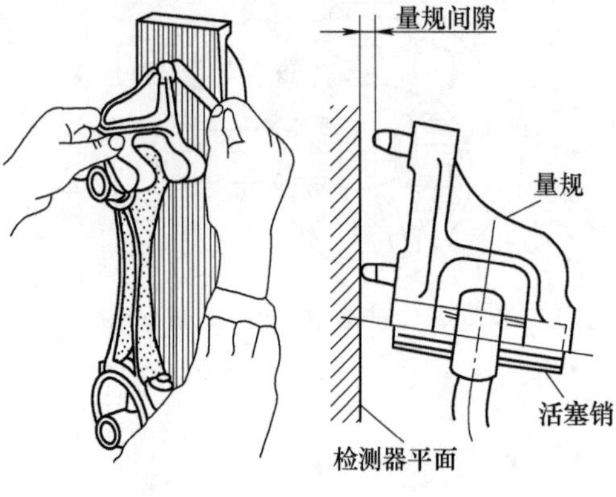

a) 测量间隙　　b) 弯曲示意图

图2-64　检查连杆弯曲量图

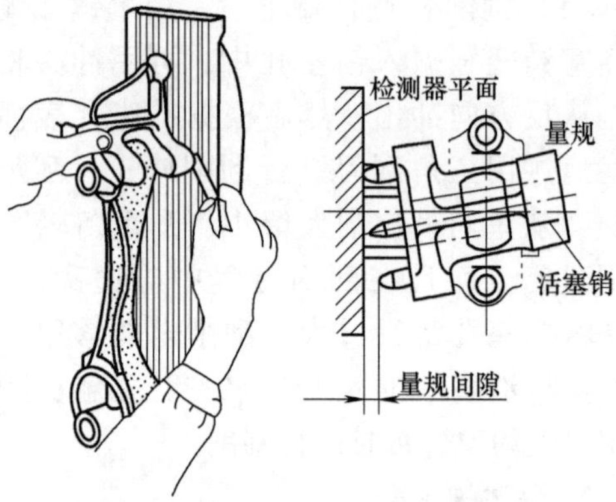

a) 测量间隙　　b) 扭曲示意图

图2-65　测量连杆扭曲量

4）连杆的选配。

① 分解、清洗连杆组件，认真检查连杆体、连杆盖、连杆衬套以及连杆瓦，如有损伤或损坏的，必须予以更换。有条件时，应对连杆体进行探伤处理，如有裂纹或其他损伤，应该予以更换。

② 连杆衬套不得有松动。内孔有划痕、损伤或磨损严重的，必须予以更换。对于增压柴油机，要求换装内孔留有加工余量的半成品衬套，压入后精确

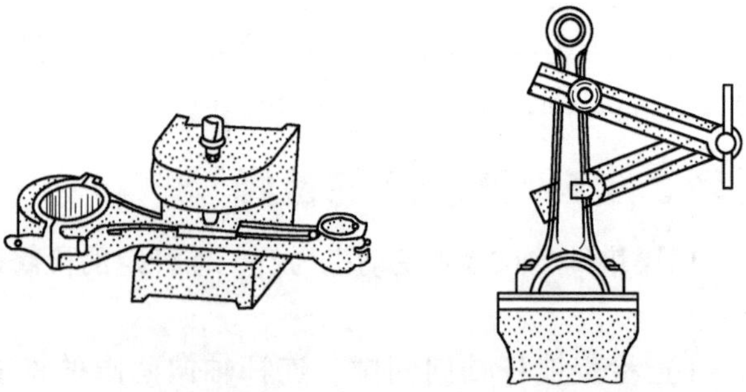

a) 连杆弯曲的校正　　b) 连杆扭曲的校正

图2-66　连杆弯曲和扭曲的校正

铰削内孔至标准尺寸。对于非增压柴油机，可以更换成品连杆衬套，压入后不用加工。

③ 连杆大、小端（带衬套）中心孔的平行度和扭曲度偏差在 100mm 长度内不得大于 0.08mm。超过时必须对连杆进行校正，否则应予以更换。

④ 连杆轴瓦磨损超限后，可以根据曲轴修复等级进行选配，选配时必须保证连杆瓦与曲轴连杆颈的配合间隙。连杆瓦修理尺寸等级如下：

修理级别	0	1	2	3	4	5	6	公差
瓦孔内径	75.07	74.82	75.57	74.32	74.07	73.82	73.57	0.00 ~ +0.04
瓦壁厚度	2.465	2.590	2.715	2.840	2.965	3.090	3.215	0.00 ~ +0.01

⑤ 解体大修时必须更换连杆螺栓。

⑥ 同台柴油机的连杆组质量误差不得大于 3%。超过时应予以磨削选配，磨削位置在连杆小头配重处。

2.3.7 活塞连杆组的拆装

AJR 型发动机活塞连杆组的拆装可按图 2-67 所示方法进行。

活塞连杆组拆装维修时的注意事项：

1）安装活塞时应注意活塞的标记位置和所配对的气缸，活塞裙部的箭头必须朝向发动机前方。

2）使用活塞环钳进行拆卸和安装活塞环。安装活塞环时，其开口应错开 120°。活塞环上“TOP”标记必须朝向活塞顶部。

3）活塞销应使用专用工具进行拆卸和安装，如果安装困难，可将活塞加热到 60℃。

4）连杆螺栓螺母在拆卸后应更换，安装时先润滑螺纹和接触表面。在测量连杆径向间隙时，螺栓拧紧力矩为 30N · m，不要再加 90°。

5）安装连杆轴承盖时应注意安装位置，安装时不要使用密封剂。

6）连杆的轴向间隙为 0.10 ~ 0.35mm，磨损极限值为 0.40mm；连杆的径向间隙为 0.10 ~ 0.05mm，磨损极限值为 0.12mm。测量连杆径向间隙时不要转动曲轴。

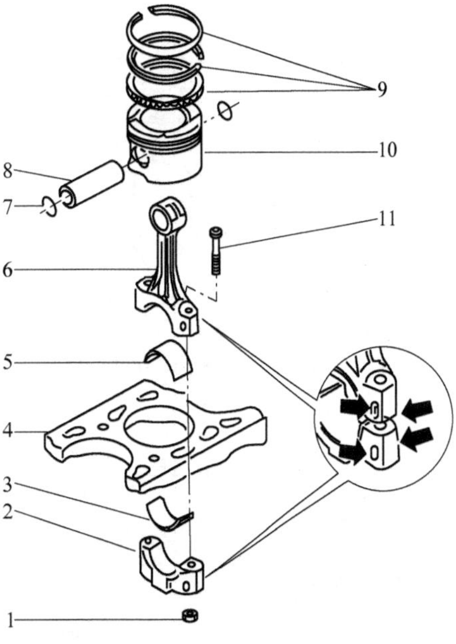

图 2-67 AJR 型发动机活塞连杆组分解图

1—连杆螺母（拧紧力矩 30N · m + 90°） 2—连杆轴承盖 3—连杆下半轴承 4—气缸体 5—连杆上半轴承 6—连杆 7—夹箍 8—活塞销 9—活塞环 10—活塞 11—连杆螺栓

2.3.8 活塞连杆组的检验与维修

以桑塔纳 2000GSi 为例，活塞连杆组的检修过程如下：

1. 活塞的检验

1）活塞椭圆度的检验。许多活塞都制成椭圆形，其短轴在活塞销轴线方向上。活塞圆度的检验，应在圆度检验仪上进行，其圆度值为 0.40。

2）检查活塞直径。用千分尺在距活塞裙部下边缘约 10mm 处与活塞销垂直方向测量，如图2-68所示，测量值与标准尺寸的偏差最大为0.04mm。

2. 活塞环的检修

用塞尺检查活塞环与环槽的侧隙：新装时侧隙为0.02～0.05mm，达到0.15mm时必须更换；再用塞尺检查活塞环的端隙：将活塞环平压进气缸，使其离气缸顶面15mm，新环：第1道气环为0.03～0.45mm，第2道气环为0.25～0.40mm，油环为0.15～0.50mm，磨损极限值为1.00mm。

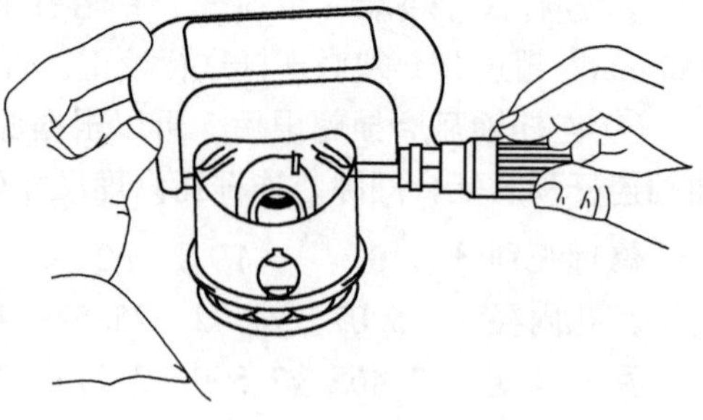

图2-68　检查活塞直径

1）检查活塞环的开口间隙。将活塞环从气缸体上端压入气缸，距气缸边缘约15mm。用塞尺测量活塞环的开口间隙，如图2-69所示，活塞环开口间隙标准见表2-1。

2）检查活塞环侧隙。检查之前清洁环槽，用塞尺检查活塞环的侧隙，如图2-70所示，活塞环侧隙标准值见表2-1。

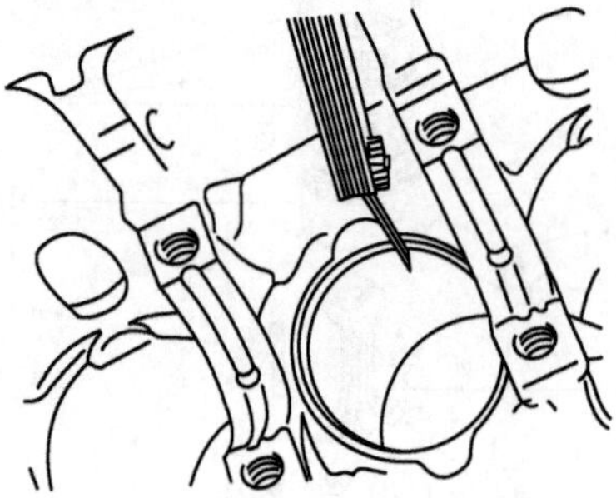

图2-69　检查活塞开口间隙

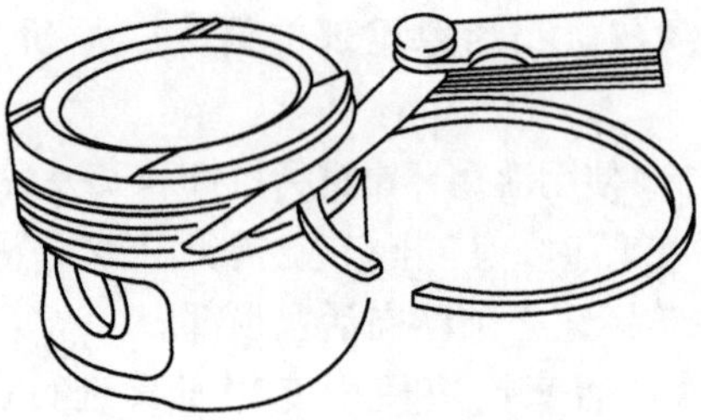

图2-70　检查活塞环侧隙

表2-1　活塞环开口间隙和侧隙标准值

间　　隙	活塞环名称	新活塞环/mm	磨损极限值/mm
活塞环开口间隙	第一道气环	0.20～0.40	0.80
	第二道气环	0.20～0.40	0.80
	油环	0.25～0.45	0.80
活塞环侧隙	第一道气环	0.06～0.09	0.20
	第二道气环	0.06～0.09	0.20
	油环	0.03～0.06	0.15

2.4　曲轴飞轮组

曲轴飞轮组主要由曲轴16、飞轮8、正时齿轮5、曲轴扭转减振器和带轮3等结构组成。图2-71为曲轴飞轮组件基本结构示意图。

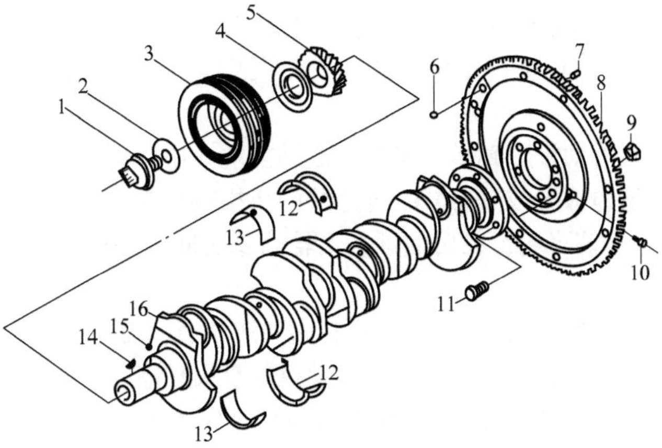

图 2-71 曲轴飞轮组件基本结构示意图

1—起动爪 2—起动爪锁紧垫片 3—扭转减振器、带轮 4—挡油片 5—正时齿轮 6—第一、第六缸活塞上止点记号 7—圆柱销 8—飞轮 9—螺母 10—润滑脂嘴 11—曲轴与飞轮连接螺栓 12—中间轴承上下轴瓦 13—主轴承上下轴瓦 14、15—半圆键 16—曲轴

2.4.1 曲轴

(1) 支承方式 曲轴的支承方式分为图 2-72 所示的两种。

1) 全支承曲轴：曲轴的主轴颈数比气缸数目多一个，即每一个连杆轴颈两边都有一个主颈。

2) 非全支承曲轴：曲轴的主轴颈数比气缸数少或与气缸数相等，主轴承载荷较大，但缩短了曲轴的总长度，使发动机的总体长度有所减小。

(2) 曲轴的受力与平衡 四缸发动机的受力平衡情况如图 2-73 所示。在一些高档发动机上，还采用加装平衡轴的方法来平衡惯性力，使发动机运转更加平稳。

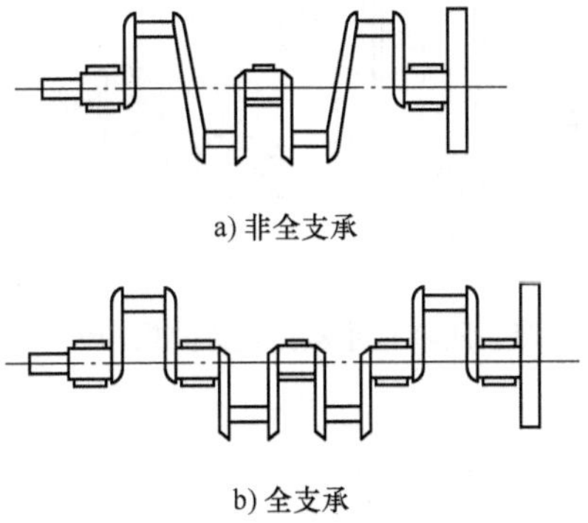

图 2-72 曲轴的支承方式

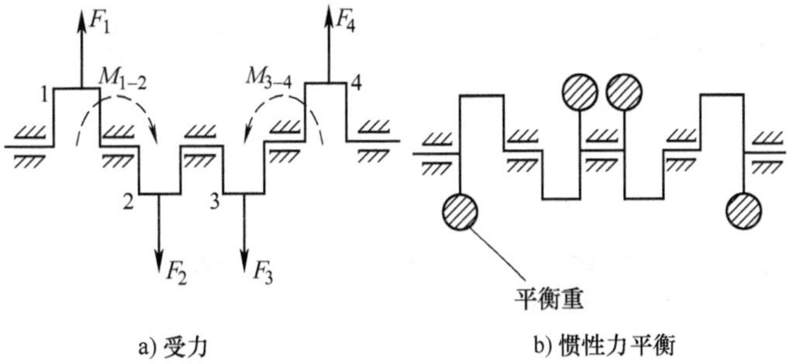

图 2-73 曲轴受力与平衡

1) 曲轴前端（图 2-74）：装有正时齿轮、驱动风扇和水泵的带轮以及起动爪、甩油盘等。安装时应注意，甩油盘外斜面应向后，否则会产生相反效果。在齿轮室盖上装有油封，防止机油外漏。

2）曲轴轴向定位：由于曲轴经常受到离合器施加于飞轮的轴向力作用，有的曲轴前端采用斜齿传动，使曲轴产生前后窜动，影响了曲柄连杆机构各零件的正确位置，增大了发动机磨损、异响和振动，故必须进行曲轴轴向定位。另外，曲轴工作时会受热膨胀，还必须留有膨胀的余地。

曲轴定位一般采用滑动推力轴承，安装在曲轴前端或中后部主轴承上。推力轴承有两种形式：翻边主轴瓦的翻边部分或具有减磨合金层的止推垫片3（图2-74），磨损后可更换。

3）曲轴的后端：安装飞轮，在后轴颈与飞轮凸缘之间制成挡油凸缘与回油螺纹，以阻止机油向后窜漏。

4）曲轴油道：在轴颈上还钻有油孔，并有斜油道相通，再与机体的主油道连通。

曲轴的形状取决于气缸数、气缸排列和发动机的点火顺序。多缸发动机的点火顺序应均匀分布在720°曲轴转角内，并且使连续做功的两缸相距尽可能远，以减轻主轴承的载荷，避免可能发生的进气重叠现象。

四缸四冲程发动机曲柄布置及工作顺序：点火间隔角为720°/4＝180°，四个曲柄布置在同一平面内（图2-75）。1、4缸与2、3缸互相错开180°，其发火顺序的排列有两种可能，即1—3—4—2或1—2—4—3，其工作循环分别见表2-2和表2-3。

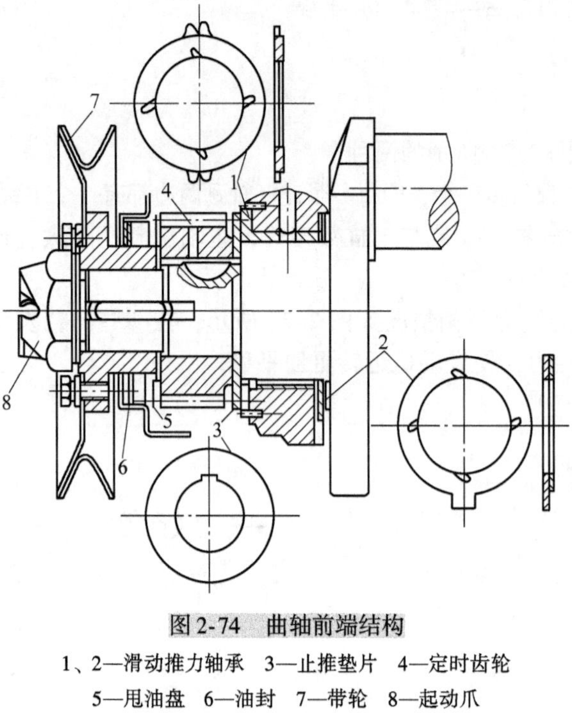

图2-74　曲轴前端结构

1、2—滑动推力轴承　3—止推垫片　4—定时齿轮　5—甩油盘　6—油封　7—带轮　8—起动爪

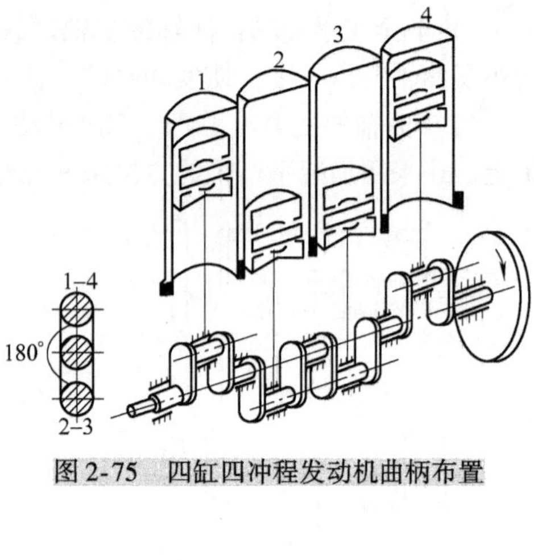

图2-75　四缸四冲程发动机曲柄布置

表2-2　四缸机工作循环（点火顺序1—3—4—2）

曲柄转角（°）	第一缸	第二缸	第三缸	第四缸
0～180	做功	排气	压缩	进气
180～360	排气	进气	做功	压缩
360～540	进气	压缩	排气	做功
540～720	压缩	做功	进气	排气

表 2-3　四缸机工作循环（点火顺序 1—2—4—3）

曲柄转角（°）	第一缸	第二缸	第三缸	第四缸
0 ~ 180	做功	压缩	排气	进气
180 ~ 360	排气	做功	进气	压缩
360 ~ 540	进气	排气	压缩	做功
540 ~ 720	压缩	进气	做功	排气

六缸四冲程发动机曲柄布置及工作顺序：点火间隔角为 720°/6 = 120°，六个曲柄分别布置在三个平面内（图 2-76），有两种点火顺序，1—5—3—6—2—4 和 1—4—2—6—3—5，国产汽车多采用前一种，其工作循环见表 2-4。

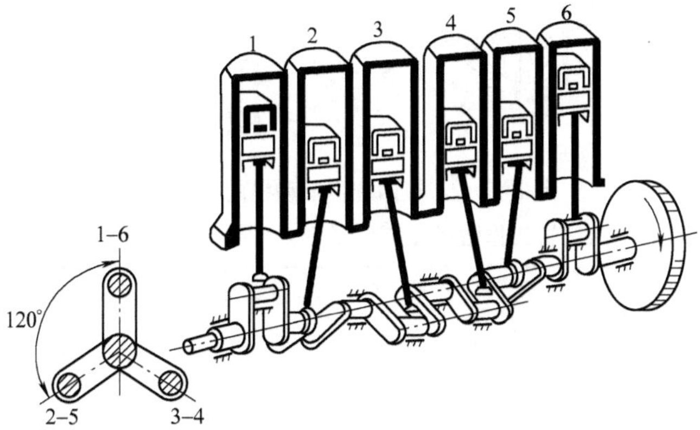

图 2-76　六缸四冲程发动机曲柄布置

表 2-4　六缸机工作循环（点火顺序 1—5—3—6—2—4）

<table>
<tr><th colspan="2">曲柄转角（°）</th><th>第一缸</th><th>第二缸</th><th>第三缸</th><th>第四缸</th><th>第五缸</th><th>第六缸</th></tr>
<tr><td rowspan="3">0 ~ 180</td><td>60</td><td rowspan="3">做功</td><td rowspan="2">排气</td><td>进气</td><td>做功</td><td rowspan="2">压缩</td><td rowspan="3">进气</td></tr>
<tr><td>120</td><td rowspan="3">压缩</td><td rowspan="3">排气</td></tr>
<tr><td>180</td><td rowspan="3">进气</td><td rowspan="3">做功</td></tr>
<tr><td rowspan="3">180 ~ 360</td><td>240</td><td rowspan="3">排气</td><td rowspan="3">压缩</td></tr>
<tr><td>300</td><td rowspan="3">做功</td><td rowspan="3">进气</td></tr>
<tr><td>360</td><td rowspan="3">压缩</td><td rowspan="3">排气</td></tr>
<tr><td rowspan="3">360 ~ 540</td><td>420</td><td rowspan="3">进气</td><td rowspan="3">做功</td></tr>
<tr><td>480</td><td rowspan="3">排气</td><td rowspan="3">压缩</td></tr>
<tr><td>540</td><td rowspan="3">做功</td><td rowspan="3">进气</td></tr>
<tr><td rowspan="3">540 ~ 720</td><td>600</td><td rowspan="3">压缩</td><td rowspan="3">排气</td></tr>
<tr><td>660</td><td rowspan="2">进气</td><td rowspan="2">做功</td></tr>
<tr><td>720</td><td>排气</td><td>压缩</td></tr>
</table>

八缸四冲程 V 型发动机曲柄布置及工作顺序：点火间隔角为 720°/8 = 90°，发动机左右两列对应的一对连杆共用一个曲柄，因此 V 型八缸发动机只有四个曲柄（图 2-77）。曲柄布

置可以与四缸发动机相同，四个曲柄布置在同一平面内，也可以布置在两个互相错开 90°的平面内，使发动机得到更好的平衡。点火顺序为 1—8—4—3—6—5—7—2。其工作循环见表 2-5。

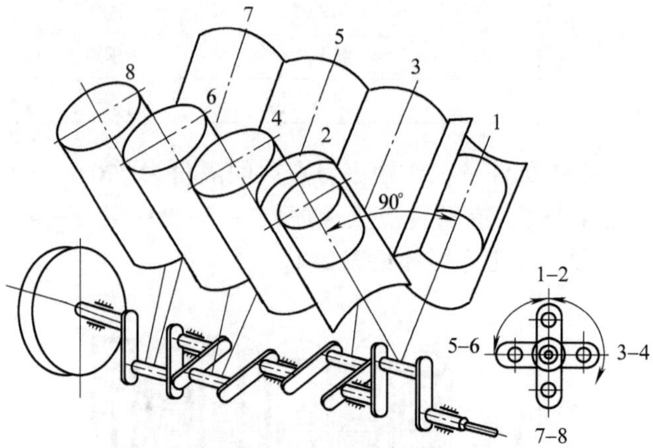

图 2-77　八缸四冲程发动机曲柄布置

表 2-5　八缸机工作循环（点火顺序 1—8—4—3—6—5—7—2）

<table>
<tr><th colspan="2">曲柄转角（°）</th><th>第一缸</th><th>第二缸</th><th>第三缸</th><th>第四缸</th><th>第五缸</th><th>第六缸</th><th>第七缸</th><th>第八缸</th></tr>
<tr><td rowspan="2">0 ~ 180</td><td>90</td><td rowspan="2">做功</td><td>做功</td><td>进气</td><td rowspan="2">压缩</td><td>排气</td><td rowspan="2">进气</td><td rowspan="2">排气</td><td>压缩</td></tr>
<tr><td>180</td><td rowspan="2">排气</td><td rowspan="2">压缩</td><td rowspan="2">进气</td><td rowspan="2">做功</td></tr>
<tr><td rowspan="2">180 ~ 360</td><td>270</td><td rowspan="2">排气</td><td rowspan="2">做功</td><td rowspan="2">压缩</td><td rowspan="2">进气</td></tr>
<tr><td>360</td><td rowspan="2">进气</td><td rowspan="2">做功</td><td rowspan="2">压缩</td><td rowspan="2">排气</td></tr>
<tr><td rowspan="2">360 ~ 540</td><td>450</td><td rowspan="2">进气</td><td rowspan="2">排气</td><td rowspan="2">做功</td><td rowspan="2">压缩</td></tr>
<tr><td>540</td><td rowspan="2">压缩</td><td rowspan="2">排气</td><td rowspan="2">做功</td><td rowspan="2">进气</td></tr>
<tr><td rowspan="2">540 ~ 720</td><td>630</td><td rowspan="2">压缩</td><td rowspan="2">进气</td><td rowspan="2">排气</td><td rowspan="2">做功</td></tr>
<tr><td>720</td><td>做功</td><td>进气</td><td>排气</td><td>压缩</td></tr>
</table>

2.4.2　曲轴扭转减振器

1. 曲轴扭转减振器的作用

扭转减振器的功用是吸收曲轴扭转振动的能量，消减扭转振动，避免发生强烈的共振及其引起的严重后果。

曲轴是一种扭转弹性系统，其本身具有一定的自振频率。在发动机工作过程中，经连杆传给连杆轴颈的作用力的大小和方向都是周期性变化的，因此曲轴各曲拐的旋转速度也是忽快忽慢呈周期性变化的。安装在曲轴后端的飞轮转动惯量最大，可以认为是匀速旋转，由此造成曲轴各曲拐的转动比飞轮的转动时快时慢，这种现象称为曲轴的扭转振动。曲轴的扭转振动容易造成发动机的功率损失，引起曲轴扭转变形，振动强烈时甚至会扭断曲轴。一般来说，低速发动机不易达到临界转速，但对于缸数多及转速高的发动机，由于其曲轴刚度小、旋转质量大，自振频率低，强迫振动频率高，容易达到临界转速而发生强烈的共振。因此加装扭转减振器很有必要。

2. 结构原理

汽车发动机常用的扭转减振器为摩擦式扭转减振器，主要包括橡胶式扭转减振器和硅油式扭转减振器。

目前使用较多的是橡胶摩擦式曲轴扭转减振器（图 2-78）。这种扭转减振器的带轮毂 2 固定在曲轴前端，通过橡胶垫 4 分别与带轮（前惯性盘）和惯性盘 5 连接。当曲轴转动发生扭转时，后惯性盘及带轮惯性盘转动惯量大，角速度均匀，使橡胶体和橡胶垫产生很大的交变剪切变形，消耗了曲轴扭转能量，减轻了共振。图 2-79 为奥迪 100（1.8L）四缸发动机的曲轴扭转减振器，这是一种典型的橡胶式扭转减振器。

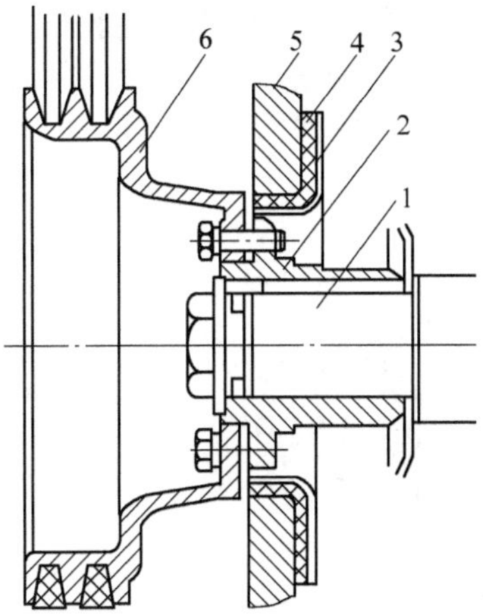

图 2-78　橡胶摩擦式曲轴扭转减振器

1—曲轴前端　2—带轮毂
3—减振器圆盘　4—橡胶垫
5—带轮惯性盘　6—带轮

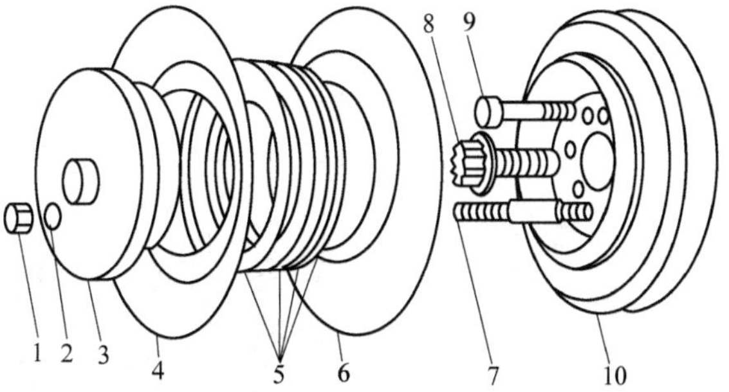

图 2-79　奥迪 100（1.8L）四缸发动机的曲轴扭转减振器

1—螺母　2—环形垫片　3—带轮固定盘
4、6—带轮　5—调节垫片　7—双头螺栓
8—大螺栓　9—螺栓　10—带轮总成

2.4.3　曲轴轴承（轴瓦）

曲轴轴承（轴瓦）按其承载方向可以分为径向轴承和轴向（推力）轴承两种。

径向轴承的作用是支承曲轴，通常是剖分式的滑动轴承（图2-80），轴承底座在气缸体的曲轴箱部分直接加工出来，再由轴承盖、螺栓共同将滑动轴承进行径向定位、紧固。

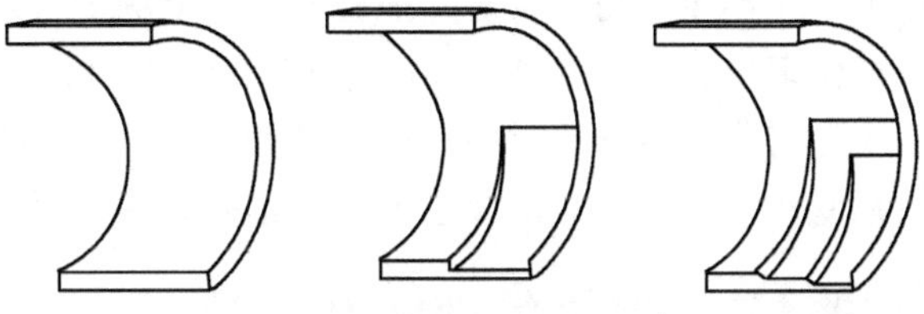

a) 单层合金轴承　b) 双层合金轴承　c) 三层合金轴承

图 2-80　曲轴滑动轴承

轴向（推力）轴承承受离合器传来的轴向力，用来限制曲轴的轴向窜动，保证曲轴连杆机构各零部件正确的相对位置。在曲轴受热膨胀时，要求其能够自由伸缩，因此曲轴只能有一处设置轴向定位装置。曲轴轴承还可以将径向轴承与推力轴承合二为一制成多层推力轴承（图 2-81）。

2.4.4　飞轮

飞轮在曲轴连杆机构里面属于一个大而重，具有很大的转动惯量的部件。图 2-82 为飞轮与后端附属装置结构示意图。

飞轮的作用主要有：储存做功行程的能量，用于克服进气、压缩和排气行程的阻力及其他阻力；缓解曲轴在运动过程中受到的冲击，使曲轴能均匀地旋转；在发动机起动时，飞轮齿圈与起动机齿轮啮合，带动曲轴旋转起动；同时飞轮还可以利用本身惯性防止发动机熄火等。

飞轮外缘压有齿圈，与起动发电机的驱动齿轮啮合，供起动发动机用。

汽车离合器也装在飞轮上，利用飞轮后端面作为驱动件的摩擦面，用来对外传递动力。

在飞轮轮缘上做有记号（刻线或销孔）供找第一缸压缩上止点用。当飞轮上的记号与外壳上的记号对正时，正好是压缩上止点。有的还有进排气相位记号、供油（柴油机）或点火（汽油机）记号供安装和修理用。

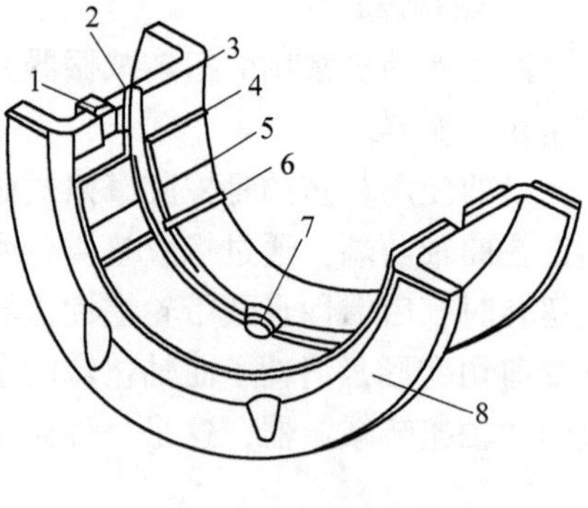

图2-81　多层推力轴承

1—凸肩　2—油槽　3—钢质薄壁　4—基层　5—镍涂层　6—磨耗层　7—油孔　8—卷边

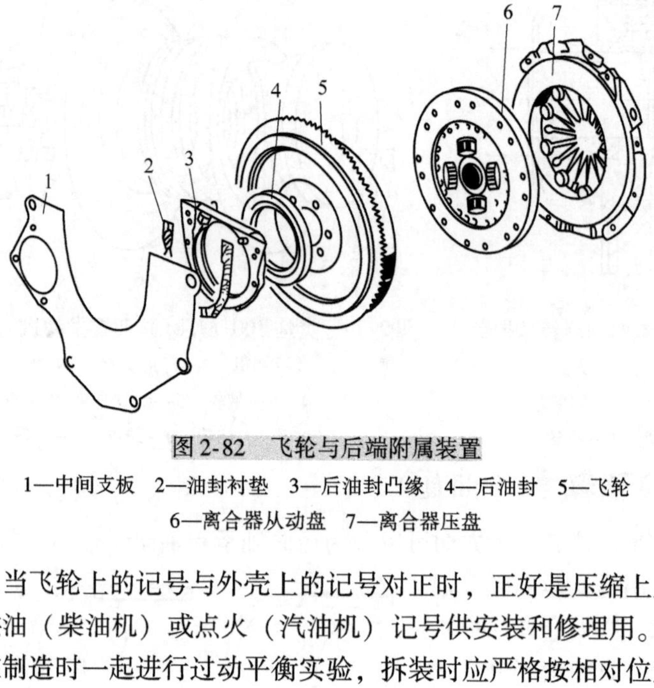

图2-82　飞轮与后端附属装置

1—中间支板　2—油封衬垫　3—后油封凸缘　4—后油封　5—飞轮　6—离合器从动盘　7—离合器压盘

飞轮与曲轴在制造时一起进行过动平衡实验，拆装时应严格按相对位置安装。飞轮紧固螺钉承受作用力大，应按规定力矩和正确方法拧紧。

2.4.5　曲轴的耗损及检验

1. 曲轴常见的耗损形式

曲轴在高速运转过程中，会周期性地受到气体压力、往复惯性力和离心力的作用，这可能导致曲轴的弯曲、扭转、断裂、疲劳破坏和轴颈磨损等。因此曲轴必须具有足够的强度、刚度、耐磨性及旋转平稳性。

曲轴常见的耗损形式有轴颈磨损、弯扭变形及曲轴断裂。

（1）轴颈磨损　轴颈磨损主要包括连杆轴颈磨损和主轴颈磨损两种形式。

1）连杆轴颈磨损的特点和原因：发动机在工作中，沿着连杆轴颈的周围面上，作用负荷是不均匀的。各种发动机曲轴磨损规律证明，连杆轴颈磨损的最大位置，是在靠近曲轴中心线的内侧面上。轴颈磨损将导致连杆轴颈失圆并变成锥体形状。

2）连杆轴颈失圆的原因：连杆轴颈磨损失圆的主要原因，是发动机在工作循环中，气体压力、活塞连杆的惯性力及连杆大头的离心力等，长时间作用在连杆轴颈靠曲轴中心线的内侧面造成的。

3）连杆轴颈变成锥体的原因：连杆轴颈磨损成锥体形状的主要原因是润滑油中所含的机械杂质偏积。润滑油是沿着倾斜油道，从主轴颈流向连杆轴颈的。润滑油中所含的机械杂质受曲轴旋转的离心力作用，沿倾斜油道的上面，随润滑油进入连杆轴颈的一侧。由于机械杂质偏积于此，造成同一轴颈上不均匀磨损的锥体形状。

4）主轴颈磨损的特点和原因：主轴颈的磨损也是不均匀的，与连杆轴颈方向对称，磨损最大的位置处于连杆颈这一侧。轴颈失圆过大，会破坏油膜，降低了轴承的负荷能力，加剧了轴承及轴颈的磨损。

曲轴轴颈的失圆、锥体在正常的磨损情况下其磨损量是很小的。磨损过大主要是对汽车使用不正确、保养不及时造成的。例如，当轴颈与轴承之间的配合间隙磨损增大后，未能及时地进行维修更换轴承，则供油压力降低，使冲击负荷增大，导致加速磨损。不按期清洗和更换发动机润滑油等，也将使轴颈产生不正常的磨损。

（2）弯扭变形　曲轴弯曲指主轴颈的同轴度误差大于0.05mm。如果连杆轴颈的分配角误差大于0.5°则称为曲轴扭曲。

曲轴产生弯曲和扭曲变形是使用和修理不当造成的。如发动机在爆燃和超负荷条件下工作，个别气缸不工作或者工作不平衡，各道主轴承松紧度不一致，主轴承座孔同轴度偏差增大等，都会造成曲轴承载后的弯曲变形。曲轴弯曲变形后，将迅速加剧活塞连杆组和气缸的磨损，以及曲轴和轴承的磨损，甚至加剧曲轴的疲劳折断。曲轴扭曲变形，也会影响发动机的配气正时和点火正时。

（3）曲轴断裂　曲轴断裂对汽车来说属于严重的机件故障。曲轴的裂纹一般发生在曲柄和主轴颈的连接圆角处，或轴颈油孔等应力集中部位。前者是径向裂纹，严重时将造成曲轴断裂。后者多为轴向裂纹沿斜置油孔的锐边方向轴向发展。曲轴的径向、轴向裂纹主要是应力集中造成。曲轴断裂的主要原因有以下几种：

1）个别用户选用机油不当，不注意“三滤”的清洗更换，严重超载造成发动机长期超负荷运行而出现烧瓦事故，从而使曲轴受到严重磨损。另外，修理手段及工艺问题，也会造成曲轴局部应力集中，从而使曲轴的材料结构发生变化而断裂。

2）发动机修好后，装车没经过磨合期，即超载超挂，发动机长期超负荷运行，使曲轴负荷超出容许的极限。

3）在曲轴的修理中采用了堆焊，破坏了曲轴的动力平衡，又没有做动平衡校验，不平衡量超标等原因导致曲轴的断裂。

4）由于路况不佳，车辆又严重超载超挂，发动机经常在扭振临界转速内运转等会造成曲轴扭转振动疲劳破坏而断裂。

2. 曲轴的检修

（1）检查曲轴弯曲量　如图2-83所示，用V形铁将曲轴两端水平支承在平台上，使百分表的测量触点垂直抵压到第三道主轴颈上。转动曲轴一周，百分表指针所指示的最大和最小读数差值的一半即曲轴的直线度误差，其值应不大于0.03mm，否则应进行压校或更换曲轴。

（2）曲轴的磨损量 如图2-84所示，用外径千分尺测量曲轴主轴颈和连杆轴颈的圆度和圆柱度，其标准值应为0.01 mm，磨损极限值为0.02mm。超过标准要求时，可用曲轴磨床按修理尺寸法对轴颈进行修磨，曲轴磨损后的维修技术数据见表2-6。

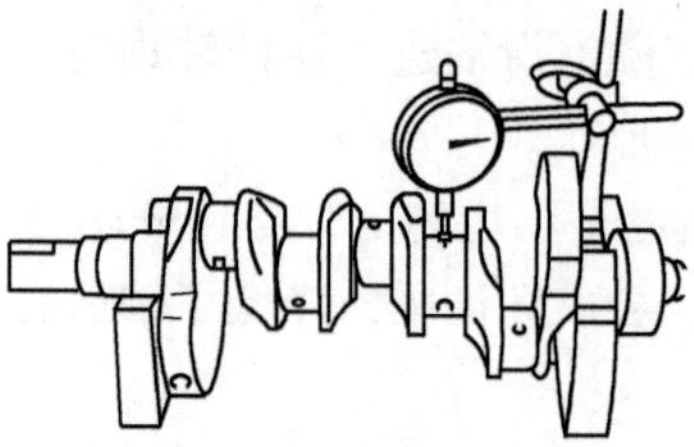

图2-83 检查曲轴弯曲量

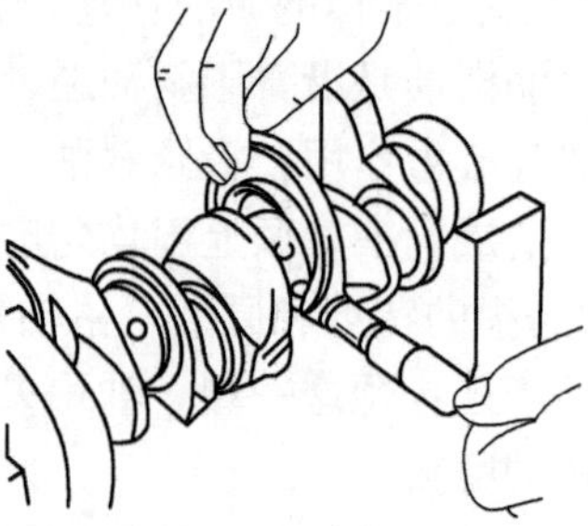

图2-84 曲轴磨损量的测量

表2-6 曲轴磨损后的维修技术数据

尺　寸	曲轴主轴承轴颈/mm	连杆轴颈/mm	尺　寸	曲轴主轴承轴颈/mm	连杆轴颈/mm
标准尺寸	$54.00_{-0.042}^{-0.022}$	$47.80_{-0.042}^{-0.022}$	第二次缩小尺寸	$53.50_{-0.042}^{-0.022}$	$47.30_{-0.042}^{-0.022}$
第一次缩小尺寸	$53.75_{-0.042}^{-0.022}$	$47.55_{-0.042}^{-0.022}$	第三次缩小尺寸	$53.25_{-0.042}^{-0.022}$	$47.05_{-0.042}^{-0.022}$

（3）检查曲轴轴向间隙 将曲轴撬向一端，用塞尺检查第三道主轴承的轴向间隙（配合间隙），如图2-85所示。新的轴承轴向间隙为0.07～0.17mm，磨损极限值为0.25mm。轴向间隙超过极限值时，应更换第三道主轴承两侧的半圆止推环。

（4）检查曲轴径向间隙 已装好的发动机可用塑料间隙测量片检查径向间隙。塑料间隙测量片的测量范围见表2-7。

表2-7 塑料间隙测量片的测量范围

测量范围/mm	色　别	型　号	测量范围/mm	色　别	型　号
0.025～0.076	绿	PG-1	0.100～0.230	蓝	PB-1
0.050～0.150	红	PR-1			

1）拆下曲轴轴承盖，清洁曲轴轴承和曲轴轴颈。

2）将塑料间隙测量片放在轴颈或轴承上，如图2-86所示。

3）装上曲轴主轴承盖，并用65N·m力矩紧固，不得使曲轴转动。

4）如图2-87所示，拆下曲轴主轴承盖，用测量尺测量挤压过的塑料测量片的厚度。新轴承径向间隙应为0.03～0.08mm，磨损极限值为0.17mm。超过磨损极限时，应对相应轴承进行更换。

（5）更换曲轴后油封

1）拆下变速器，再拆下飞轮和压盘。

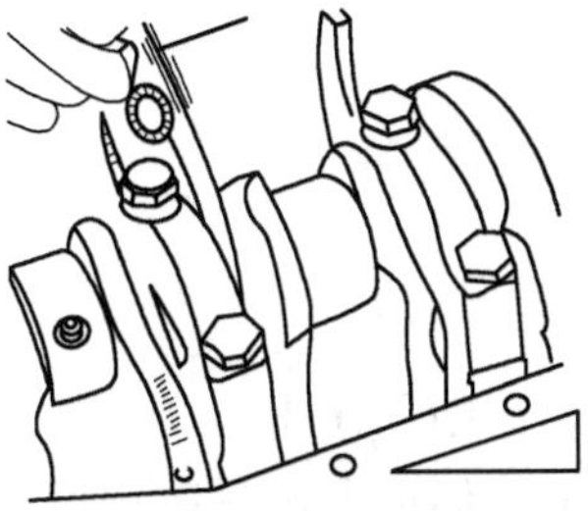

图 2-85　检查曲轴轴向间隙

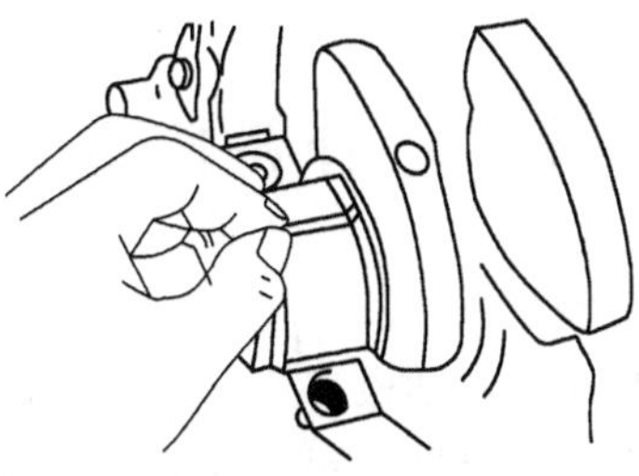

图 2-86　在曲轴轴颈上放置塑料测量片

2）用专用工具 VW10-221 拆下曲轴后油封，如图 2-88 所示。

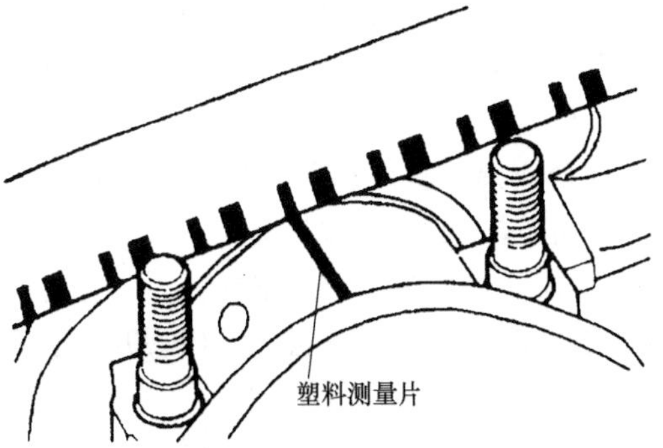

图 2-87　测量曲轴径向间隙

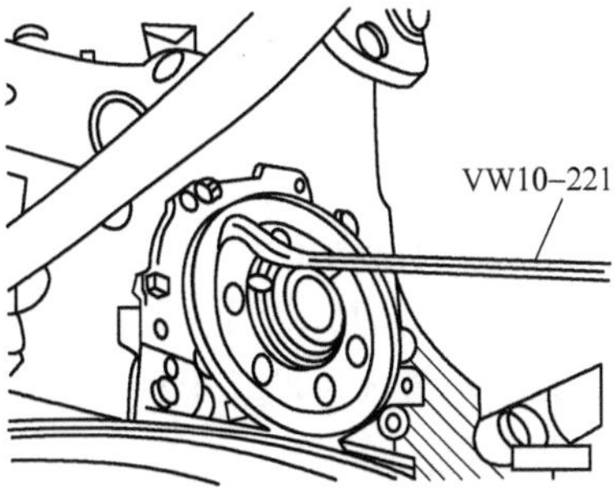

图 2-88　拆下曲轴后油封

3）安装油封时，在其外圈和唇边涂一层薄机油，使用专用工具 VW2003/2A 装上油封，并用专用工具 VW2003/1 将油封压到底。

（6）更换曲轴前油封

1）拆下 V 形带，再拆下正时带轮。

2）将油封取出器 VW2085 内件（图 2-89 箭头 A 所示）从外件中旋出两圈（约 2mm），并用滚花螺钉（图 2-89 箭头 B 所示）锁紧。

3）旋出气缸螺栓 3083，将油封取出器 VW2085 旋进曲轴，拆出油封。

4）安装曲轴前油封时，在曲轴颈上套上导套，在油封外圈和唇边涂机油。

5）经导套推入压套，用压套和气缸螺栓将油封压到底。

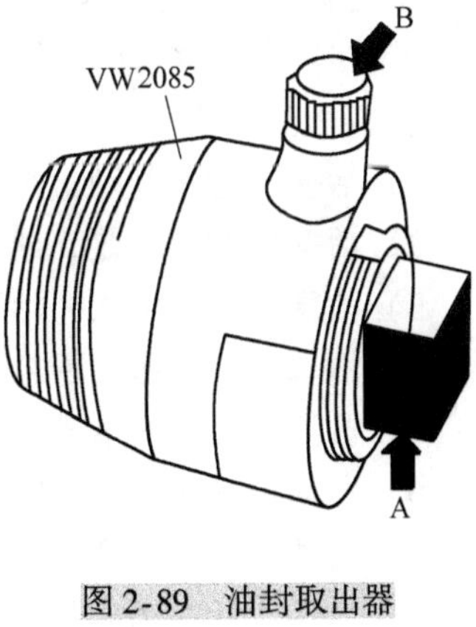

图 2-89　油封取出器

A—内件　B—滚花螺钉

2.4.6　飞轮的修理

检查飞轮工作表面是否有明显的划伤沟槽，用钢直尺、塞尺或百分表检查飞轮的平面度，应不大于 0.20mm，否则应更换飞轮。

飞轮齿圈轮齿磨损严重或出现裂纹时，可将齿圈均匀加热至 50～200℃，然后轻轻敲下，再将新齿圈加热到 200℃，趁热压装到飞轮上。更换齿圈后，必须对飞轮进行静平衡试验，不平衡量不得超过 10g · cm。

2.5　曲柄连杆机构常见故障与维修

1. 活塞敲缸响

（1）故障现象　发动机怠速时，在气缸的上部发出清晰的敲击声，好像用一小锤轻敲水泥地面产生的“嗒嗒嗒”声；发动机低温时响声明显，温度升高后响声减弱或消失，怠速或中低速时响声明显，中高速时一般减弱或消失；该缸断火后，响声减弱或消失。

（2）故障原因　活塞与气缸壁间隙过大；气缸壁润滑条件不佳。

（3）检查与判断

1）这种响声的特点是冷车明显，热车时减弱或消失，断火试验时响声减弱或消失。

2）发动机在中低速运转时，可用手抖动节气门检查，一般在减少供油量的瞬间响声较明显。

3）可用听诊器具，放在气缸上部察听，并结合断火试验来确定哪个气缸发响。

4）经诊断初步确定为某缸发响后，为进一步证实，可将发动机熄火，卸下火花塞，往气缸内注入少量机油，然后再装上火花塞起动发动机。如声音减弱或消失，过一会儿，响声又起，或在起动着火后的几十秒内出现几声响，随后即消失，过一会儿又出现几声，则可断定此缸活塞敲缸。

5）有时遇到“反上缸”现象，即在断火试验时出现敲击响声，并由间断变为连响。这是活塞裙部锥度过大，导致活塞头部撞击气缸壁产生的现象。

6）如冷车时响，热车时不响，可继续运行。大修出厂的车辆，在温度低于 213K（40℃）时，允许有轻微响声。

2. 拉缸声

（1）故障现象　此响声一般出现在发动机大修后的走合期，即发动机在怠速运转时出现“嗒嗒嗒”声，像活塞敲缸的声音，而温度升高后，响声不仅不消失，还稍重一些，且有时带有“吭吭”声，发动机有轻度抖动现象；断火试验仍有响声，但严重拉伤后也出现活塞敲缸响，不过此时断火试验响声有所减弱；拉伤到一定程度时，出现发动机突然熄火现象；严重时，从加机油口处往外冒烟。

（2）故障原因

1）活塞与缸壁间隙过小或活塞膨胀系数过大。

2）活塞椭圆度不足，或反椭圆。

3）活塞头部尺寸大，活塞环背隙或端隙过小。

4）活塞销与销座孔配合过紧，致使活塞变形胀大。

5）机油不足或润滑孔道堵塞，润滑不良。

6）发动机缺冷却液，温度过高。

7）发动机长时间高速运转，尤其在走合期内。

8）全浮式活塞销未装锁环，半浮式活塞销固定螺钉未拧紧，活塞销轴向窜动拉缸。

（3）检查与判断　发动机运转中，出现类似敲缸的现象，但声音不是随发动机温度的升高而减弱消失，可初步断定为拉缸响声；拆下气缸盖，检查缸壁的拉伤情况，并找出拉伤原因。如只是活塞与缸壁配合较紧而轻微拉伤，则可稍磨一下缸壁，随后仍可用原活塞装复。如拉伤严重，则应重新镗缸，并以加大活塞的方法修复。

3. 活塞销响

（1）故障现象　发动机在怠速或中速运转时，在发动机的侧上部可听到“嗒嗒嗒”的明显、清晰而尖脆的敲击声；用手拉节气门，由怠速往中低速急速抖动节气门时，响声非常明显，且清脆而连贯；发动机温度升高，响声不减弱；断火试验时响声减弱或消失，而恢复工作的瞬间，有明显的 1 ~2 下响声。

（2）故障原因　活塞销与连杆小头衬套配合松旷；活塞销与活塞的销座孔配合松旷；机油压力过低，曲轴箱内机油飞溅量不足，或连杆上的润滑油道堵塞，造成活塞销烧蚀严重。

（3）检查与判断

1）抖动节气门试验，即将节气门置于怠速位置，然后向中低速抖节气门，响声能灵活地随之变化，并且每抖一下节气门，都能听到突出的、尖脆的、连贯的“嗒嗒嗒”声，则可能是活塞销响。

2）断火试验时，响声比较明显。可将发动机稳定在响声较强的转速下，逐缸断火试验。断开某缸后，响声明显减弱或消失，并在复火的瞬间，能灵敏而突出地恢复响声，可断定此缸活塞销响。

3）如响声非常严重，且发动机转速越高，响声越大，则可在响声较大的转速下断火试验。如响声不仅不消失，还变得杂乱，一般是间隙已大到了一定的程度。

4）在发动机转速不断变化的情况下，使听诊器具触及发响气缸的缸体侧上部或气缸盖上，可听到较清脆的响声，也可在加机油口处听到活塞销的清脆响声。

4. 活塞环漏气响

（1）故障现象　响声类似活塞敲缸响；在加机油口处察听，可听到特别清脆的响声，并有大量气体自加油口冒出，如将加机油口盖住，响声可显著减弱。

（2）故障原因　活塞环弹性过弱或缸壁有沟槽；活塞环质量不佳或活塞头部失圆。

（3）检查与判断

1）打开加机油口盖，在发动机高速运转时，可听到类似活塞敲缸的响声。节气门开度小时响声减弱或消失，同时在加油口处向外冒烟，可断定为活塞环漏气响。

2）断火试验时，某缸断火后响声和烟气立即消失，可断定为该缸活塞环漏气，但多缸漏气时，上述现象则不明显。

3）在初步判定的气缸内倒入少许机油，然后起动发动机试验，如在起动后较短时间内，响声减弱或消失，则可进一步断定是该缸活塞环漏气响。

5. 连杆轴承（瓦）异响的维修

（1）故障现象　突然加速时，有连续明显的敲击声，响声清脆，短促而坚实，并随发动机转速的升高而增大，随负荷的增加而增强；发动机温度发生变化时，响声不变化；轴承严重松旷时，在怠速或中低速运转中，可听到“咯棱、咯棱”的响声；断火试验，响声明显减弱或消失。

（2）故障原因　润滑不良或轴承配合不当造成烧损；轴承质量不佳或装配间隙过松、过紧迫使轴承片变形造成合金脱落；连杆轴颈失圆，与轴承接触不良造成早期磨损。

（3）检查与判断

1）逐缸断火试验，从怠速往中低速，由中低速往中速抖动节气门，以及加减节气门反复试验时，响声随发动机转速的增高而增大，微抖节气门时可听到较复杂的“咯棱、咯棱”声。此外，在加速的瞬间响声更突出，断火试验中响声减弱或消失，在复火的瞬间能灵敏而突出地恢复响声。此情况可断定为连杆轴承响。

2）从加机油口处察听，有较强的“哨哨哨”的响声。

3）车辆行驶中，如加大供油量或由低速档换入高速档加油时，听到有微小的“嗒嗒”声，而慢慢加大供油量或减轻负荷时，响声消失。

4）如在车辆行驶中突然听到“唧唧唧”声，好像在缺乏润滑油的情况下，用大钻头在材质坚硬的钢材上钻孔时发出的声音，这一般是缺乏润滑油导致烧瓦所发出的响声。出现这种响声时，曲轴可能被抱住，应立即停车熄火并用手摇柄摇转曲轴。

6. 飞轮的维修

1）飞轮齿圈的磨损和轮齿折断。在起动发动机时，起动机小齿轮与飞轮齿圈的齿端发生碰撞磨损，啮合时轮齿会发生磨损或折断。

2）飞轮端面的磨损。飞轮齿圈的齿面磨损后，可将齿圈翻面再用。轮齿连续损坏崩齿三个以上，或齿圈已双面严重磨损时，应更新齿圈。

当飞轮端面磨损成波浪形或起槽，深度超过0.5mm时，应采用车削或磨削的方法修平。

在更换飞轮或齿圈、离合器压盘或总成及修整飞轮工作平面之后，都应重新进行组件的动平衡试验。

7. 主轴承异响的维修

（1）故障现象

1）发动机突然加速时，有明显而沉重的连续响声，此响声比连杆轴承响钝重，好像用大锤轻敲大石块的声音，严重时发动机机体也产生振动。

2）响声随发动机的转速提高而增大，随负荷的增大而增强，但与发动机的温度变化无关，如响声钝重发闷，一般为后道轴承发响，如响声较清脆，一般为前道轴承发响。

3）单缸断火试验无变化，相邻两缸断火时响声明显减弱。

4）机油压力明显下降。

（2）故障原因　主轴颈与轴承配合松旷；主轴承润滑不良烧坏；曲轴弯曲或轴向间隙大。

（3）检查与判断

1）发动机以中低速运转，用手抖动节气门和反复加大节气门试验，如响声沉重发闷，并随发动机的转速升高而增大，在抖动节气门时加油的瞬间响声较明显，同时感到有发动机体振动的现象，一般可断定为主轴承响。

2）如发动机在怠速或中低速运转时响声较明显，高速时变得杂乱，则有可能是曲轴弯曲。如在高速时机体有较大的振动，机油压力显著下降，则说明轴承松旷严重或合金烧坏、脱落。

3）打开加机油口盖，仔细倾听，同时反复变更发动机转速，如有明显的响声，则为主轴承响。

4）在节气门不断变化的同时，使听诊器具触及气缸体两侧的曲轴位置处并察听，若声音较明显，可判定为主轴承响。

5）单缸断火试验，一般不上缸，但相邻两缸同时断火，响声即减弱或消失。

6）踏下离合器踏板，如响声减弱或消失，则为曲轴轴向间隙过大而发响。

2.6 曲柄连杆机构可变压缩比技术

随着汽车工业的飞速发展，汽车带来的能源问题、环保问题受到了全世界的重视，发展新型节能高效发动机对振兴全球汽车工业十分重要，为了提升发动机的效能，可变进气管道、可变进气涡流、可变配气机构应运而生，在本书相关章节都有详细介绍。目前，宝马等企业推出可变压缩比发动机，本节重点介绍，可变压缩比技术使发动机的活塞运动具有类似于简谐运动的特点，可以减少摩擦损失和时间损失。可变压缩比发动机的活塞运动特点与较高的压缩比相结合可以提高燃烧的稳定性，从而扩大 EGR 极限（大概 10%），减少油耗与排放。对于降低压缩比而扩大的增压压力极限，与为增加排气能量而用高的涡轮增压器 *A/R* 比，可以使最大功率提高 10%。

如图 2-90 所示，可变压缩比的方法和途径主要有以下几种：

1）气缸体推移：将气缸和气缸盖相对于曲轴移动一个位置，发动机气缸体在一定程度上“掀开”了盖子，因此压缩比发生了改变。

2）改变气缸盖的形状：借助于气缸盖里面的副活塞来改变燃烧室容积。这种结构已经在两气门发动机上实现了，不过在四气门气缸盖上很难实施这个方案。

3）改变活塞的几何形状：利用压缩高度可变的活塞改变压缩比。

4）偏心的连杆支承：利用一个偏心的曲柄销或一根长度可变的连杆改变活塞的运行距离以改变压缩比。

5）偏心的曲轴支承：曲轴支承在一个偏心器上，利用某种手段使偏心器转过一个角度，就能改变曲轴在竖直方向上的位置，因此活塞的上止点和下止点同时移动了一个相同的量。曲轴轴心线发生移位，与气门正时传动链和动力传动链的中心线都发生了错位，因此必须进行补偿。

6）齿条推动控制：曲轴也支承在一个偏心器上，与偏心的曲轴支承不同的是，它借助于齿条而不是偏心器使曲轴移位。

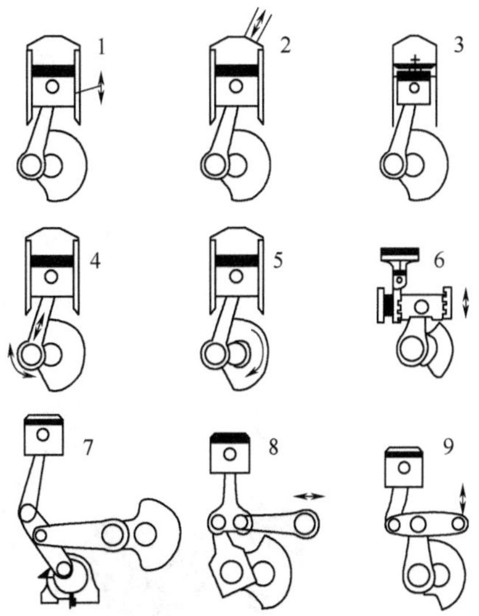

图 2-90 可变压缩比的基本结构

1—气缸体推移 2—改变气缸盖的形状 3—改变活塞的几何形状 4—偏心的连杆支承 5—偏心的曲轴支承 6—齿条推动控制 7、8、9—第二个可移动的连杆操纵点

7）第二个可移动的连杆操纵点：借助于一根分成两段的连杆，并且加设了一根操纵杆来实现可变压缩比。

萨博与宝马合作发展出的进化版智能可变压缩比技术 VCRi。在 2009 年 3 月的日内瓦国际汽车展上，装备 1.5L MCE5 VCRi 发动机的标致 407 亮相，其所使用的可变压缩比技术可将压缩比控制在 7.1～20.1 之间，油耗仅为 6.7L/100km，二氧化碳的排放量为 158g/km。此款发动机的最大功率为 220hp（162kW），最大转矩为 420N · m。它的最大输出功率与标致3.0L V6发动机（155kW）相当，而其转矩则达到了一些V8发动机（兰德酷路泽LC200的4.7L V8发动机最大转矩为410N·m；奔驰G500的5L V8发动机最大转矩为460N·m；陆虎发现3的4.4L V8发动机最大转矩为425N·m；奥迪Q7的4.2L V8发动机最大转矩为440N·m）的水平。

VCR可变压缩比技术的基本结构如图2-91和图2-92所示。

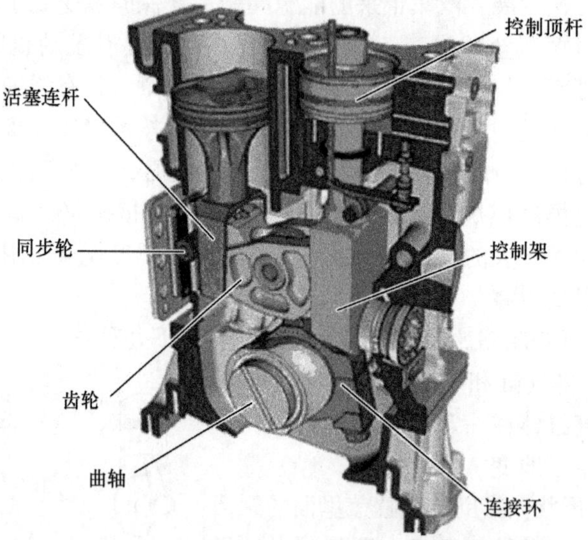

图2-91 MCE5 VCR可变压缩比发动机的基本结构

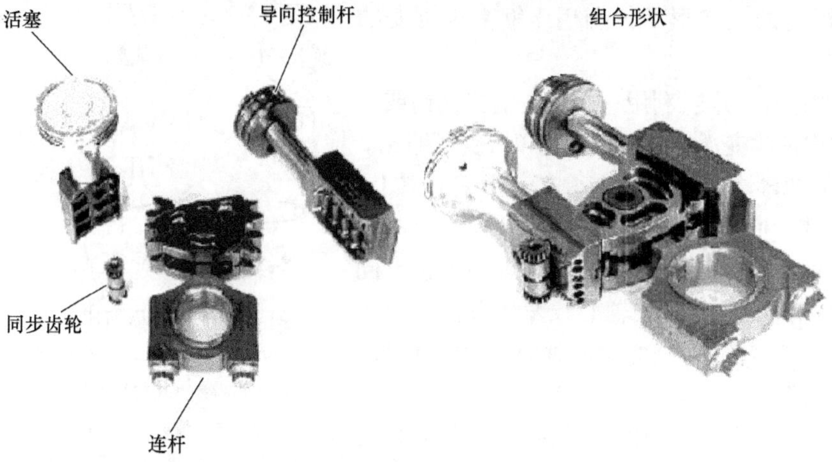

图2-92 MCE5 VCR可变压缩比发动机的活塞连杆机构

根据发动机的转速、负荷、工作温度、燃料使用状况等，进行连续调节压缩比，这一切都在ECU的控制下进行，因此动力和油耗能实现完美的平衡。

2.7 曲柄连杆机构案例分析

案例1 气缸出现非正常磨损？

1. 故障产生后的发动机表象

气缸的磨损是活塞和活塞环对气缸壁的相对运动产生的。气缸磨损严重时，气缸压力下降，引起发动机起动困难、功率降低、耗油增多等。

2. 故障产生的原因

1）润滑油中含有尘土、积炭和金属颗粒，它们随着机油飞溅到气缸表面；也可能是空气滤清器工作效果不良，使含有杂质的空气被吸入气缸内，这也会加速气缸的磨损。

2）发动机温度过高，造成润滑油变稀，油膜形成困难；发动机长时间低温运转，使机油黏度增大，难以进入活塞和气缸壁之间。以上问题均会造成气缸过度磨损。

3）连杆的扭曲或弯曲、曲轴弯曲、活塞偏磨、活塞环弹力过大等，均会使活塞在气缸中的运动走形，并使单位压力增大，进而引起气缸壁过度磨损。

4）汽油或冷却液漏入曲轴箱内，稀释了润滑油，降低了润滑作用，使气缸磨损过快。

5）镗磨气缸不当或气缸体变形，或曲轴的轴向窜动量过大，导致气缸中心线和曲轴轴线不垂直，或活塞运动偏离气缸中心造成气缸磨损异常。

6）镗、刮削连杆大端轴承（瓦）和铰削小端衬套时，两孔中心线不平行，导致活塞装配不当，引起气缸不正常磨损。

3. 故障预防和排除方法

1）驾驶人要严格遵守车辆使用规范，做好日常维护工作，减少气缸非正常磨损。另外，要提高维修质量，严格对相关机件进行检验，防止不合格件装入总成。

2）根据故障产生的原因及我们所掌握的检测知识，对“三滤清”进行检查；对缸体的变形、气缸的圆度和圆柱度、连杆轴承的配合间隙、连杆的变形量、活塞和活塞环的磨损量等进行测量，找到具体故障部位后采用相应方法排除故障。

案例 2　气缸拉伤

1. 故障产生后的发动机表象

气缸拉伤后，润滑油会窜入燃烧室，使积炭过多，并且还会使可燃混合气窜入油底壳内冲淡润滑油。气缸拉伤严重时，排气管会有大量的蓝白色浓烟排出，在加润滑油口处会看到“喘气”现象，并且有油烟窜出。同时，会明显感到发动机功率不足或有活塞的敲击声。

2. 故障产生的原因

气缸工作表面经常与高温、高压的燃气接触，且活塞、活塞环和活塞销等在其中做高速往复运动，因此气缸拉伤无疑与这些机件有关。这些机件将气缸壁（或活塞表面）拉毛或拉成沟槽。

1）发动机工作时，活塞与气缸壁的配合间隙失常。如发动机过热，镗磨气缸时活塞与气缸的配合间隙选择不当，活塞材料及时效处理不当，活塞的锥度或裙部的圆度超差等，都会造成活塞与气缸干摩擦进而拉伤气缸。

2）活塞环折断、活塞销卡环脱落、活塞销窜出、连杆弯曲或扭转都会使活塞及环倾斜运动，以致拉伤气缸。

3）油底壳内润滑油量不足。或活塞环与环槽的侧隙、背隙和端隙选择不当。

4）空气、燃油、润滑油过滤不好，形成与气缸的研磨剂；柴油发动机的喷油器严重滴漏进而稀释了润滑油，破坏了正常润滑。

3. 故障预防和排除方法

1）驾驶人应养成在起动车辆前先检查润滑油、冷却是否足够的习惯。冬天应防止冷却液道因结冰堵塞后，出现散热器“冷却液满”的假象。而一旦结冰溶化使冷却液道畅通后，便会导致冷却液不足。

2）根据故障产生的原因及我们所掌握的检测知识对“三滤清”进行检查；对连杆轴承的配合间隙、连杆的变形量、活塞环断裂、活塞的磨损量等进行测量，找到具体故障部位后采用相应方法排除故障。

3）维修发动机时，应加强对相关机件的检测和修整，保证安装的活塞、连杆和曲轴等机件的质量。消除维修中因技术不规范造成的拉缸。

4）遵守《汽车运输业车辆技术管理规定》中的汽车走合期和日常维护工作的规定。

案例3　润滑油上窜进入气缸

1. 故障产生后的发动机表象

润滑油窜入燃烧室，造成燃烧室积炭、冒蓝烟，发动机工作不良等。

2. 故障产生的原因

1）活塞环外圆表面粗糙，环漏光较严重，环断面形状与原装环不同。

2）维修时，活塞环在活塞上的安装开口彼此错开角度不当，造成漏气；发动机工作时，气环在环槽内浮动造成环开口错开角度变化，使环的密封性下降，润滑油窜入燃烧室。

3）活塞环与环槽、活塞与气缸壁磨损过度；维修时，没按要求将各环装入相应的环槽内；对气环的边隙、背隙、开口间隙控制不严。

4）气环黏在环槽内，失去弹力，或油环的刮油能力不佳。

5）新的或大修后的发动机没走合或没磨合好。

3. 故障预防和排除方法

重点检测活塞环的质量、活塞环的开口位置、活塞环与环槽、活塞与气缸壁磨损量，根据检测结果进行修复、调整或更换。

案例4　气缸盖变形

1. 故障产生后的发动机表象

汽缸盖变形会造成发动机漏油、漏水和漏气，出现冒白烟、蓝烟、回火、起动困难、动力下降、耗油量增大和异响增多等现象。

2. 故障产生的原因

1）气缸盖螺栓的拧紧力矩和方法不符合规范。

2）气缸套高出气缸体上平面过多，或各气缸套高低不一，或气缸盖螺栓拧紧力矩不均匀，使气缸盖翘曲变形。

3）气缸体上平面不平，造成气缸盖受热后随气缸体变形。

4）气缸盖材质不合格，受热后变形量大。

3. 故障预防和排除方法

1）预防气缸盖变形的关键是检修发动机时的拆装工艺要符合规范，其次是确保发动机工作温度合适。

2）气缸盖平面发生翘曲变形后，一般采用下述方法修复。

局部预热加压校正，并结合铲刮修整平面。当气缸盖平面翘曲变形大于规定值时，可将气缸盖放在专用的平板上，在气缸盖平面两端与平板间垫上厚度约为变形量四倍的垫铁，使气缸盖平面中间悬空。然后压紧螺栓，并用喷灯预热气缸盖中部，使其温度达到 300 ~ 400℃。再继续加压，使中间部位与基准面贴合，用锤子对气缸盖加强肋敲击 2 ~ 3 次，静置 5min 左右。将压板移到气缸盖全长 1/3 处的两端，分别敲击。静置一段时间后，松开压紧装置，取出气缸盖检测校正情况。若不合技术要求，可结合铲刮来修整平面。也可采用平面铣削法，将气缸盖平面朝上放在支承架上，校正水平后紧固好，选定铣削规范进行铣削。

3）螺栓孔附近的凸起可用油石、细砂轮推磨，或用细锉修平。

案例 5　气缸垫漏气、漏冷却液或漏油

1. 故障产生后的发动机表象

气缸垫用来弥补气缸盖与气缸体结合面的不平处，使其密封，防止漏冷却液、漏气或漏油。气缸垫是燃烧室的组成部分。气缸垫之所以能在气缸盖压紧时封闭气缸，是因其表面产生了塑性变形且具有的一定的弹性。气缸垫损坏后会使发动机运转不稳、有抖动且起动困难，高速或低速运转均不平稳，个别气缸不工作，功率明显下降及在怠速时排气管有“突、突”的响声等，同时可能在发动机旁听到漏气声。若气缸垫损坏处与水道相通，则冷却液会漏进油底壳，使润滑油面升高，散热器内的反水量也会增大或有气泡出现。在消声器口处有冷却液珠出现。

2. 故障产生的原因

1）气缸盖或气缸体的平面出现翘曲或凸凹不平，或安装时没清理干净气缸盖或气缸垫，气缸垫难以填补不平处，造成漏气、漏冷却液或漏油。

2）气缸垫、气缸盖、气缸体的冷却液道口没对正，受冷却液液流的冲击而损坏。

3）气缸盖螺栓或螺母的拧紧力矩不合要求；拧紧没有按要求的次数或方法进行；使用新气缸垫时，没能在发动机热起动后，再次拧紧气缸盖。

4）气缸套凸台高度不够或各气缸高度不等，或气缸体螺栓孔中有油水和铁锈等，这都会使螺纹孔变浅，导致气缸盖压不实。

5）没按安装方向要求安装。有些气缸垫上标有“朝上”“朝前”“此面朝上”，或标有英文字样的一面必须朝向气缸盖。

6）气缸垫质量差，如气缸垫厚薄不均匀或过薄。另外，气缸垫经过多次使用，厚度减小，已失去弹性，无法弥补气缸盖和气缸体结合面的不平处，造成密封不严。

7）发动机经常在高温下运转，或经常处在点火过早状态，或发动机压缩比改大，容易冲坏气缸垫，造成气缸垫漏气、漏冷却液或漏油。

3. 故障预防和排除方法

1）选择与发动机规格配套且质量好的气缸垫。若使用的是金属 – 石棉垫结构的气缸垫，在没有新气缸垫可供更换的情况下，可将换下来的旧气缸垫用火均匀地烤热，使其内部料（石棉）变得疏松，待其自然冷却后再安装。

2）对于正反面都能安装且有卷边的气缸垫，不要装反。要使光滑的一面朝向不容易修整或容易压伤的机件。有安装标记者，应按方向安装。

3）维修时按规定的转矩、拧紧次数和方法来拧紧。经过一段时间使用后，应对铸铁气缸盖再校紧一次气缸盖螺栓转矩。两气缸用一个盖的气缸垫重复使用时，要各就各位。

4）防止因气缸盖变薄而使螺栓变长，出现拧不紧的情况。清理螺纹孔杂物，以减小拧紧螺栓时的阻转矩。

5）防止发动机冷却系统缺冷却液，工作温度过高，点火或供油过早（柴油机）。另外，应避免汽车长时间用低档超负荷运行。

6）对于要求在两面喷涂黏结剂的气缸垫，应按要求喷涂。另外，螺栓有长有短时，应使其各自复位安装。

7）用断缸法可检测各气缸工作情况。若相邻两气缸都不工作，则很可能是气缸垫冲坏使两气缸连通，两气缸的压缩压力都不足，导致发动机难以起动。

8）气缸垫冲坏的应急处理方法：

① 若气缸垫冲坏处是一道小口，则可用石棉线填补。

② 若气缸垫冲坏面积较大，则可从废气缸垫的相同部位剪下一块，或剪一块与损坏部位形状相同的牛皮贴补。将贴片垫在冲坏处，轻轻敲击，使之接合良好。

③ 若气缸垫冲坏处在两气缸之间，则将石棉线、牛皮用铜皮包好。

案例6　活塞拉伤或裙部烧蚀

1. 故障产生后的发动机表象

活塞拉伤，主要指活塞裙部圆周方向的某一处或多处，沿活塞中心线方向的拉毛或烧蚀现象。活塞拉伤或烧蚀后会造成发动机不能起动、起动困难、动力下降、低温或高温时产生异响等。

2. 故障产生的原因

1）活塞裙部没有制成椭圆或椭圆过小，使裙部在正常工作温度内难以保证呈正圆形。活塞销座孔轴线方向，因金属厚且膨胀量大，使活塞裙部变成反椭圆，造成活塞与气缸的间隙变小，导致干摩擦而拉伤。

2）活塞时效处理不佳，因存在铸造应力和力学性能的变更而变形。在受热以及受活塞销上垂直压力的作用下，活塞会沿销座孔中心线方向变形，使活塞裙部成为反椭圆，与气缸壁摩擦拉伤。

3）因冷却液不足或点火过迟等原因，使发动机温度过高，活塞超出正常的膨胀量，导致活塞与气缸间隙变小或无间隙，造成活塞拉伤或烧蚀。

4）维修时选用的活塞与气缸间隙过小，或使用了弯曲或扭曲的连杆，或配合表面不清洁等，都会使活塞拉伤。

5）活塞销与销座孔配合过紧，使活塞达到工作温度时难以使裙部呈正圆形，影响活塞与气缸的间隙。

6）活塞销卡环脱出或折断后拉伤活塞或气缸。

7）润滑油牌号不符或润滑油被汽油稀释，使气缸壁上无法形成油膜，出现干或半干摩擦而生热，造成裙部烧蚀。

8）使用了不合规定的润滑油或发动机温度过高，致使润滑油稀薄，活塞与气缸间难以形成足够的油膜，出现干摩擦而拉伤活塞。

9）对于通过润滑油喷嘴来冷却活塞顶部内壁的某些柴油机，在润滑油压力低的情况下长时间工作或怠速运转，喷嘴喷油角度的改变，喷嘴堵塞、伤裂及固定螺栓松动等，都会使喷嘴工作性能被破坏，造成活塞顶部温度剧增，散热能力下降而拉伤活塞。

3. 故障预防和排除方法

1）汽车不能在缺冷却液、高温、大负荷下长期运行。出车前应检测润滑油量和质量。

2）活塞拉伤后，很难保证其所在的气缸不拉伤，因此多采用同时更换新活塞和气缸套的办法。如果气缸确实没有拉伤，也可以用同一厂牌同一组别，质量、尺寸均一致的旧活塞替换。

3）在维修选配活塞时，应注意活塞的故障排除尺寸要求、活塞的质量要求、活塞裙部圆度及圆柱度要求、活塞头部与裙部直径差要求。

4）维修时应保证活塞与气缸的间隙，并选好活塞，保证活塞的圆度符合规定。对全浮式活塞销座孔进行加工时，不能使其与销轴配合过紧。

案例7　活塞敲缸或发动机冷机敲缸

1. 故障产生后的发动机表象

活塞在上止点改变方向时，由于侧压力瞬时换向，活塞与气缸壁的接触面突然由一侧平移到另一侧，产生了对气缸壁的“拍击”（活塞敲击响）声。

发动机冷机敲缸现象是发动机怠速运转时，发出“哨、哨”的有节奏的清晰响声，且响声随发动机温度变化而变化：温度低时，响声明显；温度高时，响声减小或消失。

2. 故障产生的原因

1）由于制造等因素，活塞受热后变成反椭圆，导致活塞与气缸间的间隙增大。

2）连杆的弯、扭曲，造成活塞在气缸内运动走形。

3）活塞顶撞击不规则的气缸垫，造成活塞撞击气缸垫发出响声。

4）发动机冷起动时，活塞冷缩使活塞与气缸间的间隙增大，出现冷敲缸；发动机热起动后，活塞与气缸间的间隙变小，响声减弱或消失。有时，刚起动时润滑油压力低，气缸壁润滑油不足，也会使活塞与气缸壁相碰而产生敲缸声。

5）混合气不正常燃烧，如汽油机的早燃或爆燃，柴油机的燃油聚积、燃烧后压力剧增等，都会使活塞敲击气缸壁。

6）油底壳里的润滑油不足，使气缸壁上飞溅的机油减少，会加速磨损导致活塞敲击气缸壁。

7）汽车满载大负荷爬坡时，因点火时间过早，或发动机无负荷，突然加大节气门开度时，活塞与气缸壁撞击。

3. 故障预防与排除方法

1）通过火花塞孔给气缸加入少许黏度较大的润滑油，静置一定时间后再用手摇转曲轴，使润滑油进入活塞和气缸之间，最后装上各缸火花塞起动发动机。若响声减弱或消失，而后不久响声又出现，则证明是活塞与气缸间的间隙过大造成敲缸。

2）敲缸原因属于活塞与气缸间的间隙问题时，可暂不排除故障。必要时应镗气缸或镶气缸套，更换活塞及活塞环。

3）对于早燃或爆燃引起的敲缸，应调整点火时刻和汽油牌号；对柴油机应检测柴油的着火性能、雾化和汽化程度、供油提前角、压缩比等。另外还应经常清除积炭。

4）连杆弯、扭曲使活塞运动走形以及维修因素引起的敲缸，前者应校正连杆，后者应提高维修质量。

案例8　发动机热起动后敲缸

1．故障产生后的发动机表象

发动机怠速时，发出“哨、哨”声，并伴有抖动现象；温度升高后，响声变大；某气缸断火不工作后，响声消失。

2. 故障产生的原因

1）连杆轴颈与主轴颈不平行，连杆衬套轴向偏斜或连杆弯曲。

2）活塞反椭圆，或活塞圆度超差，使发动机热起动后，活塞与气缸间的间隙变大。

3）全浮式活塞销装配过紧使活塞变形。活塞在冷态时，其与气缸间的间隙适当，而热起动后销座膨胀量增大形成反椭圆，导致活塞与气缸间的间隙增大。活塞与气缸壁间的润滑不良也是造成气缸磨损加速和敲缸的因素（润滑不良会使活塞与气缸壁的缓冲作用降低）。

3. 故障预防和排除方法

根据故障产生的原因，校正曲轴，提高维修质量，选好活塞。

案例9　活塞顶撞击气门发出响声

1．故障产生后的发动机表象

活塞顶撞击气门头的故障，一般出现在顶置式配气机构中。其表现为有节奏的“哨、哨”的金属撞击声。发动机高速运转时较明显，有类似活塞撞击气缸盖的振动感。

2. 故障产生的原因

1）更换后的新气门头部过厚，或气门头座落在气门座上的深度不够，使其头部外露过多。

2）更新的气门座圈过厚，或气门座圈的工作角位置不当，使气门头相对加高。

3）气门座圈孔深度不足或座圈没下到底，使座圈高出。

4）气门间隙过小，或气门间隙调整螺钉松动而碰撞气门。

3. 故障预防和排除方法

1）拆下气门室盖，将螺钉旋具头触在摇臂轴上，或用手拿着气门摇臂检测。若气门间隙过小或无气门间隙，则可在摇臂轴或摇臂处感到有振动或有碰手的感觉；若为其他原因，则拆开气缸盖后，通过碰撞的印痕来查找故障位置。

2）出现活塞碰气门响时，应立即熄火，以防气门锁片松脱而使气门掉入气缸内。对于气门间隙过小或气门间隙调整螺钉松动的情况，重新调整或锁紧即可；对于气门座圈或气门头部不合格的情况，应重新镶、换座圈或气门。

案例10　活塞销与连杆小头衬套撞击发出响声（活塞销与活塞销座孔撞击发出响声）

1．故障产生后的发动机表象

活塞销用来联接活塞和连杆，并把活塞所受的压力传给连杆。它承受着方向和大小都不断变化的冲击载荷。

活塞销与连杆衬套（或活塞销座孔）的撞击声，是上下双向的，声音较脆。在发动机怠速或低速运转时，因转速较慢，所以响声比较缓慢且明显，但在突然加速时，因发动机转速提高，响声也随之加快、加大。若某个气缸用火花塞短路时，响声消失或减慢，而突然去掉短路时又会发出“嗒”的一声响，则说明是此气缸响。该撞击声在气缸上半部听时比较清楚，而下半部声音较小。若点火早，则撞击声会加剧。活塞销与连杆小头衬套撞击响，受发动机温度变化的影响，温度升高时响声明显。

2. 故障产生的原因

1）活塞销与连杆衬套磨损过度或加工不当造成松旷。凡机件撞击响，多是两个机件在一定距离内，以一定速度相对运动，相互撞击后发出的。

2）连杆小头衬套未开（钻）集油孔时，会因衬套缺润滑油而过磨损，造成配合松动。

3）连杆小头衬套外径在小头孔内松旷。怠速时，响声与销套松旷相同，但突然加速时，响声则类似连杆轴响。

4）发动机温度高时，在机件磨损松旷的情况下配合间隙会进一步增大，由此产生了活塞销响。

3. 故障预防和排除方法

连杆衬套与活塞销常温下的配合间隙为 0.005～0.010mm，接触面积在 75% 以上。松旷的衬套更新后，一般采用铰、镗、拉和挤压等方法加工。用铰刀手工操作比较方便，不需过多设备。将铰刀夹入台虎钳并与钳口平面垂直。铰削时，一手托住连杆大端，一手压住连杆小端，以刀刃露出衬套上平面 3～5mm 为第一刀的铰削量。均匀用力扳转，并向下略施压力进行铰削。当铰削到用手掌的力能将活塞销推入衬套 1/3～2/3 时，应停止铰削。此时，可将活塞销压入或用木锤打入衬套内，并夹持在台虎钳上，左右往复扳转连杆，然后压出活塞销，查看衬套接触情况，而后再用刮刀修刮，直至能用手将活塞销推入连杆衬套，接触面在 75% 以上为宜。

案例 11　活塞气环漏气

1. 故障产生后的发动机表象

活塞气环主要用来密封活塞与气缸壁间的间隙，防止气缸内的气体窜入油底壳，并将活塞头部的热量传给气缸壁以利于活塞散热。活塞环在工作时，受高温、高压、润滑条件差的影响，磨损失效的速度往往要比气缸磨损至极限的速度快。随着活塞环磨损的加剧，其弹力会逐渐减弱，且端隙、侧隙增大，使气缸密封性变差，造成漏气和窜润滑油，这降低了发动机的动力性和经济性。

2. 故障产生的原因

1）气环可能漏气的缝隙有三条：环面与气缸壁间；环与环槽的侧面间隙；开口端隙处。

2）活塞环槽磨损。活塞环槽磨损主要出现在环槽的下平面。造成磨损的原因是气环的上下冲击和活塞环在环槽内的径向滑动，使第二密封面的密封效果下降。

3）活塞环磨损。活塞环的材质与气缸壁不配套（两者的硬度相差太大），使环磨损后密封性变差。

4）活塞环开口间隙过大或锉修时不合要求，使环的封气效果变差，节流作用降低，漏气通道加大。柴油机的开口间隙一般比汽油机大，且第一道环比二、三道环大。

5）活塞环开口分布不合理。为了减少漏气，加强环开口处的节流作用，使环的封气路线变长，故各道气环的开口位置应按要求操作。

6）发动机工作时，作用在环上的各种力互相平衡，处于浮动状态时，可引起环的径向振动，使密封失效。同时，也可能出现环的圆周转动，这会使安装时的开口错开角度发生变化，也会造成漏气。

7）活塞环断裂、胶黏、卡死在环槽内，或活塞环装反，均会使环的第一密封面失去密封作用而漏气，如扭曲环和锥形环等没按要求安装在环槽内。

8）气缸壁磨损或有印痕、沟槽，从而影响气环的第一密封面的密封性导致漏气。

3. 故障预防和排除方法

1）向每个气缸内（拆下火花塞或喷油器）加入少量润滑油并进行气缸压缩压力的检测。若加入润滑油后，气缸压缩压力升高，则证实是活塞环密封不严。

2）选用的气环硬度比气缸硬度适当大些。使用软活塞环会缩短环的使用寿命。

3）活塞环的开口布置：

① 三道气环要使各环沿圆周120°夹角相互错开。

② 四道气环要使第一、二道错开180°，第二、三道错开90°，第三、四道错开180°，这样的开口分布能获得较长漏气路线，提高密封性。环的开口不应位于活塞的受力面上，以防划伤气缸，另外也不要将开口与活塞销孔布置在同一轴线上。

4）正确掌握换环时机。应在气缸磨损不严重，环的弹力下降不明显，发动机燃油和润滑油均未出现异常时换环。若气缸磨损在允许范围内，而活塞与气缸间的间隙超大，则应更换活塞。若仅换活塞环，则会因旧活塞在气缸内摆动频繁，导致无法控制活塞环而再次发生故障。

5）换环时应用刮刀刮除“缸肩”，清除环槽内积炭，环的开口应以气缸下部检测为准，以防被“缸肩”撞断，环被积炭卡在环槽内及因环开口间隙不足而胀断。

6）安装活塞环前，应将活塞的整个环带和销孔部分浸入清洁的稀润滑油中进行预先润滑，防止出现发动机起动后新活塞销咬死及活塞环与环槽的干磨擦。

7）提高发动机维修质量，使环的开口端隙、边隙、背隙等符合技术要求，开口错开角度合理，加强环的漏光度检验，避免将环装反。环端隙为直切口者，应在锉修时锉平整。

8）活塞环弹性应符合技术要求。

案例12　活塞环断裂

1. 故障产生后的发动机表象：

活塞环断裂后发动机会出现抖动、喘气、动力下降、冒烟、单缸抱死或拉缸异响等。

2. 故障产生的原因

1）活塞环的侧隙、端隙过小，受热后因没有伸胀余地而卡断。

2）活塞环被胶质物、积炭黏在环槽中，失去活动余地，造成断裂。

3）活塞环上有裂纹、孔眼等缺陷；安装活塞环时，用力过大使环的开口张得过多造成内应力，使用后受交变负荷作用造成折断。

4）更换新活塞环时，没能刮除缸肩使第一道气环撞断。

5）发动机工作状况过于恶劣，活塞环在工作时，受冲击负荷的强烈振动，另外，时胀时缩的径向运动会引起疲劳，最终导致断裂。

3. 故障预防和排除方法

维修时应严格按照技术规范进行操作，保证环的各间隙均符合标准。活塞环的厂牌不应经常更换。在检测活塞环开口间隙时，应将活塞环推入气缸磨损较小的横断面上测量，以免因气缸上部大但下部小，在气缸上部测环的间隙正好，而环在下部时，其间隙变小或变无，进而导致活塞环折断。

检测活塞环的侧隙时，可将环放在环槽内，用塞尺检测。若侧隙过小，可将环放置于平板上用砂布研磨。检测背隙时，通常以槽深与环厚之差来计，也可直接将环插入环槽内，环低于槽岸即为合适。

在进行发动机维护时，应使用专用工具，以防造成环的内损伤，同时应彻底清除环及环槽内的积炭。

活塞环断裂后应按要求更换新活塞环。

案例 13　活塞环卡在环槽内

1. 故障产生后的发动机表象

活塞环卡在环槽内，会使气环失去弹性或折断，造成气缸和活塞的漏气与窜润滑油，故障表现为发动机起动困难、动力下降、喘气、异响、加机油口冒气及排气管冒烟等。

2. 故障产生的原因

1）发动机使用的润滑油脏污（长时间不换润滑油或润滑油本身不洁），或牌号不符合要求。

2）活塞环在安装时的边隙和背隙过小，受热膨胀后卡在槽内。

3）汽油发动机点火过迟，柴油发动机喷油时间过迟，造成燃烧不完全，使环槽内积炭过多，从而将活塞环卡滞在环槽内。

4）气缸上润滑油或可燃混合气过浓造成燃烧不完全，形成胶质使环卡在环槽内。

3. 故障预防和排除方法

1）经常检测润滑油质量，合理使用车辆，使发动机适时点火或喷油，以减少积炭形成。

2）提高故障排除质量，防止因环的边、背隙不当而卡环。

3）先清洗活塞环，再按要求检查、调整或更换。

案例 14　活塞环拉气缸发出响声

1. 故障产生后的发动机表象

活塞环拉气缸响的故障多在汽车行驶中出现。发动机转速和温度均较高时，突然发出强烈的金属摩擦声；转速低到怠速时，发动机便会熄火；发动机温度降低后，响声消失。

2. 故障产生的原因

由于发动机温度过高，活塞环开口端隙过小无热胀余地；镀铬的活塞环或钢带环错装到镀铬的气缸中。

3. 故障预防和排除方法

发动机温度降下后，拆下气缸盖检测气缸壁的拉伤情况。对拉伤轻者用砂布修整。同时，卸下活塞环并修整开口间隙，使其符合要求。

案例 15　活塞环漏气产生敲击响

1. 故障产生后的发动机表象

活塞环漏气之所以能产生敲击响，是因为在发动机做功行程中，燃烧后爆发的气体急速下窜并冲进油底壳内，引起活塞环漏气响，这并非是金属之间的撞击声。

2. 故障产生的原因

1）活塞环或活塞环岸折断，这类故障多发生在刚出厂或大修不久的发动机上。在发动机怠速运转时，可以在加润滑油口处听到有节奏且明显的漏气声，转速提高后响声消失。

2）活塞环弹力不足，活塞环的背隙过大，与气缸壁密封不良。在发动机怠速且有漏气声时，连续几次急加速，可听到节奏分明的“嘣、嘣”金属敲击声。此时，在加润滑油口处可看到有脉动的烟冒出。对某缸断火后，响声消失，或仍有漏气声，加润滑油口处烟雾减轻或消失。

3）活塞环卡死在环槽内。发动机怠速时，有节奏分明的“嘎、嘎”金属敲击声，并随着转速提高而加重。此时，在加润滑油口处可看到含有润滑油的脉动烟冒出。

3. 故障预防和排除方法

若活塞环或环岸折断，则应更换活塞环或活塞；因环的弹力不足引起漏气，应分析是环质量不佳，还是积炭所致；若背隙过大或环与气缸壁密封不好，则应提高装配质量。如敲击声严重，且是活塞环折断、活塞环卡死引起的，则应立即熄火，可用小锉刀或三角刮刀将发咬部位的活塞环岸稍加锉刮，装回后应能转动自如。若环折断，则应及时更换。

案例16　连杆螺栓折断

1. 故障产生后的发动机表象

连杆螺栓在工作中，由于受很大的交变载荷作用，可能会发生拉长、裂纹、丝扣滑牙及断裂等损伤，造成敲坏气缸体的严重事故。

2. 故障原因

1）连杆螺栓中的螺母拧得过紧，使螺栓受力过大而伸长，易受冲击折断。

2）螺栓使用时间太久，已有疲劳，在发动机超速或转速忽快忽慢时折断。

3）螺栓的材质不合格，热处理不当，或已有裂纹。

3. 故障预防和排除方法

驾驶人在起动车时，不要猛踩加速踏板，否则会使连杆螺栓因承受的交变负荷过大而折断；维修中，除了对已用过久的螺栓及时更换外，还应对旧螺栓做探伤检测，同时要按规定力矩拧紧螺母，以防人为地拉长螺栓。

案例17　连杆轴承烧蚀

1. 故障产生后的发动机表象

连杆轴承用来使连杆轴颈和连杆大头间保持良好的油膜，减小摩擦阻力，加速磨合。连杆轴承工作时，承受交变载荷、高速摩擦，其低速大负荷时的润滑条件差且润滑油易变坏。

2. 故障产生的原因

1）润滑油的牌号不符、油温过高、含有水分或杂质、缺润滑油等造成干或半干摩擦。

2）轴与轴承配合间隙过小，润滑油难以挤入间隙中，不能形成油膜，造成干摩擦。

3）轴承外径与座孔表面贴合不良，使轴承散热不好；轴承外径与座孔配合松动，或轴承定位不佳，均可能使轴承在座孔中转动、移动，从而引起轴承烧蚀。

4）发动机大负荷低转速运转，使润滑油压力降低，润滑性能变差，引起轴承急剧磨损或烧蚀。

5）维修质量差。如连杆轴承盖原装位置改变，润滑油孔不正或堵塞，连杆螺栓（母）的拧紧力不一或不足等。

3. 故障预防和排除方法

1）提高维修质量。使轴与轴承有合格的配合间隙及接触面积，不能在轴承外径与座孔间加异物（防止传热不良）。

2）保持油底壳内的润滑油量和质量，防止发动机大负荷下低转速运转。

3）连杆轴承烧蚀要先根据现象找到原因后再更换连杆轴承瓦。

案例 18 连杆轴承产生敲击响

1. 故障产生后的发动机表象

连杆轴承产生的敲击响，指发动机工作时，连杆轴承与轴颈发生相对运动而撞击并发出“哨、哨”的有节奏的响声。响声的大小随发动机转速变化而变化，即转速高时响声大，反之响声小。另外，响声随发动机负荷增大而增大，反之减小。

2. 故障产生的原因

1）润滑油低温时黏度大、流动性差，不易及时流到连杆轴颈表面而发生干摩擦，产生高温，使轴承合金熔化流失，或轴承合金因结合不良而脱落，引起连杆轴承与轴颈配合间隙增大。

2）润滑油中有水分便难以形成油膜，导致轴承与轴颈磨损加剧，造成配合间隙增大。另外，润滑油品质变差，轴承散热不良，润滑油压力不足等也会造成轴承磨损加剧。

3）故障排除不当。装配时连杆轴承与轴颈装配过紧或过松；轴承过短，与轴承孔没有过盈配合，造成轴承在孔中既能转又能移，还会振动，使连杆大头轴承孔磨损加剧。

4）使用不当。如发动机常在大负荷下工作，作用在活塞顶部的压力很大，当连杆推动曲轴转动时，易把连杆轴颈上的油膜挤破，使轴承与轴颈直接接触，形成半干摩擦，从而加速磨损使轴承间隙增大而产生撞击响。

5）连杆螺栓（母）松动或折断。

3. 故障预防和排除方法

1）维修时，应将螺栓（母）锁止牢固。对螺栓或螺母表面镀铜的自锁，只能用一次，不能反复使用，否则会使自锁失效。另外，不能用普通开口插销的螺母来代替自锁螺母。

2）检测螺栓（母）的螺纹及其配合情况，螺栓（母）的紧固力矩和方法要符合规定。

3）轴承不圆时，应将弯扭的连杆校正后，或更换新连杆后再镗削轴承。轴颈不圆会造成轴承金属的机械移动并促使其疲劳。

4）轴承间隙不当时，在维修时应予排除。另外，应防止在维修中使用错轴承而造成轴承烧蚀。同时还应注意，凡有电镀层的轴承，不应镗削或刮削，否则会去掉镀层，使覆盖层失去意义。

5）维修时，应避免手工刮瓦。镗瓦和刮瓦的质量差别大，应力求用镗瓦方法修复轴承与轴颈的配合间隙。若需要刮瓦修复时，应特别注意瓦片的材质，因为轴与轴承的配合间隙主要取决于轴颈和轴承的材质。

案例 19 连杆弯曲、扭曲和双重弯曲

1. 故障产生后的发动机表象

连杆的弯曲、扭曲和双重弯曲变形会使活塞在气缸中歪斜，造成活塞与气缸、连杆轴承与连杆轴颈偏磨并发出响声，进而导致发动机动力下降且温度升高。

2. 故障产生的原因

发动机工作时，气缸内的气体压力始终作用在活塞顶上，这使活塞与活塞销、活塞销与连杆小头衬套压紧，并通过连杆，使连杆轴承与连杆轴颈、主轴承与主轴颈相互压紧。由于上述各传力机件都具有一定的质量，且具有保持原有运动状态的趋势，即惯性作用，再加上发动机超负荷和爆燃等原因，使连杆弯曲、扭曲或双重弯曲。

3. 故障预防和排除方法

1）连杆弯曲、扭曲变形的检验可在连杆检验器上进行。检验时，如果三点规的三个测点都与检验平板接触，说明连杆既不弯曲也不扭曲。如果上测点与平板接触，下面两测点与平板不接触，且与平板的间隙相等，或下面的两测点与平板接触，而上测点与平板不接触，则表明连杆弯曲。连杆弯曲、扭曲变形，通常用连杆校正器的附设工具进行校正。

连杆双重弯曲的检验，也在连杆检验器上进行。当连杆弯扭并存时，一般先校正扭曲后校正弯曲。连杆经过弯、扭校正后，两端座孔轴心线的距离变化应不大于0.15mm，否则会影响气缸的压缩比。

2）汽车使用中，应避免发动机超负荷工作并防止爆燃的发生。

案例20　曲轴弯曲和扭转

1. 故障产生后的发动机表象

曲轴弯曲、扭曲变形后，会使发动机起动困难、动力下降、噪声加大，并使缸套、活塞、活塞环、轴承等机件加速损坏。

2. 故障产生的原因

1）曲轴在修磨加工时，装卡定位不当，磨床本身精度不高。

2）发动机超负荷运转，连续爆燃，工作不平稳使各轴颈受力不均匀。

3）曲轴轴承和连杆轴承间隙过大，松紧不一，造成主轴颈中心不重合，运转时受冲击。

4）轴承烧坏和抱曲轴时，曲轴会出现弯曲和扭转。

5）曲轴轴向窜动量过大或活塞连杆组重量不一、相差过大。

6）点火时间过早，或经常有1~2个火花塞工作不良，使发动机运转不平稳，曲轴受力不均匀。

7）曲轴的平衡被破坏，或曲轴连杆组及飞轮的平衡被破坏；曲轴过度磨损和超细，强度、刚度不足，或由于装配不当而产生弯、扭曲。

8）曲轴材质不佳，或长期不合理放置造成变形。

9）汽车起步时，放松离合器踏板动作过快，接合时不柔和；用冲力起动发动机，使曲轴突然扭转。

10）行车中使用紧急制动；在发动机动力不足的情况下，用高档低速勉强行驶。

3. 故障预防和排除方法

曲轴弯曲变形后，其主轴颈的同轴度偏差增大。检验时，一般将曲轴的第一道和最后一道主轴颈搁置在检验平板的V形块上，将百分表头垂直地触及中间一道主轴颈（通常此道变形量最大），慢慢转动曲轴一圈。此时，百分表指针所示的最大摆差，即该轴颈对前后两主轴颈轴线的同轴度偏差，其偏差一般不大于0.15mm，否则应校正。低于此限可结合磨削轴颈进行修正。曲轴弯曲的校正通常采用冷压法和表面敲击法。

检验曲轴扭曲时，可将曲轴置于检验平板的V形块上，然后将第一、六缸连杆轴颈转到水平位置，用百分表分别测量第一缸连杆轴颈和第六缸连杆轴颈至平板的距离，求得同一方位上两个连杆轴颈的高度差。

若曲轴轻微扭转变形，可在曲轴磨床上磨削校正，大的扭转变形可用液压扳杆校正。

案例21　曲轴密封处漏油

1．故障产生后的发动机表象

曲轴密封处漏油指在曲轴的前后端，润滑油沿轴颈流出曲轴箱（或正时齿轮室盖）。为防止曲轴前后端漏油，发动机常用的防漏装置有挡油盘、填料油封、自紧油封和回油螺纹等。这些防漏装置一般都是两种或两种以上组合使用。

2. 故障产生的原因

1）油封刃口和轴颈表面粗糙不平整，在装合时没有涂抹润滑脂，造成油封初始工作中干摩擦并产生高温，使刃口烧伤，并使橡胶黏附在轴颈上。

2）自紧油封的弹簧脱出、漏装、弹力不足，或油封磨损过度。

3）使用填料油封（石棉盘根）时没将“料”填满，与轴有缝隙，或进入轴承盖与座之间的“料”太多而留有缝隙。

4）油封处的轴颈磨成沟槽、轴颈表面粗糙、轴颈圆度超差；安装油封时，轴颈处的毛刺、轴颈上的螺纹、键齿等在通过刃口时刮伤油封。

5）油封装配不当。如油封中心与轴颈中心不重合或油封装反，或挡油盘的凹面应朝外而错装成朝内。

6）油封在高温、油液不清洁、酸类和胶状物等杂质含量过高的状况下工作，加速了油封老化和磨损造成漏油。

7）润滑油压力过高，曲轴箱通风差，或油封保管不当，造成橡胶老化、萎缩，防漏能力降低。

8）油封形式选择不当。选油封时只顾尺寸合适，而没核对油封性能说明。

3. 故障预防和排除方法

针对故障产生的原因，采取针对性措施予以维修。对油封质量和型号应仔细检测；对润滑油压力过高或曲轴箱通风不好的应予检修；对轴颈磨损异常的应查明原因或用烧焊、镶套等方法修复；应提高维修质量和油封的保管质量。

案例 22　曲轴轴承（衬瓦）烧熔

1．故障产生后的发动机表象

曲轴轴承烧熔时，烧熔的主轴承处会发出钝而有力的金属敲击声。若所有的轴承都烧熔或松动，则会发出明显的“哨、哨”声。

2. 故障产生的原因

1）润滑油压力不足，润滑油挤不进轴与轴承之间，使轴与轴承处于半干或干摩擦状态，导致轴承温度升高而使减磨合金熔化。

2）润滑油道、机油集滤器、机油粗滤器等被脏物堵塞，粗滤器上的旁通阀打不开（阀门弹簧预紧力过大或弹簧与球阀被脏物卡住等），造成润滑油供应中断。

3）轴与轴承间隙过小，难以形成油膜；轴承因过短而与轴承座孔没有过盈量，造成轴承在座孔中转动，将轴承座孔上的油道孔堵塞，中断润滑油供给。

4）曲轴轴颈的圆度超差，在润滑的过程中，因轴颈不圆难以形成一定的油膜（轴承间隙时大时小，油膜时厚时薄），润滑不良。

5）机体变形或轴承加工误差，或曲轴弯曲等使各主轴承的中心线不重合，造成曲轴转动时，各轴承的油膜厚薄不均，甚至变成干摩擦状态而烧熔轴承。

6）油底壳内的润滑油量不足且油温过高，或润滑油被水、汽油稀释，或使用了劣质或牌号不符的润滑油。

7）轴承背面与轴承座孔贴合不良或垫有铜皮等，造成散热不良。

8）发动机瞬间的超速运转，如柴油发动机的“飞车”，也是烧轴承的原因之一。

3. 故障预防和排除方法

1）安装发动机总成前，应注意润滑油道的清洁和检测（用高压水或空气冲洗），消除堵塞集滤器的杂物，加强对粗滤器的维护，以防滤芯堵塞和旁通阀失效。

2）驾驶人应随时观察发动机温度、润滑油压力，察听发动机有无异响；出车前应检测润滑油量和质量。

3）提高发动机的维修质量，加强对基础件的修前检验。

4）曲轴主轴承的刮修，应使各主轴承座孔中心同心，在偏差不大而又急于修复的情况下，可采用先校正水平线的刮修方法，其刮修操作与连杆轴承大体相同。

案例23　曲轴主轴承发出响声

1. 故障产生后的发动机表象

曲轴轴承发出的响声是曲轴主轴颈与轴承撞击产生的。在主轴承烧熔或脱落时，深踩加速踏板时发动机会有很大振抖。主轴承磨损，径向间隙过大会出现粗重而发闷的“噔、噔”敲击声，发动机转速越高声音越响，且响声随负荷增大而增大。

2. 故障产生的原因

1）轴承和轴颈磨损过多；轴承盖的紧固螺栓锁紧不牢而松动，使曲轴与轴承的配合间隙过大，两者撞击发出响声。

2）轴承合金烧熔或脱落；轴承过长引起过盈量过大，造成轴承断裂，或轴承过短定位不好而在轴承座孔中松动，造成两者撞击。

3. 故障预防和排除方法

1）提高发动机的维修质量。轴承盖固定螺栓拧紧锁牢，轴承不能过长或过短，保证有一定的过盈量。

2）使用润滑油牌号应正确，不用劣质润滑油，保持合适的润滑油温度和压力。

3）保持良好的润滑系统工作状况，适时更换润滑油，经常维护润滑油滤清器。

4）驾驶人在行车中，要注意机油压力的变化情况，发现异响应迅速检查。因轴承间隙大而响时，应调整轴承间隙，若不能调整则可换新轴承后进行刮研。曲轴轴颈圆柱度超过使用极限时，应对曲轴轴颈进行光磨，并重新选配轴承。

案例24　曲轴轴向窜动发出响声

1. 故障产生后的发动机表象

曲轴轴向窜动发出的响声，与主轴承发出的敲击声相似，即在怠速运转时有较闷的“噹、噹”声，急加速时较明显，高速稳定运转时消失。若踏下离合器踏板，则响声会因曲轴不再窜动而消失。

2. 故障产生的原因

1）曲轴的止推垫片或翻边轴瓦磨损过度，使减磨合金变薄。

2）曲轴的止推垫片装反（合金面朝主轴承盖），起不到减磨作用，反而加速了轴向间隙的增大。

3）曲轴止推垫片的减磨合金与曲轴的接触面积不足，或止推垫片上的储油槽宽度不当，造成止推垫过损。

3. 故障预防和排除方法

曲轴轴向间隙的检验，对没安装油底壳者，可先用撬棒将曲轴撬挤向一端，再用塞尺在止推轴承处的曲柄与止推垫圈之间进行测量。也可以就车检测，即撬动飞轮用百分表测量曲轴的轴向间隙。

若曲轴的轴向间隙过大，可选用厚些的止推垫片来调整。

案例 25　飞轮松动产生敲击响

1. 故障产生后的发动机表象

飞轮储存能量以提高发动机运转的均匀性，并改善发动机克服短暂超负荷的能力。同时，它将发动机的动力传给离合器。

飞轮松动产生的敲击声，是一种类似许多连杆轴承敲击发出的噪声。这种响声一般没有规律性，如有时发动机的转速越高响声越大，有时不响，也有时会发出很有节奏的“嗒、嗒”声。此响声在发动机后部飞轮附近听得比较清楚。因为飞轮松动，所以在踩下离合器踏板时，会感到踏板有些发抖。

2. 故障产生的原因

1）飞轮固定螺栓松动。螺栓与其承孔松旷或定位销（套）漏装，或螺母的力矩不足，或螺栓（母）锁止失效。

2）飞轮固定螺栓因拧紧力矩大而滑扣或折断，或螺栓（母）质量差。

3. 故障的排除方法

1）对螺栓过大的，应采取扩孔加大尺寸的方法排除故障，换用大直径的螺栓。

2）在维修中，应按规定的力矩分两次交叉均匀拧紧固定螺栓，并将螺母锁止牢固。

3）检测飞轮与曲轴凸缘盘的接合面是否平整，安装完毕后应进行飞轮的轴向和颈向跳动检测。

案例 26　飞轮齿圈损坏

1. 故障产生后的发动机表象

飞轮齿圈是经过加热后镶在飞轮外缘上的，冷却后紧固于飞轮外缘上，用来与起动机齿轮啮合，带动曲轴旋转，起动发动机。飞轮齿圈损坏会造成起动困难或不能起动，发动机抖动等现象。

2. 故障产生的原因

1）在起动发动机时，起动机齿轮与飞轮齿因产生撞击或齿牙啮合不良，使齿圈被打坏。

2）起动机的电源接通过早，导致起动机齿轮与飞轮齿圈撞击。

3. 故障预防和排除方法

防止起动机电源过早接通。齿圈单面磨损时，可将齿圈翻面使用；个别齿损坏时，可继续使用，但在齿轮啮合不进齿圈时，可用手摇柄先摇转曲轴，使坏齿圈与起动机齿轮错开；若齿圈两面磨损严重则应换新件或堆焊。若齿圈有严重磨损且发动机运转不平稳，则是齿圈磨损失去平衡造成的，应校正平衡。

换齿圈时的加热温度不能超过 400℃，否则会使齿圈失去硬度而不耐用。

练习与思考题

1. 填空题

1）曲柄连杆机构的工作条件是________、________、________和________。

2）机体的作用是________，安装________并承受________。

3）气缸体的结构形式有________、________、________三种。CA6102汽油机和YC6105QC柴油机均采用________。

4）活塞与气缸壁之间应保持一定的配合间隙，间隙过大将会产生________、________和________；间隙过小又会产生________、________。

5）活塞受________、________和________三个力，为了保证其正常工作，活塞的形状是比较特殊的，轴线方向呈________形；径向方向呈________形。

6）四缸四冲程发动机的做功顺序一般是________或________；六缸四冲程发动机的做功顺序一般是________或________。

7）曲柄连杆机构的主要零件可分为________、________和________三个组。

8）机体组包括________、________、________、________等；活塞连杆组包括________、________、________、________等；曲轴飞轮组包括________、________等。

9）活塞销与销座及连杆小头的配合有________及________两种形式。

10）油环的结构形式有________和________两种。

11）气环的截面形状主要有________、________、________、________几种。

12）气缸套有________和________两种。

2. 名词解释

1）燃烧室

2）湿式缸套

3）扭曲环

4）活塞销偏置

5）全支承曲轴

6）曲轴平衡重

3. 选择题

1）CA6102型汽车发动机采用的是（　　）。

A. 干式缸套　　B. 湿式缸套　　C. 无缸套结构

2）曲轴上的平衡重一般设在（　　）。

A. 曲轴前端　　B. 曲轴后端　　C. 曲柄上

3）曲轴后端的回油螺纹的旋向应该是（　　）。

A. 与曲轴转动方向相同　　B. 与曲轴转动方向相反

4）CA1092汽车发动机支承采用的是（　　）。

A. 前一后二支承　　B. 前二后一支承　　C. 前二后二支承

5）外圆切槽的扭曲环安装时切槽（　　）。

A. 向上　　B. 向下

6）曲轴轴向定位点采用的是（　　）。

A. 一点定位　　B. 二点定位　　C. 三点定位

4. 问答题

1）简述活塞连杆组的作用。

2）简述曲轴飞轮组的作用。

3）简述气环与油环的作用。

4）CA1092 汽车发动机曲轴前端装有扭转减振器，简述其作用。

5）活塞环的断面形状为什么很少做成矩形？

6）安装气环时应注意什么？

7）曲轴由哪几部分组成？

8）对活塞有何要求？目前的发动机活塞都采用什么材料？

第3章 配气机构

基本思路：

配气机构相当于汽车的“呼吸系统”，其状态关系到汽车发动机能否正常工作，在对本章进行学习和研究时，要考虑到气体的流动路线和驱动“呼吸系统”工作的力的传递路线。把传递关系理清了，其他的问题就不难解决了。对现代汽车的检修关键是要找出故障，找出故障的关键在思路要清晰，否则，就会出现野蛮修车现象，不仅不能解决问题，还会把问题扩大，因此对汽车专业的学习一定要找准思路。

3.1 配气机构的组成

3.1.1 配气机构的结构

发动机配气机构的作用是按照每个气缸内所进行的工作循环和发火顺序的要求，定时开启和关闭气缸的进、排气门，使新鲜可燃混合气（汽油机）或空气（柴油机）得以及时进入气缸，废气及时从气缸排出。

发动机配气机构的结构根据发动机类型不同有一些区别，但基本可以分为两部分，即气门组和气门传动组。气门组的主要作用是封闭进、排气道；气门传动组的主要作用是传递从曲轴正时齿轮至气门的动作力，使气门定时开启或关闭。图 3-1 为解放 CA6102 发动机配气机构图，其配气机构的主要结构如下：

1）气门组主要部件包括气门 15（进气门或排气门）、气门座圈 14、气门弹簧 12、气门弹簧座 9、气门锁环 10、气门导管 13 及气门油封 11 等。

2）气门传动组主要部件包括正时齿轮（正时链轮和链条或者正时带轮和正时传动带）、凸轮轴 1、挺柱 2、推杆 4、摇臂 6 及摇臂轴 8 等。

图3-2为一汽捷达轿车配气机构图，其配气机构的主要结构如下：

1）气门组主要部件包括（进、排）气门7、气门导管4、气门内/外弹簧11、气门弹簧座、气门锁片和气门油封10等。

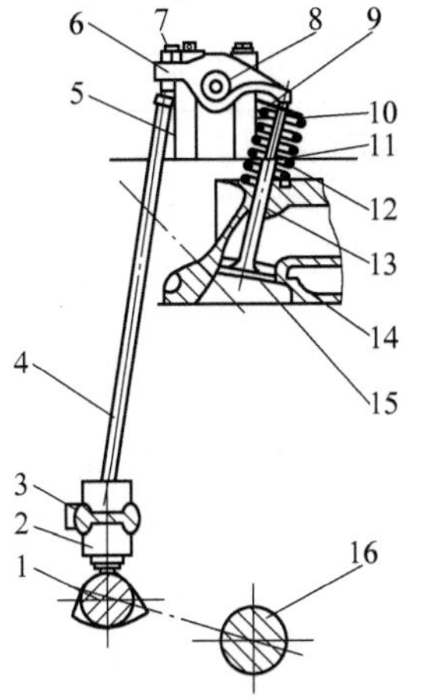

图3-1 解放CA6102发动机配气机构

1—凸轮轴 2—挺柱 3—挺柱导向体 4—推杆 5—摇臂轴承座 6—摇臂 7—调整螺钉 8—摇臂轴 9—气门弹簧座 10—气门锁环 11—气门油封 12—气门弹簧 13—气门导管 14—气门座圈 15—气门 16—曲轴

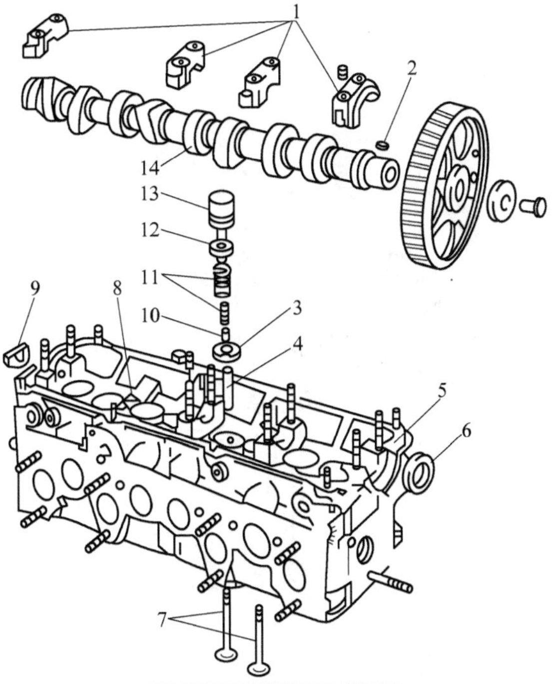

图3-2 配气机构零部件

1—轴承盖 2—半圆键 3—气门弹簧下座 4—气门导管 5—气缸盖 6—凸轮轴油封 7—气门 8—回油塞 9—堵塞 10—气门油封 11—气门内/外弹簧 12—气门弹簧上座 13—液压挺柱 14—凸轮轴

2）气门传动组的主要部件包括凸轮轴14、液压挺柱13、正时齿轮、中间轴齿轮和张紧轮等。

3.1.2 配气机构的形式与分类

发动机配气机构的形式多种多样，其主要区别是气门布置形式和数量、凸轮轴布置形式及凸轮轴的传动方式等。

1. 按照气门布置形式分类

按照气门布置形式配气机构可以分为气门顶置式配气机构和气门侧置式配气机构。

（1）气门顶置式配气机构（图3-3） 气门顶置式配气机构的进、排气门都倒装在气缸盖上，凸轮轴则装在曲轴箱内。其主要特点是燃烧室结构紧凑、工艺性好；充气阻力小，充气效率高；具有良好的抗爆性（汽油机）和高速稳定性能，易于提高发动机的动力性和经济性指标，因此国内外汽车发动机普遍采用气门顶置式配气机构。

（2）气门侧置式配气机构（图3-4） 气门侧置式配气机构的进、排气门装在气缸体的一侧。气门侧置式配气机构的特点是气门3的开、闭由凸轮轴14上的凸轮通过挺柱12直接控制，省去了摇臂和摇臂轴、推杆等零件，简化了配气机构。但是气门布置在气缸体的一侧，使燃烧室的结构不紧凑，不利于压缩比的提高，同时还导致进气弯道多，进气流动阻力增大，充气效率低下，因此发动机的动力性较差。目前，这种形式的配气机构已被淘汰。

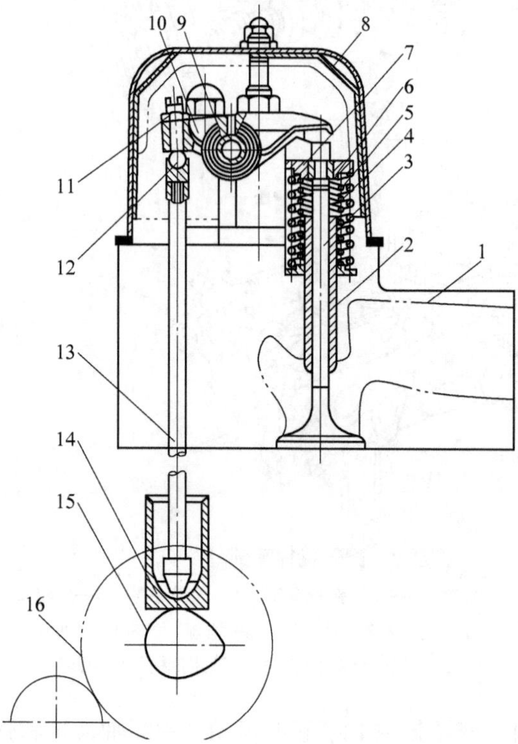

图3-3　气门顶置式配气机构

1—气缸盖　2—气门导管　3—气门　4—气门主弹簧　5—气门副弹簧　6—气门弹簧座　7—锁片　8—气门室罩　9—摇臂轴　10—摇臂　11—锁紧螺母　12—调整螺钉　13—推杆　14—挺柱　15—凸轮轴　16—正时齿轮

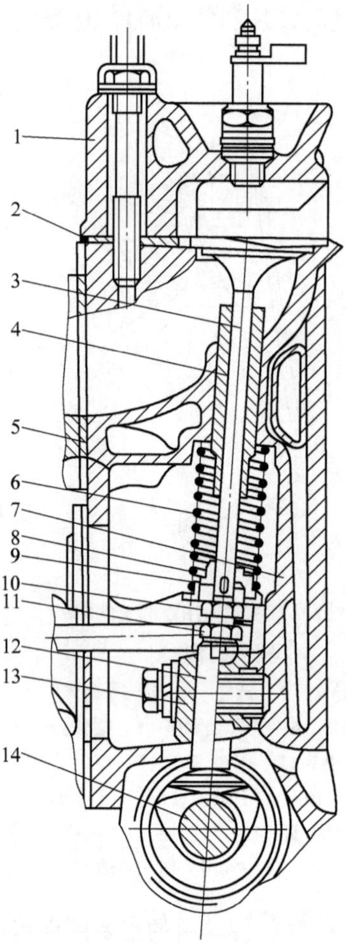

图3-4　气门侧置式配气机构

1—气缸盖　2—气缸垫　3—气门　4—气门导管　5—气缸体　6—气门弹簧　7—气缸壁　8—气门弹簧座　9—锁销　10—调整螺钉　11—锁紧螺母　12—挺柱　13—挺柱导管　14—凸轮轴

另外，也有采用进气门顶置而排气门侧置的配气机构，这种布置形式，进气门尺寸不受限制，可做得较大，进气管可以做得粗且具有较理想的形状，降低进气阻力，因此充气效率较高；侧置排气门可以得到良好的冷却。这种配气机构结构复杂，目前仅在某些高速发动机上采用。

2. 按照凸轮轴的布置形式分类

按照凸轮轴布置形式配气机构可以分为凸轮轴上置式、中置式和下置式三种类型。三者都可用于气门顶置式配气机构，而气门侧置式配气机构只能使用下置式凸轮轴。

（1）凸轮轴下置式配气机构　凸轮轴下置式配气机构中的凸轮轴位于曲轴箱底部靠近中部的位置，由曲轴正时齿轮驱动。这种配气机构的优点是凸轮轴离曲轴较近，可用齿轮驱动，传动简单，但存在零件较多、传动链长、系统弹性变形大、配气相位准确性较低等缺点。大多数大、中型客车和货车均采用这种方式。如图3-1所示，解放CA6102发动机就采用凸轮轴下置式配气机构。

（2）凸轮轴上置式配气机构　凸轮轴上置式配气机构中的凸轮轴布置在气缸盖上，这种结构中，凸轮轴通过摇臂（或直接）驱动气门，没有挺柱、推杆，使往复运动质量大大减小。因此它适用于高速发动机。但凸轮轴离曲轴中心线更远，因此正时传动机构更为复杂，而且拆装气缸盖也比较困难。缸径较小的柴油机的凸轮轴上置时给安装喷油器也带来困难。

上置凸轮轴的另一种形式是凸轮轴直接驱动气门，如图3-5所示。这种配气机构的往复运动质量最小，对凸轮轴和气门弹簧设计的要求也最低，因此特别适用于高速强化发动机。这在国外的高速汽车发动机上已得到广泛应用。

（3）凸轮轴中置式配气机构　凸轮轴中置式配气机构把凸轮轴位置移到气缸体的上部，由凸轮轴经过挺柱直接驱动摇臂，省去了推杆。当发动机转速较高时，可以减小气门传动机构的往复运动质量，从而减少惯性力。这种发动机如仍旧采用齿轮传动，由于凸轮轴和曲轴的中心距增大，必须在两者之间加装中间齿轮（惰轮）。图3-6所示为YC6105QC柴油机配气机构，这是一种典型的凸轮轴中置式配气机构。

3. 按曲轴和配气凸轮轴的传动方式分类

按照曲轴和配气凸轮轴的传动方式配气机构可以分为齿轮传动、链条传动和齿形带传动（同步带）传动三种。

（1）齿轮传动（图3-7）　由曲轴到配气凸轮轴一般只需要一对正时齿轮，必要时加装中间齿轮（惰性轮），适合凸轮轴下置、中置式配气机构发动机采用。正时齿轮一般用斜齿轮并用不同材料制成，

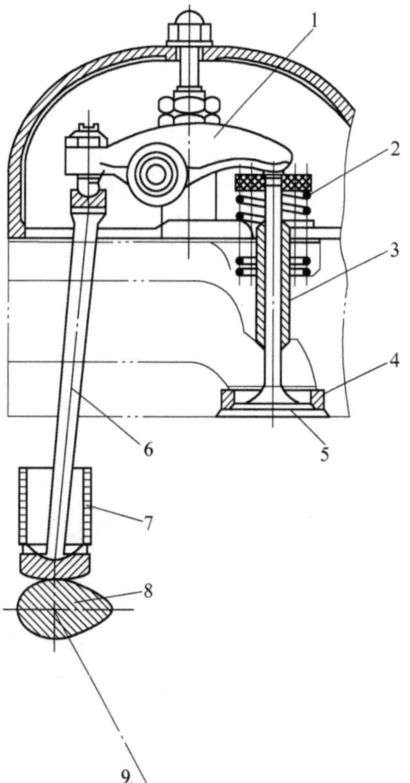

图3-6　YC6105QC柴油机配气机构

1—摇臂　2—气门弹簧　3—气门导管
4—气门座　5—气门　6—推杆　7—挺柱
8—凸轮轴　9—曲轴

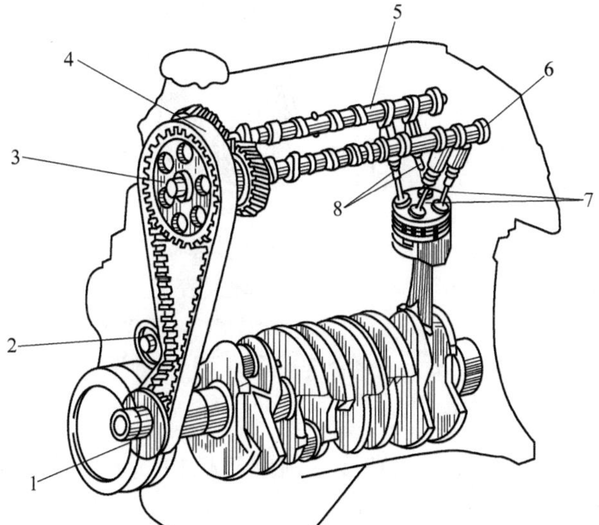

图3-5　凸轮轴上置式配气机构

1—曲轴正时带轮　2—张紧轮　3—凸轮轴正时齿轮
4—同步齿形带　5、6—凸轮轴　7—气门　8—气门导管

曲轴正时齿轮常用钢材制造，凸轮轴正时齿轮常用铸铁或夹布胶木制造，目的是使啮合平稳，减小噪声和磨损。所有齿轮上都有正时记号，装配时必须按要求对齐。解放CA1091型货车使用的是齿轮传动。

(2) 齿形带传动（图3-8） 现代高速发动机广泛采用齿形带传动。齿形带用氯丁橡胶制成，中间夹有玻璃纤维和尼龙织物，以增加强度。齿带的张力可以由张紧轮进行调整。这种传动方式可以减小噪声，减少结构质量并降低成本。一汽奥迪轿车采用的是同步带传动装置。

(3) 链传动（图3-9） 优点是布置容易，若传动距离较远时，还可用两级链传动。缺点是结构质量及噪声较大，链的可靠性和耐久性不易得到保证。

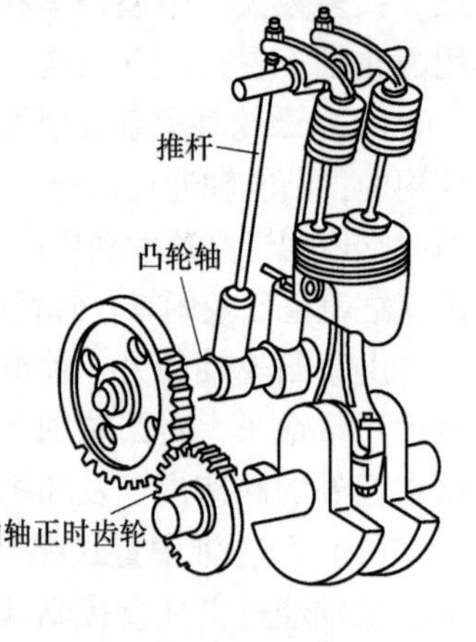

图3-7　齿轮传动

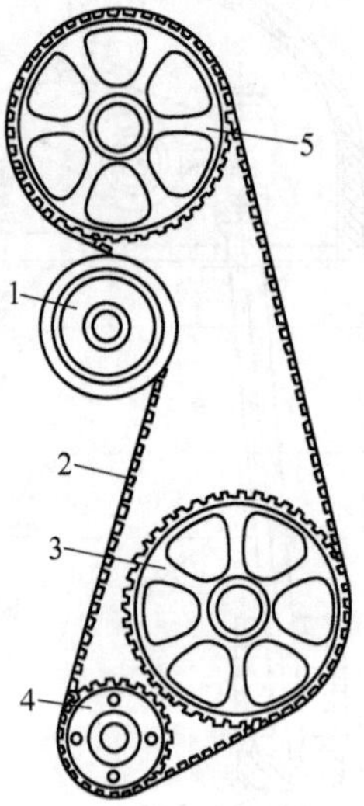

图3-8　一汽奥迪轿车的同步带传动装置

1—张紧轮　2—正时同步带
3—中间轴正时带轮　4—曲轴
正时带轮　5—凸轮轴正时带轮

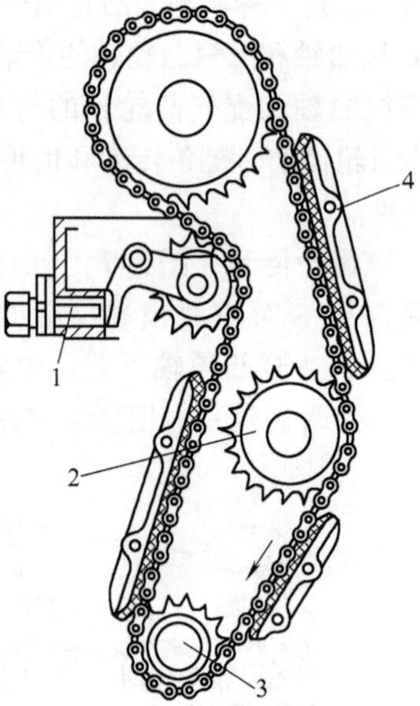

图3-9　凸轮轴的链传动装置

1—液力张紧装置　2—驱动液压泵的链轮　3—曲轴　4—导链板

4. 按气门数目及布置形式分类

根据气门数目不同发动机配气机构可以分为二气门和多气门配气机构。早期发动机一般采用每缸两气门，即一个进气门和一个排气门。目前，轿车发动机上普遍采用每缸多气门结构，如三气门、四气门、五气门等。如天津夏利TJ7100采用的是每缸三气门（二进一排）结构；奔驰190E 2.3L型发动机采用的是每缸四气门结构（两进两排）；一汽捷达王轿车EA113型发动机采用每缸五气门结构（三进两排），如图3-10所示。多气门结构使发动机进排气道的断面面积大大增加，使发动机的充气效率得到大幅度提升，从而改善了发动机的动力性及经济性能。

（1）每气缸两个气门的布置　两气门结构要求有较大的气门通道断面面积，发动机进气门直径大于排气门直径。为了使发动机进气顺畅及配气机构结构简单，二气门布置方式主要有以下几种类型：

1）合用气道（图 3-11a、b）。气门在机体上纵向排成一列，相邻两个进气门或排气门合用一个气道，优点是气道简化，并可得到较大的气道通道面积。

2）交替布置（图 3-11c）。进、排气门交替布置，每缸单独用一个进、排气道，优点是可使气缸均匀冷却，对热负荷较严重的发动机更适宜。

3）分开布置（图 3-11d）。进、排气道分置于机体两侧，对于柴油机来说，为了避免排气加热进气，常把进、排气道分置于发动机机体两侧，对于汽油机来说，为了使汽油更好地雾化，需采用排气歧管的废气热量对发动机进行预热，进、排气道多置于机体同一侧。

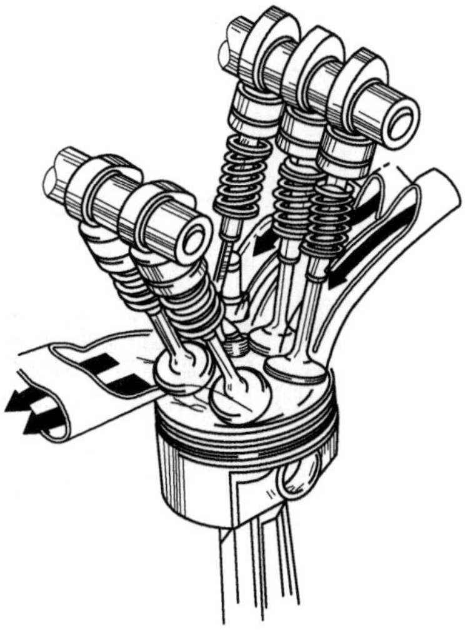

图 3-10　一汽捷达王轿车 EA113 型发动机的五气门结构

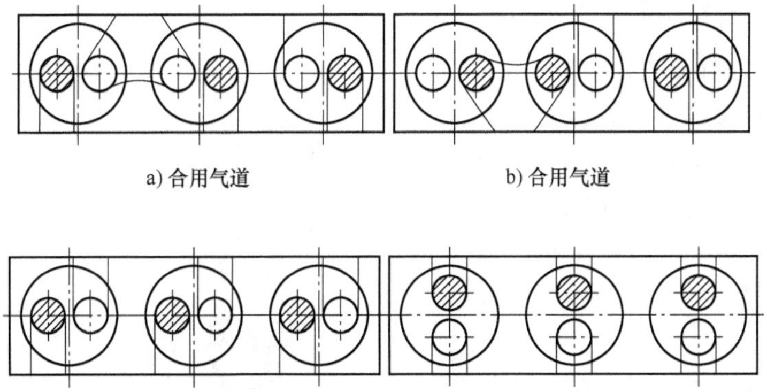

a) 合用气道　b) 合用气道

c) 交替布置　d) 分开布置

图 3-11　两气门的布置形式

（2）每气缸四个气门的布置　四气门结构一般是两个进气门和两个排气门。其排列形式主要有两种：

1）串联形式。如图 3-12a 所示，即同名气门排成两列，其主要特点是：①可通用一根凸轮轴及驱动杆传动；②进气门间的进气效率有差异；③排气门的热负荷也不相同。因此现在这种排列方式已经很少采用。

2）并联形式。如图 3-12b 所示，即同名气门排成两列，其主要特点是：①能产生进气涡流，进气门进气效率与排气门热负荷基本相同；②需用两根凸轮轴传动。因此大多数发动机都采用这样的布置形式。

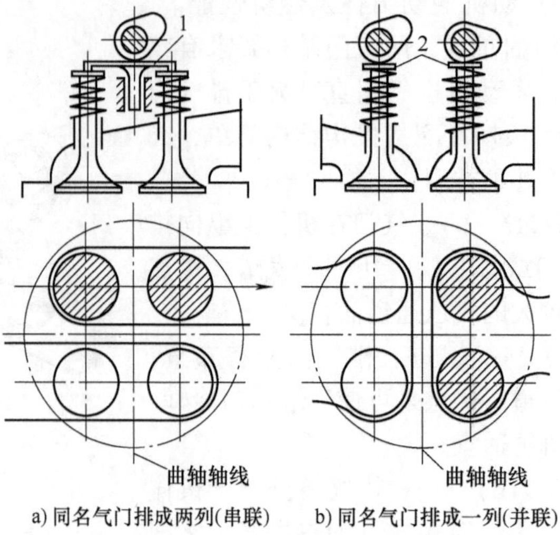

图3-12　每缸四气门的布置

1—T形件　2—气门尾端的从动盘

3.1.3　配气机构力的传递路线与工作原理

1. 配气机构力的传递路线

配气机构结构复杂，传动及运动件较多，其工作过程比较复杂，下面主要以解放CA6102发动机配气机构和桑塔纳200AFE型发动机的配气机构为例，通过配气机构力的传递路线来了解配气机构的运动规律。

（1）解放CA6102发动机配气机构力的传递路线　如图3-1所示，解放CA6102发动机配气机构属于气门顶置、凸轮轴下置、齿轮传动式配气机构。其驱动气门打开的力的传递路线为：曲轴16→曲轴正时齿轮→凸轮轴正时齿轮→凸轮轴1→挺柱2→挺柱导向体3→推杆4→摇臂6→气门，使气门关闭的力的传递路线是：气门弹簧12→气门座圈14→气门锁环10→气门。

（2）桑塔纳2000型AFE发动机的配气机构力的传递路线　如图3-13所示，桑塔纳2000型AFE发动机属于气

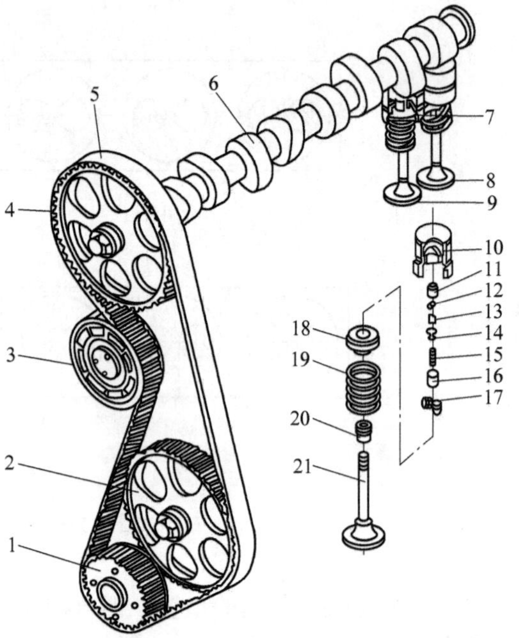

图3-13　桑塔纳2000型AFE发动机的配气机构立体示意图

1—曲轴带轮　2—中间轴带轮　3—张紧轮　4—凸轮轴带轮　5—正时齿形带　6—凸轮轴　7—液压挺柱组件　8—排气门　9—进气门　10—挺柱体　11—柱塞　12—止回阀钢球　13—小弹簧　14—托架　15—回位弹簧　16—油缸　17—气门锁片　18—弹簧座　19—气门弹簧　20—气门油封　21—气门

门顶置凸轮轴上置、齿形带（又称同步带或时规带）传动式配气机构，其驱动气门打开的配气机构的力的传递路线如下：曲轴带轮→中间轴带轮→正时齿形带→凸轮轴带轮→凸轮轴→液压挺柱组件→气门。驱动气门关闭的力的传递路线为气门弹簧→气门座圈→气门锁环→气门。

2. 配气机构的工作原理

配气机构的工作原理如图3-14所示，发动机不工作时，气门处于关闭状态（图3-14a）；发动机工作时，曲轴把力传到凸轮轴并通过配气机构的传动路线把力传到摇臂，推开气门并压缩气门弹簧（图3-14b）。凸轮凸起部分的顶点转过挺柱后，凸轮对挺柱的推力减小，气门在气门弹簧力的作用下逐渐关闭，凸轮凸起部分离开挺柱时，气门完全关闭，换气过程结束（图3-14c），发动机进入压缩和做功行程。

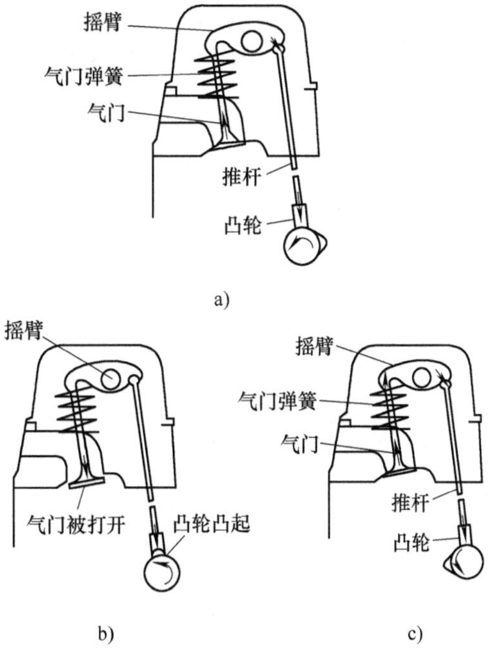

图3-14 配气机构的工作原理

由上述过程可知：气门传动组的运动把力传到气门使气门开启，气门弹簧释放张力关闭气门；凸轮轴的轮廓曲线决定了气门开闭的时间和规律；每次打开气门时摇臂会紧压气门弹簧，使弹簧积蓄能量，在凸轮凸起部分离开气门时能够可靠地关闭进、排气门，保证发动机能够正常工作；同时，对于四冲程发动机来说，每完成一个工作循环，曲轴旋转两周，各缸进、排气各进行一次，凸轮轴旋转一周，因此曲轴与凸轮轴转速的传动比为2:1。

3.2 气门传动组

3.2.1 凸轮轴

1. 凸轮轴的构造及分类

凸轮轴由凸轮、凸轮轴颈及轴等组成，如图3-15所示。凸轮可以分为进气凸轮和排气凸轮，分别用来驱动进气门和排气门的开启和关闭。轴颈主要用于支承并将凸轮轴装配在气缸体（或气缸盖）上。在四冲程柴油机中，凸轮轴上安装有各缸的进、排气凸轮，有的还装有空气分配器凸轮；在二冲程柴油机中，除直流扫气式柴油机凸轮轴上装有排气凸轮外，一般只装有喷油泵凸轮和示功器凸轮，有的也装有空气分配器凸轮和带动调速器等各附件的传动轮；而某些汽油机上则装有汽油泵驱动凸轮及驱动机油泵和分电器的螺旋齿轮，如图3-15所示。这些凸轮按照一定的顺序和角度排列。

凸轮轴凸轮在工作过程中不断受到气门间歇性开启产生的反作用于挺柱的周期性冲击载荷与摩擦，因此要求凸轮的工作表面必须具有较高的耐磨性和抗疲劳强度，同时要求凸轮轴具有足够的韧性和刚度，以便承受冲击负荷，使受力后变形较小。大部分凸轮轴采用优质钢模锻而成，有些也采用球墨铸铁、合金铸铁铸造而成，凸轮和轴颈的工作表面经过热处理后要精磨，以提高其耐磨性。

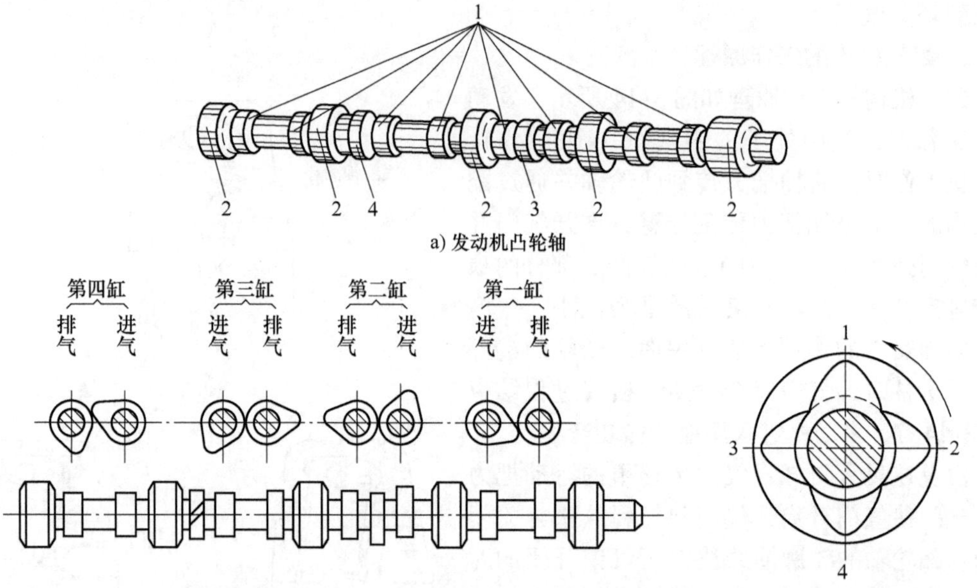

a) 发动机凸轮轴

b) 各凸轮的相对角位置

c) 进（排）气凸轮投影

图 3-15　四缸四冲程汽油机凸轮轴结构

1—凸轮　2—凸轮轴轴颈　3—驱动汽油泵的偏心轮　4—驱动机油泵和分电器的螺旋齿轮

凸轮轴的结构可以分为整体式和组合式两大类。整体式凸轮轴（图 3-15）将凸轮与轴本体锻成或铸成一体，在汽油机和小型柴油机上应用非常广泛。组合式凸轮轴（图3-16c）是将凸轮与轴分开制造，然后根据正时要求将凸轮紧固于轴上，而较长的凸轮轴本体也常分为多段制造，然后用螺栓等连接起来。这种结构的优点是制造方便，凸轮损坏时可单独更换；某些凸轮轴采用中空形式，可以减轻质量；凸轮和凸轮轴的材料可以采用任意的组合，

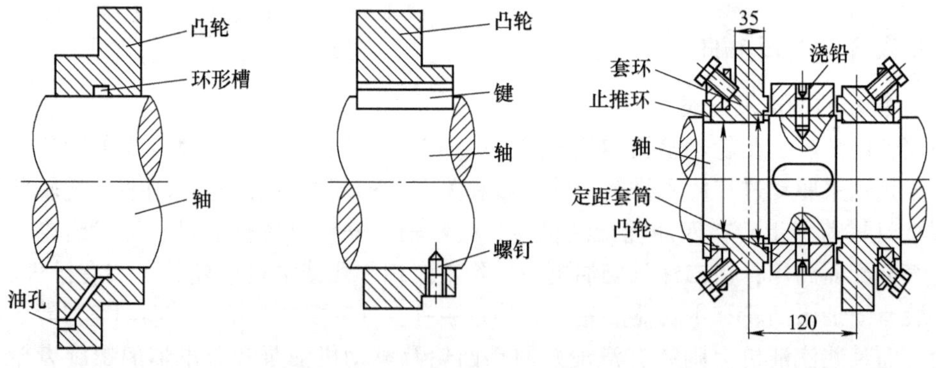

a) 无键连接

b) 键连接

c) 组合凸轮

图 3-16　凸轮在凸轮轴上的安装

这有助于提高凸轮的接触强度。但整体式凸轮装配难度大，工艺复杂，仅在某些特定发动机上采用。凸轮可以制成整体的，也可以做成组合式的。凸轮在轴上的安装方法分无键连接和有键连接两种，如图3-16所示。

2. 凸轮轮廓的确定

凸轮轮廓的形状应该能保证气门开闭的持续时间符合配气相位的要求，并使气门有合适的升程及升降过程的运动规律。

不同型号发动机的凸轮具有不同的轮廓。如图3-17所示的凸轮轮廓中，整个轮廓由凸顶、凸根、打开凸面以及关闭凸面组成。凸轮轴升程指从基圆直径往上凸轮能达到的高度。它决定了气门的升程大小。凸轮的顶部称作凸顶，它的长度决定了气门能在完全打开的位置保持多长时间。凸顶可能有多种不同的轮廓，这取决于气门需在完全打开的位置保持多久。凸根指凸轮轴外形的底部部分，当挺柱或气门在凸根部分移动时，气门处于完全关闭状态。凸轮的这些外形特征决定了气门开闭过程的具体特性——时间和速度。

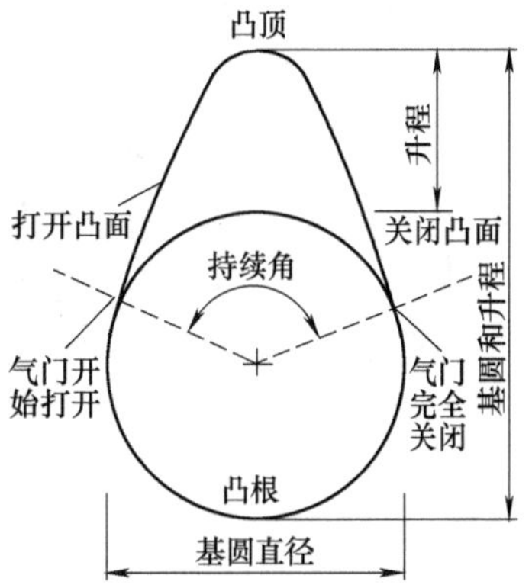

图3-17 凸轮的轮廓及其确定方式

3. 凸轮在凸轮轴上的相对角位置及确定

同一气缸的进、排气凸轮的相对角位置是与既定的配气相位相适应的。发动机各缸的进、排气凸轮的相对角位置应符合发动机各缸的点火顺序和点火间隔时间的要求。因此，必须根据凸轮轴的旋转方向以及各缸进、排气和凸轮的工作顺序，来判定发动机的点火次序。对于四缸四冲程发动机来说，每完成一个工作循环，曲轴旋转两周而凸轮轴旋转一周，各气缸分别进行一次进气和一次排气，且进气与排气时间间隔相等，即各缸进气或者排气凸轮间的夹角为360°/4 =90°，如图3-15c所示，发动机的凸轮轴旋转方向（从前端向后看）为逆时针，可以确定该发动机的点火顺序为1—2—4—3；而对于六缸四冲程发动机来说，每完成一个工作循环，曲轴旋转两周而凸轮轴旋转一周，各气缸分别进行一次进气和一次排气，且各缸进气和排气间隔时间相等，因此各缸进气和排气凸轮间的夹角为360°/6 =60°，如图3-18所示。同样，如其转动方向为逆时针，则该发动机的点火顺序可以确定为1—5—3—6—2—4。

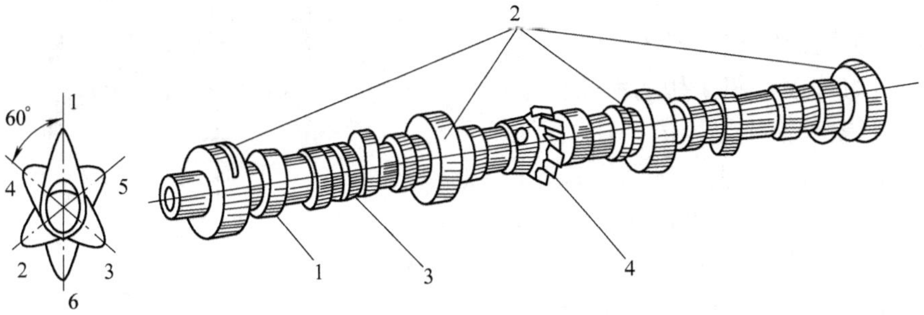

图3-18 六缸发动机凸轮轴及其进排气凸轮投影

1—凸轮 2—凸轮轴轴颈 3—驱动汽油泵的偏心轮 4—驱动分电器等的螺旋齿轮

3.2.2 挺柱

挺柱的作用是将凸轮的推力传给推杆或气门杆，推动推杆或气门克服气门弹簧的作用力而运动，同时承受凸轮轴旋转时所施加的侧向力。其安装位置为气缸体或气缸盖相应处镗出的导向孔，常用镍铬合金铸铁或冷激合金铸铁制造。

挺柱可以分为普通挺柱（图3-19a、b、c）和液压式挺柱（图3-19d）及滚轮摇臂式挺柱（图3-19e）三种类型。

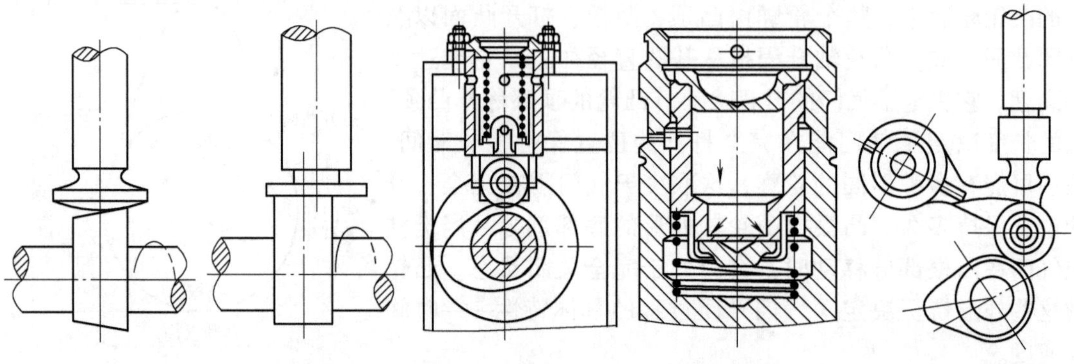

a) 菌形　b) 筒形　c) 滚轮式　d) 液压式　e) 滚轮摇臂式

图3-19　挺柱的结构形式

（1）普通挺柱　普通挺柱有菌形挺柱（图3-19a）、筒形挺柱（图3-19b）和滚轮式挺柱（图3-19c）三种形式。菌形和筒形挺柱因采用中空形式，均可减轻自身重量；滚轮式挺柱因接触形式为线接触，滚轮可以自由滚动，可以减轻磨损。普通挺柱均为刚性结构，无法自动消除气门间隙，因此采用普通挺柱的发动机必须调整气门间隙。

（2）液压挺柱

1）液压挺柱的特点。液压挺柱较普通挺柱最大的优势在于其能够消除发动机气门间隙，不需要对气门间隙进行调整；同时，液压挺柱也可降低发动机配气机构的传动噪声。

2）液压挺柱的结构。图3-20所示为桑塔纳和捷达轿车发动机采用的液压挺柱。挺柱体9由上盖和圆筒焊接成一体，可以在缸盖14的挺柱体孔中上下运动。套筒12的内孔和外圆都经过精加工研磨，外圆与挺柱内导向孔相配合，内孔则与柱塞11配合，两者都可以相对运动。液压缸底部装有一个补偿弹簧13，把球阀5压靠在柱塞的阀座上，它还可以使挺柱顶面和凸轮表面保持紧密接触，以消除气门间隙。当球

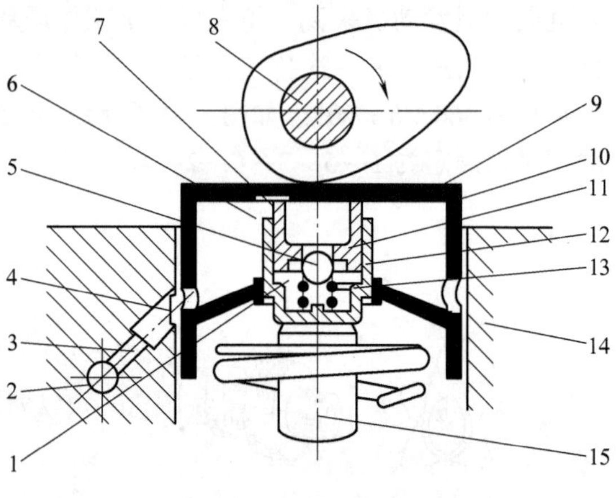

图3-20　液压挺柱

1—高压油腔　2—缸盖油道　3—油量孔　4—斜油孔　5—球阀　6—低压油腔　7—键形槽　8—凸轮轴　9—挺柱体　10—挺柱体焊缝　11—柱塞　12—套筒　13—补偿弹簧　14—缸盖　15—气门杆

阀关闭柱塞中间孔时，可将挺柱分成两个油腔，上部的低压油腔 6 和下部的高压油腔 1；球阀开启后，则形成一个通腔。

(3) 液压挺柱的工作原理　当挺柱体 9 上的环形油槽与缸盖上的斜油孔 4 对齐时（图 3-20 所示位置），发动机润滑系统中的机油经斜油孔 4 和环形油槽流入低压油腔 6。位于挺柱体背面的键形槽 7 可将机油引入柱塞上方的低压油腔。当凸轮转动、挺柱体 9 和柱塞 11 向下移动时，高压油腔 1 中的机油被压缩，油压升高，加上补偿弹簧 13 的作用，使球阀紧压在柱塞的下端阀座上，这时高压油腔与低压油腔被分隔开。由于液体具有不可压缩性，整个挺柱如同一个刚体一样下移，推开气门杆 15。此时，挺柱环形油槽已与斜油孔 4 错开，停止进油。当挺柱达到下止点后开始上行时，在气门弹簧上顶和凸轮下压的作用下，高压油腔封闭，球阀也不会打开，液压挺柱仍可认为是一个刚性挺柱，直至上升到凸轮处于基圆，使气门关闭时为止。此时，缸盖主油道中的压力油经斜油孔 4 进入挺柱的低压油腔 6，同时，高压油腔 1 内油压下降，补偿弹簧推动柱塞上行。从低压油腔来的压力油推开球阀进入高压油腔，使两腔连通充满机油。这时挺柱顶面仍和凸轮紧贴。在气门受热膨胀时，柱塞和液压缸做轴向相对运动，高压油腔中的油液可经过液压缸与柱塞间的缝隙挤入低压油腔。因此，使用液压挺柱时，可以不预留气门间隙。

3.2.3　推杆

推杆的作用是在顶置式气门、下置式凸轮轴的配气机构中，把凸轮轴经挺柱传来的推力传递给摇臂。推杆是配气机构中最易弯曲的细长零件。其一般结构包括上凹球头 1、下凸球头 3 和空心杆 2（实心杆）三个部位，如图 3-21 所示。推杆通常采用冷拔无缝钢管制成，也有些采用硬铝制造，如图 3-21 所示。钢质实心推杆（图 3-22a）一般是同球形支座制成一个整体，再进行热处理；硬铝材料实心推杆（图 3-22b）两端配以钢质支承，其上下端头与杆身做成一体；钢质空心推杆如图 3-22c、d 所示，前者的球头与杆身是整体锻造出来的，后者的两端与

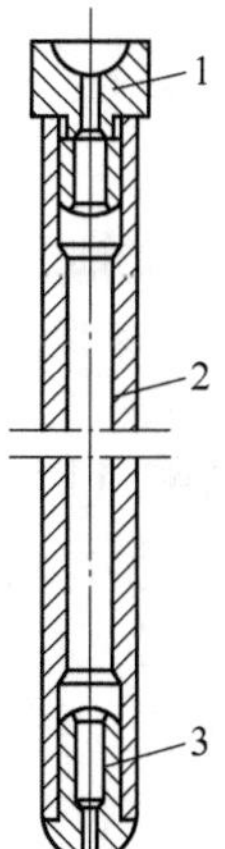

图 3-21　推杆的结构

1—上凹球头　2—空心杆　3—下凸球头

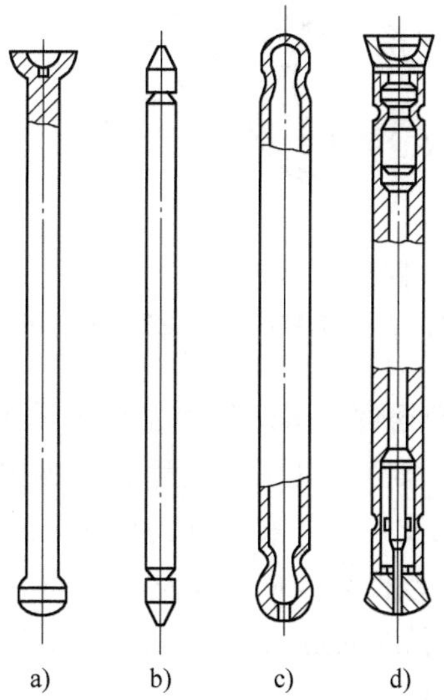

图 3-22　各类推杆

a) 钢质实心推杆　b) 硬铝棒推杆　c)、d) 钢管制成的空心推杆

杆身用焊接和压配的方法联成一体。虽然结构形式有一定差异，但是对推杆的要求是一样的，即重量轻、刚度大。一般情况下，为保证挺杆与摇臂、挺柱的正确配合，推杆上端焊有钢质凹球形接头与摇臂调节螺钉的球头相配合；下端焊有球形接头，支撑在挺柱的凹球承座内。

3.2.4　摇臂与摇臂组

1. 摇臂的作用

摇臂的作用主要是改变力的传递方向。摇臂相当于一个杠杆结构，它将推杆的作用力改变方向传给气门杆尾端从而推动气门打开；利用两边臂长的比值（称摇臂比）来改变气门的升程，气门摇臂一般制造成不等长的形式，靠气门一边比靠推杆一边臂长30%～50%，这样可以获得较大的气门升程。

2. 摇臂的分类及结构

摇臂可以分为普通摇臂和无噪声摇臂。

（1）普通摇臂　图3-23所示为普通摇臂，其长臂端部以圆弧形的工作面与气门尾端接触以推动气门。短臂的端部有螺孔，用来安装调整螺钉及锁紧螺母，以调整气门间隙。螺钉的球头与推杆顶端的凹球座相连接。该连接部分接触应力高，且有相对滑移，磨损严重，因此在该部分常堆焊有硬质合金。因为靠气门一端的臂长，所以在一定的气门升程下，能减小推杆、挺柱等运动件的运动距离和加速度，从而减小了惯性力。摇臂内一般有油道，与摇臂轴中心相通，如图3-24所示。压力机油充满摇臂轴中心，并从摇臂油孔流出，润滑挺杆及气门杆端等零件。

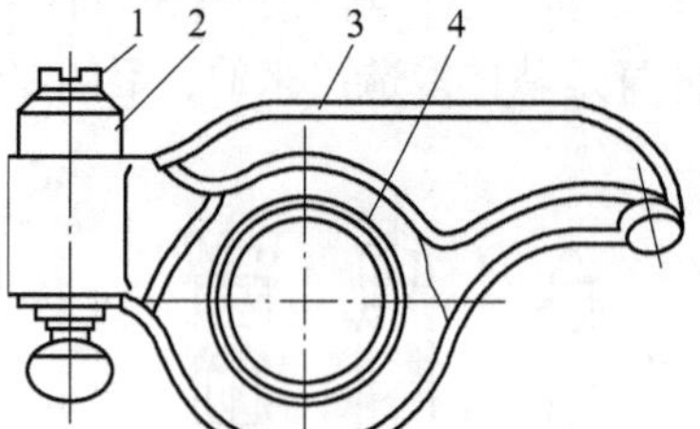

图3-23　摇臂

1—气门间隙调整螺钉　2—调节螺母　3—摇臂　4—摇臂轴套

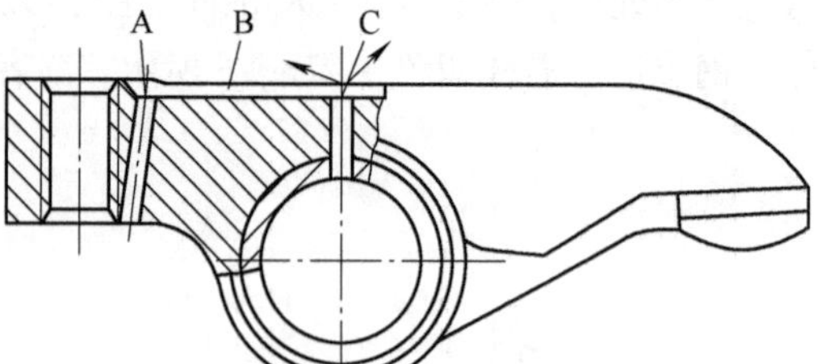

图3-24　摇臂中的油道

A、C—油道　B—油槽

（2）无噪声摇臂　国外某些发动机采用无噪声摇臂，主要目的是消除气门间隙，减小由此产生的冲击噪声。其工作过程如图3-25所示，起主要作用的结构为凸环8。凸环8以摇臂5的一端为支点，并靠在气门9杆部的端面上。当气门处在关闭位置时，在弹簧6的作用下，柱塞7推动凸环8向外摆动，从而消除气门间隙；气门开启时，推杆3便向上运动推动摇臂5，摇臂已经通过凸环和气门杆部的端面处在接触状态，因此消除了气门间隙。

3. 摇臂组件

摇臂组件的结构如图3-26所示，主要包括摇臂轴2，摇臂轴支座5、10、12，摇臂衬套6，摇臂7，限位弹簧11，紧固螺栓3，锁紧螺母8和调整螺钉9等。

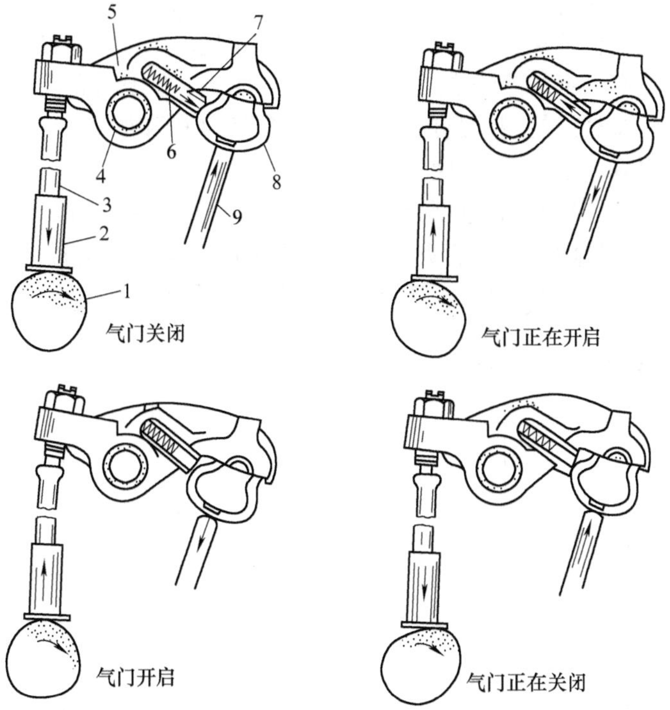

图3-25 无噪声摇臂的工作过程

1—凸轮轴 2—挺柱 3—推杆 4—摇臂轴 5—摇臂 6—弹簧 7—柱塞 8—凸环 9—气门

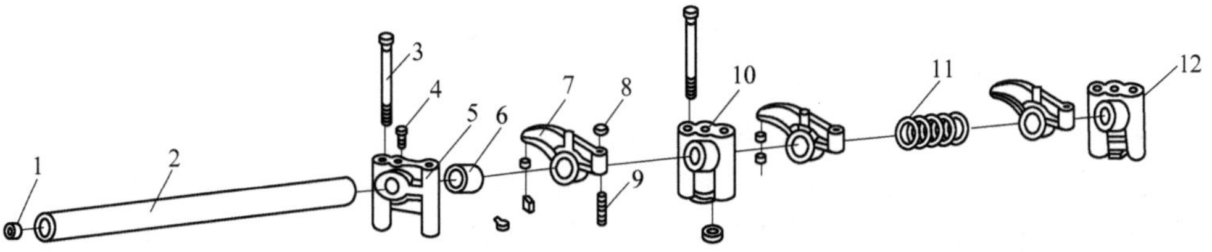

图3-26 摇臂组

1—密封端盖 2—摇臂轴 3—紧固螺栓 4—摇臂轴紧定螺钉 5—摇臂轴前支座 6—摇臂衬套 7—摇臂 8—锁紧螺母 9—调整螺钉 10—摇臂轴中间支座 11—限位弹簧 12—摇臂轴后支座

3.3 气门组

3.3.1 气门

气门的结构如下：

(1) 气门头部 气门头部可以分为气门顶部和气门密封锥面两个部分。气门头部直径越大，气门口通道截面也越大，进排气阻力就越小。进气门头部直径一般比排气门头部直径大。这主要是因为进气阻力比排气阻力对发动机性能的影响大，这样设计有利于减少进气阻力，同时可以使排气门头部受热面积减少，在高温、高压作用下不易产生变形。

1) 气门顶部。气门顶部的形状如图3-27所示，主要有三种形式：平顶（图3-27a）、凹顶（图 3-27b）和凸顶（图 3-27c）。平顶气门结构简单，制造方便，吸热面积小，质量也小，因此大多数发动机都采用这种形式的气门；凹顶气门也称喇叭形气门，其质量小，惯性小，与杆部的过渡有一定的流线形，可以降低进气阻力，但是顶部受热面积较大，故常用作进气门，而不作为排气门使用；凸顶气门即球面顶气门的刚度大，受热面积也大，排气阻力小，废气清除效果好，主要用于某些排气门。

2）气门密封锥面。气门密封锥面指气门头部与气门座圈接触的工作面。该工作面是与气门杆部同一中心线的锥面，一般将此锥面与气门顶部平面的夹角称为气门锥角，如图 3-28 所示，其锥角 α 一般为 30°～45°。气门密封锥面的作用一般有：

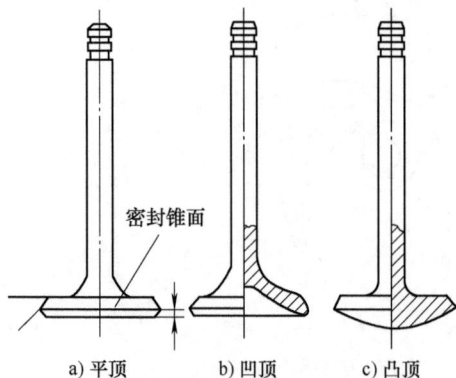

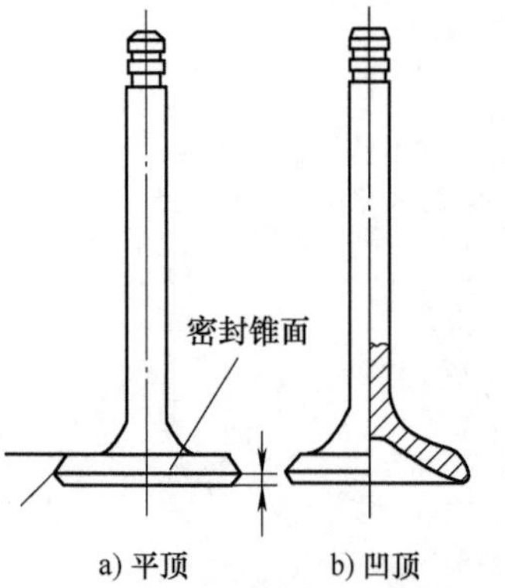

图 3-27　气门顶形状

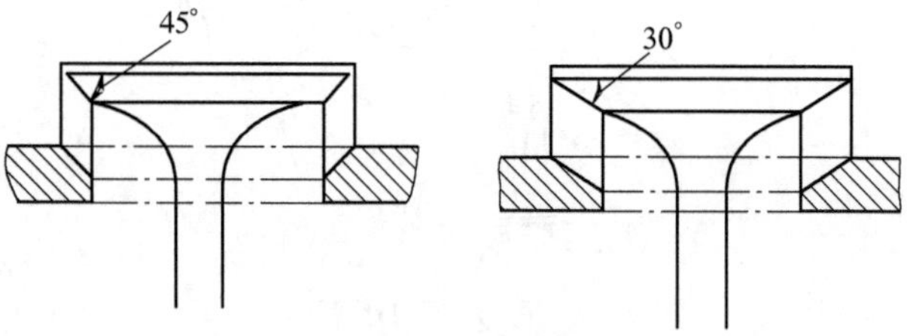

图 3-28　气门锥角

① 提高气门与气门座的密封性和导热性。

② 气门在弹簧作用下落座时，能够自定位。

③ 避免气流拐弯过大而降低流速。

④ 能自动挤掉接触面积炭的沉淀物，起自洁作用。

一般情况下，气门锥角比气门座或者气门座圈锥角要小一些，这主要是因为这样可以使二者不以锥面的全宽接触，增加密封锥面的接触压力，加速磨合，并能切断和挤出二者之间的积垢或者积炭等，由此可以保证密封锥面良好的密封性能。气门顶边缘与气门密封锥面之间应该有一定的厚度，一般为 1～3mm，以防止工作中受到冲击损坏或被高温气体烧坏。

（2）气门杆部　气门杆部与气门导管相接触，一般做成圆柱形。发动机工作时，气门杆在气门导管中不断上下往复运动，承受周期性冲击，加之润滑条件比较恶劣，密封性要求高，因此要求气门杆与气门导管必须有一定的配合精度和耐磨性，同时要求气门杆部与头部的过渡应尽量圆滑，以减少气流阻力和应力集中。气门杆表面都经过热处理和磨光处理。气门杆尾部的结构取决于气门弹簧座的固定方式，如图 3-29 所示，气门杆与弹簧座连接方式主要有两种：一种是锁夹式（图 3-29a），由两

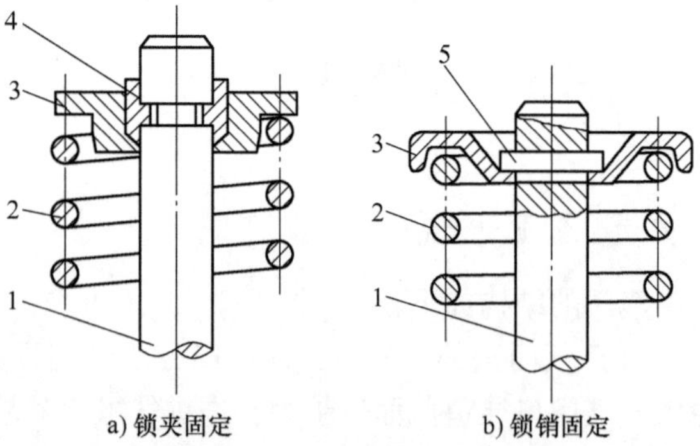

图 3-29　气门弹簧座的固定方式

1—气门杆　2—气门弹簧　3—弹簧座　4—锁夹　5—锁销

个半圆形锥形锁夹4来固定气门弹簧座3；另一种是锁销式（图3-29b），用锁销5固定气门弹簧座3，锁销安装在气门杆尾部上对应的径向孔中。

3.3.2 气门弹簧

气门弹簧的作用是保证气门正确复位，即克服气门关闭过程中气门及传动件惯性力产生的间隙，保证气门及时落座并紧密贴合，同时防止气门在发动机振动时因跳动而破坏密封。气门弹簧安装时一端支承在气缸盖上，另一端则压靠在气门杆尾端的弹簧座上，用锁环或锁销固定在气门杆的末端。图3-30所示为气门弹簧安装位置及气门组图。

为了保证弹簧有足够的刚度和安装预紧力，气门弹簧多用高碳锰钢或铬钒钢丝、硅铬钢丝制成。气门弹簧一般制成为圆柱形等螺距弹簧（图3-31a）。发动机装一根气门弹簧时，采用不等螺距弹簧（图3-31b），以防止共振，如红旗CA7560型轿车的8V100型发动机；装两根弹簧时（图3-31c），弹簧内、外直径不同，旋向不同，它们同心安装在气门导管的外面，不仅可以提高弹簧的工作可靠性，防止共振的产生，还可以降低发动机的高度。同时，当某一根气门弹簧折断时，另一根还能够正常工作。如一汽奥迪100型、捷达、上海桑塔纳、一汽解放CA6102、北京BJ492Q型汽油发动机均采用双气门弹簧结构。

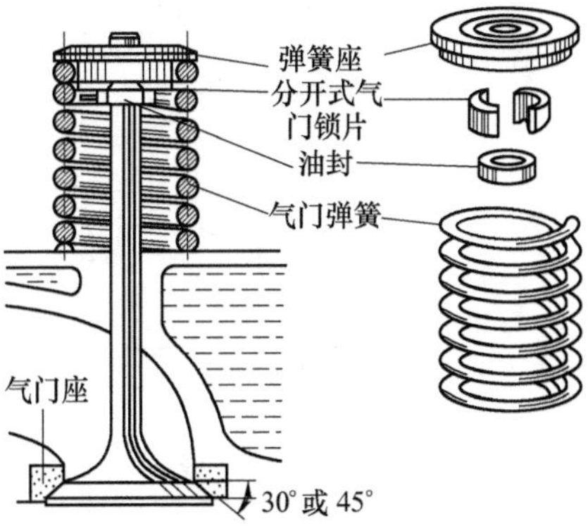

图3-30 气门弹簧安装位置及气门组

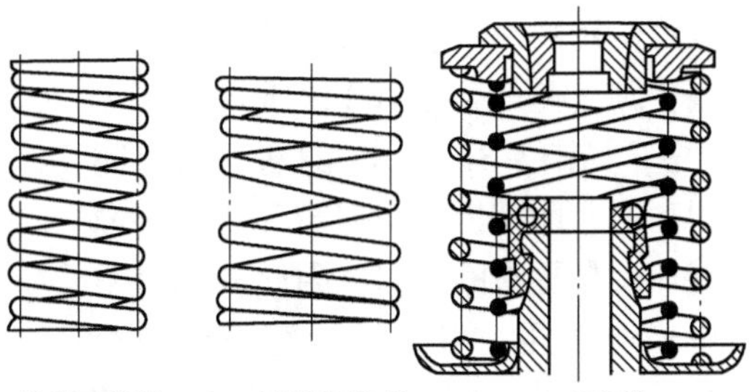

图3-31 气门弹簧

3.3.3 气门导管

气门导管（图3-32）的作用是在气门做往复直线运动时进行导向，以保证气门与气门座之间的正确配合与开闭。当凸轮直接作用于气门杆端时，承受侧向作用力并起传热作用。气门导管的外形如图3-33所示，一般为圆柱形管，外表面具有较高的加工精度和较低的表面粗糙度，与气缸盖（体）的配合为过盈配合，以保证良好的传热并防松，气门导管与气门的配合则为间隙配合，一般留有0.05~0.12mm的微量间隙。该间隙过小，会导致气门杆受热膨胀与气门导管卡死；间隙过大，会使机油进入燃烧室燃烧。为了防止过多的润滑油进入燃烧室，有的发动机在气门导管上安装有橡胶油封。气门导管的定位大多数采用卡环2（图3-32）定位。

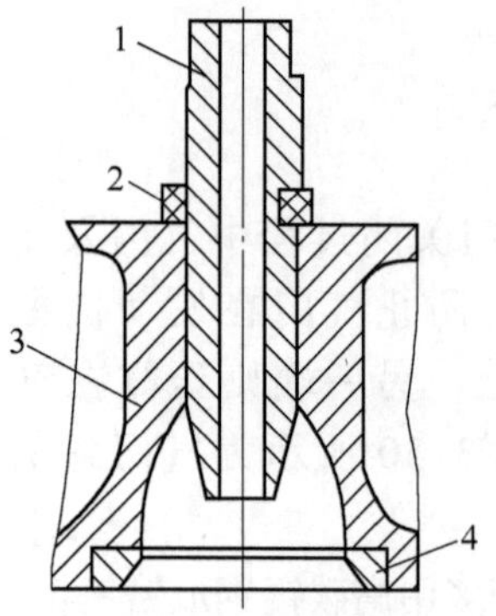

图3-32 气门导管和气门座

1—气门导管 2—卡环 3—气缸盖 4—气门座

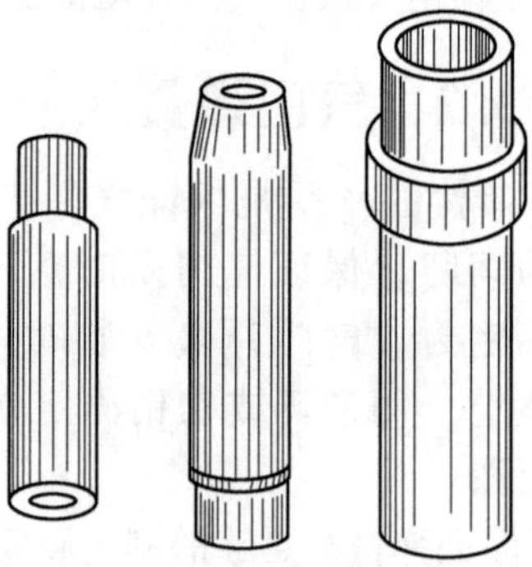

图3-33 气门导管

3.3.4 气门座

气缸盖的进、排气道与气门锥面相贴合的部位称为气门座（图3-32）。气门座的作用是与气门头部一起对气缸起密封作用，同时接受气门头部传来的热量，起到对气门散热的作用。气门座可在气缸盖上直接镗出，也可使用耐热合金钢或者合金铸铁单独制成座圈（称气门座圈），压入气缸盖（体）中，如图3-34所示。这种气门座圈具有耐高温、耐磨损、耐冲击、使用寿命长、损坏后易更换的特点，因此在现代发动机中普遍采用。由于气门座圈热负荷大，温差变化大，又受气门落座时的冲击，为防止脱落并很好地散热，气门座与座孔之间应有较高的加工精度、较低的表面粗糙度和较大的配合过盈量。装配时应注意使用温差法压入。

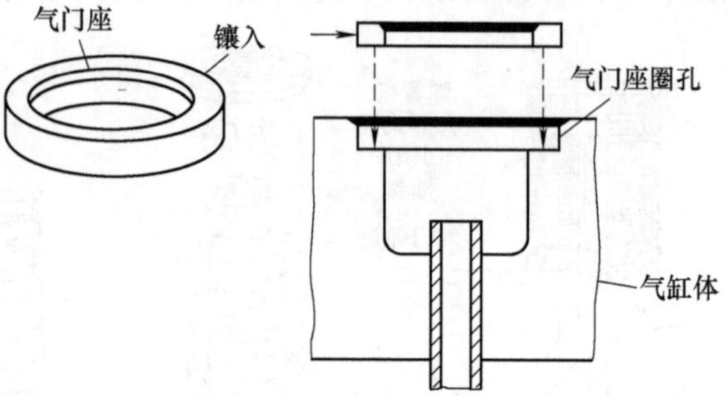

图3-34 气门座及气门座圈

3.4 配气相位与配气相位图

3.4.1 配气相位

配气相位就是用曲轴转角表示的进、排气门的实际开闭时刻和开启的持续时间。理论上四冲程发动机的进气门应当在活塞处在上止点时开启，当活塞运动到下止点时关闭；排气门则应当在活塞处于下止点时开启，在活塞运动到上止点时关闭。进气时间和排气时间各占180°曲轴转角。但是实际发动机的曲轴转速都很高，活塞每一行程历时都很短，往往会使发动机充气不足或排气不干净，从而使其功率下降。因此，一般采取延长进、排气时间的方法，即气门的开启和关闭的时刻并不正好是活塞处于上止点和下止点的时刻，而是分别提前或延迟一定曲轴转角，以改善进、排气状况，从而提高发动机的动力性。也就是说，发动机进、排气时间所占的曲轴转角一般都大于180°。

3.4.2　配气相位图

发动机的配气相位一般用相对于上、下止点曲拐位置的曲轴转角的环形图来表示，即配气相位图，如图3-35所示。

1. 进气门的配气相位

如图3-35所示，在排气行程接近终了，活塞到达上止点之前，进气门便开始开启，即曲轴转到活塞处于上止点位置还差一个角度α，称为进气提前角。直到活塞过了下止点后又上行，即曲轴转到超过活塞下止点位置以后一个角度β时，进气门才关闭，称为进气迟后角。这样，整个进气过程中，进气门开启持续时间的曲轴转角，即进气持续角为$180° +\alpha +\beta$。

进气门提前打开延迟关闭的目的，是为了保证进气行程开始时进气门已有一定开度，在进气行程中获得较大进气通道截面，使新鲜气体能顺利地充入气缸。当活塞到达下止点时，气缸内压力仍低于大气压力，在压缩行程开始阶段，活塞上移速度较慢的情况下，仍可以利用气流较大的惯性和压力差继续进气，因此进气门延迟关闭是利于充气的。发动机转速越高，气流惯性越大，迟闭角也应越大，以充分利用进气惯性充气。

2. 排气门的配气相位

在做功行程接近终了，活塞到达下止点前，排气门便开始开启，提前开启的角度r，称为排气提前角。经过整个排气行程，在活塞越过上止点后，排气门才关闭，排气门关闭的延迟角δ称为排气迟后角。这样，整个排气过程中，排气门开启持续时间的曲轴转角，即排气持续角为$180° +r +\delta$。排气门迟关，可以使废气排放得较彻底。

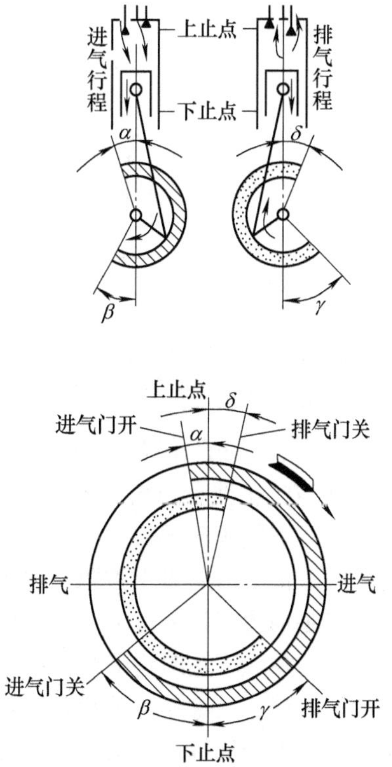

图3-35　配气相位图

3. 气门的叠开

同一气缸的工作行程顺序是排气行程后接着进气行程。因此，实际中，在进排气行程的上止点前后，由图3-35可知，由于进气门在上止点前即开启，而排气门在上止点后才关闭，这就出现了在一段时间内排气门与进气门同时开启的现象，这种现象称为气门重叠，重叠的曲轴转角$\alpha +\delta$称为气门重叠角。由于新鲜气流和废气流的流动惯性比较大，在短时间内保持原来的流动方向，只要气门重叠角选择适当，就不会产生废气倒流入进气管或新鲜气体随同废气排出的可能性，这有利于废气排放彻底和进气充分。对换气过程会产生很大影响。

3.5　配气机构的检修与调整

3.5.1　配气机构的拆装

本节介绍顶置气门上置凸轮轴式配气机构的拆装。

图 3-36 为桑塔纳 2000GSi 顶置气门上置凸轮轴式配气机构的结构图，其拆装顺序如下：

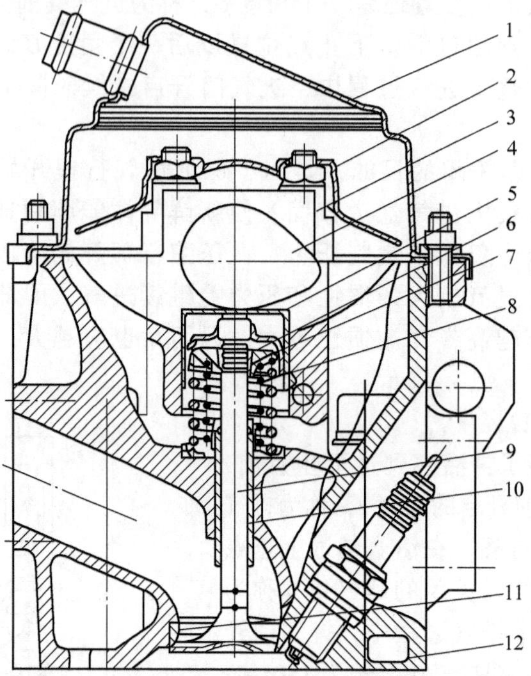

图 3-36　桑塔纳 2000GSi 顶置气门上置凸轮轴式配气机构

1—气缸盖罩　2—挡油板　3—凸轮轴轴承盖　4—凸轮轴　5—液压挺柱　6—气门弹簧上座　7—锁片　8—气门弹簧下座　9—气门　10—气门导管　11—气门座圈　12—气缸盖

（1）配气机构的分解

1）拆卸凸轮轴。凸轮轴的拆卸步骤如下：

① 拆下空气滤清器。

② 拆下正时齿形带上护罩，再拆下气门罩盖。

③ 将曲轴置于第一缸上止点位置。

④ 放松并取下正时齿形带，拆下凸轮轴正时带轮。

⑤ 先拆第 1、3、5 号轴承盖，然后对角交替松掉第 2、4 号轴承盖。

⑥ 把螺栓全部拆下，取出凸轮轴及凸轮轴油封等部件，如图 3-37 所示。

2）取出液压挺柱，用专用工具或自制工具压下气门弹簧座，取出气门锁片和内外气门弹簧，以及气门油封和气门，如图 3-38 及图 3-39 所示。

3）用专用工具拆下气门杆密封圈和气门导管等，如图 3-40 所示。

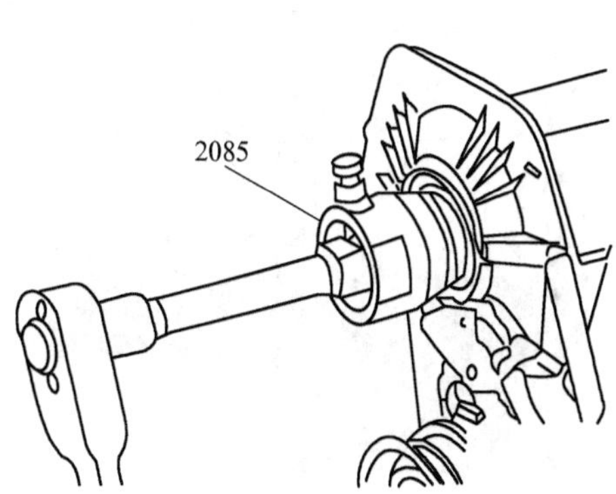

图3-37 用油封取出器取出凸轮轴油封

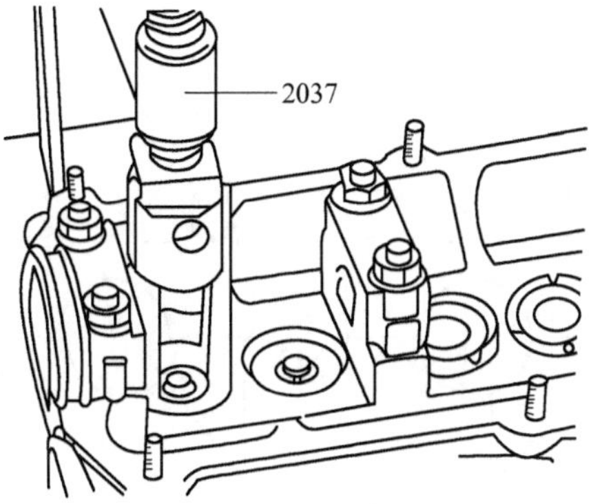

图3-38 拆卸气门弹簧

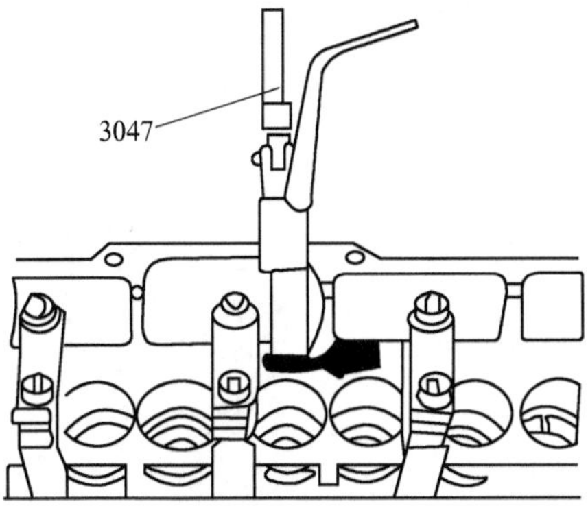

图3-39 拆卸气门弹簧下座

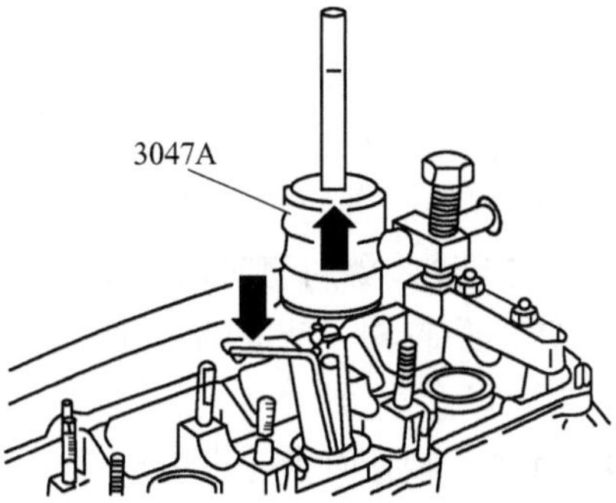

图3-40 用专用工具拆下气门杆密封圈

（2）配气机构的装配

1）安装气门。安装气门前应检查气门和导管的配合间隙，规定值为0.035~0.070mm。给气门导管装上新的气门油封。安装气门油封时，要套上塑料管，再用专用工具压入。然后装上气门弹簧座，在气门杆部涂以机油，插入气门导管，注意不要损伤油封，最后装上气门弹簧（弹簧旋向相反）和锁片，锁片装好后，用塑料锤轻敲几下，以确保锁止可靠。

2）安装凸轮轴和油封

① 安装好桶式液压挺柱，装好凸轮半圆键，给凸轮轴颈涂少许润滑油后，将其放入缸盖各轴承座上。

② 安装凸轮时，第一缸的凸轮必须朝上。

③ 安装凸轮轴轴承盖时，注意轴孔上下两半对准，如图3-41所示。

④ 先对角交替拧紧气缸4、2所对应的轴承盖，然后再交替拧紧气缸5、3、1所对应的轴承盖，拧紧力矩为20N·m。

⑤ 凸轮轴与支承孔间隙为0.06~0.08mm，轴向间隙应小于0.15mm。

⑥ 在密封圈唇边和外圈涂油，将密封圈平压入，注意不要压到底，否则会堵塞油道，如图3-42所示。

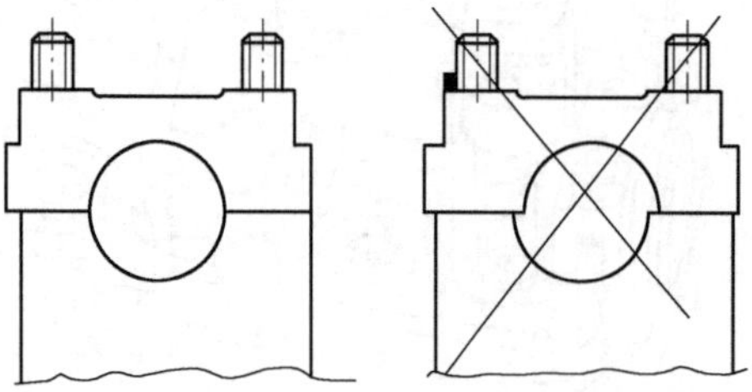

图3-41　凸轮轴轴承盖的正确安装

图3-42　压入油封

⑦ 放入半圆键，安装凸轮轴正时齿轮，并用80N·m的力矩加以紧固。

注意：安装凸轮轴时，第一缸的凸轮必须朝上；凸轮轴转动时，曲轴不可置于上止点，否则会损坏气门或活塞顶部。

3）正时齿形带和齿轮的装配。正时齿带的安装可参照图3-43所示进行，图3-43为拆去正时齿形带上、中防护罩后的视图。进行过与正时齿形带相关的修理工作后，都要按下述步骤对正时齿形带进行调整：

① 转动凸轮轴，使曲轴不在上止点的位置，以免损坏气门及活塞。

② 将凸轮轴正时带轮上的标记对准正时齿形带防护罩上的标记。

③ 检查曲轴正时带轮上止点记号与参考标记是否对准。

④ 将正时齿形带安装到曲轴正时带轮和水泵上，注意安装位置。

⑤ 将正时齿形带安装到张紧轮和凸轮轴正时带轮上。注意半自动张紧轮的位置，定位块（图3-44箭头所示）必须嵌入气缸盖上的缺口内。

⑥ 将半自动张紧轮逆时针转动，直到可以使用专用工具（Matra V159）为止，如图3-45中箭头所示。松开张紧轮，直到指针1位于缺口2下方约10mm处。拧紧张紧轮，直到指针1和缺口2重叠，将张紧轮上锁紧螺母以15N·m的力矩拧紧。

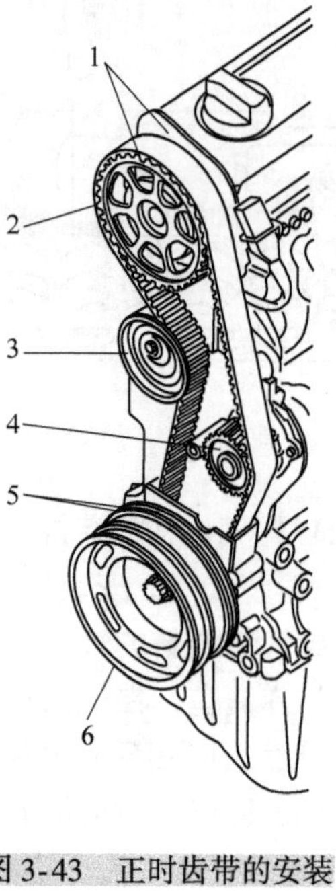

图3-43　正时齿带的安装

1—凸轮轴正时记号　2—凸轮轴带轮　3—半自动张紧轮　4—水泵　5—曲轴正时记号　6—曲轴带轮

⑦ 用手转动曲轴，检查并调整。

⑧ 安装正时齿形带下防护罩、曲轴正时带轮、正时齿形带上部和中间防护罩。

（3）检查半自动张紧轮　当发动机前端位于维修工作台上，且正时齿形带已安装并张紧时，拆下正时齿形带上防护罩，用拇指用力弯曲正时齿形带，指针2应该移向一侧，如图3-46所示。当放松正时齿形带时，张紧轮应该回到初始位置（缺口和指针2重叠）。

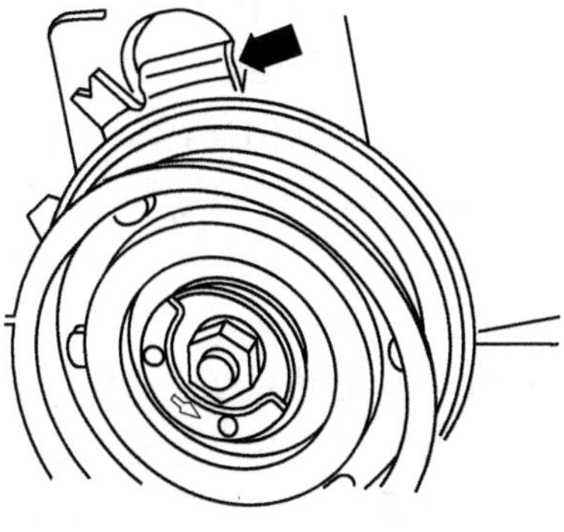

图3-44 半自动张紧轮的位置

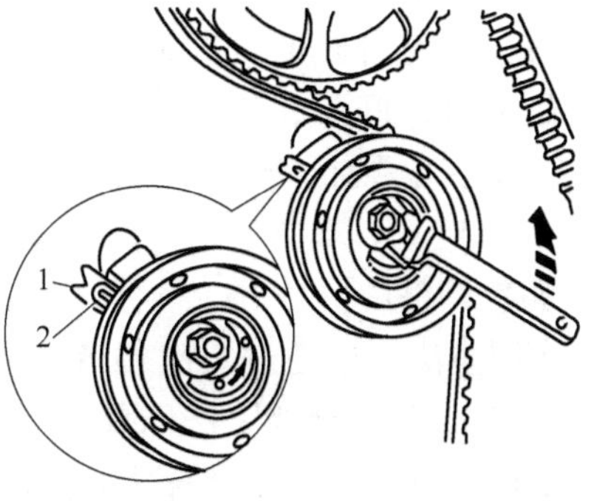

图3-45 用专用工具安装半自动张紧轮

1—指针 2—缺口

3.5.2 气门间隙的检查与调整

气门间隙指为保证气门关闭严密，通常在发动机冷态装配时，在气门杆尾端与气门驱动零件（摇臂、挺柱或者凸轮）之间所预留的间隙。发动机工作过程中，气门因温度升高会有一定量的膨胀，如果没有气门间隙或者气门间隙过小，就会导致发动机工作时气门关闭不严，从而导致气门处漏气，而气门间隙过大，将会导致配气机构配合松旷，引起异响。因此除了液压挺柱之外的配气机构，必须预留气门间隙，在使用过程中还应进行调整。

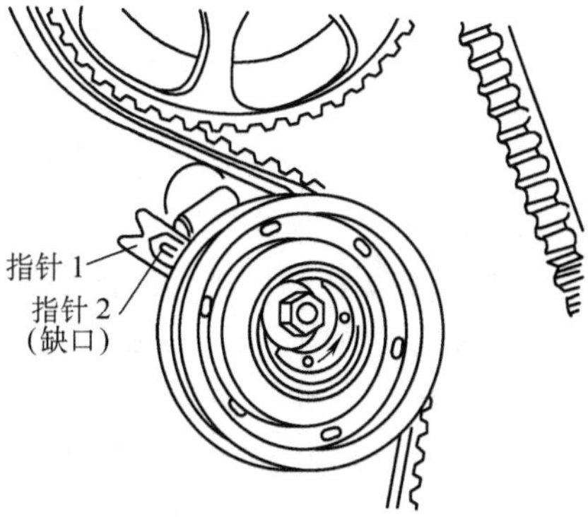

图3-46 检查半自动张紧轮

调整气门间隙的方法主要有逐缸法和两次调整法两种。

1. 逐缸法

逐缸法调整气门间隙就是一次调整一个气缸的进气门和排气门气门间隙的方法，有几个缸就要进行几次调整，其调节步骤如下：

1）打开气门室盖。

2）摇转曲轴，直至飞轮（或曲轴带轮）的正时记号与缸体上固定的正时记号对正，这时，第一缸和第四缸活塞均处于上止点位置。

3）判断第一缸是压缩上止点还是排气上止点。用手摇第一缸的气门摇臂，如果进排气门的摇臂均可摇动，则表明此时第一缸处于压缩上止点（如果进排气门的摇臂均摇不动，则表明此时第一缸处于排气上止点，再转动曲轴一周，使一缸处于压缩上止点）。或用其他方法使第一缸处于压缩上止点。

4）气门间隙检查。用规定厚度的塞尺插入气门杆与摇臂之间，来回抽动塞尺，过紧或过松都表明气门间隙不合适，需要进行调整。

5）调整气门间隙。松开锁紧螺母，拧出调整螺钉，在气门杆与摇臂之间插入厚度与气门间隙相等的塞尺，一边拧进调整螺钉，一边不停地来回抽动塞尺，直到抽动塞尺有阻力又能抽出时为止，锁紧螺母。在锁紧螺母时，不能让调整螺钉转动，最后再复查一次。

6）按做功顺序，分别摇转曲轴180°，依次使下一缸处于压缩上止点，用同样的方法，检查与调整各缸的气门间隙。如做功顺序为1—3—4—2，则摇转曲轴180°，检查调整三缸的气门间隙，用同样的方法再检查调整四缸和两缸的气门间隙；如做功顺序为1—2—4—3，则检查第二缸的气门间隙，再用同样的方法检查四缸和三缸的气门间隙。

2. 两次调整法

两次调整法可以通过两次调节将所有气缸的气门间隙调整完毕，有“一分为二”法、“右排、左进、压缩全调”法以及“双排不进”法等，这里只介绍“双排不进”法。“双排不进”法的“双”指处于压缩上止点的缸的两个气门间隙均可调整，“排”指该缸的排气门间隙可调整，“不”指该缸的两个气门间隙均不可调整，“进”指该缸的进气门间隙可调整。

（1）“两次调整法”的操作程序

1）摇转曲轴，根据正时记号找出第一缸压缩行程上止点。

2）根据发动机的工作顺序，按“双、排、不、进”原则确定能调整的气门，然后检查、调整气门间隙。

3）将曲轴再转一圈，使正时记号对准，用同样的方法检查、调整其余气门间隙，至此所有的气门检查、调整完毕。

（2）几种工作顺序不同的发动机气门可否调节的确定

1）六缸发动机。第一缸处于压缩上止点时，发动工作机顺序为1→5→3→6→2→4，根据“双、排、不、进”原则，1（1 2）→5（9 10）→3（5 6）→6（11 12）→2（3 4）→4（7 8）双排排不进进（括号内为各缸对应气门，单数排气门，双数进气门），可调整的气门：1、2、9、5、3、4。把曲轴转过360°，六缸处于压缩上止点时，发动工作机顺序为：6→2→4→1→5→3，根据“双、排、不、进”原则，6（11 12）→2（3 4）→4（7 8）→1（1 2）→5（9 10）→3（5 6）（括号内为各缸对应气门）双排排不进进，可调整的气门：11、12、3、7、10、6。刚好是一缸压缩上止点时没调的气门。也就是说第一次用“双排不进”法确定第一次可调整的气门，第二次调整剩下的气门。

2）五缸发动机。第一遍调整（一缸在压缩上止点）：1（1 2）→2（3 4）→4（7 8）→5（9 10)→3（5 6）双排排不进，可调气门为1、2、3、7、6。第二遍调整（一缸在排气上止点）：1（1 2)→2（3 4)→4（7 8)→5（9 10)→3（5 6）不进进双排，可调气门为4、8、9、10、5。

3）四缸发动机。第一遍调整（一缸在压缩上止点）：1（1 2)→3（5 6)→4（7 8)→2（3 4）双排不进，可调气门为1、2、5、4。第二遍调整（四缸在压缩上止点）：1（1 2)→3（5 6)→4（7 8)→2（3 4）不进双排，可调气门为6、7、8、3。

4）八缸发动机。第一遍调整（一缸在压缩上止点）：1（1 2)→5（9 10)→4（7 8)→2（3 4)→6（11 12)→3（5 6)→7（13 14)→8（15 16）双排排排不进进进，可调气门为1、2、9、7、3、6、14、16。第二遍调整（六缸在压缩上止点）：1（1 2)→5（9 10)→4（7 8)→2（3 4)→6（11 12)→3（5 6)→7（13 14)→8（15 16）不进进进双排排排，可调气门为10、8、4、11、12、5、13、15。

5）三缸发动机。第一遍调整（一缸在压缩上止点）：1（1 2)→2（3 4)→3（5 6）双排进，可调节气门为1、2、3、6。第二遍调整（一缸在排气上止点）：1（1 2)→2（3 4)→

3（5 6）不进排，可调节气门为4、5。

（3）“两次调整法”调整气门间隙应注意的问题

1）不同结构的发动机，其进、排气门的排列不一定相同，调气门前应辨认清楚。

2）一缸在压缩上止点还是在排气上止点不能搞错。一般发动机上都有正时记号。当正时记号对正时，有可能是一缸在压缩上止点，也有可能是一缸在排气上止点。此时把曲轴逆时针转一个角度，一缸的排气门有打开的动向；顺时针转一个角度，一缸的进气门有打开的动向，则一缸在排气上止点。如果一缸的两个气门没有打开的动向，则为一缸在压缩上止点。

3）相同缸数的发动机，若工作顺序不同，则气门调整的顺序也不一样。

4）不同型号的发动机气门间隙不一样；同一型号发动机在冷态和热态时的气门间隙不一样，同一型号发动机进气门和排气门间隙也不一样。调整时一定要根据维修手册按标准进行调整。

5）把所有气门调整后，必须全部检查一遍，确保每个气门间隙完全符合标准要求。

6）采用液压挺杆的发动机，因挺杆长度能自动变化，不需要预留气门间隙，所以没有气门间隙调整装置，也就不用进行气门间隙的调整了。

调整时，如图3-47所示，先松开固定螺母1，用螺钉旋具拧动调整螺钉2，将规定厚度的塞尺插入气门杆端部与摇臂之间。当抽动塞尺时有阻力感，拧紧紧固螺母，再复查一次，符合规定值即可。

3.5.3 气门组零件的检修

1. 气门的检修

1）外观检验。当发现气门有裂纹、破损或熔蚀烧损时，须更换气门。

2）测量气门尺寸，如图3-48所示。如果气门尺寸超过磨损极限，则应更换气门。表3-1所示为几种常见车型的气门尺寸。

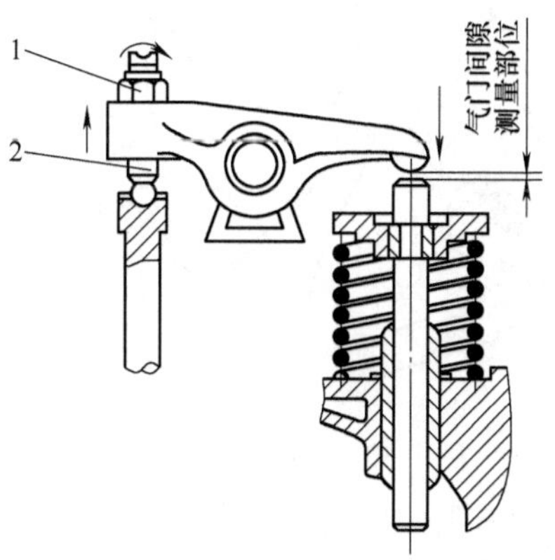

图3-47 气门间隙的检查与调整

1—固定螺母 2—调整螺钉

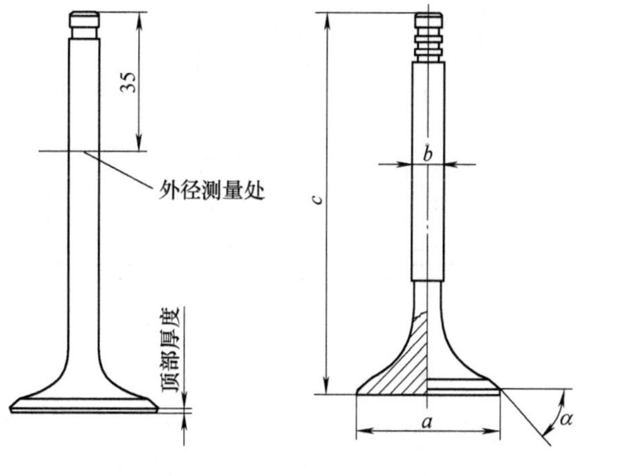

图3-48 测量气门尺寸

表3-1　常见车型气门尺寸

车　型	尺寸部位	进气门头部直径/mm	排气门头部直径/mm
桑塔纳	*a*	38.00	33.00
	b	7.97	7.95
	c	98.70	98.50
	气门工作面工作角度	45°	45°
捷达	*a*	38.00	33.00
	b	7.97	7.95
	c	91	90.80
	气门工作面工作角度	45°	45°
富康	*a*	36.80	29.4
	b	$6.99_{-0.01}$	$6.98_{-0.01}$
	c	$112.76_{+0.01}$	112.56
	气门工作面工作角度	30°	45°
	气门间隙	0.20	0.40
	气门升程	9.40	9.40

3）气门杆弯曲和气门头部歪斜检查。气门杆的弯曲可用百分表来测定，其测量方法如图3-49所示。先清除气门积炭并将气门擦净（图3-50），将气门杆支承在两个距离100mm的V形架上，然后用百分表触头测量气门杆中部的弯曲度，其值超过0.05mm应更换或校正气门。在气门头部用百分表测量，转动气门头部一圈，读数最大和最小之差的1/2即为气门头部的倾斜度误差，许用倾斜度误差为0.02mm；气门杆弯曲或气门头部歪斜超过规定范围后，需更换气门。

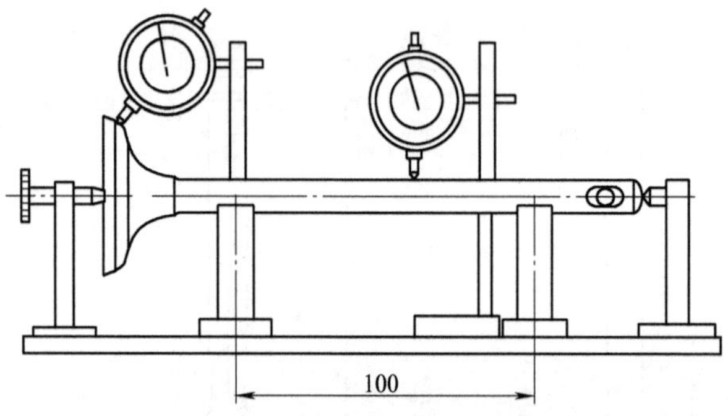

图3-49　检查气门杆弯曲度

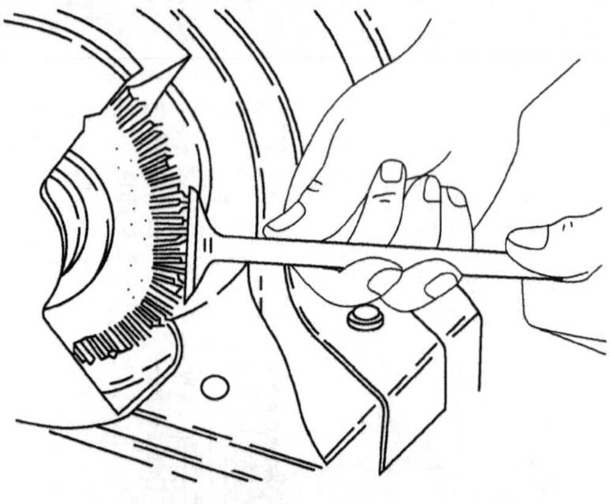

图3-50　清除气门积炭

4）气门杆磨损检查。气门杆磨损，使气门杆与导管孔的间隙增大，易使气门歪斜，导致气门关闭不严而漏气。高温废气通过导管孔间隙，使气门及导管过热，加速磨损，并可能因导管中润滑油烧结，使气门卡死而无法动作。气门杆与气门导管的配合间隙过大时，应更换气门和气门导管。用外径千分尺测量气门杆的磨损程度，如图

3-51所示，测量部位在气门杆上、中、下三个箭头所示的部位，将测量的尺寸与表3-1中的尺寸比较，若超过规定范围，则应更换。

气门杆端面磨损或有疤痕，往往使端面不平。当气门顶起时，挺杆（或摇臂）作用力将产生侧向力，使气门杆歪斜，气门关闭不严。气门杆端面磨损，可用磨气门机修正。机上设有V形铁座，将气门杆平放在座上，一手按住气门杆，一手转动气门头，并使杆端轻微抵在砂轮上磨平。桑塔纳发动机的进、排气门杆直径均为7.97mm。用直尺在平台上检查气门的长度，进气门长度为98.70mm，排气门长度为98.50mm，磨损极限为0.50mm。

5）气门头部工作面磨损检查。检查气门头部工作面是否有斑点或烧蚀，若有可用气门光磨机修磨，如图3-52所示。

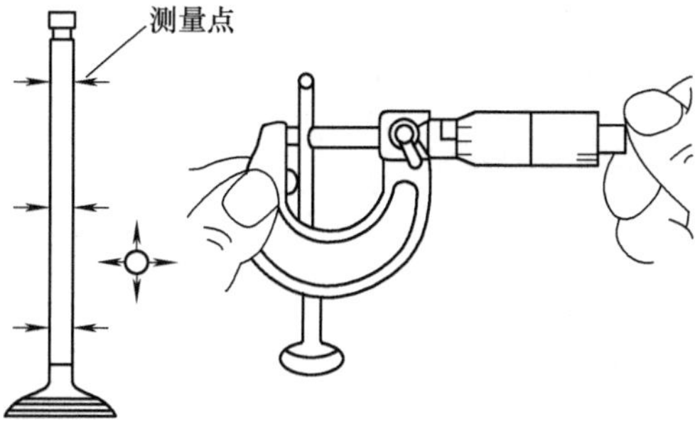

图3-51 气门杆磨损的检查方法

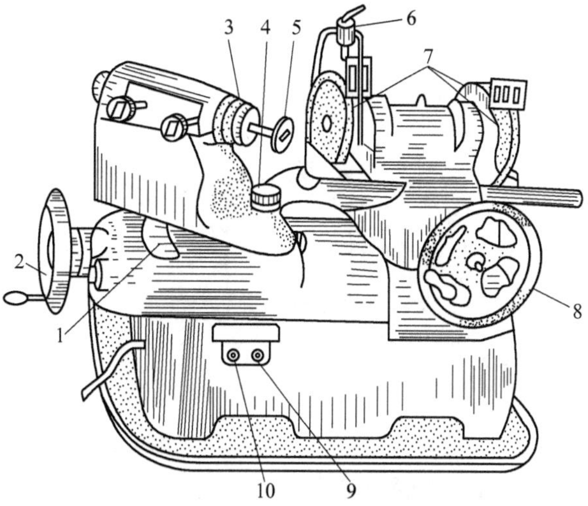

图3-52 气门光磨机

1—刻度盘 2—横向手柄 3—夹架 4—夹架固定螺钉 5—气门 6—冷却液开关 7—砂轮 8—纵向手柄 9—电动机开关 10—夹架电动机开关

气门的工作面磨损起槽、变宽或烧蚀出现斑点、凹陷时应在光磨机上进行光磨。光磨时，要求磨削量尽量小，以延长气门使用寿命。气门光磨后，其边缘逐渐变薄，工作时容易变形和烧毁，气门头最小边缘厚度如图3-53所示，进气门不得小于0.60mm，排气门不得小于1.10mm，否则应更换气门。

修磨气门工作面，如图3-54所示。在修磨气门工作面之前，应先校正气门杆并检查光磨机气门夹头座的角度，避免将气门工作面角度磨错（捷达轿车发动机进、排气门均为45°角），磨削量以消除表面损蚀为限。最后精磨，在没有吃刀量的情况下，进行2~3次空走刀，直至没有大火花为止，以改善其表面粗糙度。磨修后，气门工作锥面对气门轴线的斜向圆跳动应不大于0.03mm。

6）气门密封性检测。气门和气门座经过修理后，都要进行密封性检测，其方法如图3-55所示。检查试验时，先将空气筒紧密贴在气门头部周围，再将橡胶球紧密贴在气门头部周围，再压缩橡胶球，使空气容筒具有一定的压力。如果在半分钟内，气压表的读数不下降，则表示气门和气门座的密封性良好。

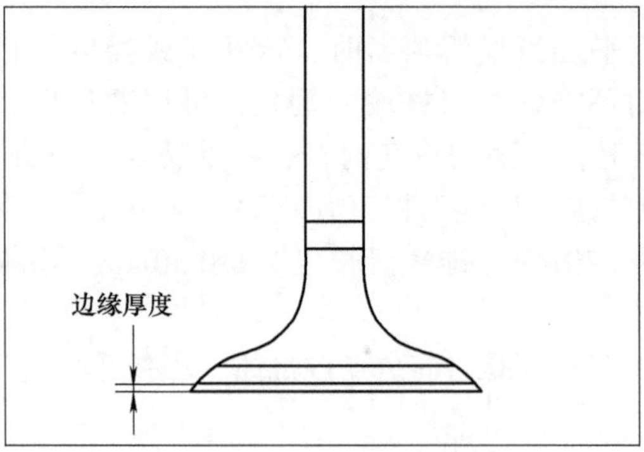

图3-53　气门边缘厚度

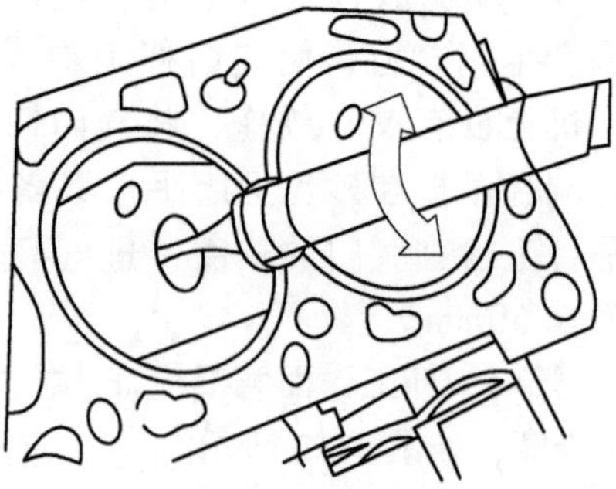

图3-54　修磨气门工作面

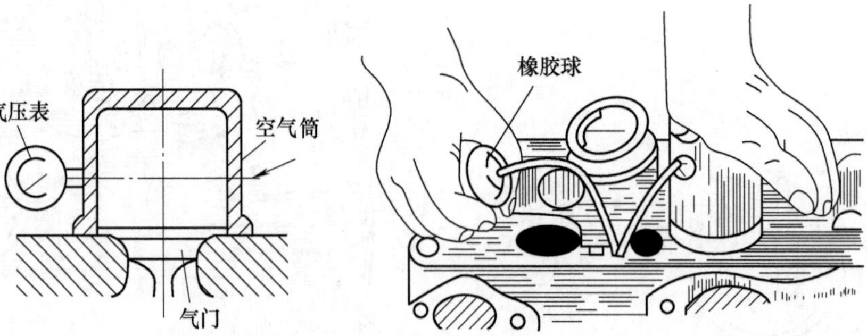

图3-55　气门密封性检测

2. 气门导管的检修

(1) 气门导管与气门杆之间配合间隙的检查　气门导管用来引导气门做直线运动，保证气门和气门座同心，配合严密而不漏气。因此，气门杆与气门导管之间需要有一定的配合间隙。不同发动机机型，其间隙也不同。若因磨损使其值超限过大，气门在运动时就会出现摆动并受到冲击，造成气门磨损不均匀，气门关闭不严，引起漏气以致气门烧损。同时使润滑杆身的机油大量漏入气缸燃烧，不仅浪费机油，也会造成严重积炭，加速零件磨损；间隙过小时，会影响气门的自由运动，在杆身受热膨胀时可能卡死，使气门不能关闭。因此，在维修时不要忽略检查气门导管间隙值。

气门导管与气门杆间隙的检测方法主要有两种：

1）将气缸盖倒置在工作台上，把气门提起至气缸盖平面以上10mm左右，用百分表的测头抵在气门头部边缘上，用手在测头的直线方向来回晃动气门，百分表指针摆动量的一半即配合间隙量，如图3-56所示。

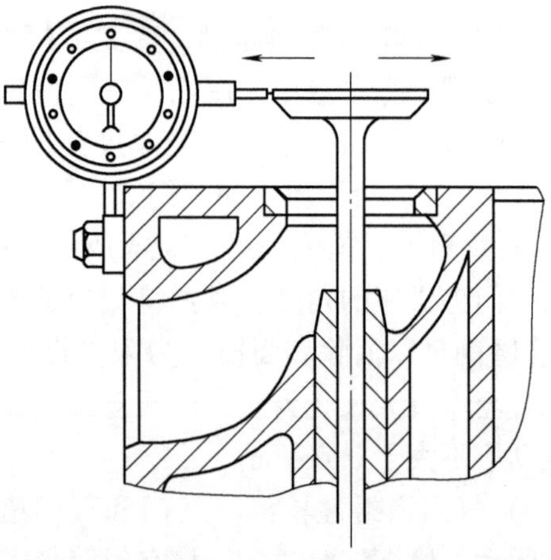

图3-56　气门杆与气门导管间隙的检测

2）将气门杆部涂上机油，插入气门导管内，进行数次往复运动后，气门能在自重作用下缓慢落下，即认为配合间隙适当。

（2）更换新气门导管　既要内径符合要求，也要使外径比旧导管加大0.01～0.02mm，以保证外表有一定的紧度（过盈配合）压入气缸盖导管座孔中。在安装新导管时应注意：应将导管外表涂一层机油，然后垂直放在座孔中，慢慢压入，切忌用铁锤猛击。有些机型的气门导管两端不对称，装配时要注意方向。因机型不同，导管压入气缸盖的深度也不同。规定导管的上端面应高出气缸盖上平面一定距离，距离过小，将增加进气阻力；过大则影响散热效果。无数据可查时，可按拆前所测距离装回。

（3）气门弹簧的检修　以CA6100发动机气门弹簧为例。

1）气门弹簧的结构如图3-57所示。

2）气门弹簧外观的检查。主要是观察弹簧表面有无裂纹、锈蚀、腐蚀、损伤等，弹簧有无严重的变形、折断，弹力变弱等，如有则应及时更换弹簧。

3）气门弹簧自由长度的检查

① 气门弹簧自由长度的标准规定。标准尺寸为48.9mm，极限尺寸为47.6mm。

② 气门弹簧自由长度的检查方法。用游标卡尺测量气门弹簧的自由长度尺寸，如图3-58所示。如果测得长度小于极限值则应更换。

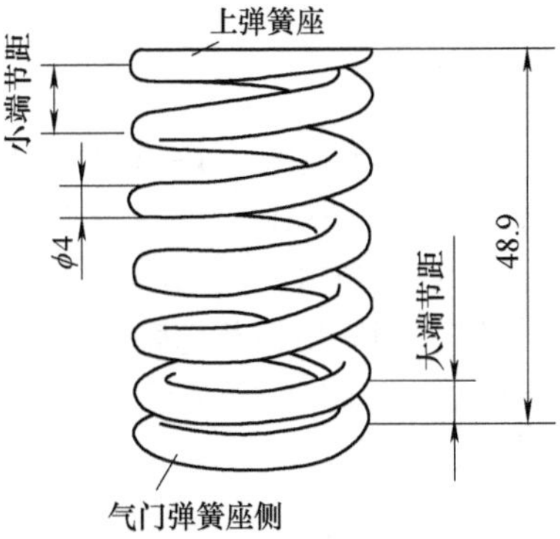

图3-57　气门弹簧结构

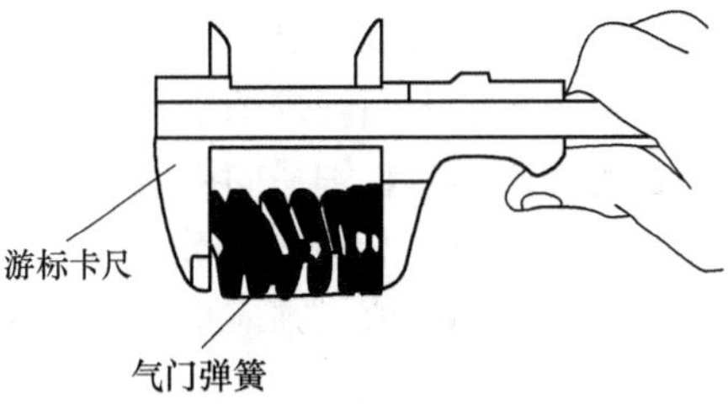

图3-58　气门弹簧自由长度的测量

4）气门弹簧预紧力的检查

① 气门弹簧预紧力的标准规定：标准值为（231.3～270.5）N/40mm，极限值为215.6N/40mm。

② 气门弹簧预紧力的检查方法。气门弹簧预紧力在弹簧试验机上进行检查，如图3-59所示。气门弹簧预紧力测量超过极限值的规定，则应更换气门弹簧。

5）气门弹簧垂直度的检查

① 气门弹簧垂直度的极限值为2mm。

② 气门弹簧垂直度的检查方法。用直角尺和平板检查气门弹簧的垂直度，如图3-60所示。测量出的气门弹簧垂直度，如超过极限值的规定，则应更换气门弹簧。

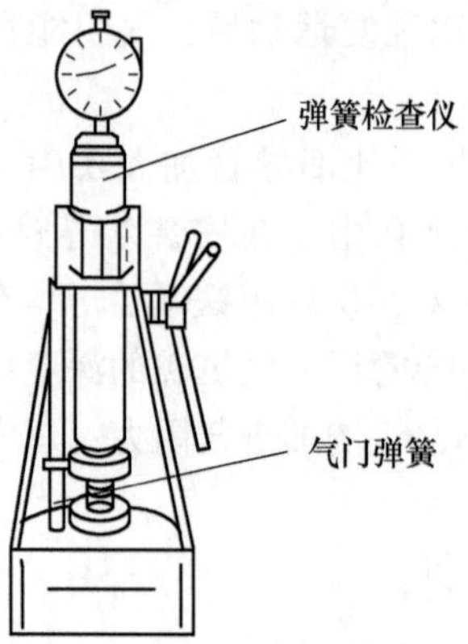

图3-59　气门弹簧预紧力的检查

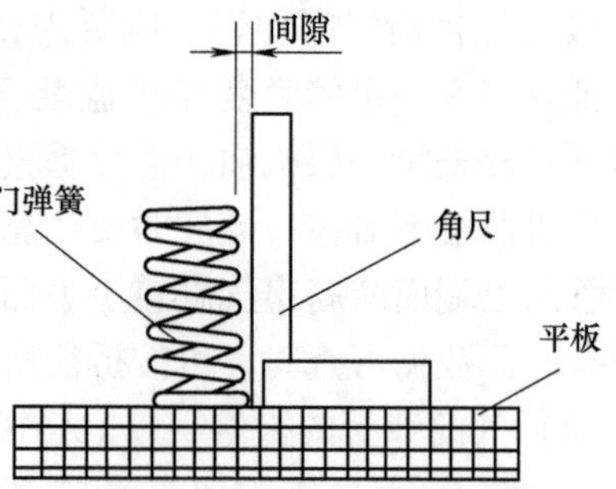

图3-60　气门弹簧垂直度的检查

3.5.4　气门传动组零件的检修

1. 凸轮轴的检修

凸轮轴的损伤形式有凸轮工作表面磨损、损伤和点蚀，支承轴颈磨损，凸轮轴弯曲变形等。凸轮轴的检修项目主要有：

（1）凸轮轴的外观检查　主要是检查凸轮轴外表面有无裂纹、严重磨损、机械损伤、化学腐蚀等缺陷，如有则应及时更换凸轮轴。

（2）凸轮轴的径向圆跳动的检查

1）凸轮轴径向圆跳动的规定：凸轮轴径向圆跳动的标准值为0.06mm，极限值为0.10mm。

2）凸轮轴径向圆跳动的检查方法。将凸轮轴支撑在摆差检测仪上（或V形铁上），把千分表置于凸轮轴中间轴颈的中点，转动凸轮轴，测出凸轮轴的最大径向圆跳动，如图3-61所示。若测量出的凸轮轴径向圆跳动值超过了极限值的规定，则应更换凸轮轴。

（3）凸轮高度的检查　凸轮高度尺寸用千分尺进行测量，如图3-62所示。若测出的凸轮高度尺寸低于极限值，则应更换凸轮轴。

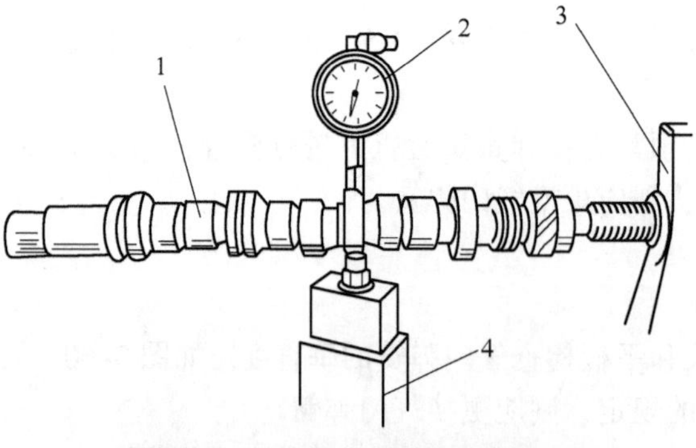

图3-61　凸轮轴径向圆跳动的测量

1—凸轮轴　2—千分表　3—摆差仪　4—磁力表架

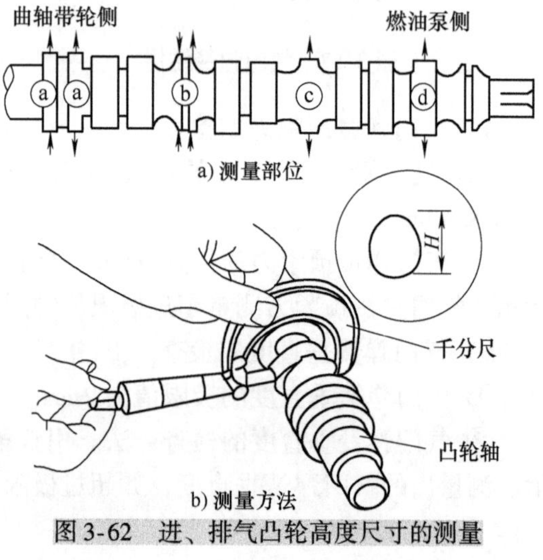

图3-62　进、排气凸轮高度尺寸的测量

(4) 凸轮轴轴颈尺寸的检查 捷达凸轮轴轴颈尺寸的标准规定见表 3-2。用千分尺测量凸轮轴轴颈的尺寸，如图 3-63 所示。测量出的凸轮轴轴颈尺寸与测量过的气缸盖凸轮轴轴承孔尺寸进行配合间隙的计算，如果超过极限值的规定，则要将凸轮轴轴颈测量尺寸和气缸盖轴承孔测量尺寸，对照各自的标准尺寸，决定更换哪个零件或者两件都更换。

表 3-2 捷达凸轮轴轴颈尺寸

项 目	标准尺寸	极限值	项 目	标准尺寸	极限值
凸轮轴 a 轴颈	$\phi43.5_{-0.075}^{-0.050}$		凸轮轴 d 轴颈	$\phi44.1_{-0.075}^{-0.050}$	
凸轮轴 b 轴颈	$\phi43.7_{-0.075}^{-0.050}$		凸轮轴轴颈与气缸盖轴承孔的间隙	0.050～0.091	0.15
凸轮轴 c 轴颈	$\phi43.9_{-0.075}^{-0.050}$				

(5) 凸轮轴轴向止推间隙的检查

1) 凸轮轴轴向止推间隙的标准值为一般为 0.05～0.150mm，使用极限值为 0.25mm。

2) 在凸轮轴安装良好的条件下进行测量。测量时，将凸轮轴推向分电器座安装侧，用塞尺检查分电器主动齿轮和凸轮轴止推板之间的间隙，即为凸轮轴轴向止推间隙，如图3-64所示。若测出的止推间隙值超过极限值，应更换止推板或凸轮轴。

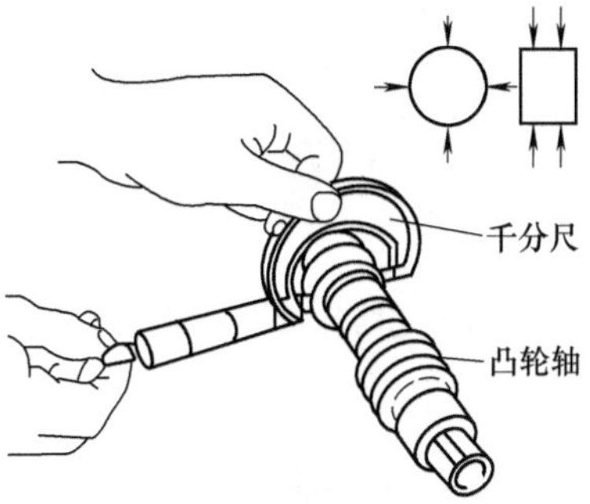

图 3-63 凸轮轴轴颈尺寸的测量

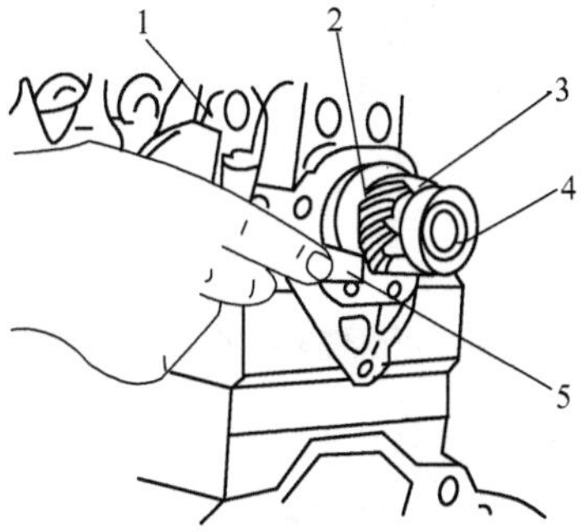

图 3-64 凸轮轴轴向止推间隙的测量

1—气缸盖 2—止推板 3—分电器凸轮轴斜齿轮 4—凸轮轴 5—塞尺

2. 正时链轮和链条的检修

正时链轮和链条应保持一定的张紧度，链条、链轮磨损后应做如下检修。

(1) 正时链条长度检查 如图 3-65 所示，用一定的拉力拉紧后测量其长度，超过允许值时，应予以更换。

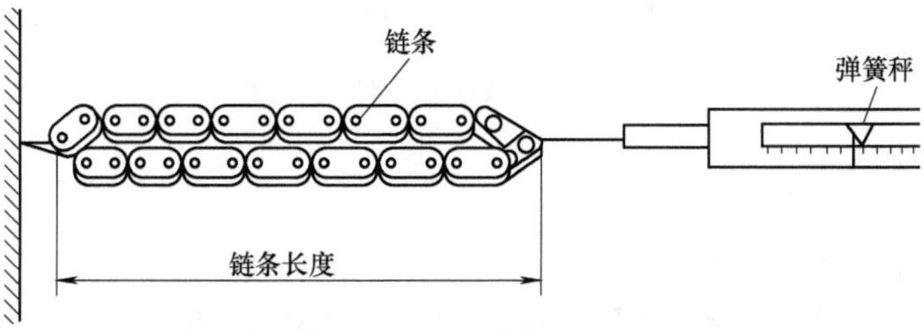

图 3-65 正时链条长度检查

（2）正时链轮最小直径的检查　如图3-66所示，将链条分别包住凸轮轴正时链轮和曲轴正时齿轮，用游标卡尺测量其直径，小于允许值时应更换链条和链轮。

3. 正时齿形带的检修

（1）外观检查　检查正时齿形带的外观，确认正时齿形带无开裂，齿数、齿形是否残缺。

（2）正时齿形带的张紧度检查　如图3-67所示，检查正时齿形带的张紧度，用手指在正时齿轮和中间齿轮之间捏住正时齿形带，以刚好能转过90°为合适，调整张紧轮固定螺母并拧紧。将曲轴转2～3圈，复查确认张紧度合适。

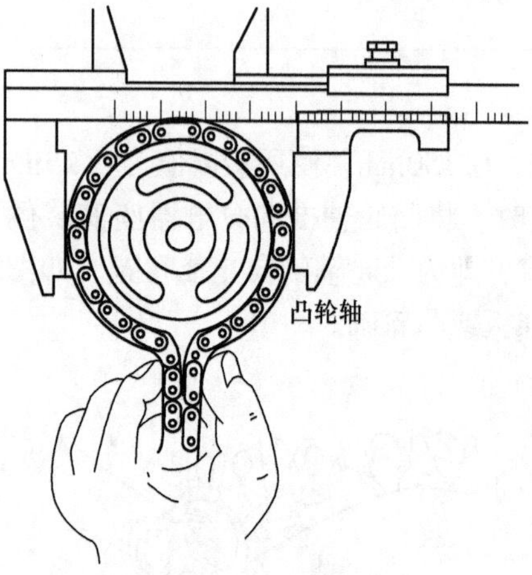

图3-66　正时链轮最小直径的检查

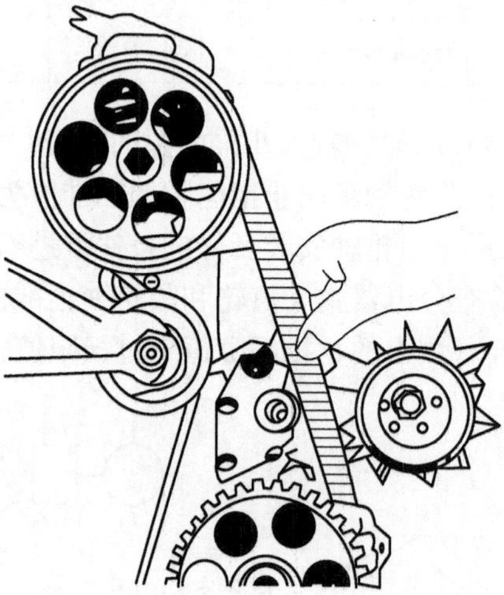

图3-67　正时齿形带张紧度的检查

4. 挺柱的检修

（1）普通挺柱的检修　普通挺柱的缺点是底面极易产生疲劳磨损，且在低润滑条件下工作容易产生运动卡滞，造成磨损不均匀等现象。检修普通挺柱时，出现以下情况应更换。图3-68所示为挺柱底部常见的损伤形式。

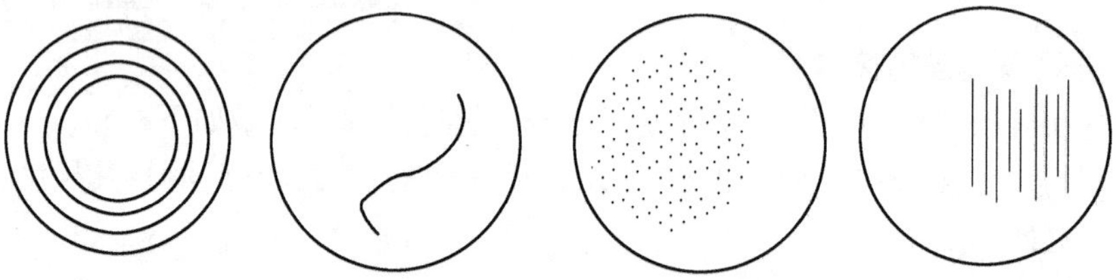

a) 环状纹　b) 裂纹　c) 疲劳剥落　d) 擦伤划痕

图3-68　挺柱底部常见的损伤形式

1）挺柱底部出现环状纹。

2）挺柱底部出现擦伤或者划痕时。

3）挺柱底部出现疲劳剥落时。

4）挺柱的圆柱面部分与导孔的配合间隙一般为0.03～0.10mm。如果超过0.12mm，则应视情更换挺柱或导管支架。装有衬套的结构可更换衬套。

（2）液压挺柱的检修　桑塔纳2000GSi发动机的液压挺柱的检修按以下步骤进行：

1）液压挺柱工作情况的检测。起动发动机并升温至正常工作温度，将发动机转速提高到2500r/min并运转约2min。若液压挺柱一直有异响，则应熄火进行以下检查：一查机油的数量和质量，若机油量不足应补充，若机油过脏、黏度不合要求应更换；二查自由行程，如图3-69所示。拆下气门室罩，检查所有凸轮尖向上（即气门处在关闭状态）时液压挺柱的自由行程。用木棒压下挺柱，用塞尺测量气门打开之前挺柱的自由行程，此值应不大于0.1m，否则，应更换液压挺柱。当凸轮尖顶压挺柱时，可转动曲轴使凸轮尖向上后，再按以上方法逐个检查。

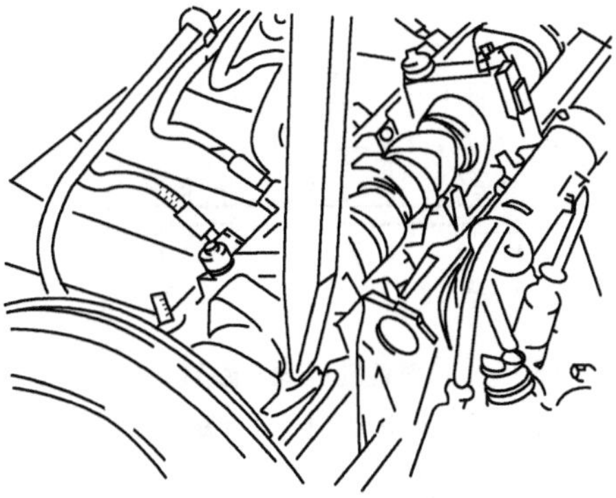

图3-69　检查液压挺柱的自由行程

2）液压挺柱与凸轮接触面的检查。该接触面即液压挺柱的端面，如有轻微的凹坑、磨痕、麻点等，可将其在磨床上磨平。若上述现象较严重，则应更换新的液压挺柱。

3）挺杆体圆柱工作面的检查。当圆柱工作面磨损严重或出现沟槽时，应更换新挺杆。检查时，还应注意挺杆体在其导孔内能否上下滑动自如，有无卡滞现象。如有上述情况也应更换新的液压挺柱。

4）挺杆体与导孔配合间隙的检测。用外径千分尺测量挺杆体外径，用内径千分尺测量导孔内径，两者数值之差即为其配合间隙，其极限值不应超过0.1mm。间隙过大，应更换液压挺柱。

5）液压挺柱柱塞与柱塞套密封性的检查。先将清洗后的液压挺柱浸泡在汽油或柴油中，用力压缩（可就地取材，如用气门杆等）柱塞若干次，以排出腔体内的空气。将排净空气后的挺杆放置在泄漏回降试验台上，在手柄上施加196N的力，先使柱塞套下降2mm，然后再测它下降1mm所需的时间，此值应在7~10s之间。若小于7s，说明柱塞与柱塞套配合间隙过大；若大于10s，说明柱塞有卡滞现象。泄漏回降试验不符合标准，应更换新的液压挺柱。

5. 摇臂组件的检修

（1）摇臂组件的外观检查　主要是检查摇臂和摇臂轴上有无裂纹和严重的磨损、弯曲变形等，如有则应更换摇臂轴，摇臂头部磨损量大于0.5mm时，可采用堆焊修磨。

（2）摇臂轴外径尺寸及径向圆跳动的检查　用千分尺测量摇臂轴的外径尺寸，如图3-70所示。先用V形铁将摇臂轴支撑起来，再用固定在磁力表架上的千分表，在摇臂轴的中间测量摇臂轴的径向圆跳动量。测量时，用手慢慢转动摇臂轴，切勿划伤摇臂轴的外表面，如图3-71所示。当外径尺寸与各车型设计值差别太大，或者径向圆跳动量太大时，则应更换摇臂轴。

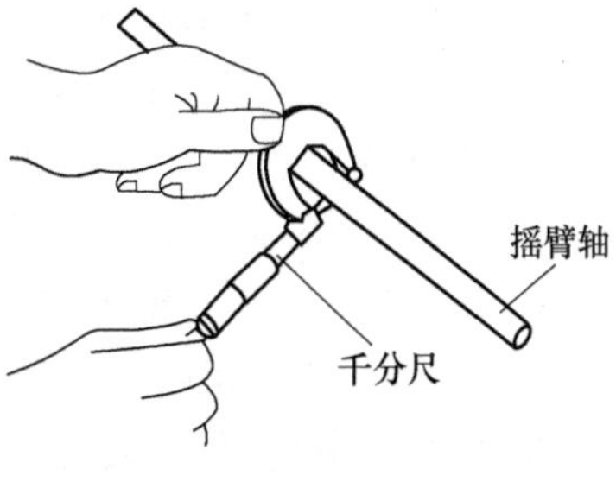

图3-70　摇臂轴外径的测量

（3）摇臂衬套与摇臂轴的配合间隙检查　摇臂衬套

与摇臂轴的配合间隙超过规定值时应更换衬套。与摇臂轴铰配，恢复配合间隙镶装衬套时，衬套油孔与摇臂油孔对准，如图3-72所示。

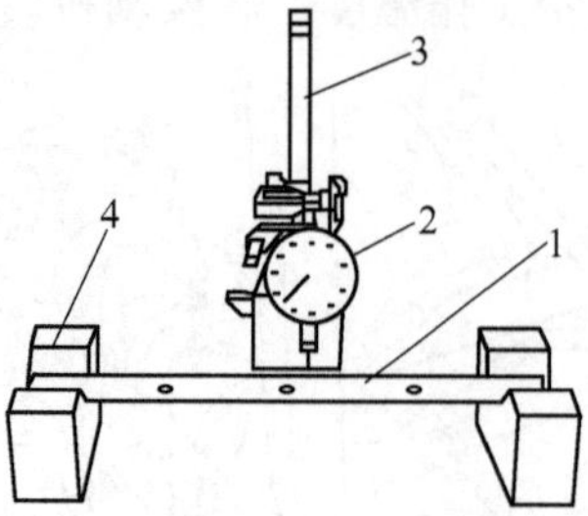

图3-71　摇臂轴径向圆跳动的测量

1—摇臂轴　2—千分表　3—磁力表架　4—V形铁

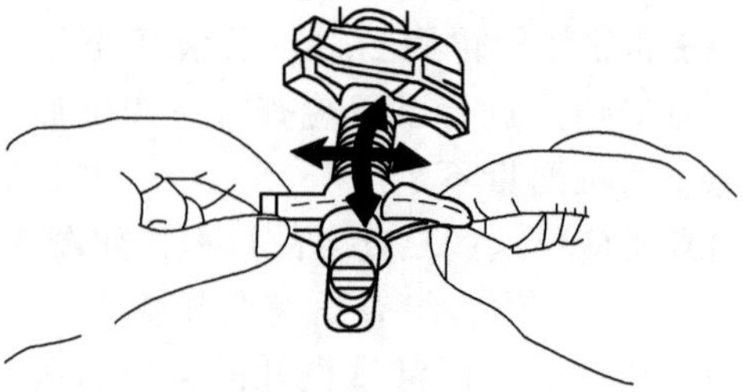

图3-72　摇臂与衬套对准

（4）更换　气门调整螺钉的螺纹孔损坏时，一般应予以更换。

3.6　配气机构常见故障与排除

1. 气门关闭不严

现象： 气缸压缩力减小，冒黑烟，动力下降，严重时，发动机起动困难。

原因：

① 气门或气门座接触面积炭和烧蚀。

② 气门间隙太小。

③ 气门弹簧弹性减弱或折断。

排除方法：

① 清除积炭，研磨气门。

② 气门或气门座烧蚀严重，需更换或磨削气门、铰气门座或重镶气门座圈。

③ 检查调整气门间隙。

④ 更换弹簧。

2. 气门脱落

现象： 发动机声响突然变化，冒烟，甚至有强烈的机械撞击声或熄火。

原因： 锁片脱出或卡环脱落，或气门尾端在沟槽处折断。

预防与排除方法：

① 安装气门前检查弹簧座、卡簧等，如有破裂、变形则应更换。

② 气门锁片、卡环安装必须牢靠。

③ 气门装好后，锁片不得高出弹簧座面2.5mm，两半圆锁片之间的间隙不应小于0.6mm，两锁片端面不平度不得大于0.3mm。

3. 气门在工作中有敲击声

现象： 气门室处可听到清脆的“嗒、嗒”敲击声，并且敲击声随内燃机转速变化而变化；在气缸盖和气缸体连接处可听到金属敲击声，但不清脆。

主要原因： 气门间隙过大，摇臂或挺杆敲击气门杆端部；气门间隙过小或气门下陷量不够，造成气门撞击活塞顶；气门弹簧折断，气门落入气缸中；气门座圈脱落。

4. 气门响

响声特征：

① 发动机在高、中、低速时，均发出有节奏的“嗒、嗒、嗒”金属敲击声，响声在气门室一侧听察明显。

② 响声随发动机转速增减而增减。

③ 发动机温度变化或做断火试验，响声不变。

故障原因：

① 气门因磨损或调整不当间隙过大，导致气门杆尾端与摇臂或与调整螺钉头部碰击。

② 凸轮磨损过度，凸轮顶部与挺杆底部接触时有跳跃运动而发出响声。

③ 气门弹簧断裂。

④ 气门杆与导管间隙过大。

⑤ 气门间隙调整螺钉的锁紧螺母松动。

检查判断：

① 在气门室一侧听察响声较清晰时，为进一步查明是哪一只气门响，可拆下气门室罩，用塞尺插入气门间隙处，响声消失或减弱即为该气门间隙过大。

② 用适当塞尺插入气门杆尾端，响声不消失，改用螺钉旋具撬气门杆，响声消失，说明气门杆与导管磨损过度。

③ 若发现气门杆尾端与摇臂或调整螺钉始终有间隙，则说明气门在导管孔中咬住。

5. 凸轮轴响

响声特征：

① 有节奏地间断响，有点像连杆轴承的响声。

② 怠速时响声为杂乱噪声，中速时，响声为明显且连续的金属敲击声，高速时响声减弱、消失或变得杂乱。

③ 响声同时伴随振动。

④ 急减速时，发出尖锐连续的金属敲击声。

故障原因：

① 凸轮轴和轴承配合松旷，可能因修理时间隙超限，也可能因轴承外径在轴承座孔内转动，而发热烧损或轴承内圆表面刮研质量差，加速磨损，致使间隙扩大。

② 凸轮轴弯曲、变形或轴向间隙过大。

检查判断：

① 在凸轮轴一侧有响声，可缓缓变换节气门开度细听，如怠速时响声为杂乱噪声，中速时有明显连续的金属敲击声，高速时减弱、消失或变得杂乱，单缸断火时，响声不减弱或消失，则说明是凸轮轴响。

② 中速时，用听诊器触及缸体外部各道凸轮轴轴承附近听察，如某处响声较强并伴有振动，可初步断定该道轴承响。

③ 怠速时，响声正常，稍提高转速则出现响亮的连续敲击声，再度提高转速，响声消失。此为凸轮轴轴向间隙过大。

6. 正时齿轮响

响声特征：

① 响声有节奏，也有无节奏的，在有节奏响声中有连续响，也有间断响。

② 怠速时在发动机正时齿轮室附近能听到“咯啦、咯啦”或硬物撞击的尖锐声响。

③ 有的发动机在正时齿轮室附近听到的是杂乱而轻微的噪声，怠速时噪声轻微，转速提高时噪声杂乱或消失，急减速时噪声复现。

④ 温度变化和单缸断火试验，响声无变化。

⑤ 胶木正时齿轮响声比金属正时齿轮轻得多。

故障原因：

① 曲轴和凸轮轴之间距离改变，使正时齿轮啮合间隙过大或过小。

② 曲轴和凸轮轴轴心线不平行、齿轮磨损等，使正时齿轮啮合不均匀。

③ 更换曲轴和凸轮轴轴承后，改变了齿轮啮合位置。

④ 凸轮轴轴向间隙过大，正时齿轮固定螺母松动，使齿轮发生轴向位移或个别轮齿损坏。

检查判断：

① 怠速时，有轻微的“咯啦、咯啦”响声；中速时响声明显；高速时响声杂乱或消失；急加速时，响声又出现，严重时正时齿轮室盖有振动。此情况说明正时齿轮啮合间隙过大。

② 大修或更换正时齿轮后，有“呜——”连续响声，转速越高，响声越大，急加速时，响声尤为明显，这说明正时齿轮啮合间隙过小。

③ 怠速时能听到“哽、哽、哽”的有节奏的响声，并随转速升高而加大。此情况说明正时齿轮啮合不均。

④ 怠速时有节奏的、清晰的“吭、吭”金属撞击声，转速升高，响声加重。此情况说明正时齿轮个别齿损坏。

⑤ 逐渐提高转速到某一转速时，突然发出较强而紊乱的“咯——”声响，急减速时也出现同样的响声。但持续时间极短，而后恢复正常。此情况是正时齿轮固定螺母松动，凸轮轴齿轮窜动发响。

7. 活塞顶碰气门响

响声特征：

① 在气缸上部有连续的、有节奏的“嗒、嗒、嗒”响声。

② 转速越高，响声越重。因此轻微顶碰在高转速时才能听到。

故障原因：

① 气门间隙过小或没有。

② 调整螺钉松动或调整螺钉的球头部没有落入推杆的球形凹面，使摇臂与气门脚顶住，在排气行程，活塞到达上止点时碰击气门头部。

检查判断：

发动机停止运转时，打开气门罩盖，摇转曲轴，使被检查缸的活塞处于排气上止点，用螺钉旋具一端伸到另一摇臂的下端，支点压在被检查的摇臂上成杠杆状，通过螺钉旋具按压被检查的摇臂至压缩气门弹簧，看气门有无上、下活动余量，如无活动余量，说明活塞已顶碰气门。

8. 气门座圈响

响声特征：

① 靠近气门及气门室一侧发出响声，此响声与气门间隙过大的响声相似，但音量要大得多，且时大时小并带有破碎声。

② 中速时响声清晰，高速时杂乱。

③ 单缸断火，响声不变或更明显。

④ 发动机低温刚起动时，响声易出现。响声出现时，也伴随个别缸不工作。响声消失时，发动机工作又恢复正常。

故障原因：

① 座圈材料不当，热膨胀系数太小或受热后产生变形而松旷。

② 镶配时过盈量不足，受冲击振动而松动，与座孔碰撞。

检查判断：

① 拆下气门室盖（罩），经检查不是气门和气门弹簧响，则可断定为气门座圈响。

② 利用逐个单缸断火，听察响声有无变化，找出不工作缸。该缸很可能因气门座圈松动而影响了密封性，导致不工作。

气门座圈松动切不可在松动状态下继续行驶，否则在气门顶置式配气机构的发动机上易发生座圈击碎掉入气缸，引起事故。

9. 气门弹簧响

响声特征：

① 怠速时有明显的“嚓、嚓”声，弹簧折断后有连续而杂乱的金属敲击声。

② 不同车型响声是不一样的，有的车型是时响时不响。

故障原因：

① 不等距弹簧装反（正确装法是：弹簧紧密的一端压在气缸体或气缸盖上），惯性力和振动力大大增加，很快使弹簧折断。

② 弹簧弹力太弱、生锈、弹簧圈间胶质太多，增加阻力。

③ 弹簧硬度过高。

④ 超过弹簧疲劳极限。

⑤ 发动机的转速达到弹簧临界速度时，弹簧剧烈振动（共振）折断。

检查判断：

① 拆下气门室盖（罩）查看气门弹簧有无折断。

② 用螺钉旋具撬住弹簧，响声消失为气门弹簧太软。

③ 某缸断火，响声加重或本无响声现在出现响声，为该缸气门弹簧折断。

3.7 配气机构案例分析

案例1：一台奇瑞风云汽车行驶16800多km，出现发动机加速无力，有时回火“放炮”。

故障原因：

1）电喷系统故障；混合气浓度不正确，混合气过稀容易引起回火，混合气过浓容易引起“放炮”。

2）发动机配气相位不正确；配气相位不正确，主要可检查正时标记和正时带，配气相位不正确同样可引起发动机动力下降。

3）发动机缸压不正确。

4）气门关闭不严。气门关闭不严，导致缸压下降，产生回火“放炮”。

故障检修与排除：

1）试车，故障出现，加速时出现回火“放炮”现象。用诊断仪对系统进行诊断，无故障码；观察数据流正常。

2）检查发动机正时，标记正确。

3）用缸压表检测气缸压力，四个气缸的压力均偏低，往气缸内加入少量机油继续测试气缸压力，压力变化不明显。

4）拆卸气缸盖，检查气门、气门弹簧、凸轮轴等部件正常，怀疑液压挺柱有问题，再查看机油，发现机油很脏，说明液压挺柱可能被堵塞导致无法调节气门间隙，从而导致气门关闭不严。

5）更换液压挺柱，装车故障排除。

案例2：一辆EQl091车运行3万km，发现烧机油，检查中未发现气缸、活塞、活塞环有任何问题。

故障原因：

根据在冷起动时有冒蓝烟现象判断，机油进入燃烧室的途径是气门导管向气缸内渗机油。

故障诊断与排除：

发动机上部气门摇臂与气门头之间的润滑，是靠配合机构油道送来的机油，通过气门摇臂轴到各气门摇臂，再到气门头上的。在气门杆与气门导管上装一个密封胶套气门油封，以防机油顺导管进入气缸。如果在保养时不检查此胶套或更换气门油封，那么胶套有的有裂纹，有的磨损严重，则必然会有部分机油漏进气缸。进入气缸的机油与混合气一起燃烧则增加了机油的消耗。一般更换气门油封故障即可排除。

如果气门杆与气门导管间隙太大也会进入机油。因此，应检查密封胶套及气门导管间隙，如果超过标准应更换。注意更换气门导管后必须重新研磨气门，故障即可排除。

练习与思考题

1. 填空题

1）根据________不同，配气机构的布置形式分为________和________两种。

2）顶置式气门配气机构的凸轮轴有________、________、________三种布置形式。

3）顶置式气门配气机构的气门传动组由________、________、________、________、________、________、________ 等组成。

4）CA6102发动机凸轮轴上的凸轮是顶动________的，偏心轮是推动________的，螺旋齿轮是驱动________ 和________ 的。

5）气门弹簧座一般是通过________或________固定在气门杆尾端的。

6）顶置式气门配气机构的挺杆一般是________或________式的。

7）摇臂通过________空套在________上，并用________防止其轴向窜动。

8）奥迪100型轿车发动机挺杆为________，与摇臂间________间隙。因此________需调整间隙。

9）曲轴与凸轮轴间的正时传动方式有________、________、________等三种形式。

2. 解释术语

1）充气系数

2）气门间隙

3）配气相位

4）气门重叠

5）气门锥角

3. 选择题

1）YC6105QC柴油机的配气机构的形式属于（　　）。

A. 顶置式　　B. 侧置式　　C. 下置式

2）四冲程发动机曲轴，当其转速为3000r/min时，则同一气缸的进气门，在1min时间内开闭次数应该是（　　）。

A. 3000次　　B. 1500次　　C. 750次

3）顶置式气门的气门间隙的调整部位是在（　　）。

A. 挺杆上　　B. 推杆上　　C. 摇臂上

4）安装不等距气门弹簧时，向着气缸体或气缸盖的一端应该是（　　）。

A. 螺距小的　　B. 螺距大的

5）曲轴正时齿轮与凸轮轴正时齿轮的传动比是（　　）。

A. 1∶1　　B. 1∶2　　C. 2∶1

6）四冲程六缸发动机，各同名凸轮之间的相对位置夹角应当是（　　）。

A. 120°　　B. 90°　　C. 60°

7）摇臂的两端臂长是（　　）。

A. 等臂的　　B. 靠气门端较长　　C. 靠推杆端较长

8）CA6102发动机由曲轴到凸轮轴的传动方式是（　　）。

A. 正时齿轮传动　　B. 链传动　　C. 齿形带传动

9）CA6102发动机的进、排气门锥角是（　　）。

A. 相同的　　B. 不同的

10）一般发动机的凸轮轴轴颈是（　　）设置一个。

A. 每隔一个气缸　　B. 每隔两个气缸

4. 问答题

1）配气机构的作用是什么？

2）气门导管的作用是什么？

3）现代汽车发动机为何几乎都采用顶置式气门配气机构？

4）为什么有的配气机构中采用两个套装的气门弹簧？

5）为什么要预留气门间隙？气门间隙过大、过小为什么都不好？

6）气门为什么要早开迟闭？

第 4 章 汽油发动机燃料供给系统

基本思路：

汽油发动机的燃料供给系统包括燃油供给和空气供给两部分，对本章进行学习和研究要以燃油的流动路线和空气的流动路线为基础，来掌握燃油供给和空气供给系统的主要零部件的位置、作用、结构；同时也要以燃油的流动路线和空气的流动路线来检测、分析和排除汽油发动机燃料供给系统的故障；检修的重点把握两个字“堵”和“漏”，因为“堵”和“漏”会造成油多、气少或气多、油少，导致混合气过浓或过稀，这是现代发动机最常见的故障之一。

4.1 汽油发动机燃料混合气的燃烧与发动机运行工况

4.1.1 汽油发动机燃烧过程分析

汽油发动机在实际工作中，由于燃烧前混合气形成质量比较好，其燃烧过程时间短、速度快，燃烧过程接近于对缸内气体进行的定容加热过程。汽油机燃烧过程可以分为着火延迟期、明显燃烧期和补燃期三个阶段。为了改善汽油发动机燃烧过程，从而改善汽油机的动力性、经济性和环保性，常采用以下方法：

1. 使用措施

（1）正确选用燃料　燃料的使用性能对燃烧过程有直接影响，汽油的蒸发性越好，就越容易汽化，与空气混合形成的混合气质量就越好，使燃烧速度快，且易于完全燃烧。汽油的辛烷值越高，抗爆性能越好，越不容易发生爆燃。

（2）精确控制混合气浓度　混合气浓度对燃烧是否能进行、火焰传播速度、爆燃倾向、排气成分都有很大的影响。

（3）准确控制点火提前角　点火提前角对汽油机爆燃倾向、示功图上最高压力点的形成位置有很大的影响。汽油机不同点火提前角的示功图如图 4-1 所示。

点火提前角越大，最高压力越高，且最高压力点越靠近压缩上止点，甚至使最高压力出现在压缩上止点以前。点火过早时（曲线 1），其最高压力升高，爆燃倾向增大，机件承受的机械负荷增加，且因最高压力点的提前，使压缩行程消耗的功和传热损失均增加，导致发动机过热。而点火过晚时（曲线 2），其最高压力降低，使做功行程初期所做的功减少。同时，因燃烧过程是在气缸容积不断增大的膨胀行程中进行，高温的气体与气缸壁接触面积大，使热损失增加，燃烧热量用来充分做功的机会减少，因此也会导致发动机功率降低，热效率降低和过热。

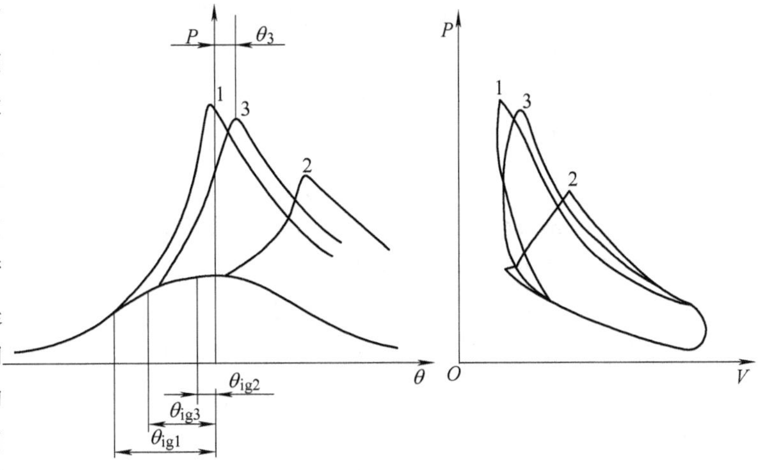

a) $P-\theta$ 图　　b) $P-V$ 图

图 4-1　不同点火提前角的示功图

（4）保持发动机正常的工作温度　发动机的工作温度应保持在 80～90℃ 范围内，温度过高过低均会对汽油机的燃烧过程产生不利影响。冷却液温度过高，爆燃及表面点火倾向增加。同时因为进气温度高，使发动机实际进气量减少，缸内最高压力降低，发动机的动力性下降；发动机温度过低时，传热温差加大，热损失将增多，这会导致发动机热效率下降、功率下降、耗油率增加。此外，还容易使燃烧中的酸根和水蒸气结合成酸类物质，使气缸腐蚀磨损增加，汽油雾化蒸发不良，进而使燃烧形成的积炭和排放污染增加。

2. 结构措施

（1）选择合适的压缩比　适当提高压缩比，可提高压缩行程终了时的温度和压力，从而加快火焰传播速度，使压缩终了的温度、压力增大，有利于提高发动机的热效率。汽油机不能追求过高的压缩比，一般原则是保证不发生爆燃的前提下，尽量提高压缩比。

（2）合理设计燃烧室　燃烧室的形状对发动机的燃烧过程有很大影响。结构紧凑的燃烧室，可缩短火焰传播距离、减少散热损失；有些燃烧室还能形成适当的涡流运动，可提高火焰传播速度，对减少爆燃倾向、提高热效率、降低排放污染均有利。

3. 排气污染控制措施

有些排气污染控制措施也能起到改善燃烧过程的作用。如废气再循环装置（EGR），它可将排气管中的废气引流到进气管中，与新鲜空气一起进入气缸参加燃烧，利用再循环废气对新鲜空气的稀释作用和对燃烧速度的限制作用，降低燃烧的最高温度，在改善汽油机排放的同时，改善汽油机的燃烧过程。

4.1.2　空燃比与过量空气系数

1. 空燃比与过量空气系数的概念

汽油机正常燃烧必须使汽油和空气形成可燃混合气。可燃混合气是按照一定比例混合的汽油与空气的混合物。可燃混合气中燃料含量的多少称为可燃混合气浓度。

可燃混合气浓度通常用空燃比或过量空气系数来表示。

空燃比指每工作循环充入气缸的空气量与燃油量的质量比（A/F）。理论上，1kg 汽油完全燃烧需要 14.7kg 空气，故空燃比 $A/F=14.7$ 的可燃混合气为标准混合气；$A/F>14.7$ 的可燃混合气称为稀混合气；$A/F<14.7$ 的混合气为浓混合气。

过量空气系数指燃烧 1kg 燃料实际供给空气质量与理论上完全燃烧所需的理论空气量的质量比，一般用 α 表示。$\alpha=1$ 时的可燃混合气为理论混合气，$\alpha<1$ 时的可燃混合气为浓混合气，$\alpha>1$ 时的可燃混合气为稀混合气。

2. 可燃混合气浓度对发动机性能的影响

可燃混合气浓度对发动机的燃烧过程及其动力性和经济性都有很大的影响。

（1）理论混合气（$\alpha=1$）　它是理论上推算的完全燃烧的混合气浓度。但由于时间和空间条件的限制，汽油不能及时与空气绝对均匀地混合，实际上不可能完全燃烧。

（2）稀混合气（$\alpha>1$）　稀混合气可以保证所有的汽油分子获得足够的空气实现完全燃烧，因此经济性最好。α 值为 1.05～1.15 的稀混合气称为经济混合气。如果混合气过稀，因空气量增多，燃烧速度变慢，热量损失过大，会导致汽油机过热、加速性能变差等，造成经济性和动力性都下降。

（3）浓混合气（$\alpha<1$）　浓混合气中汽油含量较多，汽油分子密集，燃烧时速度快、压力大、发动机输出功率高。α 值为 0.85～0.95 范围内的浓混合气燃烧速度最快，发出功率最大，称为功率混合气。由于空气量不够，浓混合气燃烧不完全产生大量 CO，导致发动机排气冒黑烟、放炮、燃烧室积炭、功率下降、耗油率显著增大，造成排放性能和经济性能都降低。

（4）燃烧极限　可燃混合气过浓或过稀到一定程度，即 $\alpha<0.4$ 或 $\alpha>1.4$ 时，火焰将在燃烧室内无法传播，导致发动机熄火，称为混合气的燃烧极限。但采用稀薄燃烧控制技术 α 可达 2.5 以上。

（5）可燃混合气浓度对汽油机性能的影响　图 4-2 所示为发动机转速一定和节气门全开的条件下，改变 α 值的大小，测绘出汽油机功率 P_e 和油耗率 g_e 的相对值与过量空气系数 α 的关系曲线。从图中可以看出：

1）可燃混合气过稀和过浓，动力性和经济性能都不理想。

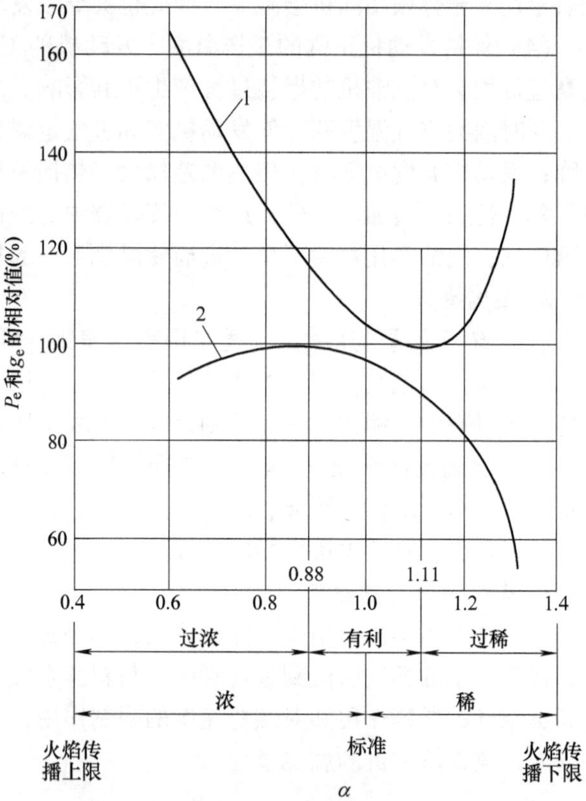

图 4-2　可燃混合气浓度对汽油机性能的影响

（汽油机转速不变，节气门全开）

1—汽油机燃油消耗率 g_e 的相对值　2—汽油机功率 P_e 的相对值

2）可燃混合气浓度在 $\alpha=0.88\sim1.11$ 范围内最有利，可以获得较好的动力性或者经济性。

3）功率点和经济点不对应，动力性和经济性也存在矛盾，不能同时获得最好的动力性和经济性，只能获得相对较好的动力性和经济性。

4.1.3　发动机运行工况及对混合气浓度的要求

汽车在实际应用过程中，发动机工况变化，可燃混合气浓度必须跟着变化。如汽车起步前和短暂停车时，发动机应处于怠速状态，此时节气门开度最小，负荷为0，转速最低；汽车在一般道路上行驶时，行驶阻力不大，此时发动机处于中等负荷状态，此时节气门部分开启，车速和汽油机转速不一定很高；汽车在满载爬坡或者全速行驶时，发动机应处于全负荷状态，此时节气门全开，但转速不一定最高。

1. 稳定工况对混合气浓度的要求

稳定工况指发动机已经预热，进入正常运转状态，并且在一定时间内工况没有突然变化。它可以分为怠速工况、小负荷工况、中等负荷工况、大负荷工况和全负荷工况五个范围。

（1）怠速工况　怠速指发动机不对外输出动力，做功行程产生的动力只用来克服发动机的内部阻力，维持发动机以最低稳定转速运转。汽油机怠速转速一般为650～800r/min。

在怠速工况下，由于节气门开度小，进入气缸内的混合气很少，气缸内残余废气对混合气稀释严重，而且转速低，空气流速小，汽油雾化和蒸发不良，混合气形成不均匀。因此，要求供给 $\alpha=0.6\sim0.8$ 的少量浓混合气。

（2）小负荷工况　发动机负荷在25%以下时称为小负荷。由于小负荷时，混合气的数量比怠速时有所提高，废气对混合气的稀释作用也有所减弱，因此混合气浓度可以略为减小，一般 $\alpha=0.75\sim0.9$。

（3）中等负荷工况　发动机负荷在25%～85%之间称为中等负荷。进入气缸的混合气数量增多，燃烧条件较好。此外，汽车发动机大部分的时间处在中等负荷下工作，为提高其经济性，应供给较稀的经济混合气，一般 $\alpha=1.05\sim1.15$。

（4）大负荷和全负荷工况　发动机负荷在85%以上时称为大负荷，负荷为100%时称为全负荷。此时，为了克服较大的外部阻力，要求发动机输出尽可能大的功率。因此，应供给较浓且量多的功率混合气，一般 $\alpha=0.85\sim0.95$。

2. 过渡工况对混合气浓度的要求

汽车在运行中常遇到的过渡工况有冷起动、暖机和加速三种工况。

（1）冷起动工况　起动指发动机由静止到正常运转的过程。熄火时间较长、发动机温度下降至环境温度时的起动称为冷起动。冷起动时，发动机温度低，汽油蒸发困难，只有供给极浓的混合气（$\alpha=0.2\sim0.6$），才能保证进入气缸内的混合气中有足够的汽油蒸气，以利于发动机起动。

（2）暖机工况　暖机一般指冷起动后，发动机的温度逐渐升高到正常工作温度的过程。在暖机过程中，混合气的浓度应随温度升高而减小，从起动时的极浓减小到稳定怠速运转所要求的浓度为止。

（3）加速工况　加速指发动机负荷增加的过程。急加速时（如超车），节气门迅速开大，要求发动机的动力迅速提高，然而在急剧加大节气门开度的瞬间，由于汽油的惯性比空气惯性大，汽油流量的增加比空气流量的增加要慢得多，使混合气暂时过稀，反而使发动机的动力下降甚至熄火。因此，在急加速时，必须采用专门的装置额外供油，加浓混合气，以满足发动机急加速的要求。

综上所述，发动机所要求的可燃混合气是随发动机工况变化的，见表4-1。

表4-1　发动机各工况对可燃混合气的要求

发动机工况	空燃比（A/F）	过量空气系数 α	发动机工况	空燃比（A/F）	过量空气系数 α
起动：（0℃）	约2	=0.2	中等负荷（经济车速）	15~18	=1.0~1.15
起动：（20℃）	约5	=0.4	大负荷	12~13	=0.85~0.95
怠速	约11	=0.6~0.8	加速	8	=0.4~0.6
小负荷	12~13	=0.75~0.9			

4.2　汽油发动机燃料供给系统的功用及组成

4.2.1　汽油发动机燃料供给系统的功用

汽油发动机燃料供给系统的功用主要是根据发动机各工况的不同要求，供给发动机气缸一定浓度和数量的可燃混合气，并把发动机燃烧做功行程后产生的废气经过一定处理后排到大气中。

汽油发动机燃料供给系统主要有两种形式：化油器式汽油机燃料供给系统和汽油喷射式燃料供给系统。化油器式燃料供给系统由于结构简单，使用方便，成本较低，曾经在汽车上得到广泛应用，但化油器式发动机存在的主要缺点是充气及混合气分配不够理想。对发动机动力性、经济性的提高和排放性的改善有一定的不利影响。因此现代汽车基本上已经不采用。

4.2.2　汽油发动机燃料供给系统的组成

1. 化油器式燃料供给系统的基本组成

化油器式汽油机燃料供给系统如图4-3所示，其主要结构包括以下五部分：

1）汽油供给装置：由汽油箱8、汽油滤清器9、汽油泵12和汽油管13等组成，主要用于汽油储存、输送和清洁。

2）空气供给装置：主要结构是空气滤清器1，也有些发动机还装有进气预热装置，主要用于空气的输送、清洁和预热。

3）可燃混合气形成装置：即化油器2，用于使空气和燃料形成可燃混合气。

4）可燃混合气供给和废气排出装置：由进、排气管和排气消声器等结构组成，主要用于可燃混合气的供给、排气消声和废气排出。

5）储油指示装置：主要由燃油表、油位传感器等部件组成，主要用于显示储油状态。

桑塔纳2000GLs型轿车所使用的燃料供给系统即为化油器式燃料供给系统。其部件在汽车上分布位置如图4-4所示。

2. 电控汽油喷射系统的组成

电控汽油喷射系统尽管形式多样，但它们都遵循相同的控制规则，即以电子控制单元（ECU）为控制核心，以空气流量和发动机转速为控制基础，以喷油器为控制对象，保证发

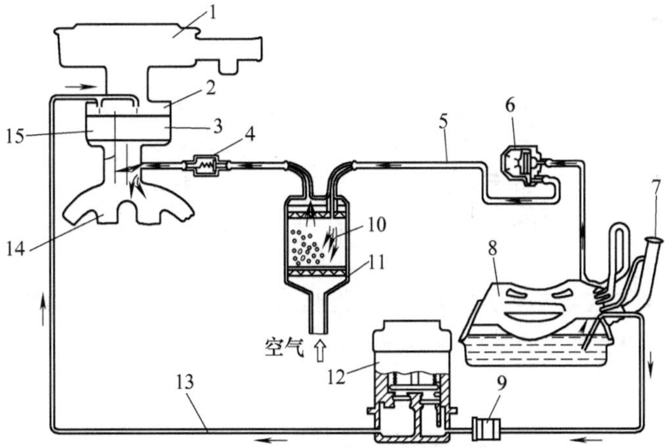

图 4-3　化油器式汽油机燃料供给系统组成

1—空气滤清器　2—化油器　3—主腔浮子室　4—单向阀（怠速断油阀）　5—油气管　6—双向阀　7—汽油箱盖　8—汽油箱　9—汽油滤清器　10—汽油蒸气　11—汽油蒸气储藏罐　12—汽油泵　13—汽油管　14—进气管　15—副腔浮子室

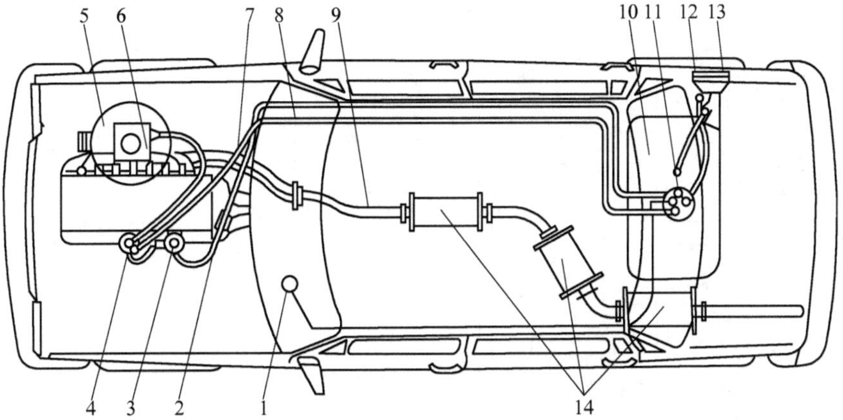

图 4-4　桑塔纳 2000GLs 型轿车的化油器式汽油机燃料供给系统

1—燃油表　2—燃油滤清器　3—燃油泵　4—气泡排除器　5—空气滤清器　6—化油器　7—吸油管　8—回油管　9—排气管　10—燃油箱　11—燃油表传感器　12—油箱通气管　13—油箱加油口　14—排气消声器

动机在各种工况下获得最佳的混合气浓度，以满足发动机动力性、经济性和排放性要求。相同的控制原理决定了各类电控汽油喷射式发动机的燃料供给系统的基本组成和结构相似。一般来说，电控汽油喷射式发动机的燃料供给系统由空气供给系统、燃油供给系统和电子控制系统三大部分组成，如图 4-5 和图 4-6 所示。

（1）空气供给系统　空气供给系统主要包括进气系统和排气系统，由空气滤清器、空气流量计（D 型无）、节气门、进气总管、进气歧管和怠速空气控制阀等组成。

（2）汽油供给系统　汽油供给系统主要由汽油箱、电动燃油泵、燃油滤清器、燃油压力脉动阻尼器、燃油压力调节器、喷油器和燃油管路等组成。

（3）电子控制系统　电子控制系统主要由传感器、ECU 和执行器三大部分组成，如图 4-7 所示。

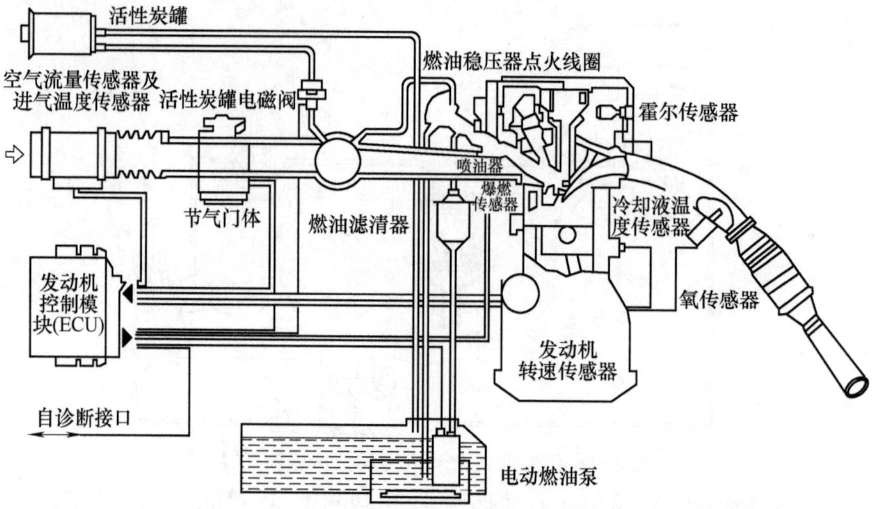

图 4-5　电控汽油喷射式发动机喷射系统的结构

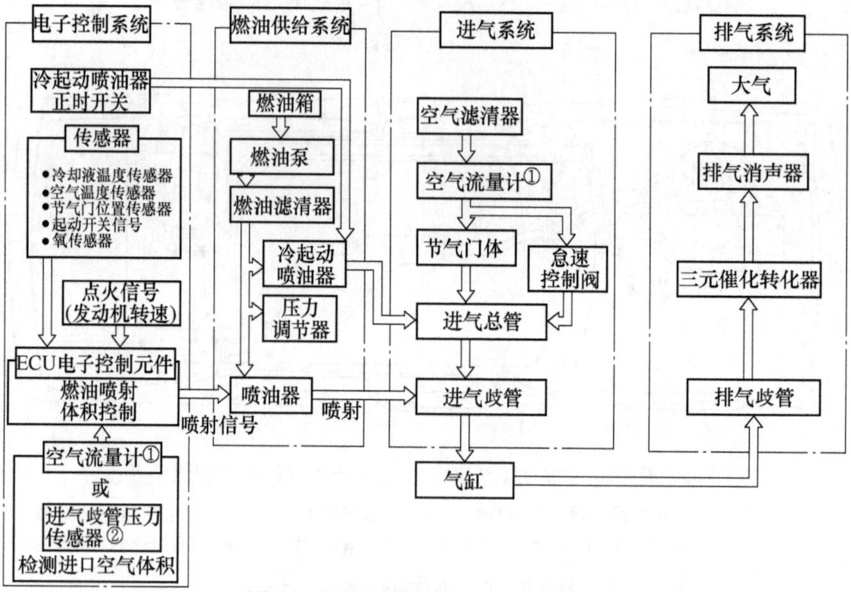

图 4-6　电控燃油喷射系统的组成

①—L-EFI　②—D-EFI

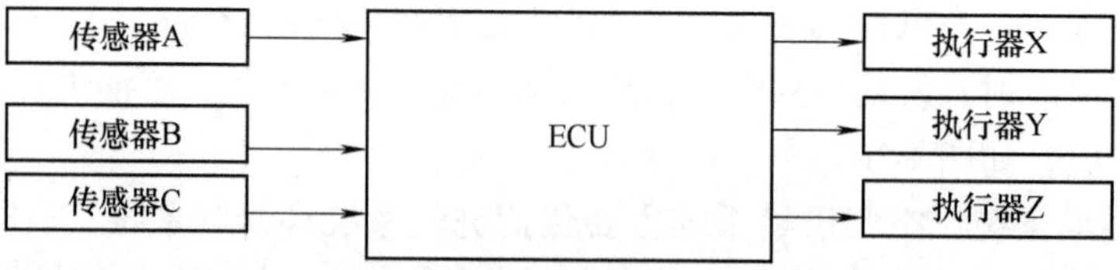

图 4-7　电控汽油喷射系统的组成

4.2.3　汽油发动机燃料供给系统的燃油流动路线

1. 化油器式燃料供给系统的燃油流动路线

如图 4-8 所示，化油器式燃料供给系统燃油流动路线为：燃油箱 6→汽油泵 4→汽油滤清器 5→化油器 2→进气管→气缸。

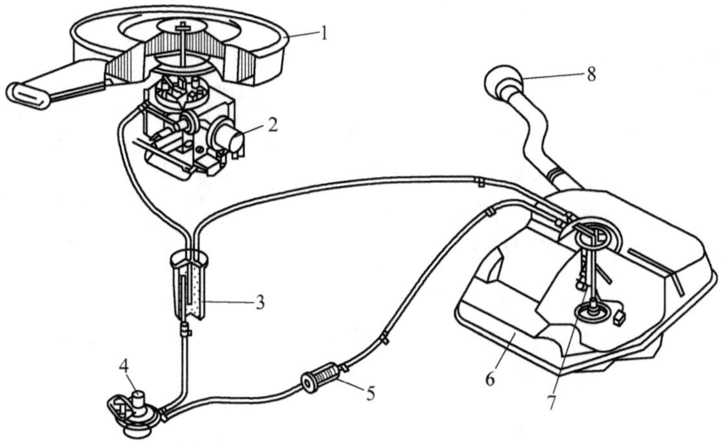

图 4-8　化油器式汽油机燃料供给系统的燃油流动路线
1—空气滤清器　2—化油器　3—油气分离器　4—汽油泵
5—汽油滤清器　6—燃油箱　7—燃油表传感器　8—油箱盖

2. 汽油喷射式燃料供给系统的燃油流动路线

如图 4-9 所示，汽油喷射式燃料供给系统的燃油流动路线为：燃油箱 7→电动燃油泵 8→燃油滤清器 6→燃油分配管 4→喷油器 5→进气管→气缸。多余燃油经燃油压力调节器回油管流回燃油箱。

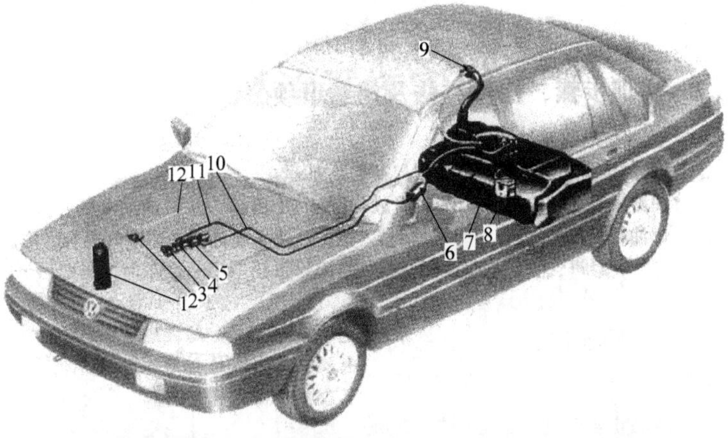

图 4-9　桑塔纳 2000GSi 型轿车发动机的电控燃油供给系统
1—活性炭罐　2—活性炭罐电磁阀　3—燃油压力调节器　4—燃油分配管
5—喷油器　6—燃油滤清器　7—燃油箱　8—电动燃油泵　9—加燃油口
10—回油管　11—供油管　12—燃油箱油气排放管

4.3 汽油供给装置

4.3.1 汽油箱

图 4-10 为解放 CA1091 型汽车的汽油箱结构。它主要由箱体、汽油箱盖 7、油面指示传

感器3、汽油箱支架11、放油螺塞6等组成。其作用是储存汽油，通常布置在远离发动机的车架一侧或者车身后部，以减少火灾的危险，同时为改善汽车行驶的稳定性，其安装位置一般较低。汽油箱的容量视车辆大小和发动机排量而定。

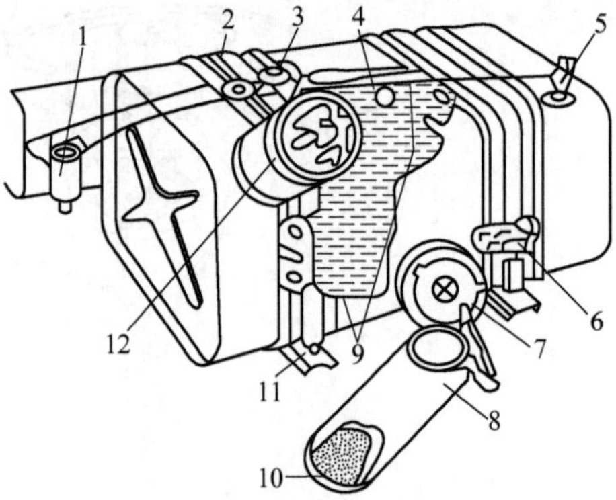

图4-10　汽油箱结构图

1—汽油滤清器　2—固定箍带　3—油面指示传感器　4—传感器浮子　5—出油开关　6—放油螺塞　7—汽油箱盖　8—加油延伸管　9—隔板　10—滤网　11—汽油箱支架　12—加油管

普通汽油箱用薄钢板冲压件焊接而成。油箱盖用来防止汽油的溅出及减少汽油挥发，通常将油箱盖设计成卡爪式并与波状片弹簧所压橡胶垫片将汽油箱口周缘夹住，以保证密封，有些盖上还设计了锁止装置，防止脱落或丢失。为保证油箱内气压平衡，在油箱盖上设计了空气阀4和蒸气阀6（图4-11）。空气阀用较弱的空气阀弹簧5压住，当汽油箱内油面下降，压力低于某一数值时，空气阀打开，使空气进入汽油箱，确保汽油箱内不产生真空，避免受到内外空气压力差的作用而损坏。蒸气阀用较硬的弹簧3压住，仅在汽油箱内温度过高，压力超过规定值时才开启，因此有利于减少汽油箱内汽油蒸气挥发。

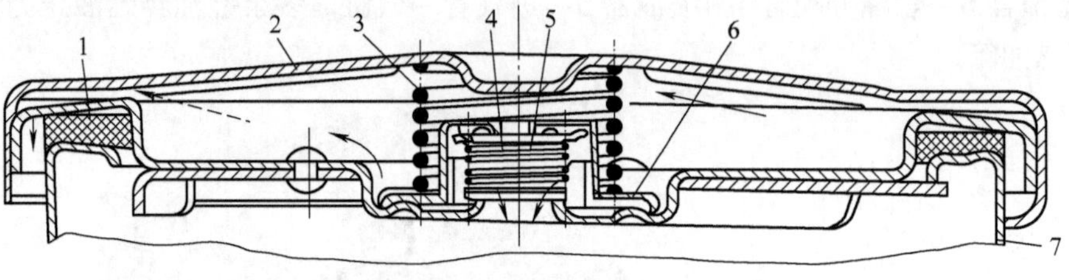

图4-11　汽油箱盖

1—密封垫圈　2—盖壳　3—蒸气阀弹簧　4—空气阀　5—空气阀弹簧　6—蒸气阀　7—汽油箱加油口

汽油表传感器装于汽油箱内，其与油面浮子联动的滑线变阻器、浮子与滑线变阻器构成一个小总成，并与汽油表连接用于指示汽油箱内的汽油量，如图4-12所示。

现代轿车的汽油箱通常由耐油硬塑料制成。图4-13所示为一汽奥迪100型轿车的汽油箱。它的主要结构包括油箱体6、加油管2、油量传感器5等。

图4-14为一汽奥迪100型轿车汽油箱内部结构图。其结构中重力阀2的作用是依靠阀的自重，在正常情况下允许空气进入油箱以消除负压。当车辆倾斜45°或者翻车时，此阀自动将通风口关闭，防止燃料漏出。

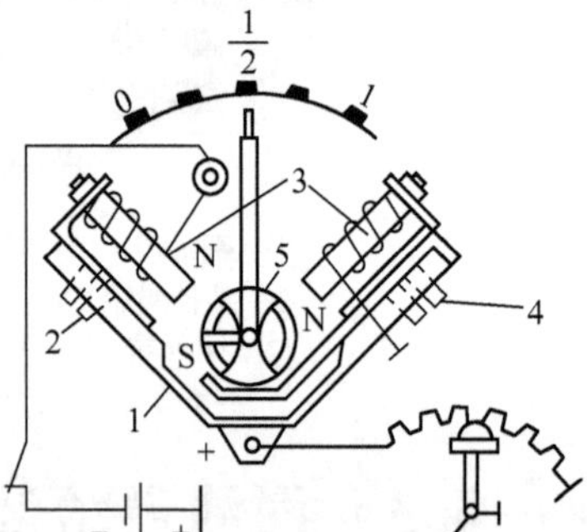

图4-12　电磁式汽油表、传感器电路图

1—锌合金接合片　2、4—调整固定螺钉　3—铁心　5—衔铁

截止阀8的作用是当油箱内油量减少，阀打开，向油箱注油速度加快；当油箱内燃油已接近加满，空气不能从油箱内排出时，油面上有了压力，使截止阀关闭，

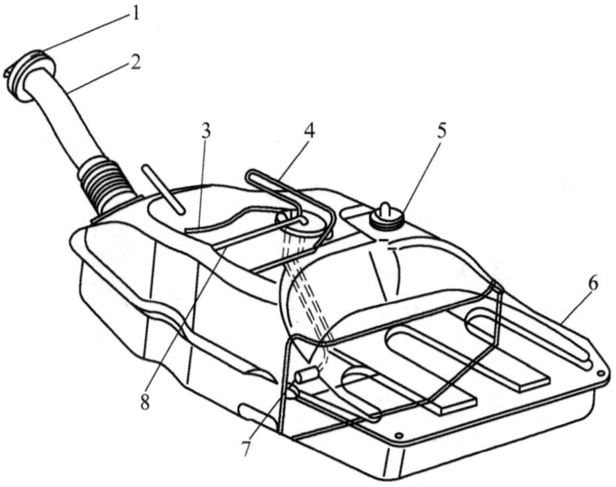

图 4-13　一汽奥迪 100 型轿车汽油箱

1—油箱盖　2—加油管　3—燃油蒸气管　4—输油管　5—油量传感器
6—油箱体　7—浮子　8—回油管

汽油不能流出汽油箱。

4.3.2　汽油滤清器

汽油滤清器的作用是滤出汽油中的杂质和水分，以保证汽油泵等部件工作正常。

汽油滤清器有不可拆式（图 4-15）和可拆式（图 4-16）两种形式。国外目前多使用不可拆式汽油滤清器，根据生产厂家的规定，定期更换整个滤清器总成。而国内多采用可拆式汽油滤清器。

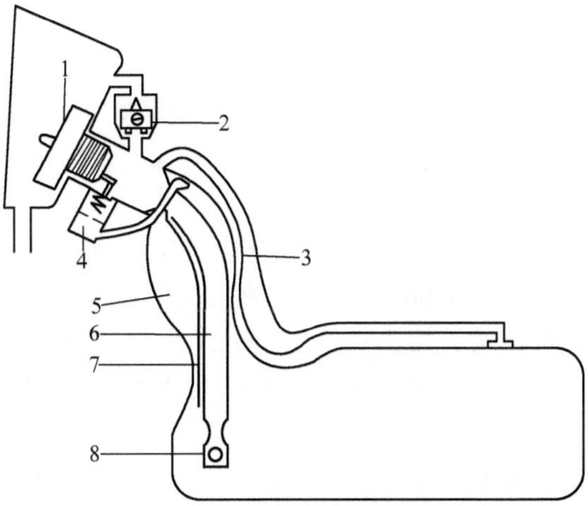

图 4-14　一汽奥迪 100 型轿车汽油箱内部结构

1—盖　2—重力阀　3—大通风管　4—通风阀
5—膨胀室　6—加油喉管　7—小通风管
8—截止阀

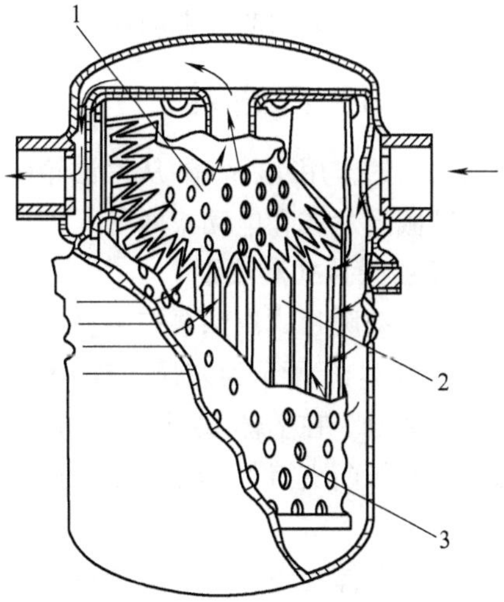

图 4-15　不可拆式汽油滤清器

1—中央多孔筒　2—纸质滤芯　3—多孔滤纸

可拆式汽油滤清器一般由滤清器外壳、滤芯，进出油管接头等组成。滤清器外壳有塑料和金属两种。滤芯除有尼龙布、聚合粉末塑料和纸质滤芯外，还有金属片缝隙式和多孔陶瓷式滤芯。发动机工作时，在汽油泵的作用下，将汽油从汽油箱吸入油管，经滤清器过滤，杂质被吸附在滤芯上，过滤后的清洁汽油进入汽油泵。

解放 CA1091 型汽车采用的 282 型汽油滤清器就是一种可拆式汽油滤清器，其构造如图 4-16 所示。它由盖 1、纸滤芯 5、沉淀杯 9 等结构组成。盖 1 上有进油管接头 12 和出油管接头 2。纸滤芯 5 用螺栓 8 装在盖上，中间用密封圈 3 密封。用锌合金制成的沉淀杯 9 与盖 1 之间有密封垫 4，并用螺钉固定。沉淀杯底部有放油螺塞 10。

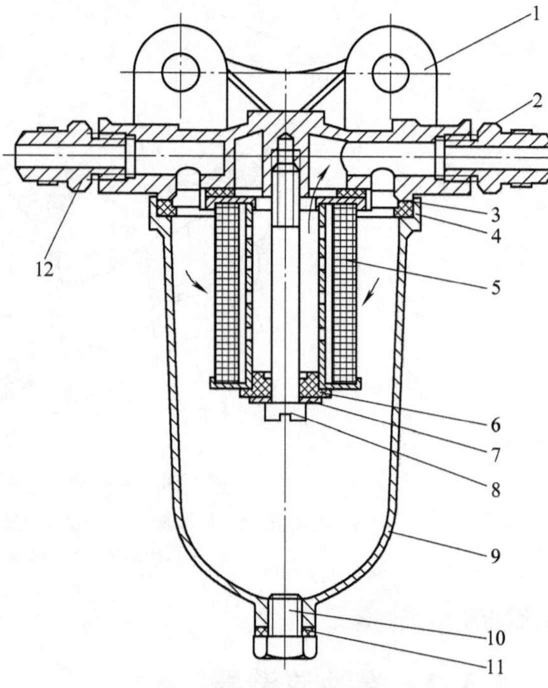

图 4-16　282 型汽油滤清器

1—盖　2—出油管接头　3、6—密封圈　4—密封垫　5—纸滤芯　7—平垫圈　8—螺栓　9—沉淀杯　10—放油螺塞　11—密封垫圈　12—进油管接头

发动机工作时，燃油在汽油泵作用下，经进油管接头 12 流入沉淀杯 9 中，水的密度大于汽油，故水分及较重的杂质颗粒沉淀于杯的底部，较轻的杂质随燃油流向滤芯，被黏附在滤芯上，而清洁的燃油通过纸滤芯渗入滤芯的内腔，然后从出油管接头流出。

4.3.3　汽油泵

汽油泵的作用是将汽油从汽油箱中吸出，并以足够的泵油量和压力向燃油系统供油。汽油泵有机械膜片式和电动式两种。

1. 机械膜片式汽油泵

机械驱动膜片式汽油泵安装在发动机曲轴箱的一侧，由发动机配气机构的凸轮轴上偏心轮驱动。图 4-17 所示为东风 EQ6100-1 发动机采用的 EQB601-C 型汽油泵。汽油泵壳体分为上下两部分。在上体 10 上装有进油管接头 24 和出油管接头 9。进油阀 23 和出油阀 22 结构相同，但阀门支持片 11 的安装方向不同，支持片 11 连同两个阀以螺钉 12 固定在油泵上体上。

汽油泵上体与下体之间夹装着泵膜组件，它由橡胶泵膜 8（图 4-17）、上下护盘及泵膜拉杆 16 组成，泵膜弹簧 6 装于支承在下体凸缘上的泵膜弹簧座 7 和膜片下护盘之间，使膜片向上拱曲，弹簧座下面设有泵膜拉杆油封 3，以防止膜片破裂时，汽油流入曲轴箱。装在下体内的摇臂轴 19 上松套着摇臂 18 及内摇臂 2，二者之间借平面接触，形成单向传动关系。摇臂回位弹簧 17 使摇臂 18 压紧在配气凸轮轴上的偏心轮 15 上。当偏心轮转动到使摇臂绕其轴 19 逆时针偏转时，摇臂 18 即通过斜面带动内摇臂 2 向同一方向转动，并通过泵膜

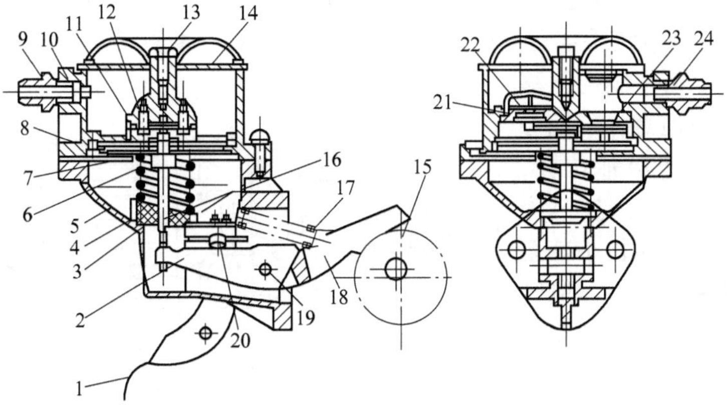

图 4-17　EQB601-C 型汽油泵

1—手摇臂　2—内摇臂　3—泵膜拉杆油封　4—拉杆油封座　5—下体　6—泵膜弹簧　7—泵膜弹簧座　8—泵膜　9—出油管接头　10—上体　11—阀门支持片　12—螺钉　13—泵盖　14、21—垫片　15—偏心轮　16—泵膜拉杆　17—摇臂回位弹簧　18—摇臂　19—摇臂轴　20—手摇臂轴　22—出油阀　23—进油阀　24—进油管接头

拉杆 16 拉动泵膜向下拱曲，直到最低位置为止，此时泵膜弹簧 6 被压缩。在此过程中，膜片上方的容积增加，产生真空度，因此进油阀 23 开启，出油阀 22 关闭。于是，汽油便经过进油管接头 24 流入进油腔内，当偏心轮转到最大半径点离开摇臂 18 以后，在摇臂回位弹簧 17 作用下，摇臂 18 即转为顺时针偏转，泵膜 8 便在泵膜弹簧 6 的作用下，向上拱起使其上方容积减小，压力增大。于是，进油阀 23 关闭，出油阀 22 开启，汽油便从出油阀经出油管接头 9 流向化油器。在汽油泵泵油时，有部分汽油被压入出油阀外空腔的下部，空腔上部内的空气被压缩形成弹性的空气软垫，它可以减小出油量的脉动和剧烈振荡，使汽油流量比较均匀。

为了保证发动机起动时浮子室能很快地充满汽油，并在油管内有少量气体存在时仍能保证供足汽油，一般汽油泵的最大供油量比发动机最大耗油量大 2.5 ~ 3.5 倍；在发动机正常工作时，要求化油器中浮子室油面高度不变，以保证化油器工作性能稳定。因此，要求汽油泵能根据发动机耗油量自动调整供油量。在发动机运转时，泵膜上拱到一定位置后，化油器浮子室中的油面即已达到规定的高度，浮子的浮力使针阀将进油孔关闭，因泵膜弹簧6 的弹力所造成的油压对针阀的作用力总是小于浮子的浮力，故汽油不能强制地顶开浮子室的针阀，多余的汽油便留在汽油泵内不能继续流出。此时，虽然摇臂在偏心轮作用下继续逆时针转动，但泵膜不能继续上拱，因为泵膜弹簧的弹力与泵腔油压作用力平衡。于是，在摇臂 18 与内摇臂 2 的接触斜面之间出现间隙，摇臂空摆，泵油停止。

如果发动机耗油量提高，汽油泵每次泵油量相应增多，而泵膜上拱所能到达的位置也随之升高，即泵膜的实际行程增大。由此可知，正是由于汽油泵的摇臂和内摇臂之间的单向传动关系，泵油压力只能由泵膜弹簧造成。只要泵腔内的油压与泵膜弹簧的弹力相平衡，泵膜便停止上行。这样，汽油泵的泵膜实际行程和实际出油量就能保证随着发动机实际耗油量的不同而自动调整。

为了在发动机不工作时也能使汽油泵泵油，在内摇臂的上方装有断面为半圆的手摇臂轴

20（图4-17），以及与之相连的手摇臂1。在发动机起动以前，发现化油器浮子室内无油或储油不足时，就需要利用手摇臂泵油。将手摇臂上下摇动，便可带动半圆的手摇臂轴20转动，通过内摇臂2使泵膜上下移动实现泵油。但应注意，若偏心轮还使摇臂18处于吸油位置，则泵膜实际行程很小，甚至为零，而使手摇泵油作用极小甚至不起作用。在这种情况下，应转动曲轴，使偏心轮和摇臂处于泵油位置，再用手摇臂泵油。

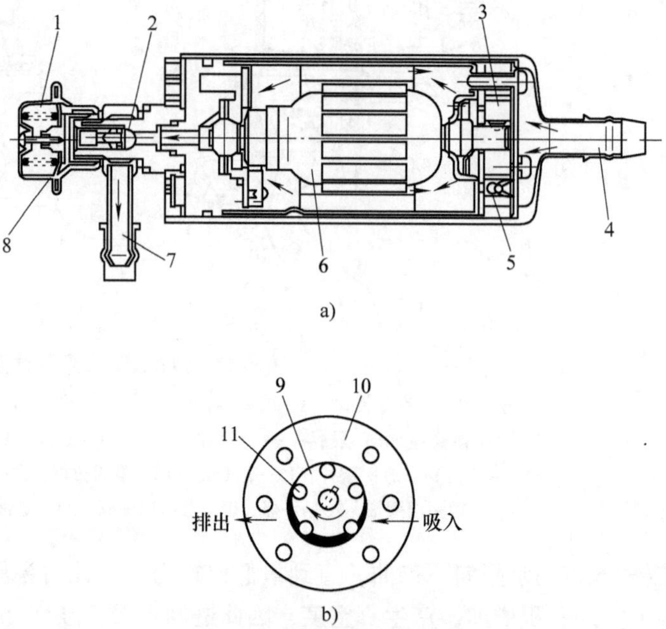

图4-18 外装式电动汽油泵

1—阻尼稳压器 2—单向阀 3—泵室 4—吸油口 5—安装阀 6—油泵驱动电动机 7—出油口 8—膜片 9—转子 10—泵套 11—滚柱

2. 电动汽油泵

现代轿车广泛采用电动汽油泵。按安装位置的不同，电动汽油泵可分为外装式和内装式两种类型。外装式电动燃油泵安装在汽油箱之外，串联在输油管上，如图4-18所示；内装式电动汽油泵安装在汽油箱内部，浸泡在汽油中，可以防止气阻和汽油泄漏，且噪声比较小，如图4-19所示。

按结构的不同，电动汽油泵可以分为涡轮式、滚柱式、齿轮式和叶片式等。应用较多的汽油泵是涡轮式和滚柱式两种。

（1）涡轮式电动汽油泵　涡轮式电动汽油泵的结构如图4-20所示，主要由汽油泵电动机、涡轮泵、出油阀、卸压阀6等组成。其中，涡轮泵由叶轮8、叶片11和泵体壳10组成。这种电动汽油泵的优点是泵油量大、泵油压力较高、供油压力稳定、运转噪声小、使用寿命长等。此外，由于不需要消声器可以小型化，广泛应用在轿车上。

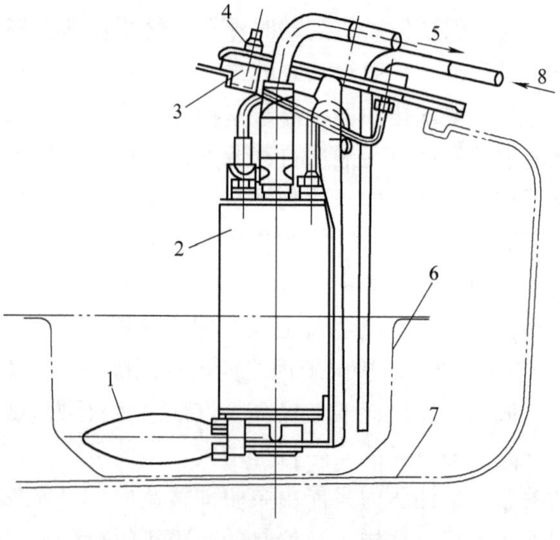

图4-19 内装式电动汽油泵

1—进油滤网 2—电动汽油泵 3—隔振橡胶 4—支架 5—汽油出油管 6—小油箱 7—油箱 8—回油管

其工作原理如下：油泵电动机通电时，电动机驱动涡轮泵叶片旋转，在离心力的作用下，叶轮周围小槽内的叶片贴紧泵壳，将汽油从进油室带往出油室。由于进油室的燃油不断减少，形成一定的真空度，将燃油从进油口吸入；而出油室燃油不断增多，燃油压力升高，当达到一定值时，顶开出油阀出油口输出。出油阀在油泵不工作时阻止燃油流回汽油箱，保持油路中有一定的压力，便于下次起动，如图 4-20 所示。

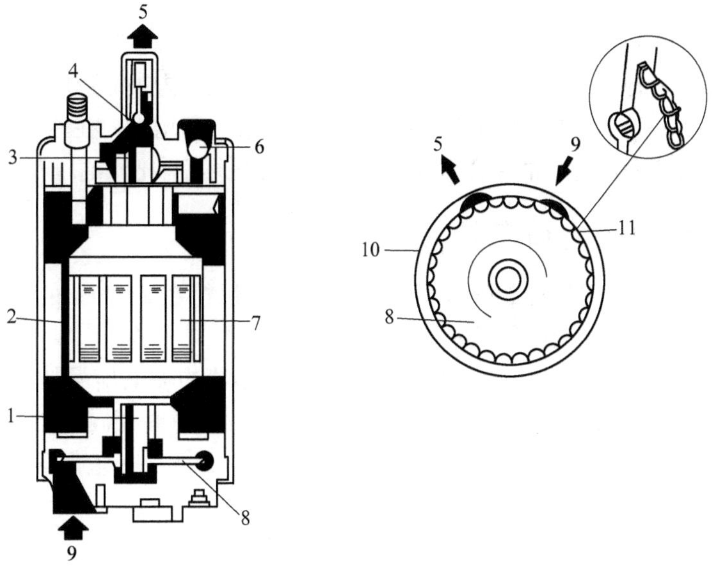

图 4-20　涡轮式电动汽油泵

1—前轴承　2—电动机定子　3—后轴承　4—出油阀　5—出油口　6—卸压阀
7—电动机转子　8—叶轮　9—进油口　10—泵壳体　11—叶片

（2）滚柱式电动汽油泵　滚柱式电动汽油泵属于外装泵，其结构如图 4-21 所示，主要由驱动电动机、滚柱泵、安全阀、单向阀和阻尼减振器等组成。

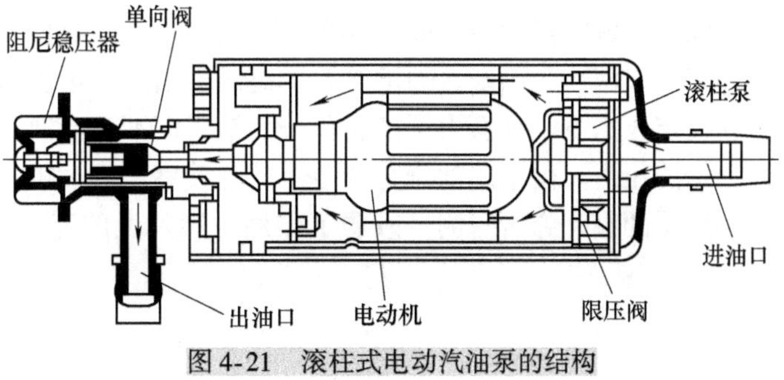

图 4-21　滚柱式电动汽油泵的结构

滚柱泵的结构如图 4-22 所示，由滚柱、泵转子、泵壳体等组成。其主要作用是通过电动机把燃油加压后输送到供油管路中。

安全阀主要是为了防止供油压力过高而设置的。某些原因造成出油口压力异常升高时，使油泵工作压力升高到 400kPa 时，安全阀打开，汽油泵出油腔与进油腔相通，汽油在泵内循环。

单向阀主要是为了防止发动机停转时，供油压力突然下降引起汽油倒流。单向阀一般安装在汽油泵出油口处。发动机熄火时，汽油泵停止转动，单向阀关闭，使燃油系统保持一定的残余压力，以便于发动机再次起动。

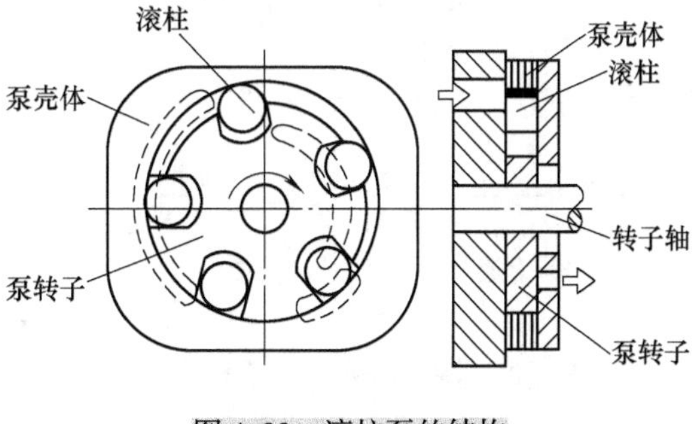

图 4-22　滚柱泵的结构

设置阻尼减振器是因为滚柱泵工作过程中的非连续性，在油路中形成了油压波动。阻尼减振器可利用膜片和弹簧组成的缓冲系统吸收汽油的压力波，降低压力波动和噪声，提高喷油量的控制精度。

滚柱式电动汽油泵的工作原理：装有滚柱的转子与泵体间偏心安装。转子凹槽内的滚柱在旋转惯性力的作用下紧紧地压在泵体内表面上。相邻两滚柱与泵体内表面形成一个油腔。在转子转动过程中，油腔的容积不断变化。转向进油口一侧时，油腔容积增大，在油腔内部形成低压，吸入汽油；在转向出油口一侧时，油腔容积减小，其内部压力升高并把汽油压入供油管路中。

4.3.4　燃油压力调节器

燃油压力调节器的作用是控制喷油器的喷油压力，保持在255kPa的恒定值，使发动机在各种负荷和转速下，精确地进行喷油控制。

发动机所要求的燃油喷射量，是根据ECU加给喷油器的喷油信号持续时间长短来控制的，如果不控制燃油压力，即使加给喷油器的喷油脉冲信号时间相同，燃油压力高时，燃油喷射量也会增加，燃油压力低时，燃油喷射量也会减少。因此，必须保证喷油器的压力是恒定的（压差恒定）。

喷油器喷射燃油的位置是进气道或者气缸盖，如果燃油压力相对大气压力是一定的，而进气歧管内的真空度是变化的，那么即使喷油信号的持续时间和喷油器压力保持不变，当进气管绝对压力低（真空度高）时，燃油喷射量也会增加，进气管绝对压力高（真空度低）时，燃油喷射量也会减少。为了避免出现这种情况，得到精确的喷油量，油压和进气歧管真空度的总和应保持恒定不变，如图4-23所示，这样对依据通电时间确定喷油量的喷油器来说，具有决定性意义。

燃油压力调节器的结构如图4-24所示，它由金属壳体构成，其内部被橡胶膜片分为弹簧室和燃油室两部分，来自输油管路的高压油由入口进入并充满燃油室，推动膜片，打开阀门，在设定压力下与弹簧力平衡，部分燃油经回油管流回油箱，输油管内压力的大小取决于膜片弹簧的压力。由于燃油压力调节器的弹簧室和发动机进气管相通，进气歧管的真空度作用于调压器的膜片弹簧一侧，减弱了作用在膜片上的弹簧力，使回油量增加，燃油压力降

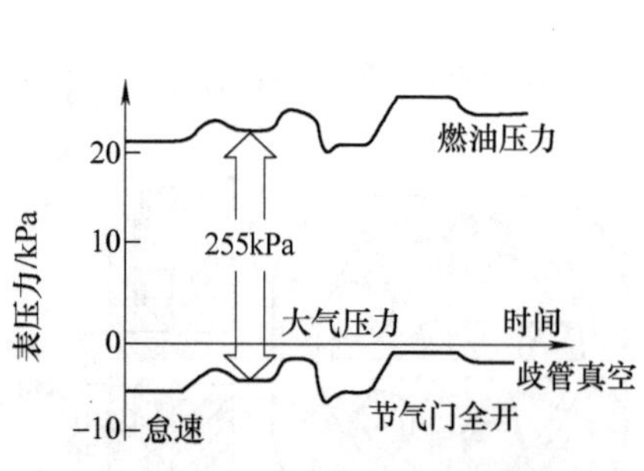

图4-23　油压和进气歧管真空度

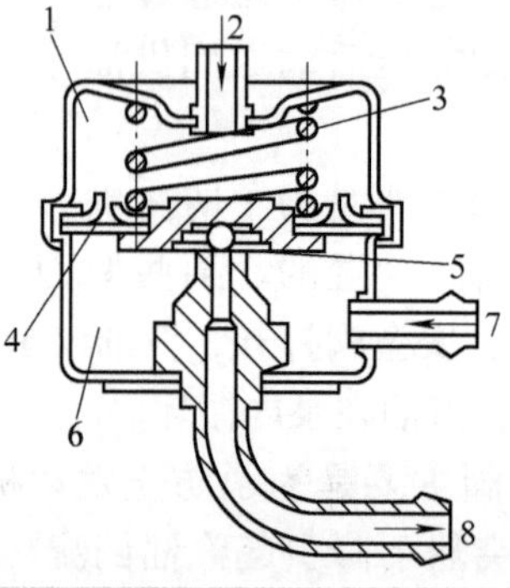

图4-24　燃油压力调节器的结构

1—弹簧室　2—进气真空度　3—弹簧　4—膜片　5—阀门　6—燃油室　7—进油口（自输油管道）　8—回油口（油箱）

低。即在进气歧管真空度增加时，喷油压力减少，但油压和进气歧管真空度的总和保持不变，即喷油器处压差恒定。油泵停止工作时，在弹簧力的作用下使阀门关闭。这样，油泵内的单向阀和压力调节器内的阀门使油路中残留压力保持不变。

4.3.5　汽油分配管

汽油分配管的作用是固定喷油器和燃油压力调节器，并将高压汽油均匀地分配到各喷油器中；汽油分配管还具有储油功能，为了克服压力波动，其容积比发动机每个工作循环喷入的汽油量大得多，从而使接在分配管上的喷油器处于相同汽油压力之下；此外，分配管使喷油器便于拆装。

汽油分配管一般安装在进气歧管或气缸盖上，与喷油器之间用 O 形圈和卡簧密封，O 形圈可防止汽油泄漏，并具有隔热和隔振功能，卡簧将喷油器固定在汽油分配管上，如图 4-25 所示。

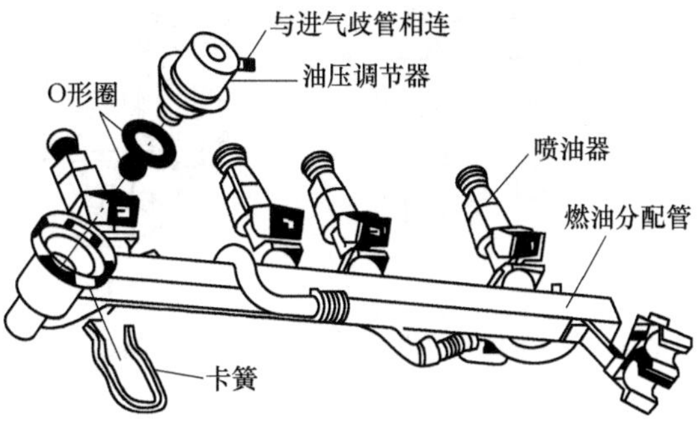

图 4-25　汽油分配管

4.3.6　喷油器

电控燃油喷射系统（EFI）中使用的喷油器是电磁式的，喷油器通过绝缘垫圈安装在进气歧管或进气道附近的缸盖上，并用输油管将其位置固定，根据 ECU 提供的喷射信号进行燃油喷射。在把电信号转换成燃油流量信号的同时，使燃油雾化并喷射。

1. 对喷油器的要求

1）具有良好的雾化能力和适当的喷雾形状，以保证发动机的冷起动性、怠速稳定性，并满足降低排放污染的要求。

2）具有良好的流量特性，以适应多种排量发动机。

3）具有良好的防积炭功能。

4）使用寿命长。

5）结构简单。

2. 喷油器的种类

根据汽油喷射类型不同，喷油器可分为 SPI 喷油器（图 4-26）和 MPI 喷油器（图 4-27）；按结构形式，喷油器可分为从喷油器上部供油方式（图 4-27）和从下部供油方式（图 4-26）两种；以喷油器喷口形式来区分，可分为针阀型（图 4-27a）和孔型（图4-27b）两种，针阀型喷油器的喷口不易堵塞，而孔型喷油器的喷口喷出的燃油雾化好，它一般有1～2 孔，由于制造厂家不同，有的做成球阀，有的做成锥形阀；以喷油器的阻值来区分有低阻喷油器和高阻喷油器两种，低阻喷油器的电阻值为 2～3Ω，高阻喷油器的电阻值为13～16Ω。按插头的形状来区分喷油器的喷口形式和阻值的大小，见表 4-2。

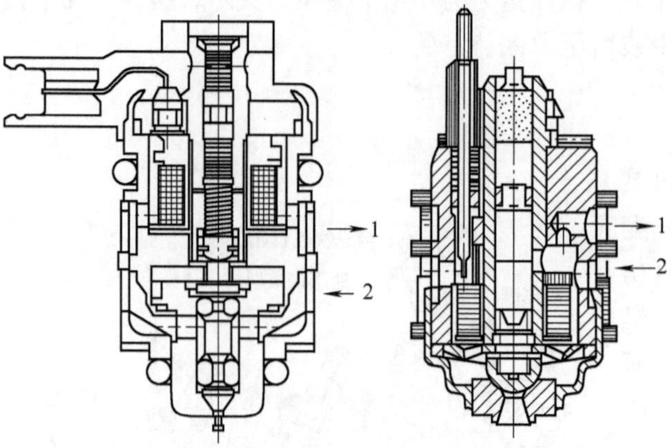

a)　　b)

图4-26　下部供油方式SPI喷油器

1—燃油出口　2—燃油入口

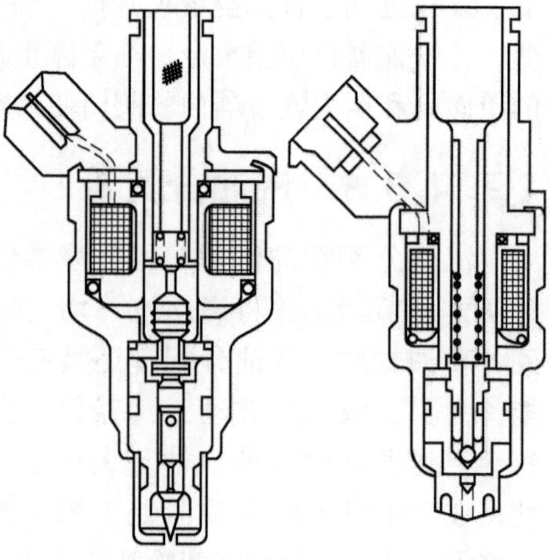

a) 针阀型　　b) 孔型

图4-27　喷油器的形式

表4-2　喷油器插头形状

插头形状	喷口形式	阻　值
	针阀型	低阻值
	针阀型	高阻值
	孔型	低阻值
	孔型	高阻值

虽然不同种类喷油器的结构略有差异，但工作原理基本相同。下面以具有代表性的上部供给燃料方式的MPI系统用喷油器为例，来说明具体结构和工作原理。

3. 喷油器的结构与工作原理

图4-28所示是喷油器的构造，在筒状外壳内装有电磁线圈3、柱塞、回位弹簧11和针

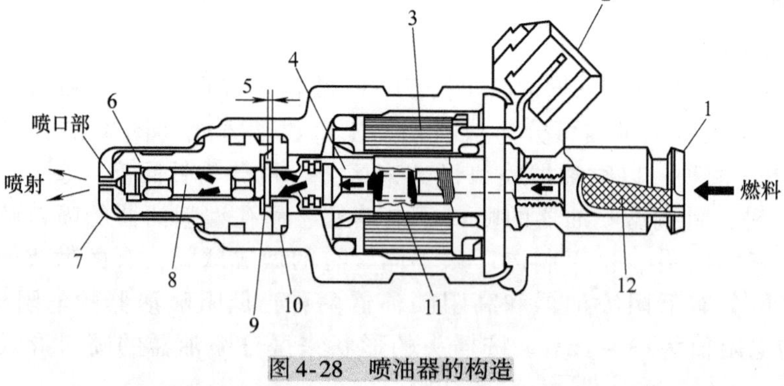

图4-28　喷油器的构造

1—燃油接头　2—电插头　3—电磁线圈　4—磁芯　5—行程

6—阀体　7—壳体　8—针阀　9—凸缘部　10—调整垫片　11—回位弹簧　12—滤清器

阀 8 等。柱塞和针阀装成一体，在回位弹簧压力作用下，针阀紧贴阀座，将喷孔封闭。另外，为防止油中所含杂质影响针阀动作，设有滤清器，为适应不同应用场合，设有调整针阀行程的调整垫片 10。

当 ECU 将开启针阀的电信号通过驱动电路作用于电磁线圈 3 时，柱塞和针阀 8 在电磁线圈 3 吸力作用下向右移动，当其凸缘部被吸引碰到调整垫片 10 时，针阀全开，燃油通过沿箭头的通路喷射出去。喷射结束后，电磁线圈断电，回位弹簧 11 将针阀关闭，喷油器停止喷油。

喷射量的大小除与针阀行程、喷口面积以及喷射环境压力与燃油压力的压差等因素有关外，还与针阀的开启时间，即电磁线圈的通电时间有关。

4. 喷油器的喷雾特性

喷油器所喷燃油的雾化情况和油束形状对发动机工作影响很大，如果油束形状合理，雾化效果好，那么发动机就会获得冷起动性好、怠速平稳、排污少的效果。雾化质量与喷油压力、喷射位置、喷油器结构、积炭情况等因素有关。

对 SPI 系统，喷油器安装在节气门附近，燃油喷出后，在进气管中有较长时间的雾化过程，故所需燃油压力较低；而对于 MPI 系统，喷油器一般安装在进气管或者气缸盖上，因为是朝向进气门喷射燃油，所以雾化时间短，为保证良好的雾化，应使油压相应提高。为提高雾化质量，针阀式喷油器利用端部精加工而成的锥形，使燃油以 10° ~ 40° 的喷雾角喷出，锥形端的尖锐边缘促使燃油雾化。雾化装置多采用轴针式，近年来出现的两个进气门的发动机上，双孔式喷油器（图 4-29）也被广泛应用，双孔喷油器可向两个进气门发动机的各气门均匀喷射燃油。

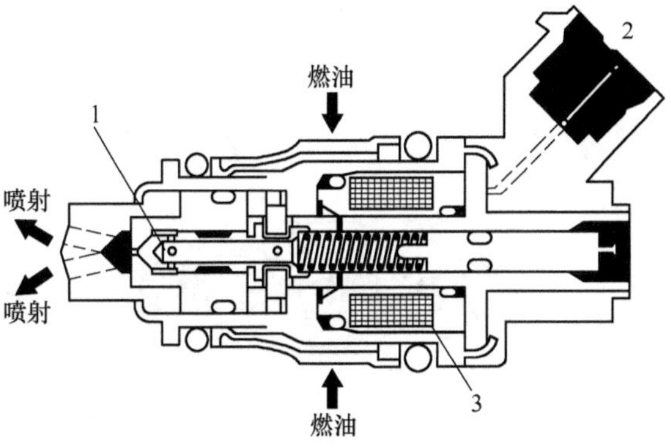

图 4-29　双孔式喷油器的结构（2TZ-FE 型发动机）

1—针阀　2—电线插座　3—电磁线圈

5. 冷起动喷油器

冷起动喷油器是一种装在进气总管中央部位进行燃油辅助喷射的电磁阀式喷油阀，可以改善发动机的低温起动性能。它与一般喷油器的主要区别：一是只用于发动机起动，要求工作电压较低；二是要求其喷雾微粒化且喷雾角较大。后一项是衡量冷起动喷油器性能的重要指标。

冷起动喷油器的结构如图 4-30 所示，冷起动喷油器由燃

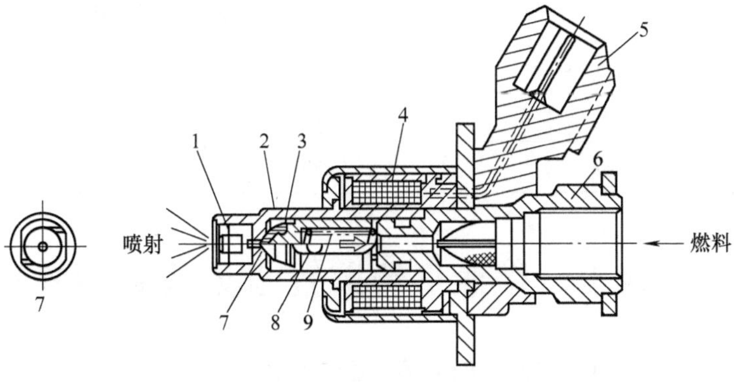

图 4-30　冷起动喷油器的结构

1—漩涡喷油嘴　2—喷射管道　3—阀　4—电磁线圈　5—电线接头　6—燃油入口连接器　7—阀座　8—可动磁芯　9—弹簧

料入口连接器6、电线接头5、电磁线圈4、可动磁芯8、漩涡喷油嘴1等组成。在喷射管道内部，可动磁芯8在弹簧力作用下把橡胶阀推向阀座使阀孔关闭。当电磁线圈4通电时，在电磁力吸引下，可动磁芯8克服弹簧力被拉向图中箭头方向。可动磁芯8一旦被拉开，阀门便打开，燃油涌出阀孔，在漩涡喷油嘴1部位形成旋转流，并以微粒和锥角形式从喷孔喷射出去。

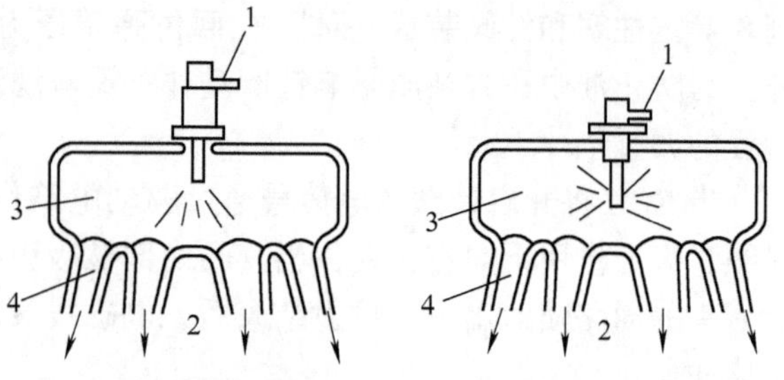

a) 一个方向喷油的喷油器安装　b) 两个方向喷油的冷起动喷油器安装

图4-31　冷起动喷油器的安装图

1—冷起动喷油器　2—进气　3—进气总管　4—进气歧管

冷起动喷油器安装在节气门下游的进气总管上，而且选择了可向各缸均匀分配燃油的位置（图4-31a），为了提高向各缸分配燃油的均匀性，有的冷起动喷油器上设有两个漩涡式喷油嘴，其结构如图4-32所示，其安装如图4-31b所示。

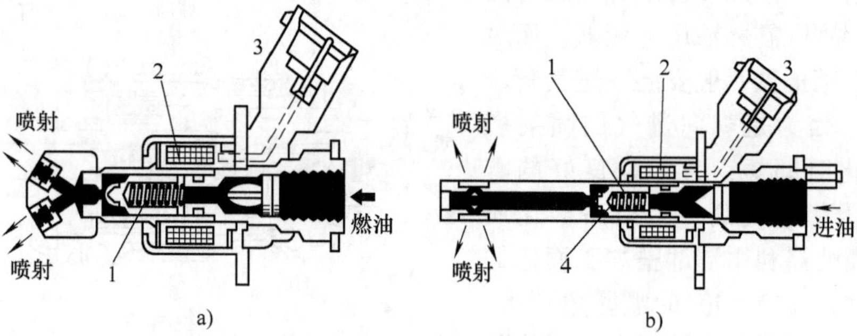

图4-32　两个漩涡式喷油嘴的冷起动喷油器结构

1—弹簧　2—电磁线圈　3—电线插座　4—柱塞

从用途上讲，冷起动喷油器的重要指标是最低工作电压和合乎规定的喷雾角及喷射量，表4-3是其基本特性。

表4-3　冷起动喷油器特性

项　目	特 性 值	项　目	特 性 值
最低工作电压/V	<6.8	喷油量/(mL/min)	120
喷雾角（°）	>70		

4.4　燃油供给装置常见故障的检修与排除

1. 汽油箱供油不畅故障分析与排除

（1）故障原因分析

1）汽油箱上的出油开关与油管脱焊、破裂、阻塞，或油箱开关质量欠佳等，出现漏气后，降低了汽油泵的吸油能力。

2）汽油箱盖因空气阀打不开或汽油箱上的通大气孔堵塞；或因气温突然下降，汽油箱内蒸气凝结压力降低造成汽油箱油面下降，形成真空影响了汽油泵的吸油量。

3）汽油管有“气阻”或油管内有水结冰，使汽油流动阻力增加。

（2）故障检修及排除　油管破损后应焊修；连接处松脱的应予以紧固，对汽油箱开关或油箱盖质量不好的予以更换或修复。另外，应经常排放汽油滤清器中的积水和污垢。

2. 汽油滤清器过油不畅故障分析与排除

（1）故障原因分析

1）汽油泵供油量不足或供油系内有“气阻”，降低了滤清器滤芯的过油能力。

2）滤芯阻塞或冬天滤清器内积水过多而冻结，使汽油流动阻力加大。

（2）故障检修及排除

1）检查汽油泵的供油量。汽油泵性能试验最好在专门的试验台上进行，或采用经验法试验，方法如下：将汽油泵进油口浸入汽油中，若出油急促而有力，出油垂直扬程大于0.5mm，则表示汽油泵性能良好。

陶瓷式滤芯清洗法：先在沸水中煮约 10min，再用压缩空气由内向外吹去污物，然后放入清洁的煤油（或汽油）中浸泡、冲洗，最后再用压缩空气从滤芯内往外吹净。

2）对于因长期使用而使陶瓷滤芯全堵塞的，可用以下方法再生处理：将滤芯放在火焰上焙烧 30min 后，置于室温下冷却；再用水清洗干净，用压缩空气由内向外吹干。

3）安装滤芯前，要用汽油清洗各处，尤其是进油管接头。检查油管接头螺纹情况以及密封垫处是否完好。滤芯要固定牢固，对于陶瓷滤芯，不可固定过紧，以防滤芯破裂。装配时应在沉淀杯内加满清洁的汽油，以防杯内存有空气，影响供油。

4.5　燃油供给装置故障案例

案例 1：桑塔纳 2000 型汽车起动困难甚至不能起动。

故障现象：一辆桑塔纳 2000 型汽车，起动发动机时，点火多次都不能起动，经用户仔细检查燃油箱中的燃油足够，其他系统均工作正常，再次打开点火开关还是不能起动发动机，用户再次检查燃油箱处，发现燃油箱中的燃油泵没有任何反应，根据用户的上述反映可知燃油泵出现了故障。

故障原因分析：

1）燃油泵电动机不能转动。

2）电子控制单元中的主继电器出现故障。

3）燃油泵继电器故障。

4）发动机中传感器故障。

5）线路或油管连接处松动、接触不良，渗漏、线路短路或断路，点火开关接触不良等。

6）燃油泵压力不足。

故障诊断：

1）针对桑塔纳 2000 车型，首先要释放燃油系统压力。

2）就车检测，打开点火开关但不起动发动机，打开油箱仔细听有无燃油泵运转的声音，如果听不到燃油泵运转声音，可以用手检查进油软管有无压力，如果压力偏高，则一般是油压调节器不良，如果燃油泵无上述现象则应检查燃油泵控制路线。

3）检查燃油泵熔断器是否正常。如果熔断器不正常，应更换燃油泵熔断器。

4）如果燃油泵熔断器工作正常，从继电器板上拔下燃油泵继电器。连接上燃油泵各节点，如果燃油泵运转，则检查燃油泵控制电路。

5）如果燃油泵不运转，则拔下燃油泵的插头用专用仪器进行检查，如果仪器指示灯正常闪亮，检查燃油泵到插头的连接，必要时更换燃油泵。

6）如果仪器指示灯不亮，检查燃油泵继电器到燃油泵的导线，必要时更换导线。

故障排除：针对以上故障最为直接的方法就是更换燃油泵。现代汽车中大多数的燃油泵是不能修理的，一旦损坏就只能更换，如果故障出现在燃油泵线路部分可以更换其线路，然后继续使用。

案例2：凯越汽车怠速抖动。

故障现象：一辆凯越1.6L轿车，行驶4万km后出现怠速抖动。

故障检修：首先进行电脑检测，未发现故障码，发动机怠速转速波动较大，与故障现象相吻合，用示波器进行氧电压测试，发现氧电压在400～800mV之间来回变化，说明混合气偏浓，于是对各缸的喷油脉宽进行监测，发现喷油时间比正常值有所缩短，而且各缸波形一致，说明PCM在通过氧电压对喷油脉宽进行修正。此时对各缸的点火次级波形进行分析，发现二缸的燃烧线过长，说明有多余的混合气进入二缸。刚才对各缸的喷油脉宽进行检测波形完全一致，说明PCM对各缸喷油器的驱动波形是一样的，也就是说各缸的喷油量应相等，而点火次级波形反映二缸混合气浓，这时我们要问多出来的混合气是从哪来的呢？PCM对各缸喷油量的计算是一样的，但是二缸的燃料多，因此将故障点确定在二缸喷油器。进行拆检未发现异常，于是进行喷油平衡压力测试，出油量相等，但是二缸喷油器有滴油现象，至此故障点被找到。

故障排除：更换二缸喷油器故障解决。

以上介绍了一些关于执行器波形的分析内容，包括：氧反馈电压测试、点火次级波形测试、喷油器驱动波形测试等。运用这些波形去分析问题可以有效地监测和解决一些维修方面的疑难杂症。示波器的波形分析还有很多种，如果使用熟练，在工作中会起到事半功倍的效果。随着汽车高新技术的发展，汽车电子控制系统日趋复杂，这也要求汽车维修技术人员诊断汽车故障的水平越来越高，熟练掌握汽车示波器。故障分析仪的使用方法已经成为汽车维修工程技术人员所必须掌握的专业技能。

4.6　进排气装置

4.6.1　空气滤清器

空气滤清器的作用是滤除空气中的灰尘和杂质，以减少气缸、活塞、活塞环等有关零件的磨损，延长发动机的使用寿命。图4-33为桑塔纳2000GSi型轿车的空气滤清器。其主要结构包括滤芯1和壳体（空气滤清器上部2、空气滤清器下部15）及附属装置（夹箍3、5、13；连接管道）等。

空气滤清器的种类较多，在汽车上常用的主要有以下类型。

1. 纸质干式空气滤清器

纸质干式空气滤清器具有重量轻、结构简单、滤清效率高、造价便宜以及维护方便等优点，因此被广泛用于各类汽车发动机上，其结构如图 4-34a 所示。由经过树脂处理的微孔滤纸制成的滤芯 1 安装在滤清器外壳 2 中。滤芯的上、下表面是密封面，拧紧蝶形螺母 4 把滤清器盖 3 紧固在滤清器上时，滤芯下密封面 8 和滤芯上密封面 9 分别与滤清器盖及滤清器外壳底部的配合面贴紧密合。滤纸 7 打褶，以增加滤芯的滤过面积并减小滤芯阻力。滤芯外面是多孔金属网 6，用来保护滤芯在运输和保管过程中不使滤纸破损。在滤芯的上、下端浇上耐热塑料溶胶，以固定滤纸、金属网和密封面间的相对位置，并保持其密封。发动机工作时，空气从滤芯的四周穿过滤纸进入滤芯中心，随后流入进气管。杂质被滤芯阻留在滤芯外面。

纸质干式空气滤清器的滤芯（图 4-34b）一般使用树脂处理的纸质滤芯，其过滤的效果与滤纸的筛孔大小有关，0.001mm 的筛孔可将大多数灰尘隔离，其滤清率可达 99.5% 以上。纸质滤芯的寿命取决于纸面大小（通常成波折状以提高过滤面积）及空气本身的清洁度。一般连续使用 10000 ~ 50000km 必须更换滤芯。

2. 油浴式空气滤清器

油浴式空气滤清器的优点是滤芯清洗后可以重复使用，多用于在多尘条件下工作的发动机上，如越野车发动机。图 4-35 所示为油浴式空气滤清器的结构图，它包括空气滤清器外壳 1、滤芯 2、密封圈 3 和滤清器盖 4 等。外壳底部是储油池，其中盛有一定数量的机油。发动机工作时，环境空气经外壳与滤清器盖之间的狭缝进入滤清器，并沿着滤芯与外壳之间的环形通道向下流到滤芯底部，再折向上通过滤芯后进

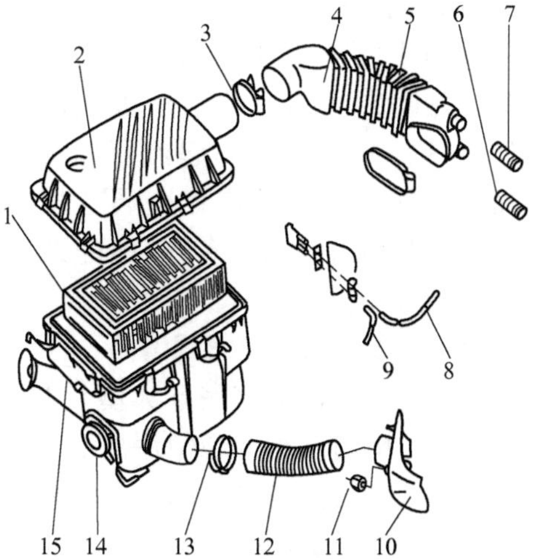

图 4-33　空气滤清器

1—滤芯　2—空气滤清器上部　3、13—夹箍　4—进气软管　5—夹箍（固定与节气门体连接的进气软管）　6—通向怠速调节阀的进气软管　7—曲轴箱排气管　8—真空管（通向节气门体）　9—真空管（通向真空控制阀）　10—热空气导流板　11—固定螺母　12—热空气软管（连接热空气导流板和空气滤清器）　14—真空控制阀　15—空气滤清器下部

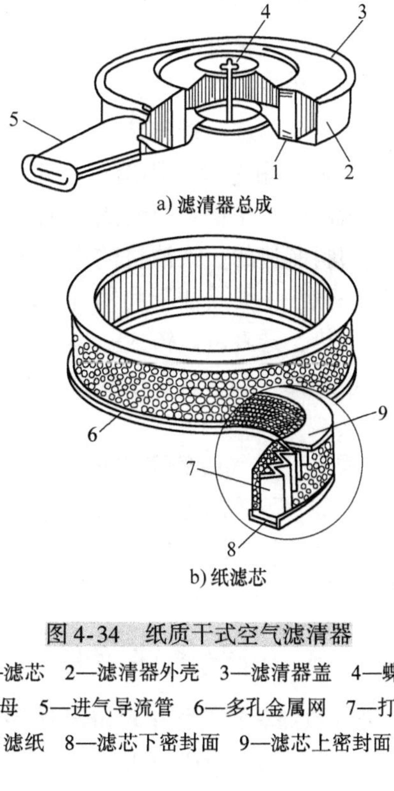

图 4-34　纸质干式空气滤清器

1—滤芯　2—滤清器外壳　3—滤清器盖　4—蝶形螺母　5—进气导流管　6—多孔金属网　7—打褶滤纸　8—滤芯下密封面　9—滤芯上密封面

入进气管。气流转弯时，空气中粗大的杂质被甩入机油中并被机油黏附，细小杂质被滤芯滤除。黏附在滤芯上的杂质被气流溅起的机油所冲洗，并随机油一起流回储油池。滤芯多用金属网卷成筒型或将金属丝填塞在有孔眼的滤芯外壳中制成。空气中的杂质可被滤除 95%~97%。

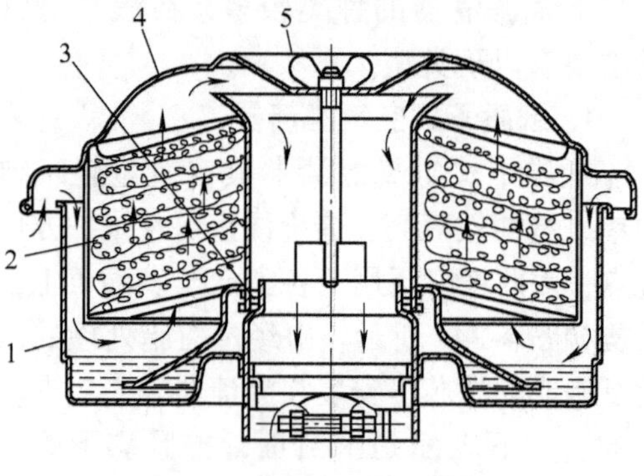

图 4-35　油浴式空气滤清器

1—滤清器外壳　2—滤芯　3—密封圈　4—滤清器盖　5—蝶形螺母

3. 离心式及复合式空气滤清器

离心式空气滤清器多用于大型货车。在许多自卸车或矿山用汽车上还使用离心式与纸滤芯相结合的双级复合式空气滤清器（图4-36）。双级复合式空气滤清器的上体 7 是纸滤芯空气滤清器，下体 12 是离心式空气滤清器。空气从滤清器下体的进气口 10 首先进入旋流管 11，并在旋流管内螺旋导向面 16 的引导下产生高速旋转运动。在离心力的作用下，空气中的大部分灰尘被甩向旋流管壁并落入积灰盘 14 中，空气则从旋流管顶部进入纸滤芯空气滤清器。空气中残存的细微杂质被纸滤芯 2 滤除。

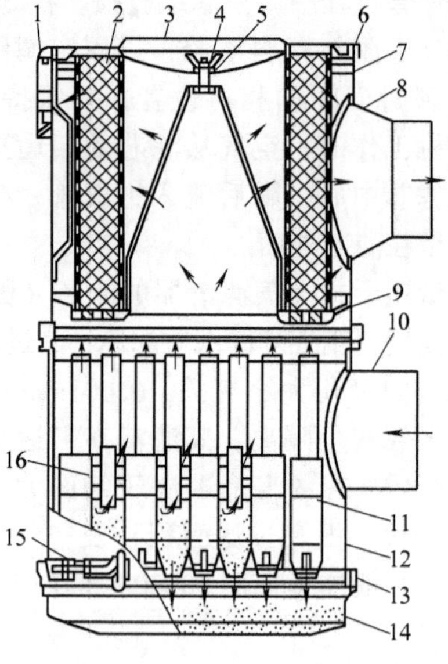

图 4-36　双级复合式空气滤清器

1—卡簧　2—纸滤芯　3—滤清器上盖　4—蝶形螺母　5—密封垫　6、9、13—密封圈　7—上体　8—出气口　10—进气口　11—旋流管　12—下体　14—积灰盘　15—卡箍　16—旋流管内螺旋导向面

4.6.2　进、排气歧管

进气歧管的作用是将可燃混合气较均匀地分送到各气缸；而排气歧管的作用则是汇集各缸的废气经排气消声器排出。

货车和客车的进、排气歧管大部分采用铸铁制成，也有少量采用铝合金制造的；现代轿车的进、排气歧管大部分采用铝合金制造，也有少量采用铸铁和硬质塑料制造的。汽油机的进、排气歧管通常安装在同一侧，主要是便于利用排气歧管的热量对进气歧管加热，两者可以铸成一体，也可分别铸造后用螺栓连接在一起，且在结合面处装上石棉衬垫以防止漏气。

分体式进、排气歧管可以分为上、下式和左、右式两种。上、下式即进、排气歧管位于同一侧的上、下位置；左、右式即进、排气歧管位于左右两侧的位置，如图 4-37 所示。

4.6.3　进气预热装置

1. 进气预热装置的作用及进气预热方式

汽车在寒冷的冬季中使用时，由于气温低，发动机在进气行程时，可燃混合气中的燃油

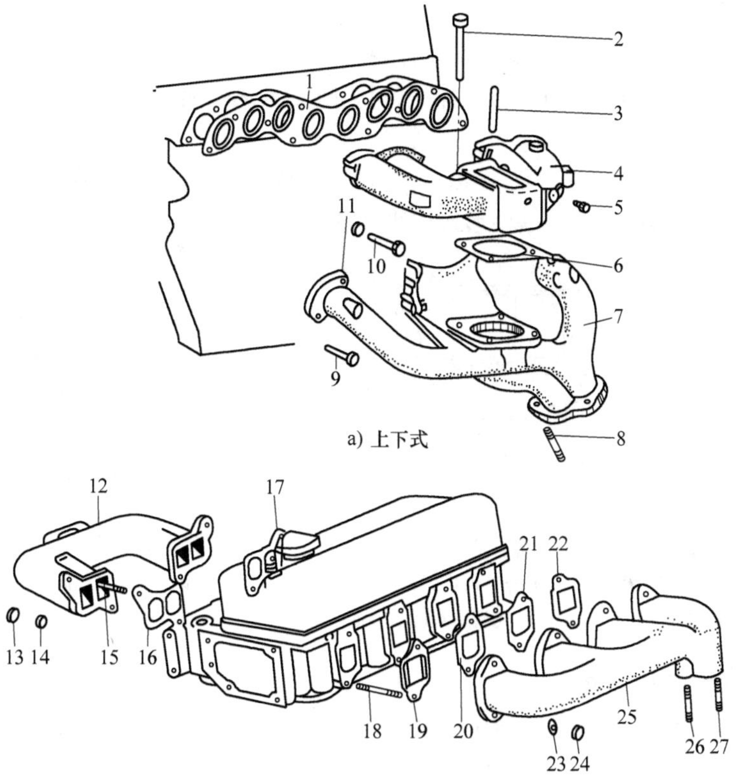

a) 上下式

b) 左右式

图 4-37　进、排气歧管

1—衬垫　2、5、9、10—螺栓　3、8—双头螺栓　4、12—进气歧管　6、16、17、19、20、21、22—纯铜石棉衬垫　7、25—排气歧管　11、14、23—垫圈　13、24—螺母　15、18、26、27—双头螺栓

不容易进入气缸，许多汽油微粒黏附在进气歧管内；活塞在压缩终了时，空气（或可燃混合气）的温度较低，发动机着火困难；低温时润滑油黏度大，起动阻力大。种种原因造成发动机低温起动困难。为保证汽车在低温条件下迅速起动，许多汽车发动机采用进气预热装置。

常用的进气预热方式主要有以下三种：

（1）利用陶瓷加热器（图 4-38）　在进气歧管 4 内装有陶瓷热敏电阻加热器 1。在发动机冷起动前，打开陶瓷加热器电源，加热器通电加热，当温度升高后，加热器电阻加大，当温度升高到 180℃时，其电阻变得无穷大，切断电流，停止加热。

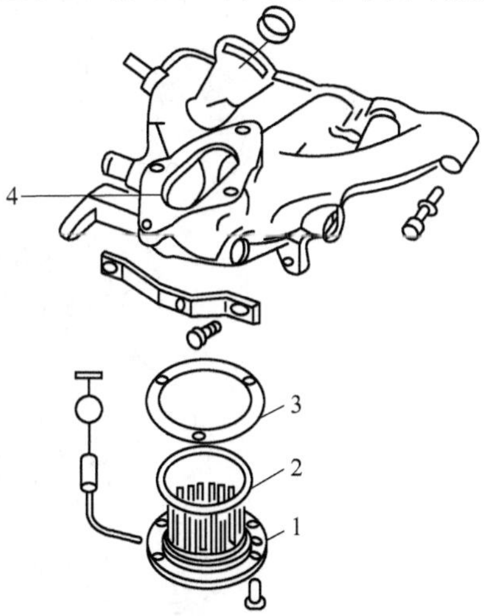

图 4-38　陶瓷热敏电阻加热

1—陶瓷热敏电阻加热器　2—密封圈　3—密封垫　4—进气歧管

（2）利用高温排气加热（图 4-39）　使发动机排气流过进气管底部对进气加热。在排气歧管内装有混合气预热阀，根据季节的不同，调节控制阀的开度，从而改变对进气歧管的加热程度。带恒温进气装置的

空气滤清器也是这类机构。

也有的发动机将进气歧管与排气歧管合装成一体，直接利用排气歧管中的热量加热进气歧管。这种方式加热快，缩短了冷机运转时间。缺点是热机时，还在加热，减少了进入气缸的空气量，使发动机的功率下降。

（3）利用循环冷却液加热（图4-40）　这种进气歧管内设有水套，并与冷却系统连通，让冷却液在进气歧管水套内循环。这种形式比废气加热时间长，但热机时，发动机的性能好。

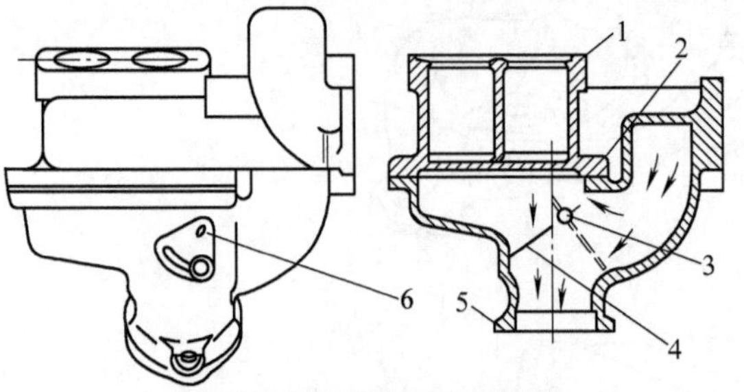

图4-39　利用高温排气加热

1—进气管　2—石棉衬垫　3—混合气预热阀轴

4—混合气预热阀　5—排气管　6—混合气预热阀调节手柄

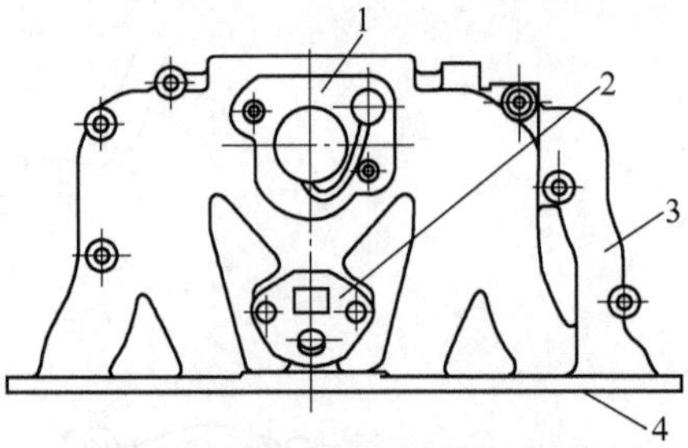

图4-40　利用循环冷却液加热

1—节气门体安装面　2—循环冷却液管

3—进气歧管安装面　4—与机体安装面

2. 桑塔纳进气预热装置

桑塔纳2000在我国多年来的使用结果表明，其发动机缸筒的磨损和寿命是令人满意的，

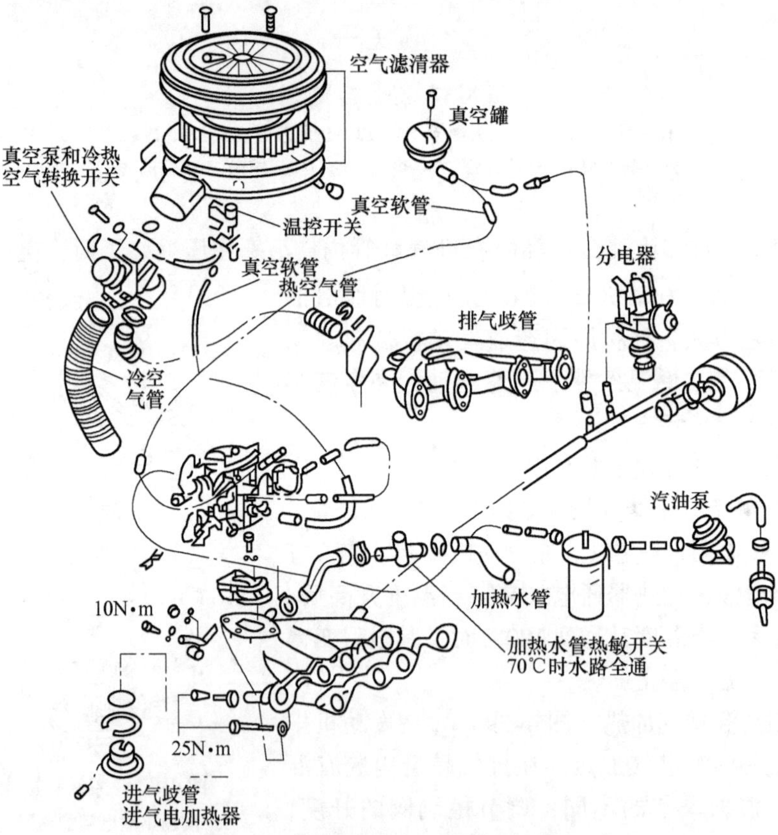

图4-41　桑塔纳2000的进气预热装置

它有良好的低温起动和低温稳定怠速性能。这些都与它独特的进气预热装置有关，其组成如图 4-41 所示。

桑塔纳轿车的进气电加热器，安装在化油器下部的进气歧管中，它靠一种具有正温度系数的 PTC 电热陶瓷材料工作，这种材料属于铁钛酸钡类半导体，其电阻值可随温度变化而改变，使加热器的电流发生变化，进而使加热温度得到自动控制。当外界温度为 20℃时，其电阻仅为 0.2 ~ 0.4Ω。电路接通，即汽车点火开关打开，瞬时加热电流很大，温度迅速升高，1min 即可达到 60 ~ 80℃，3min 内即可达到 175℃。此时，电阻值趋向无穷大，电流趋于 0，温度不再升高，电路几乎切断，如图 4-42 所示。

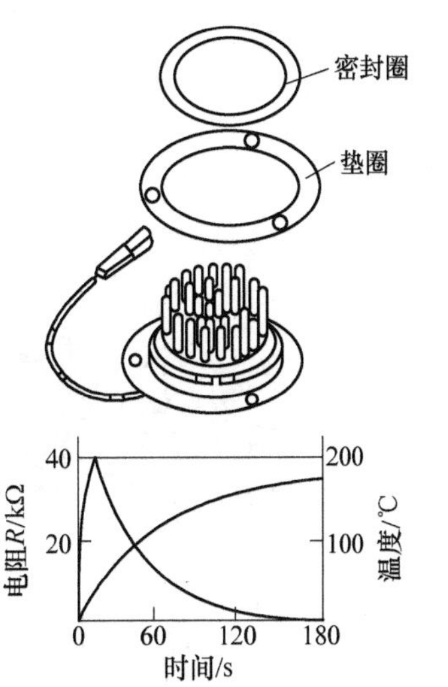

图 4-42 桑塔纳 2000 的进气预热装置加热器

这种电加热器有很多优点：由于能自动控制温度，大功率消耗时间很短；能自动调节（断电），使用中无需控制电路；工作可靠等。因此，它在现代发动机中得到了广泛应用。

进气电加热器的采用，也可以避免过多地起动加浓所需的附加汽油，节省部分燃料，更重要的是能有效地防止过多的未蒸发汽油和油滴进入气缸内，冲刷缸壁引起活塞裙部、活塞环与缸壁的干摩擦，防止拉缸和缸孔的早期磨损。

桑塔纳轿车发动机进气预热的第二个途径，是发动机冷却液通入化油器下面的周围水套。在缸盖装进排气歧管的平面上，有一斜孔通缸盖水套，在进气歧管上，有一水道与化油器下方混合室周围水套相通，缸盖的水孔与进气歧管的水孔，对准相通，两平面之间，有一个特制橡胶密封圈密封。

为了在低温起动后，进入气缸的混合气能充分预热，桑塔纳轿车采用了恒温式空气滤清器。空气滤清器中温度低于 60℃时，从排气歧管处搜集来的热空气进入滤清器；空气滤清器中温度高于 70℃时，再进热空气时就会影响发动机充气系数，这时停止进热空气，而从进气软管中进冷空气。

恒温空气滤清器的工作原理如图 4-43 所示。

1）冷车，发动机起动后，进气歧管的负压作用到真空泵，在真空作用下，真空泵膜片拉杆使进气转换阀打开热空气通路。从而使从排气歧管处搜集的热空气进入到空气滤清器中。

2）进气温度超过 70℃时，装在空气滤清器温度控制阀中的双金属片因温度升高而切断了进气歧管与真空泵的通道，从而使进气转换阀关闭了热空气通道，于是，冷空气从进气软管中进入空气滤清器中。

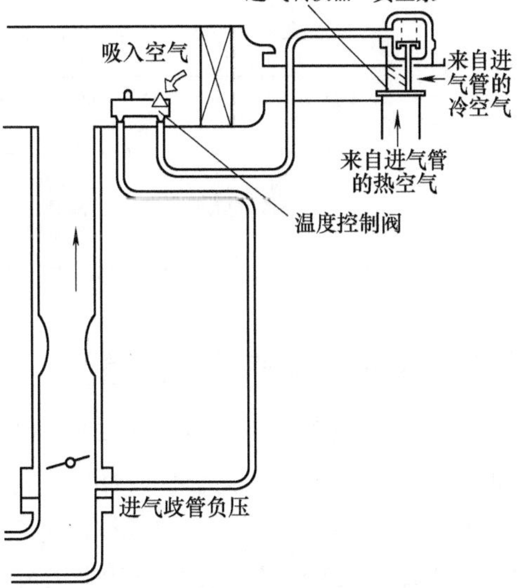

图 4-43 恒温空气滤清器

4.6.4 排气消声器

排气消声器的作用是降低发动机排气噪声并消除废气中的火焰和火星。图 4-44 所示为排气

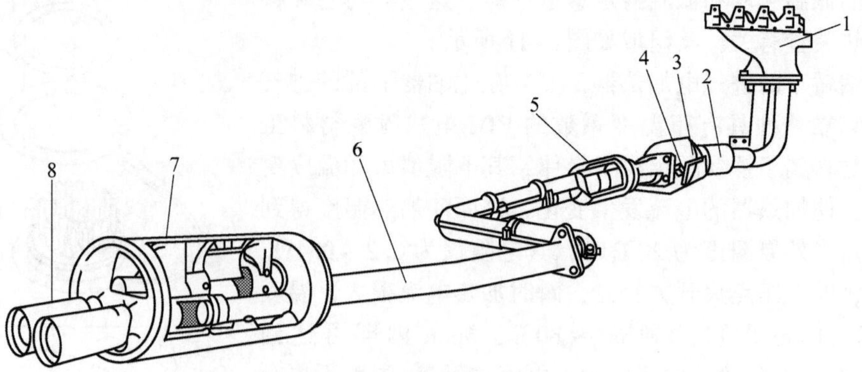

图4-44　排气管系与消声器

1—排气歧管　2—排气总管　3—三元催化转化器　4—排气温度传感器　5—副消声器
6—后排气管　7—主消声器　8—排气尾管

管系与消声器的结构。

消声器的基本原理是：消耗废气的能量，平衡气流的压力波动，有吸收式和反射式两种基本消声方式。在吸收式消声器中，通过使废气在玻璃纤维、钢纤维和石棉等吸声材料上摩擦来减少其能量。反射式消声器则通过多次反射、碰撞、膨胀及冷却来降低废气压力，减轻了振动。

轿车用消声器采用不同的消声原理组合而成。如图4-45所示，它由前消声器、中消声器和后消声器以及连接管组成，并焊接成一个整体。

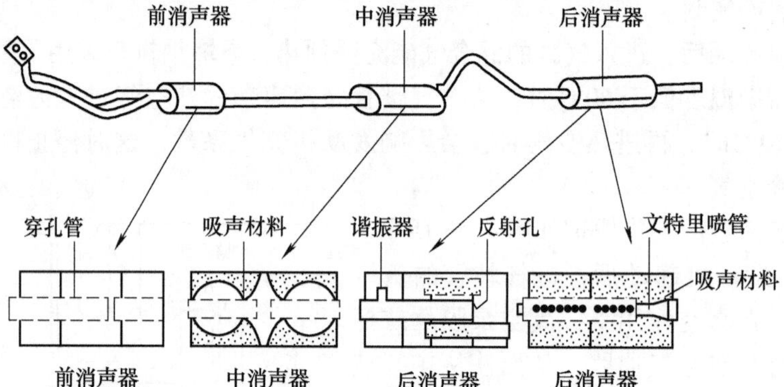

图4-45　轿车用排气消声器及其消声原理

4.6.5　排气净化装置

以活塞式内燃机为动力的汽车是城市大气的主要污染源之一。汽车排放的污染物主要有一氧化碳（CO）、碳氢化合物（HC）、氮氧化合物（NO_x）和微粒。CO是燃油的不完全燃烧产物，是一种无色、无味的气体。它与血液中血红素的亲和力是氧气的300倍，因此当人吸入CO后，血液吸收和运送氧的能力降低，导致头晕、头痛等中毒症状。吸入含容积浓度为0.3%的CO气体后，可致人死亡。NO_x 主要指NO和NO_2，产生于燃烧室内的高温富氧环境中。空气中的 NO_x 体积分数在 $10 \sim 20 \times 10^{-6}$时可刺激口腔及鼻黏膜、眼角膜等。$NO_x$ 超过 500×10^{-6}时，几分钟可使人出现肺气肿而死亡。因此，大部分汽车发动机都采用排气净化装置。

常用的排气净化装置主要有恒温进气系统、二次空气喷射系统、废气再循环系统、曲轴箱强制通风系统、汽油蒸气排放（EVAP）控制系统及三元催化转化器等。

1. 恒温进气系统

恒温进气系统也称进气温度自动调节系统。它是由空气加热装置（又称热炉）和安装在空气滤清器进气导流管上的控制装置构成的恒温进气系统，多用于化油器式或节气门体喷射式发动机。发动机冷起动之后，在怠速或小节气门开度下工作时，由于温度低，须供给发动机浓混合气以保持其稳定运转。但浓混合气燃烧不完全，排气中 CO 和 HC 较多。若供给稀混合气，虽然可以减少有害气体的排放，但在低温下发动机不能稳定运转。恒温进气系统的功用就是在发动机冷起动之后，向发动机供给热空气，这时即使供给的是稀混合气，热空气也能促使汽油充分汽化和燃烧，从而减少了 CO 和 HC 的排放，也改善了发动机低温运转性能。发动机温度升高后，恒温进气系统向发动机供给未经加热的环境空气。

图 4-46 所示的是神龙富康 K2D 型发动机的恒温进气系统，它主要由双金属片温度传感器 5、真空阀 3、真空管 7、热空气进口 1、冷空气进口 2 等组成。温度传感器感应进气温度，控制真空阀取自排气歧管上方的热空气或取自汽车前部的冷空气，真空管与化油器主腔节气门下方孔相通。

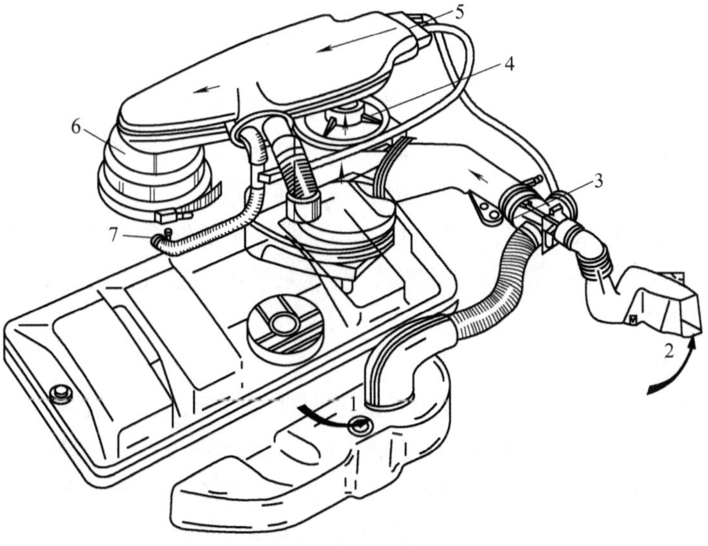

图 4-46 恒温进气系统

1—热空气进口 2—冷空气进口 3—真空阀 4—空气滤清器
5—温度传感器 6—化油器进气口 7—真空管

2. 二次空气喷射系统

（1）二次空气喷射系统的作用 二次空气喷射系统的作用是利用空气泵将新鲜空气经空气喷管喷入排气道或三元催化转化器，使排气中的 CO 和 HC 进一步氧化或燃烧成为 CO_2

和 H_2O。

（2）二次空气喷射系统的工作原理　图4-47所示为二次空气喷射系统构成及原理图。发动机起动之后，ECU不使旁通线圈和分流线圈通电，于是这两个线圈同时把通向旁通阀和分流阀的真空隔断，这时空气泵送出的空气经旁通阀进入大气。这种状态称为起动工作状态，其持续时间的长短决定于发动机的温度。如果发动机温度很低，起动工作状态将持续较长时间。

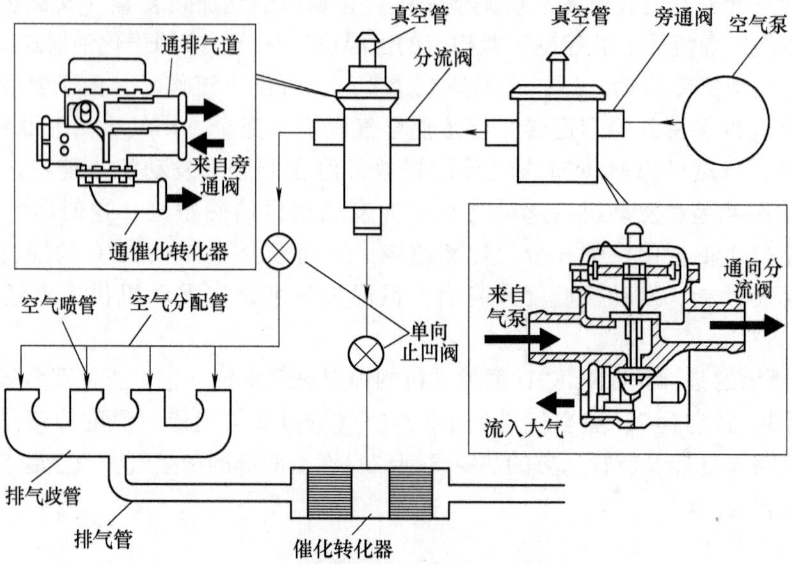

图4-47　二次空气喷射系统

发动机在预热期间，ECU同时使旁通线圈和分流线圈通电。这时进气管真空度分别经旁通线圈和分流线圈传送到旁通阀和分流阀。空气泵送出的空气此时经旁通阀流入分流阀，再由分流阀流入空气分配管，最后由空气喷管喷入排气道。

发动机在正常的冷却液温度下工作时，ECU只使旁通线圈通电而不使分流线圈通电，通向分流阀的真空度被分流线圈隔断。这时，空气泵送出的空气经旁通阀进入分流阀，再经分流阀进入三元催化转化器。

3. 废气再循环系统（EGR）

废气再循环指把发动机排出的部分废气回送到进气歧管，并与新混合气一起再次进入气缸参加燃烧，由于废气中含有大量的 CO_2，而 CO_2 不能燃烧却吸收大量的热，使气缸中混合气的燃烧温度降低，从而减少了 NO_x 的生成量。排气再循环是净化排气中 NO_x 的主要方法。在新混合气中掺入废气之后，混合气的热值降低，致使发动机的有效功率下降。为了做到既能减少 NO_x 的排放，又能保持发动机的动力性，必须根据发动机运转的工况对再循环的废气量加以控制。NO_x 的生成量随发动机负荷的增大而增多，因此，再循环的废气量也应随负荷而增加。在暖机期间或怠速时，NO_x 生成量不多，为了保持发动机运转的稳定性，不进行废气再循环。在全负荷或高转速下工作时，为了使发动机有足够的动力性，也不进行废气再循环。

废气再循环程度用EGR率来表示：

EGR 率 = [EGR 量/(进气量 + EGR 量)] ×100%

根据控制形式不同，常用的废气再循环系统可以分为开环控制的废气再循环控制系统和闭环控制的废气再循环控制系统。

(1) 开环控制的废气再循环系统（图 4-48） 开环控制的废气再循环系统的 EGR 率只受 ECU 预先设置好的程序控制，ECR 不检测发动机各工况下的 EGR 率，无反馈信号。其结构如图 4-48 所示，主要由 EGR 阀和 EGR 电磁阀等组成。

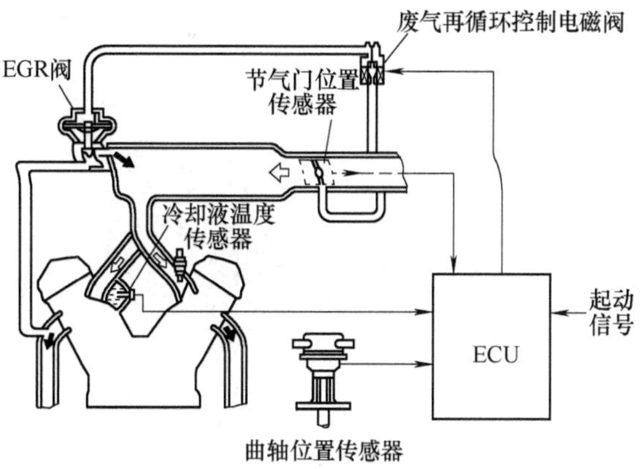

图 4-48　开环控制的废气再循环系统

其工作原理如下：EGR 阀安装在废气再循环通道中，用来控制废气再循环量。EGR 电磁阀安装在通向 EGR 的真空通道中，ECU 根据发动机冷却液温度、节气门开度、转速和起动等信号来控制电磁阀的通电或断电。ECU 不给 EGR 电磁阀通电时，控制 EGR 阀的真空通道接通，EGR 阀开启，进行废气再循环；ECU 给 EGR 电磁阀通电时，控制 EGR 阀的真空通道被切断，EGR 阀关闭，停止废气再循环。

(2) 闭环控制的废气再循环系统（图 4-49） 闭环控制的废气再循环系统中，ECU 以 EGR 率及 EGR 阀开度传感器作为反馈信号实现闭环控制，其控制精度更高。其机构如图 4-49 所示，与开环控制 EGR 相比，它在 EGR 阀的基础上设置了一个 EGR 阀开度传感器。

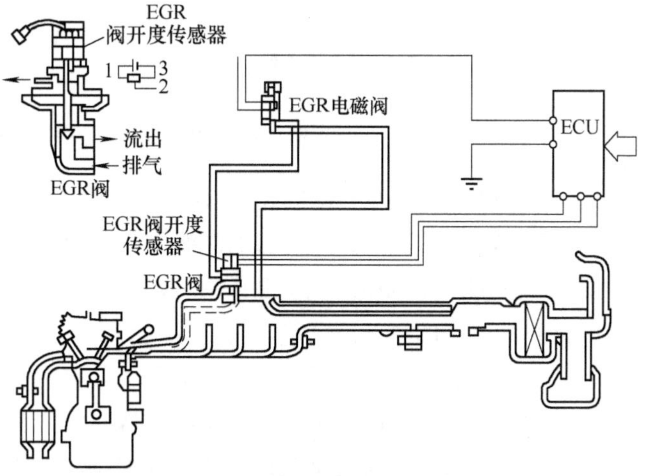

图 4-49　闭环控制的废气再循环系统

其工作原理如下：EGR 率传感器安装在进气总管中的稳压箱上，新鲜空气经节气门进入稳压箱，参与再循环的废气经 EGR 电磁阀进入稳压箱，传感器检测稳压箱内气体中的氧浓度，并转换成电信号送给 ECU，ECU 根据此反馈信号修正 EGR 电磁阀的开度，使 EGR 率保持在最佳值。

4. 曲轴箱强制通风装置（PCV）

曲轴箱强制通风装置的作用是防止曲轴箱气体排放到大气中。如图 4-50 所示，发动机工作时，进气管真空度作用到 PCV 阀，此真空度还促使新鲜空气经空气滤清器、滤网、空气软管进入气缸盖罩内，再由气缸盖和机体上的孔道进入曲轴箱。在曲轴箱内，新鲜空气与曲轴箱气体混合并经气-液分离器、PCV 阀和曲轴箱气体软管进入进气管，最后经进气门进入燃烧室烧掉。被气-液分离器分离出来的液体返回曲轴箱。95% 烧机油问题是油气分离器积炭堵塞造成的。

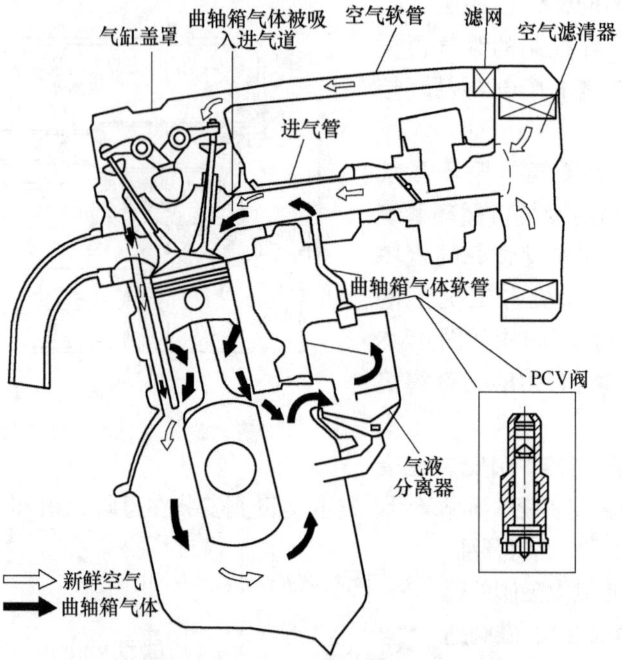

图4-50　曲轴箱强制通风装置工作原理

5. 汽油蒸气排放（EVAP）控制系统

（1）EVAP 控制系统功能　收集汽油箱和浮子室内的汽油蒸气，并将汽油蒸气导入气缸参加燃烧，从而防止汽油蒸气直接排出，进而防止造成污染。同时，根据发动机工况，控制导入气缸参加燃烧的汽油蒸气量。

（2）EVAP 控制系统的组成与工作原理　图 4-51 所示为 EVAP 控制系统结构及原理图。油箱的燃油蒸气通过单向阀进入活性炭罐上部，空气从炭罐下部进入清洁活性炭，在炭罐右上方有一定量排放小孔及受真空控制的排放控制阀，排放控制阀内部的真空度由炭罐控制电磁阀控制。

发动机工作时，ECU 根据发动机转速、温度、空气流量等信号，通过控制炭罐电磁阀的开闭来控制排放控制阀上部的真空度，从而控制排放控制阀的开度。当排放控制阀打开时，燃油蒸气通过排放控制阀被吸入进气歧管。

在部分电控 EVAP 控制系统中，活性炭罐上不设真空控制阀，而将受 ECU 控制的电磁阀直接装在活性炭罐与进气管之间的吸气管中。图 4-52 所示为韩国现代轿车装用的电控 EVAP 控制系统。

6. 催化转化器

在汽车上使用最广泛的催化转化器是三元催化转化器。在氧传感器功能良好的情况下，三元催化转化器可同时去除 90% 以上的三种主要污染物（HC、CO 和 NO_x）。其机构如图 4-53所示，主要由金属外壳和涂有少量铂、铑和钯（催化剂）的陶瓷栅组成，大多数转化器只有几克催化剂。

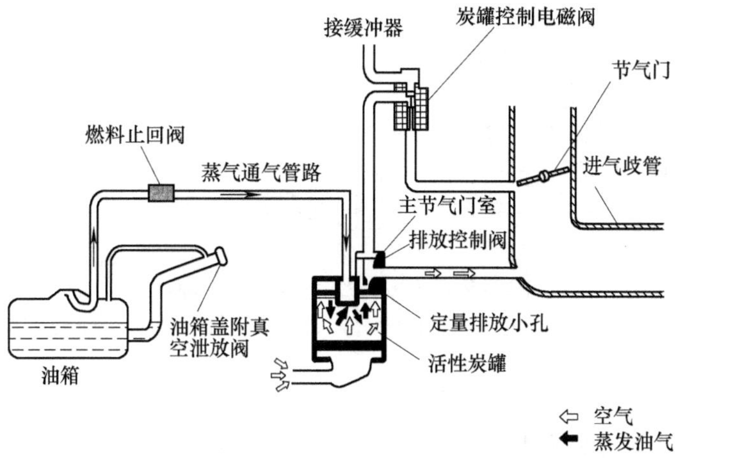

图 4-51　EVAP 控制系统

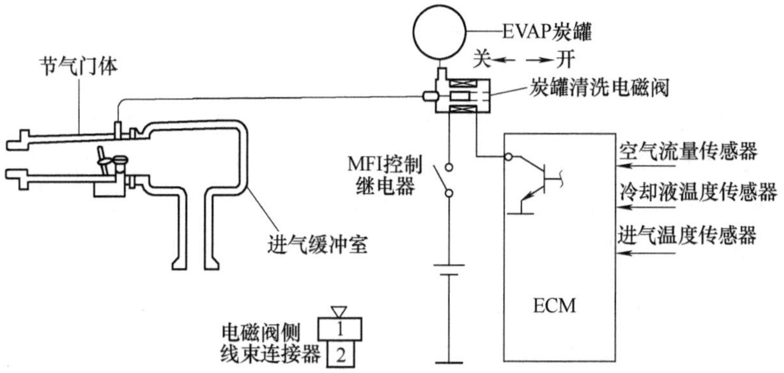

图 4-52　韩国现代轿车 EVAP 系统

三元催化转化器的工作原理如图 4-54 所示，当含有 CO 和 HC 的废气通过三元催化转化器时，催化剂便触发氧化（燃烧）过程，HC 和 CO 与转化器中的氧结合生成水蒸气和二氧化碳，氧化过程对 NO_x 排放没有影响。

为了减少 NO_x 的含量，需要进行“还原”反应。还原反应即去掉物质中的氧原子。在三元催化转化器中，铑被用作催化剂，将 NO_x 分解为氮和氧，当温度为 250℃左右时，污染物便会发生有效的转化。

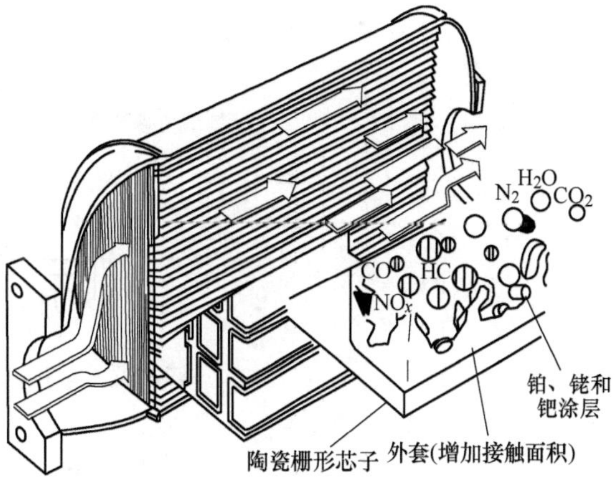

图 4-53　三元催化转化器的结构

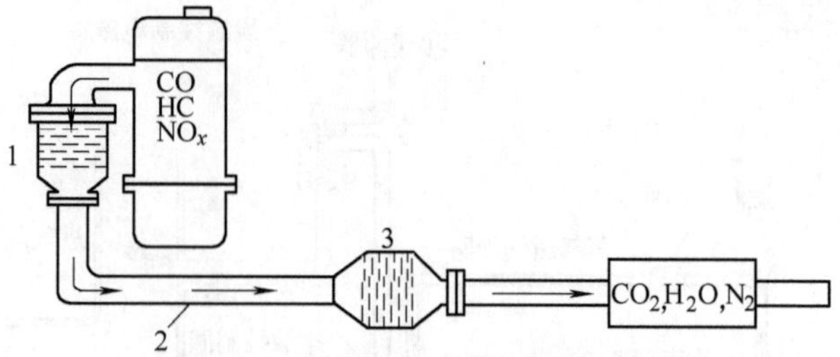

图4-54　三元催化转化器的工作原理

1—预热式三元催化转化器（整体式）　2—前排气管　3—三元催化转化器

4.7　汽油发动机燃料混合比的控制装置及工作流程

汽油发动机燃料混合比的控制装置主要指空燃比反馈控制系统。它主要通过氧传感器的正常工作，把空燃比控制在14.7左右，使三元催化转化器发挥出最高的转化效率。从而提高发动机的经济性与排放性能。

空燃比反馈控制系统的控制工作原理及流程如图4-55所示。当实际空燃比小于理论空燃比时，氧化锆式氧传感器会向ECU输入高电压信号（0.7～0.8V），此时ECU将发出控制信号减少喷油量，使空燃比自动增大；当实际空燃比大于理论空燃比时，氧化锆式氧传感器会向ECU输入低电压信号（下降到0.1V左右），此时ECU将发出控制信号增加喷油量，使空燃比自动减小。

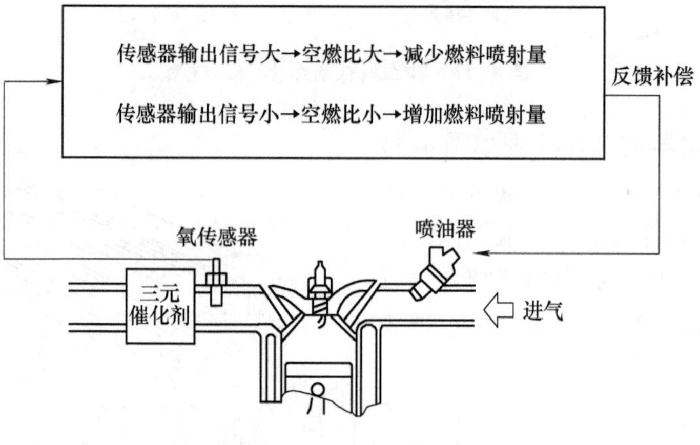

图4-55　空燃比反馈控制系统

4.8　汽油发动机燃料供给系统常见故障及检修

汽油发动机燃料供给系统常见故障及故障部位见表4-4。

表 4-4　桑塔纳 2000GSI 发动机燃料供给系统常见故障及故障部位

故障现象	可能的故障部位
发动机转不动	蓄电池电压过低；点火开关电路；起动机及继电器电路
发动机能转动但无初始燃烧	低压电路；转速传感器及其电路；点火线圈；霍尔传感器；火花塞；真空泄漏；电动汽油泵继电器；主继电器；汽油泵；燃油压力调节器；油管漏油；喷油器及电路；ECU 及熔丝；气缸压力不正常、正时不对
燃烧不完全	高压线漏电；火花塞；霍尔传感器；爆燃传感器；真空泄漏；空气滤清器堵塞；节气门控制组件怠速定位计；空气流量计；汽油泵；燃油压力调节器；冷却液温度传感器；喷油器；气缸压力、气缸盖密封性
冷起动困难	燃油质量；油管堵塞或漏油；燃油压力调节器；汽油泵；冷却液温度传感器；进气温度传感器；喷油器；起动信号电路；点火信号电路；点火线圈；火花塞
热起动困难	真空泄漏；节气门控制组件；冷却液温度传感器；进气温度传感器；燃油压力调节器；喷油器；点火信号电路；点火线圈；火花塞
常温起动困难	汽油泵；燃油压力调节器；喷油器；空气流量计；冷却液温度传感器；霍尔传感器；点火线圈；点火信号电路；火花塞；ECU；配气正时不对；正时齿带；气门关闭不严；气缸垫不密封；活塞环与气缸壁密封不严；火花塞处漏气
开始怠速过高	节气门拉索调整不当；冷却液温度传感器；空调开关常开；节气门控制组件；ECU
怠速不稳	燃油压力调节器；喷油器；节气门控制组件；氧传感器；进气温度传感器；冷却液温度传感器；活性炭罐电磁阀；高压分线绝缘；火花塞及插孔漏电；点火信号电路；ECU；气门关闭不严；气缸磨损严重；曲轴箱通风阀
怠速过高	节气门拉索失调；节气门控制组件；喷油器；冷却液温度传感器；进气温度传感器；活性炭罐电磁阀；ECU
怠速过低	进气真空泄漏；空气流量计；汽油泵；燃油压力调节器；喷油器；空调开关电路
爆燃	汽油质量；爆燃传感器；火花塞；燃烧室积炭；霍尔传感器；ECU
排气“放炮”（突突声）	火花塞；高压线漏电；点火线圈；喷油器；燃油压力调节器；节气门控制组件；空气流量计；爆燃传感器；冷却液温度传感器
加速时发抖	点火线圈；高压漏电；霍尔传感器；汽油质量；汽油泵；节气门控制组件；喷油器；曲轴箱通风不良；离合器打滑；变速器轴松旷；气缸磨损过大

4.9　燃油供给系统案例分析

案例 1：一辆捷达汽车，发动机号：ATK133071；行驶 128850km 出现起动困难。

故障现象：车主反映，低速行车时发动机偶尔会自动熄火，熄火后，要起动两三次才能着车，这种情况在燃油箱汽油少时更容易出现。

故障诊断：先用 VAG. 1552 分别进入 01（发动机）、02（自动变速器）读取故障码，没有故障码。再读取各传感器数据流，均在正常范围。与车主一同试车，起步、低速、中高速、急加速等工况以及各换档时刻状态均良好，也没有出现车主所讲的行车自动熄火情况，但从车主给我们反馈的信息来分析，引起该故障的最大可能应在油路方面。用汽油压力表检查汽油泵压力，怠速时燃油压力为 2. 5bar（250kPa），急加速压力先降再迅速上升，拔开燃油调节器真空管，压力为 2. 8bar（280kPa），均属正常。再试车，故障还是没有出现。模拟故障出现较高的状况，把燃油箱汽油抽出大部分，剩下的接近汽油表红线，继续试车，

30min后低速转弯突然熄火，起动时，不能着车，再起动才着车。回厂更换汽油泵，试车一个多小时故障再也没有出现。我们认为故障已排除，交车。第二天，车主又过来了，说故障依旧，看来由供油系统引起该故障的可能性是很低的。但事实证明，燃油箱汽油少时该故障确实更容易出现，重整思路分析，会不会是燃油箱通风系统出现故障，让过多的汽油蒸气进入发动机燃烧，破坏原先的最佳空燃比，令发动机低速容易熄火。而让这些蒸气进入发动机参与燃烧，是由发动机控制单元控制活性炭罐电磁阀N80开启来实现的。用替换法更换了一个新的N80后，故障一直没有再出现。

故障排除与分析：

更换活性炭罐电磁阀N80后故障排除。

1）该故障之所以难排除，主要是故障出现没有规律性，同时损坏元件N80属偶尔工作失灵，按常规的检测方法难以判断其是否损坏。

2）因故障出现没有周期性，大部分信息只能靠车主反映，因此要求服务顾问必须有一定的维修经验。

3）燃油箱汽油少时，油箱油温上升较快，汽油蒸气较多，这些蒸气经燃油箱通风管进入活性炭罐中被活性炭吸附收集。氧传感器对混合气浓度进入调节状态时，发动机控制单元通过控制活性炭罐电磁阀N80的回路搭铁线通/断让N80开启/关闭，但N80有时关闭失灵，令混合气过浓，无法保证发动机在过量空气系数等于1的状态下工作，因此低速行车时特别容易熄火。

案例2：奔驰560SEL发动机不能高速运转。

故障现象：发动机怠速运转正常，踩下加速踏板时，发动机转速不能提高（很难超过2000r/min）。

故障检修：经过检查，系统燃油压力为600kPa，在正常范围内。更换了喷油器、分油盘以及油压调节器后均不能解决问题。多方检查后发现，油箱由于长时间使用，已有严重生锈的现象。当锈粉脱落沉淀在油箱底部后，会被高速运转的燃油泵吸附在油箱内的出油滤网上，时间长了就造成滤网部分堵塞。发动机在怠速时由于供油量需求小，由油箱滤网通过的油量能够满足发动机的运转。但当中等负荷或大负荷工况时，发动机供油需求量加大，由油箱滤网通过的油量远不能满足需求，就会出现供油量不足，发动机无法加速的现象。

故障排除：对油箱进行清理，并重新更换其出油滤网后，故障排除。因为油箱油泥杂质太多，堵塞滤网，造成汽车无法高速行驶，发动机转速过低的故障在使用时间较长的中高档汽车上非常常见，往往容易忽视，修理时把故障扩大的现象比比皆是。

练习与思考题

1. 填空题

1）汽油机燃料供给系统一般由________、________、________、________等装置组成。

2）汽油供给装置包括________、________、________、________和________等零部件。它的作用是完成汽油的________、________和________。

3）可燃混合气供给和废气排出装置包括________、________和________等零部件。

4）根据物理学的观点，使汽油迅速完全燃烧的途径是将汽油喷散成极细小的颗粒，即使汽油________，再将这些细小的汽油颗粒加以蒸发，即实现汽油________，最后使________与适当比例的________均匀混合成可燃混合气。

5）过量空气系数 $\alpha>1$，则此混合气称为________混合气；当 $\alpha<0.4$ 时，混合气________，火焰不能传播，发动机熄火，此 α 值称为________。

6）车用汽油机工况变化范围很大，根据汽车运行的特点，可将其分为________、________、________、________、________等 5 种基本工况。

7）发动机在不同工况下，化油器应供给不同浓度和数量的混合气。起动工况应供给________的混合气；怠速工况应供给________的混合气；中等负荷时应供给________的混合气；全负荷和大负荷时应供给________的混合气；加速工况时应供给________混合气。

8）汽油滤清器的作用是清除进入________前汽油中的________和________，从而保证________和________的正常工作。

9）机械驱动汽油泵安装在发动机曲轴箱的一侧，由发动机配气机构中凸轮轴上的________驱动；它的作用是将汽油从________吸出，经油管和________，泵送到________。

10）机械膜片式汽油泵，泵膜在拉杆作用下下行，________开、________关，汽油被吸入到膜片上方油腔内；泵膜在弹簧作用下上拱，________关、________开，汽油被压送到________中。

11）按照滤清的方式，汽油机用的空气滤清器可分为________、________和________三种。

12）汽油机进气歧管的作用是较均匀地将________分配到各气缸中，并继续使________和________得到汽化。

13）排气消声器的作用是降低从排气歧管排出废气的________，以消除________。

2. 解释术语

1）可燃混合气

2）可燃混合气浓度

3）过量空气系数

3. 选择题

1）在压力差的作用下，汽油从化油器喷管中吸出，并在高速流动的空气流撞击下分散成细小的汽油颗粒，此过程称为（　　）。

A. 雾化过程　　B. 汽化过程

2）获最低耗油率的混合气成分应是（　　）。

A. $\alpha=1.05\sim1.15$　　B. $\alpha=1$　　C. $\alpha=0.85\sim0.95$

3）加浓装置的加浓量孔与主量孔（　　）。

A. 串联　　B. 并联

4）怠速喷口在（　　）。

A. 节气门下方　　B. 主喷管内　　C. 加速喷口内

5）汽油箱内与大气应（　　）。

A. 相通　　B. 密封　　C. 必要时相通、必要时密封

6）膜片式汽油泵实际泵油量的大小取决于（　　）。

A. 泵膜弹簧的弹力　　B. 泵膜的实际行程

4. 问答题

1）汽油机燃料供给系统的作用是什么？

2）化油器的作用是什么？

3）主供油装置的作用是什么？它在哪些工况下参加供油？

4）为什么发动机在起动工况时要供给多而浓的混合气？

5）为什么汽油箱在必要时应与大气相通？

6）汽油滤清器是如何除去汽油中的杂质和水分的？

第5章

柴油机燃料供给系统

基本思路：

柴油发动机的燃料供给系统包括燃油供给和空气供给两部分，对本章进行学习和研究要以燃油的流动路线和空气的流动路线为纲，来掌握燃油供给和空气供给系统的主要零部件的位置、作用、结构；同时也要掌握燃油量的控制和调节方式；在对柴油发动机燃料供给系统进行检修时，要以燃油的流动路线和空气的流动路线来检测、分析和排除柴油发动机燃料供给系统的故障。在检修过程中，重点围绕这两条线上最易出现的“卡”“堵”“漏”展开。

5.1 概述

5.1.1 柴油机燃料供给系统的组成

一般柴油机燃料供给系统由燃油供给装置、空气供给装置、可燃混合气形成装置和废气排出装置等组成。燃料供给装置的结构组成如图 5-1 所示，它通常由喷油器 11、喷油泵 5、柴油细滤器 9、输油泵 6、柴油粗滤器 2、柴油箱 1 及油管等组成；空气供给装置主要由空气滤清器、进气歧管及进气道组成，有的柴油发动机还装有增压器和中冷器；可燃混合气形成装置主要指燃烧室；废气排出装置由排气道、排气歧管和排气消声器组成。

5.1.2 柴油机燃料供给系统的燃油流动路线

图 5-2 为柴油机柱塞式燃油供给系统的燃油流动路线图，从图中可以看出，柴油的流动路线为柴油箱 1→油水分离器 2→输油泵 3→柴油滤清器 5→柱塞式喷油泵 4→高压油管 7→喷油器 8→燃烧室（多余柴油→回油管 7→柴油箱 1）。

其中柴油箱1→油水分离器2→输油泵3→柴油滤清器5属于低压油路；柱塞式喷油泵4→高压油管7→喷油器8属于高压油路。

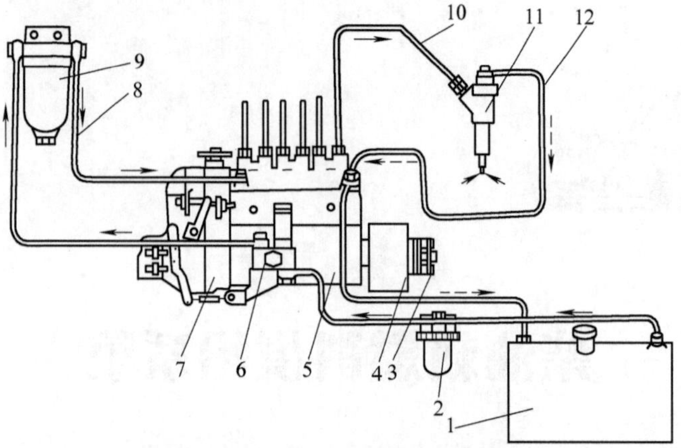

图5-1　柴油机燃料供给系统的组成

1—柴油箱　2—柴油粗滤器　3—联轴节　4—供油提前角自动调节器　5—喷油泵　6—输油泵　7—调速器　8—低压油管　9—柴油细滤器　10—高压油管　11—喷油器　12—回油管

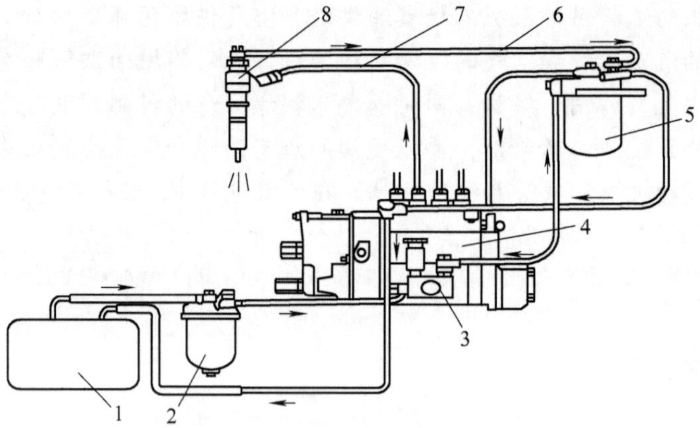

图5-2　柴油机柱塞式燃料供给装置

1—柴油箱　2—油水分离器　3—输油泵　4—柱塞式喷油泵　5—柴油滤清器　6—回油管　7—高压油管　8—喷油器

5.2　可燃混合气的形成与燃烧室

5.2.1　可燃混合气形成特点

柴油机具有热效率高、可靠性好、排气污染少和较大功率范围内适应好等优点，因此在汽车上的应用很广泛。与汽油机相比，柴油机所用燃料的理化特性决定了燃料供给、着火与燃烧方式的不同。柴油机采用压燃，即在压缩行程接近终了时，把柴油喷入气缸，使之与空气混合成可燃混合气，并利用空气压缩所形成的高温使其自行发火燃烧。

由于柴油机在进气过程中进入燃烧室的是纯空气，在压缩过程接近终了时，柴油才喷入，然后即自行着火燃烧，柴油机的混合气形成时间很短，只占 15°～35°曲轴转角。与汽油相比，柴油的蒸发性和流动性都比较差，难以在燃烧前彻底雾化蒸发并与空气均匀混合。为了保证燃烧完全，柴油机不得不采用较大的过量空气系数，即总体上过量空气系数 $\Phi_a>1$。但燃烧室内仍存在局部混合气过浓和过稀的现象。

5.2.2　可燃混合气的形成方式

根据柴油机混合气形成特点，可以分为空间雾化混合和油膜蒸发混合两种基本方式。空间雾化混合将柴油以高压喷向燃烧室空间，形成雾状，与空气进行混合，为了使混合均匀，要求喷出的燃油与燃烧室形状相配合，并充分利用燃烧室中空气的运动；油膜蒸发混合将大部分柴油喷射到燃烧室壁面上，形成一层油膜，受热蒸发，在燃烧室中强烈的旋转气流作用下，燃料蒸气与空气形成均匀的可燃混合气。

在柴油实际喷射中，两种混合方式兼有，只是多少、主次有所不同。

为了促进柴油与空气更好混合，一般都要有适当的空气涡流，常见的有以下三种：

(1) 进气涡流　进气涡流指在进气行程中，使进入气缸的空气形成绕气缸中心高速旋转的气流，如图 5-3 所示。它一直持续到燃烧膨胀过程。涡流速度可以达到曲轴转速的 6～10 倍。

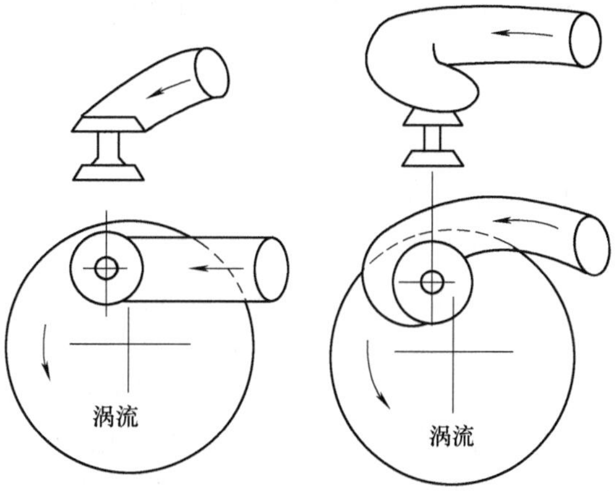

图 5-3　进气涡流

(2) 挤压涡流　挤压涡流（挤流）指在压缩过程中形成的空气运动。当活塞接近压缩上止点时，活塞顶上部的环形空间中的气体被挤入活塞顶部的凹坑内（图 5-4a），形成了气体的运动，称为正挤流；当活塞下行时，活塞顶部凹坑内的气体向外流到环形空间（图 5-4b），称为逆挤流。挤压涡流的产生与活塞顶凹坑（燃烧室）设计有很大关系，柴油机活塞顶凹坑形形色色，目的都是促进燃油与空气的混合与燃烧。

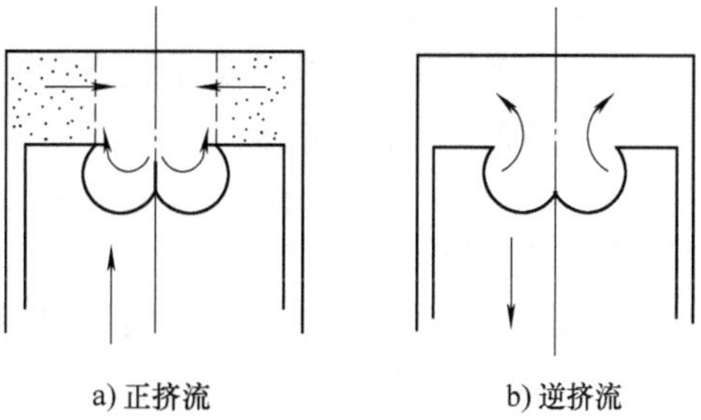

图 5-4　挤压涡流

(3) 燃烧涡紊流　燃烧涡紊流指利用柴油燃烧的能量，冲击未燃的混合气，造成混合气涡流或紊流。其目的也是进一步促进燃油与空气的混合与燃烧。

5.2.3　柴油机燃烧室

燃烧室是柴油机的燃烧场所。它对燃烧有重要影响，其结构形形色色，基本分为直喷式燃烧室和分隔式燃烧室两大类。

1. 直喷式燃烧室

直喷式燃烧室的特点是只有一个燃烧室，位于活塞顶面和气缸盖底平面之间，燃料直接喷入该燃烧室中与空气进行混合燃烧。

图5-5a所示为ω形燃烧室，其凹坑较浅，底部较平，空气压缩涡流小，主要靠喷油器高压喷油到燃烧室空间与空气混合，属于空间雾化混合为主的方式。ω形燃烧室的优点是结构简单、紧凑，由于空间小，传热少，动力性、经济性与起动性都较好。因此在一些中小型高速柴油机上得到了广泛应用，如解放CA6110系列、CA6DE系列和CA6DF系列及上海柴油机厂生产的6135Q型柴油机等，均使用这类燃烧室。其主要缺点是对喷油系统要求高，需要较高的喷油压力，喷油器的喷孔也要求小而多，工作起来也比较粗暴。

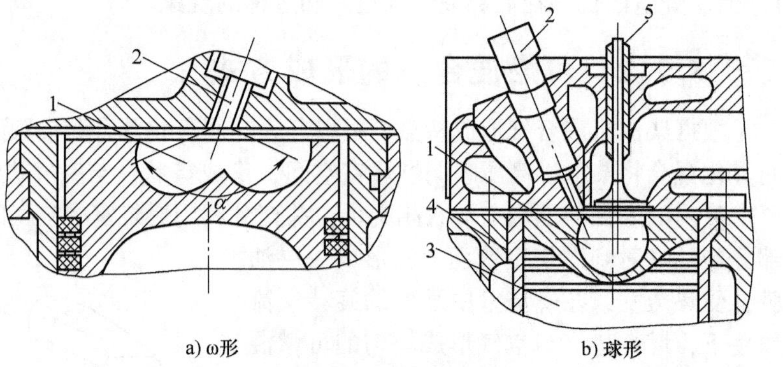

图5-5　直喷式燃烧室

1—燃烧室　2—喷油器　3—活塞　4—气缸体　5—气门

图5-5b所示为球形燃烧室，其凹坑呈球状，较深，同时产生较强的空气涡流，喷油器顺气流喷射，在强涡流带动下，燃油被涂布到球形燃烧室壁面上，形成一层油膜，属于油膜蒸发为主的混合方式。由于空气的强烈涡流，空气利用率较高；燃料燃烧是逐层蒸发燃烧，因此工作起来比较柔和。它对燃油系统要求不高，可以使用单喷孔喷油器，喷油压力也较低。但它的起动性能不好，因为起动时机体温度低，油膜较难蒸发燃烧，低速性能也不好。目前球形燃烧室使用比较少，仅有国产90系列和6120Q型柴油机使用。

2. 分隔式燃烧室

分隔式燃烧室的结构特点是燃烧室被分隔为主、副两个燃烧室，二者通过一个或数个通道相通。副燃烧室在气缸盖内，容积占总压缩容积的50%～80%，主燃烧室在缸盖底平面与活塞顶面之间。燃料先喷入气缸盖中的副燃烧室进行预燃烧，再经过通道喷到活塞顶上的主燃烧室进一步燃烧。

分隔式燃烧室根据结构原理的不同可以分为涡流室式和预燃室式两种，如图5-6所示。

（1）涡流室式燃烧室　涡流室式燃烧室如图5-6a所示，其副燃烧室的形状有球形（图5-7a）、吊钟形（图5-7b）和组合形（如图5-7c所示，由一段球形、一段柱形和一段锥形组成）等；主燃烧室的活塞顶也有不同凹坑，如双涡流凹坑（图5-8a）、铲形凹坑（图5-8b）等。

涡流室式燃烧室的工作特点是在压缩行程中，气缸中的空气被活塞挤压，经过通道流入涡流室形成有序的强烈涡流。接近压缩上止点时，喷油器开始顺气流喷油，在强涡流带动下，燃油被涂布到燃烧室壁面上，形成油膜。同时有少部分油雾分散在燃烧室空间，着火形成火源，并点燃从壁面蒸发出来的可燃混合气，迅速燃烧，高温、高压气体经通道喷入主燃烧室，形成二次涡流，与主燃烧室内的空气进一步混合燃烧。

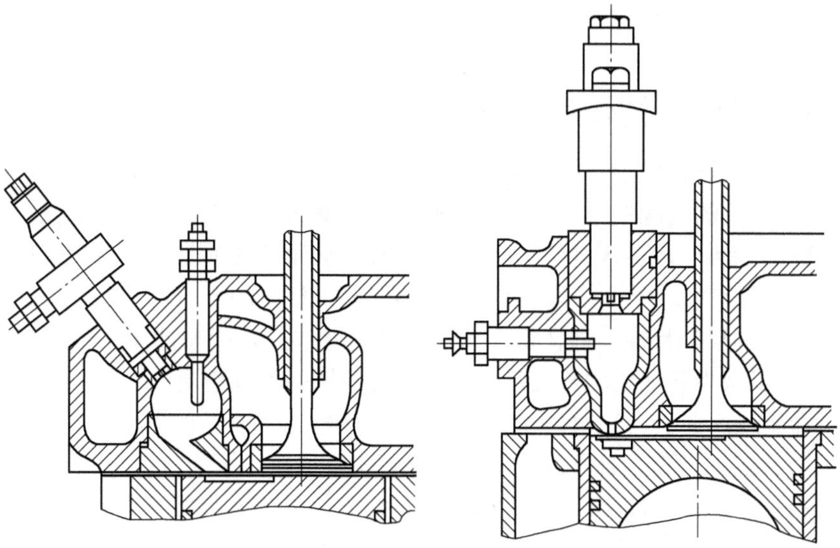

a) 涡流室式燃烧室　　b) 预燃室式燃烧室

图 5-6　分隔式燃烧室

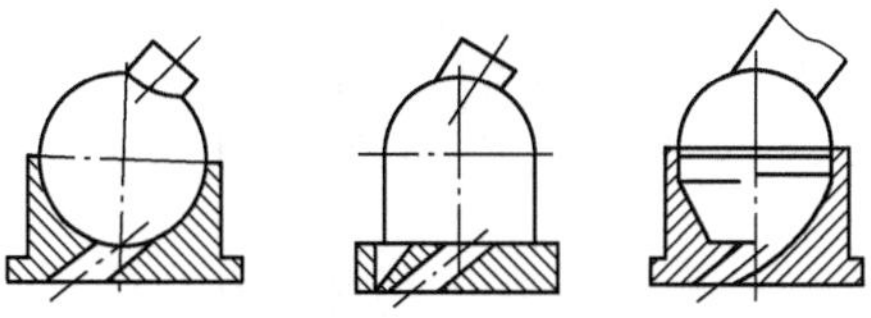

a)　b)　c)

图 5-7　涡流室式燃烧室的副燃烧室

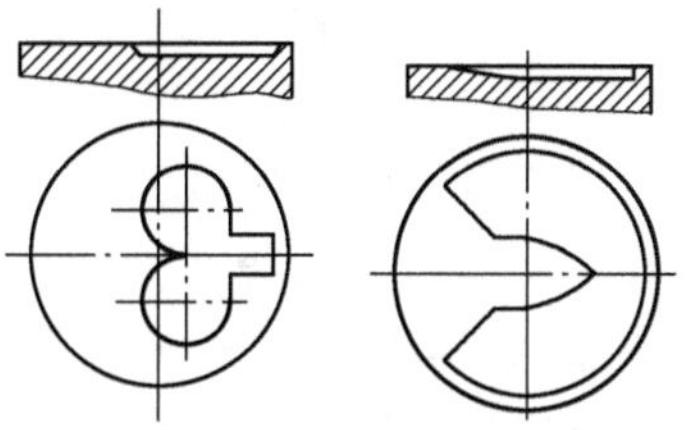

a)　b)

图 5-8　涡流室式燃烧室的主燃烧室

由于采取强烈有序的气体二次涡流，空气利用率高，对喷雾质量要求不高，可采用单喷孔喷油器，喷油压力较低，喷油器故障少，调整方便，工作比较柔和。缺点是副燃烧室相对散热面积大，又直接与冷却液接触，加上主、副燃烧室之间的通道节流，使热利用率降低，经济性较差，起动也较困难。

为了改善起动性能，有的增加了副喷孔（起动喷孔），使得在起动时，由于空气涡流不强，从主喷孔喷出的燃油可通过副喷孔，直接喷入活塞顶的主燃烧室温度较高处，燃料容易着火燃烧。

（2）预燃室式燃烧室　预燃室式燃烧室如图 5-6b 所示，其副燃烧室与主燃烧室的通道截面较小，而且方向与喷油方向相对。其工作特点是压缩时，空气经通道被压向副燃烧室，形成强烈的紊流，燃料逆气流方向喷射，与空气相撞混合，并着火预燃烧，因此副燃烧室也称预燃室。随后不完全燃烧的混合气经通道到主燃烧室，与主燃烧室内的空气进一步混合燃烧。这种燃烧室工作比涡流室式燃烧室更柔和，而且可以燃用多种燃料，但它的节流损失比涡流室式更大，因此经济性能较差。

5.3　喷油器

5.3.1　喷油器的作用及分类

喷油器是柴油机燃料供给系统的重要部件，它直接关系到燃油的雾化质量和可燃混合气的良好形成。喷油器的功能主要有两个：①使一定数量的燃油得到良好的雾化，促进燃油着火和燃烧；②使燃油喷射按照燃烧室类型合理分布，从而让燃油与空气得到迅速而完善的混合，形成均匀的混合气。为此，发动机对喷油器提出了相应的要求：

1）具有良好的喷油特性，即在每一循环的供油量中，开始喷油少，中期喷油多，后期喷油少。这样可以减少备油期的积油量并改善燃烧后期的不利情况。

2）喷油器喷射燃油时应该具有一定喷油压力和射程，以及合适的喷雾锥角和喷雾质量。

3）喷油时断油要迅速，且不发生燃油的滴漏，以免恶化燃烧过程。

喷油器按照结构形式可以分为开式和闭式两大类。目前大多数柴油机使用闭式喷油器，闭式喷油器主要有孔式喷油器和轴针式喷油器两种类型。

5.3.2　孔式喷油器

孔式喷油器的特点是喷油嘴针阀偶件中的针阀不直接伸出喷孔，喷油嘴喷孔小且多，一般喷孔数量为1～8个，直径一般为0.25～0.50mm，其数目和位置，可以根据燃烧室形状和要求确定。孔式喷油器多用在直接喷射式的柴油机上。

孔式喷油器结构如图5-9所示，主要由喷油嘴、喷油器体和调压装置三部分组成。其中，喷油嘴是主要部件，由针阀11和针阀体12组成，二者一般采用优质合金钢制造，称为针阀偶件。孔式喷油嘴可以分为短型和长型两种，如图5-10所示，短型孔式喷油嘴（图5-10a）针阀较短，受热较大，多用在热负荷不高的柴油机中。长型孔式喷油嘴（图5-10b）的针阀导向圆柱面远离燃烧室，减少了针阀受热变形卡死在针阀体中的可能，用于热负荷较高的柴油机中。

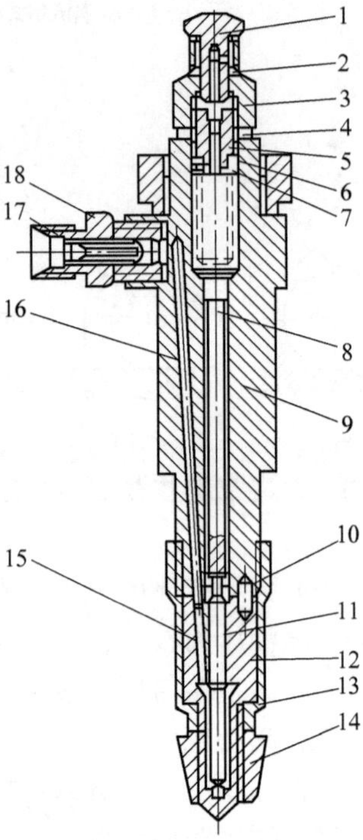

图5-9　孔式喷油器

1—回油管接头　2—衬垫　3—调压螺钉锁紧螺母　4—调压螺钉垫圈　5—调压螺钉　6—调压弹簧垫圈　7—调压弹簧　8—推杆　9—壳体　10—定位销　11—针阀　12—针阀体　13—紧固螺套　14—密封铜锥体　15—针阀体油道　16—壳体油道　17—滤芯　18—进油管接头

针阀下端有一圆锥面与阀体下端的环形锥面共同起密封作用，用于切断或打开高压油腔和燃烧室的通路。调压装置由调压弹簧7、调压弹簧垫圈6、调压螺钉5、调压螺钉锁紧螺母3和推杆8等组成。拧进调压螺钉5，可提高喷油开启压力；用调压螺钉锁紧螺母3可以防止调压螺钉5松动。

孔式喷油器的针阀偶件是喷油器中最为精密

的部件，如图 5-11 所示。针阀上部的圆柱表面同针阀体相应内圆柱面作高精度的滑动配合，配合间隙一般要求在 0.002～0.003mm 之间。此间隙过大则可能发生漏油而使油压下降，影响喷雾质量；间隙过小时，针阀将不能自由滑动。针阀中部的锥面全部暴露在针阀体的环形油腔（即高压油腔）中，用来承受油压，故称为承压锥面。针阀下端的锥面与针阀体上相应的内锥面配合，以使喷油器内腔密封，称为密封锥面。针阀偶件的配合面通常是经过精磨后再相互研磨而保证其配合精度的，因此选配和研磨好的一副针阀偶件是不能互换的。

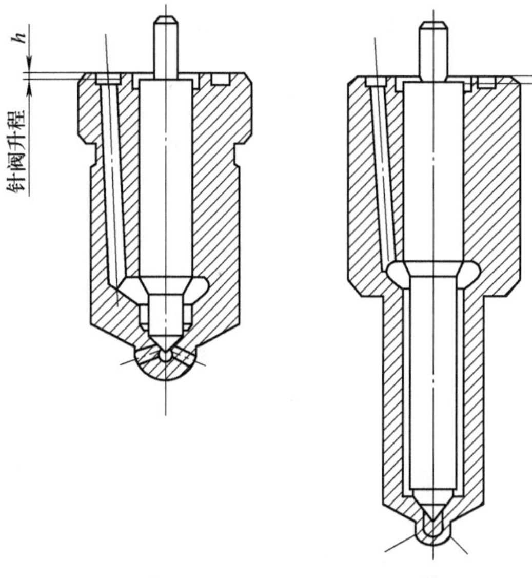

a)　　b)

图 5-10　孔式喷油嘴类型

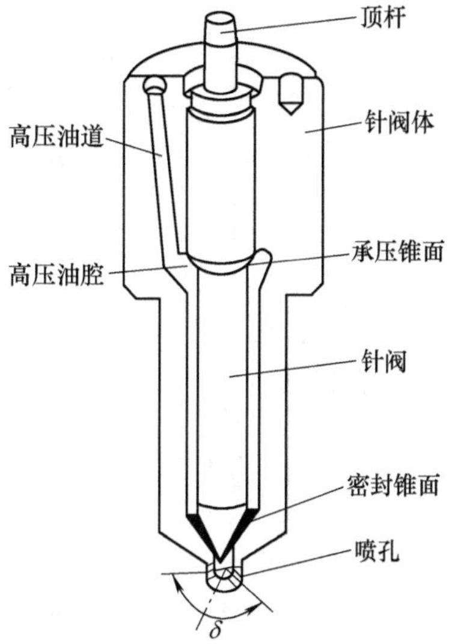

图 5-11　喷油器中的针阀偶件

装在喷油器体上的调压弹簧通过顶杆使针阀紧压在针阀体的密封锥面上将喷孔关闭。为防止细小杂物堵塞喷孔，在进油管接头中一般装有缝隙式滤芯，如图 5-12 所示。滤芯有磁性，可防止金属杂质进入。油从不直通沟槽 A，进入并穿过棱边 B，进入另一个不直通沟槽 C，然后进入喷油器。

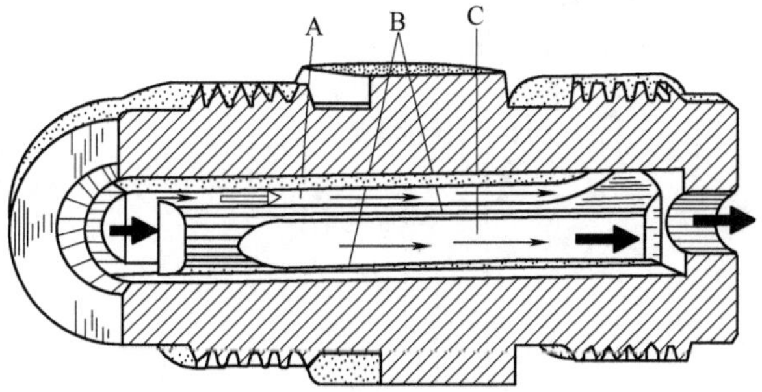

图 5-12　缝隙式滤芯

5.3.3　轴针式喷油器

轴针式喷油器的结构如图 5-13 所示，其结构与轴孔式喷油器相比，只是针阀偶件不同。该针阀前端有一段圆柱面与倒锥面，即轴针（图 5-14）。轴针的一部分伸出喷孔外，圆柱或锥体与喷孔间有一定径向间隙，一般为 0.02～0.06mm。其喷孔一般只有一个，直径也较大，可达 1～3mm，工作时轴针在喷孔中上下运动，能自动清除喷孔积炭。但其喷油压力不高，一般为 12～14MPa。

轴针式喷油器适用于喷雾要求不高的涡流室式和预燃烧室式柴油机。

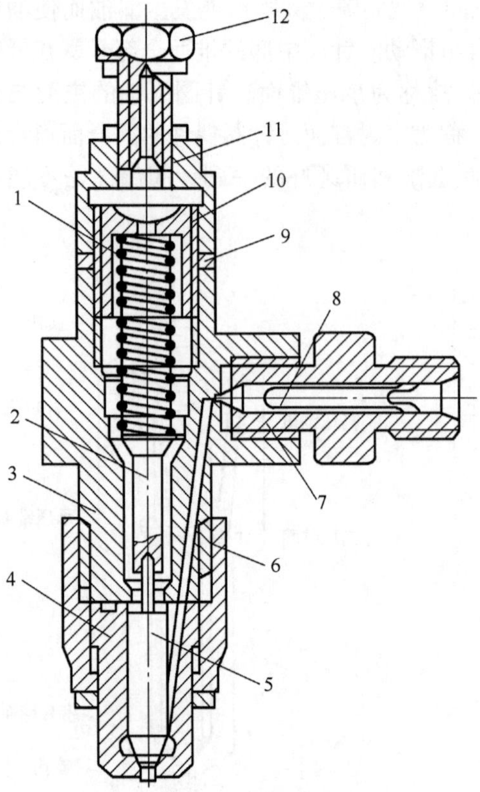

图5-13 轴针式喷油器

1—调压弹簧 2—顶杆 3—喷油器体
4—针阀体 5—针阀 6—紧固螺母
7—进油管接头 8—滤芯 9—垫圈
10—调压螺钉 11—锁紧螺母
12—回油管接头

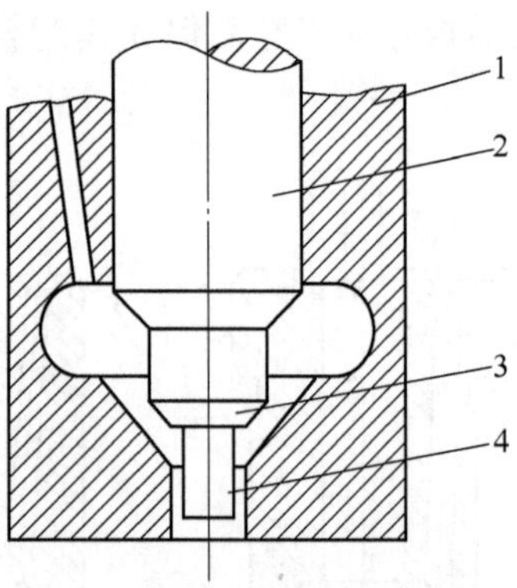

图5-14 轴针式喷油器喷油嘴

1—针阀体 2—针阀
3—密封锥面 4—轴针

5.3.4 低惯量孔式喷油器

所谓低惯量孔式喷油器指某些喷油器调压弹簧的预紧力，是由调压垫片调整的（图5-15），其结构特点是调压弹簧8下置，使顶杆7大为缩短，减少了顶杆的质量和惯性力，减轻了针阀跳动，有利于喷油。

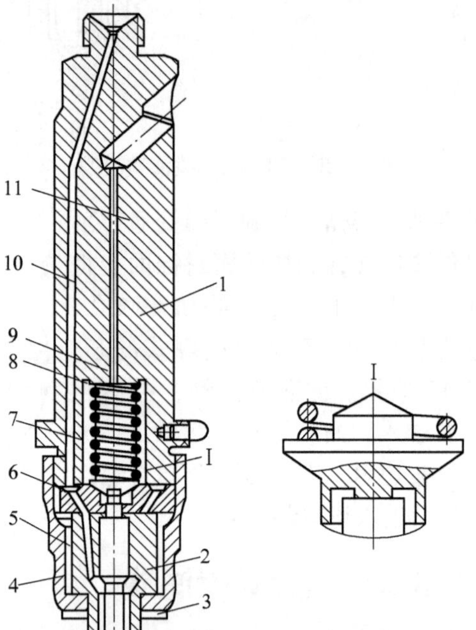

图5-15 低惯量孔式喷油器

1—喷油器体 2—喷油嘴 3—弹性垫圈
4—密封垫圈 5—紧固螺套 6—结合座 7—顶杆
8—调压弹簧 9—垫圈 10—进油道 11—回油道

5.4 喷油泵

5.4.1 喷油泵的功用与分类

喷油泵又称高压油泵，是柴油机燃料供给系统中最重要的部件，被称为柴油机的心脏。其作用是提高燃油压力，并按照柴油机运行工况的不同要求，定时定量地将高压柴油输送到喷油器。对喷油泵的主要要求如下：

1）泵油压力要符合喷射压力和雾化质量的要求。

2）供油量应符合柴油机工作所需的精确数量。

3）保证按柴油机的工作顺序，在规定的时间内准确供油。

4）供油量和供油时间可调整，以保证各缸供油均匀。

5）供油规律应保证柴油燃烧完全。

6）供油开始和结束时动作敏捷，断油干脆，避免滴油。

喷油泵的结构形式较多，车用柴油机的喷油泵按照作用原理不同可以分为三种类型：

（1）柱塞式喷油泵　这种喷油泵应用历史较长，性能良好，工作可靠，为目前大多数汽车柴油机所采用。

（2）转子分喷式喷油泵　该类型的喷油泵只有一对柱塞副，依靠转子的转动实现燃油的增压与分配。由于它的体积小，对发动机和汽车的整体布置十分有利，在电控柴油机喷射系统中的应用将会越来越广泛。

（3）喷油泵-喷油器　将喷油泵和喷油器合为一体，直接安装在柴油发动机气缸盖上，可以消除高压油管带来的不利影响。但要求在发动机上另装驱动机构，PT型燃油供给系即属于这一类型。

5.4.2 柱塞式喷油泵的基本结构与工作原理

（1）柱塞式喷油泵的结构　图5-16所示为柱塞式喷油泵的结构图。泵油机构为其关键部件，主要由柱塞偶件（柱塞套6和柱塞7）和出油阀偶件（出油阀体3和出油阀座4）等组成。柱塞和柱塞套（图5-17）是一对精密偶件，经配对研磨后不能互换，要求有高的精度、表面粗糙度和好的耐磨性，其径向间隙一般为0.002～0.003mm。柱塞头部圆柱面上切有斜槽，并通过径向孔、轴向孔与顶部相通，其目的是改变循环供油量；柱塞套上制有进、回油孔，均与泵上体内低压油腔相通，柱塞套装入泵上体后，应用定位螺钉定位。柱塞头部斜槽的位置不同，改变供油量的方法也不同。出油阀和出油阀座（图5-18）也是一对精密偶件，配对研磨后不能互换，其配合间隙一般为0.01mm左右。出油阀是一个单向阀，在弹簧压力作用下，阀上部圆锥面与阀座严密配合，其作用是在停止供油时，将高压油管与柱塞上端空腔隔绝，防止高压油管内的油倒流入喷油泵内。出油阀的下部呈十字断面，既能导向，又能通过柴油。出油阀的锥面下有一个小的圆柱面，称为减压环带，其作用是在供油终了时，使高压油管内的油压迅速下降，避免喷孔处产生滴油现象。当环带落入阀座内时则使上方容积很快增大，压力迅速减小，停喷迅速。柱塞式喷油泵主要通过柱塞在柱塞套内的往复运动进行吸油和压油，每一个柱塞偶件向一个气缸供油。单缸柴油机由一套柱塞偶件组成单体泵；多缸柴油机由多副柱塞偶件在同一壳体中组成多缸泵，分别向各缸供油。

（2）柱塞式喷油泵的工作原理　柱塞式喷油泵工作时，在喷油泵凸轮轴上的凸轮与柱塞弹簧的作用下，迫使柱塞做上、下往复运动，从而完成泵油任务。泵油过程可分为以下三个阶段，如图5-19所示。

1）进油过程。如图5-19a所示，当凸轮的凸起部分转过去后，在弹簧力的作用下，柱塞向下运动，柱塞上部空间（称为泵油室）产生真空度，当柱塞上端面把柱塞套上的进油孔打开后，充满在油泵上体油道内的柴油经油孔进入泵油室，柱塞运动到下止点，进油结束。

2）供油过程。如图5-19b所示，当凸轮轴转到凸轮的凸起部分顶起滚轮体时，柱塞弹簧被压缩，柱塞向上运动，燃油受压，一部分燃油经油孔流回喷油泵上体油腔。当柱塞顶面遮住套筒上进油孔的上缘时，由于柱塞和套筒的配合间隙很小（0.0015～0.0025mm），使柱塞顶部的泵油室成为一个密封油腔，柱塞继续上升，泵油室内的油压迅速升高，泵油压力>出油阀弹簧力+高压油管剩余压力时，推开出油阀，高压柴油经出油阀进入高压油管，通过喷油器喷入燃烧室。

3）回油过程。如图5-19c所示，柱塞向上供油，当上行到柱塞上的斜槽（停供边）与套筒上的回油孔相通时，泵油室低压油路便与柱塞头部的中孔和径向孔及斜槽相通，油压骤然下降，出

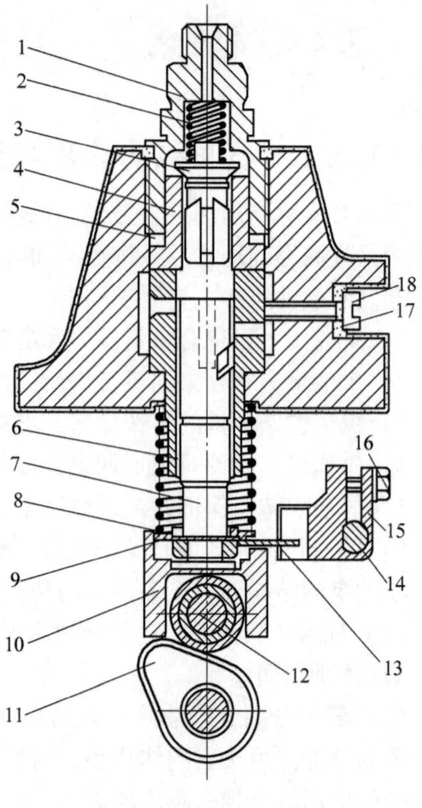

图5-16　柱塞式喷油泵

1—出油阀紧固座　2—出油阀弹簧　3—出油阀体　4—出油阀座　5、17—垫片　6—柱塞套　7—柱塞　8—柱塞弹簧　9—弹簧座　10—滚轮架　11—凸轮　12—滚轮　13—调节臂　14—供油拉杆　15—调节叉　16—夹紧螺钉　18—定位螺钉

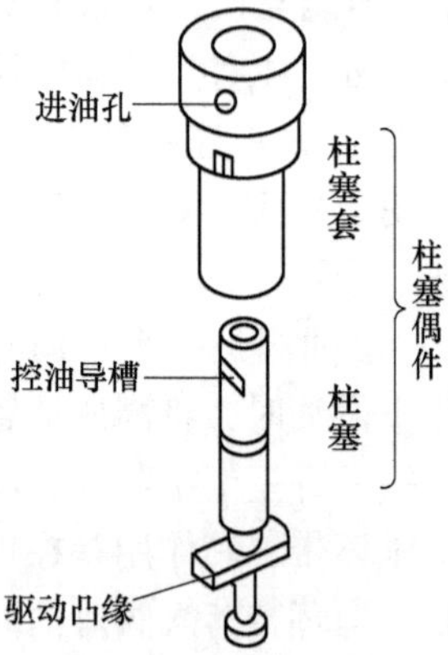

图5-17　柱塞偶件

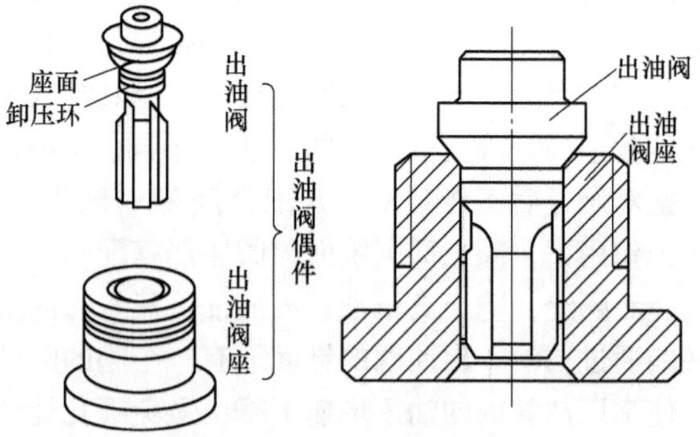

图5-18　出油阀偶件

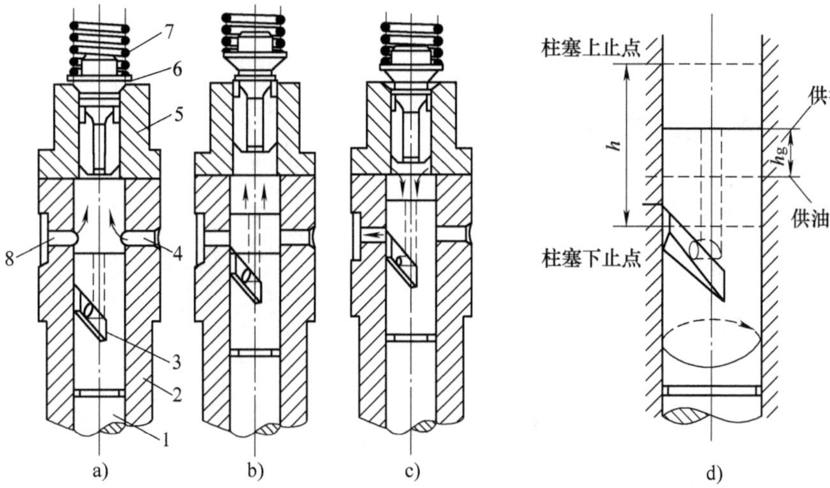

图 5-19　柴油机的柱塞式喷油泵泵油原理示意图

1—柱塞　2—柱塞套　3—斜槽　4、8—油孔　5—出油阀座

6—出油阀体　7—出油阀弹簧

油阀在弹簧力的作用下迅速关闭，停止供油。此后柱塞还要上行，当凸轮的凸起部分转过去后，在弹簧的作用下，柱塞又下行。此时便开始了下一个循环。

对其泵油过程的分析可以得出以下结论：

① 柱塞往复运动总行程 h 是不变的，由凸轮的升程决定。

② 柱塞每循环的供油量大小取决于供油行程，供油行程不受凸轮轴控制是可变的。

③ 供油开始时刻不随供油行程的变化而变化。

④ 转动柱塞可改变供油终了时刻，从而改变供油量。

（3）供油量调节机构　油量调节机构的作用主要是在柱塞往复运动的同时使柱塞转动，以改变柱塞运动的有效供油行程，从而改变供油量，并使各缸供油量一致。常用的油量调节机构有两种形式，即齿杆式油量调节机构和拨叉式油量调节机构。

1）齿杆式油量调节机构。图 5-20 所示为齿杆式油量调节机构图，控制套筒 2 套在柱塞套 5 的外面，在其上部用固定螺钉 6 锁紧一个可调齿圈 3，可调齿圈 3 与齿杆 4 相啮合，因此拉动齿杆时，可调齿圈 3 连同控制套筒 2 带动柱塞相对于固定不动的柱塞套转动，这样就改变了柱塞 1 圆柱表面上斜槽与进油孔的相对角位置，即改变了柱塞的有效行程，从而实现了供油量的调节。各缸供油量均匀性的调节可通过改变可调齿圈 3 和控制套筒 2 的相对角位置来实现。调整时，先松开可调齿圈 3，按调整需要使控制套筒 2 与柱塞 1 一起相对于可调齿圈 3 转过一定角度，再将可调齿圈锁紧在控制套筒上。

2）拨叉式油量调节机构。图 5-21 所示为拨叉式油量调节机构的结构图。柱塞下端有一个调节臂 13，调节臂 13 的端头固定在拨叉的槽内，拨叉用固定螺钉夹紧在调节拉杆上。调节拉杆装在油泵下体孔内的油量调节套筒中，其轴向位置由人工和调节器控制。当驾驶人或者调速器推动供油拉杆轴线移动时，拨叉带动调节臂 13 和分泵柱塞一起相对于柱塞套筒转过一定角度从而使喷油泵供油量改变。松开固定螺钉改变拨叉与拉杆的相对位置可以调节气缸的供油量，从而实现供油量均匀性调整。

（4）柱塞式喷油泵的传动机构　喷油泵的往复运动是由凸轮和滚轮等驱动的，如图 5-22 所

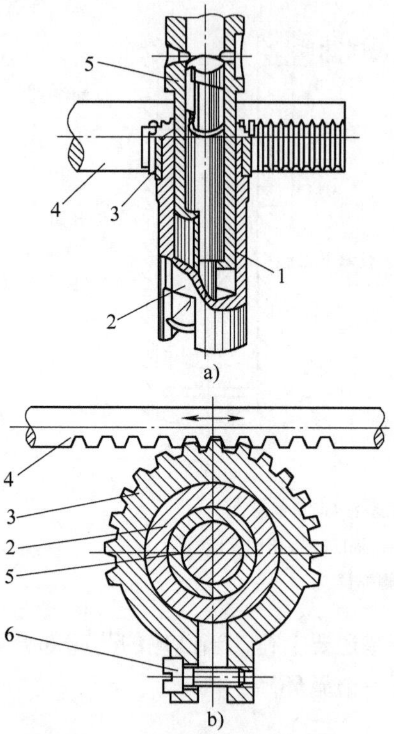

图5-20　齿杆式油量调节机构

1—柱塞　2—控制套筒　3—可调齿圈　4—齿杆　5—柱塞套　6—固定螺钉

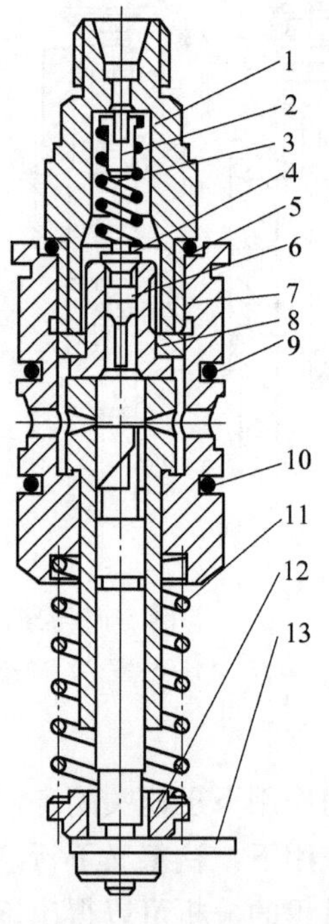

图5-21　拨叉式油量调节机构

1—高压油管接头　2—减容器　3—弹簧　4—出油阀体　5、9、10—密封胶圈　6—出油阀座　7—泵单体壳　8—垫片　11—柱塞回位弹簧　12—弹簧座　13—调节臂

示。凸轮轴是由柴油机的曲轴通过正时齿轮驱动的，带有衬套的滚轮可以在滚轮销上转动，销装在滚轮架的座孔中。滚轮架外形是一圆柱体，能在泵体的圆孔中做相应的往复运动，其上部装有调整垫块，以支承喷油泵柱塞。

5.4.3　柱塞式喷油泵系列及典型结构

国产柱塞泵主要有A型、B型、P型、PDA型、VE型等系列。喷油泵的系列化是根据柴油机单缸功率范围对供油量的要求不同，以柱塞行程，柱塞泵缸中心距和结构形式为基础，再分别配以不同尺寸的柱塞直径，组成若干种在一个工作循环内供油量不等的喷油泵，以满足各种柴油机的需要。喷油泵的系列化对喷油泵的生产、装配、维护、维修均有非常大的影响。

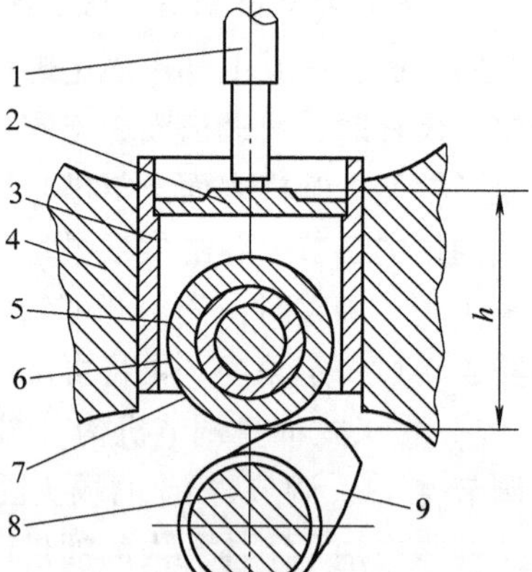

图5-22　柱塞式喷油泵的传动机构

1—柱塞　2—垫块　3—滚轮架　4—泵体　5—滚轮　6—衬套　7—滚轮销　8—凸轮轴　9—凸轮

A型、B型、P型喷油泵都为柱塞式喷油泵，其结构和工作原理基本相同，下面以CA6110-2型柴油机所用的A型喷油泵为例，介绍国产柱塞泵的典型结构。CA6110-2 A型喷油泵结构如图5-23所示。它主要由分

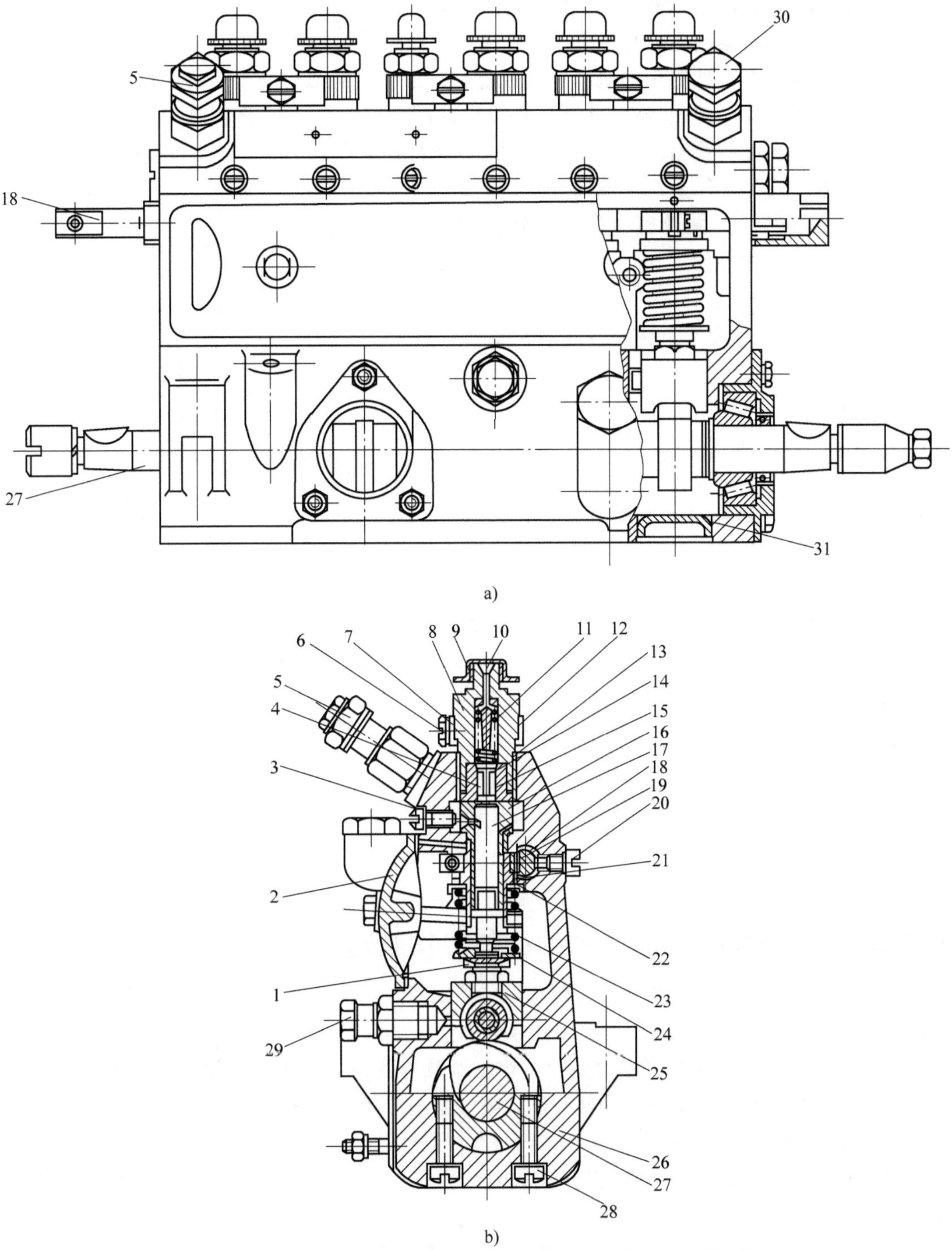

图 5-23　CA6110-2 A 型喷油泵

1—调整螺钉　2—检查窗盖　3—挡油螺钉　4—出油阀体　5—限压阀部件　6—槽形螺钉　7—前夹板
8—出油阀压紧座　9—减容器　10—锁紧螺母　11—出油阀弹簧　12—后夹板　13—O 形密封圈
14—垫圈　15—出油阀座　16—柱塞套　17—柱塞　18—可调齿圈　19—调节齿杆
20—齿杆限位螺钉　21—控制套筒　22—弹簧上支座　23—柱塞弹簧　24—弹簧下支座
25—滚轮架部件　26—泵体　27—凸轮轴　28—紧固螺钉　29—润滑油进油空心螺栓
30—柴油进油空心螺栓　31—堵盖

泵（泵油机构）、油量调节机构、传动机构和泵体等几部分组成。

(1) 分泵　多缸柴油机的每一个气缸均需要一套泵油机构进行供油。这套泵油机构称为分泵。分泵就是一个单独的泵油机构，其数量和柴油机气缸数一致。CA6110-2 型发动机上的 A 型泵有六个分泵。它主要由柱塞偶件、出油阀偶件、柱塞弹簧和出油阀弹簧等组成。柱塞和柱塞套、出油阀和出油阀座均是喷油泵内的精密偶件，不能互换。柱塞弹簧的上端通过弹簧座支承在喷油泵体上，下端通过弹簧座支承于柱塞尾端。借助柱塞弹簧的预紧力使柱塞始终压紧在挺柱上，并使挺柱的滚轮始终与喷油泵凸轮保持接触。

(2) 油量调节机构　CA6110-2 A 型发动机上配用的 A 型泵油量调节机构采用了齿杆式油量调节机构。

(3) 传动机构　CA6110-2 A 型发动机上配用的 A 型泵的传动机构由凸轮轴、滚轮挺杆等组成，如图 5-24 所示。凸轮轴一般由曲轴正时齿轮驱动，四冲程柴油机喷油泵凸轮轴的转速是曲轴转速的一半，在一个工作循环之内，凸轮轴转一周，向各气缸轮流供油一次。当喷油器开启压力调定时，其喷油规律主要由喷油泵凸轮来控制。凸轮轴上的偏心轮用来驱动活塞式输油泵。

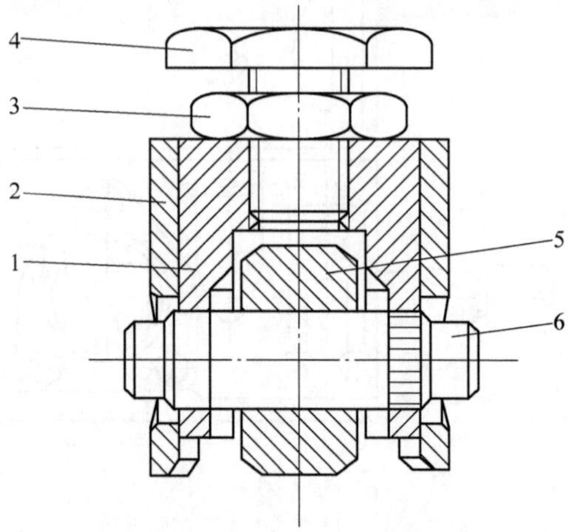

图 5-24　CA6110-2 A 型泵传动机构

1—滚轮架　2—滚轮架套　3—锁紧螺母　4—调整螺钉　5—滚轮　6—滚轮销

(4) 喷油泵体　喷油泵的泵体有整体式和分开式两种。CA6110-2 A 型发动机上配用的 A 型泵共有六个分泵，泵体由铝合金铸成。泵油机构、油量调节机构和驱动机构等都安装在喷油泵体上。泵体上部设有纵向低压油道与各柱塞套的径向油孔相通。油道的一端有进油管接头，另一端有回油管接头，多余的燃油通过限压阀流回低压油路或燃油箱。

5.4.4　VE 型柴油泵的结构与工作原理

柱塞式喷油泵是具有与柴油机缸数相同的柱塞偶件和出油口的喷油泵。而分配式喷油泵是具有一个分配转子（或分配柱塞）和多个出油口的喷油泵。它具有结构简单、零件少、体积小、重量轻、高速性能好、故障少和容易维修等优点，其主要问题是每循环供油量不大，精密偶件加工精度要求高，因此分配式喷油泵被广泛应用于轻型柴油汽车上。

分配式喷油泵按其结构特点分为转子式（径向压缩式）和单柱塞式（轴向压缩式）两大类。下面以应用较广的单柱塞分配式喷油泵（简称 VE 型分配泵，图 5-25）为例介绍其工作原理。

VE 型喷油泵主要由泵体、泵盖、滑片式输油泵、泵油机构、断油电磁阀和喷油提前器等组成，如图 5-26 所示。

(1) 泵体和泵盖　泵体 2 和泵盖 4 用铝合金铸成，支承着喷油泵的所有零部件。泵盖与泵体之间用橡胶垫密封，以防止漏油。泵盖上安装有回油电磁阀 8、调速手柄 5、高速限制螺钉、怠速调整螺钉、最大油量调整螺钉 10 等。

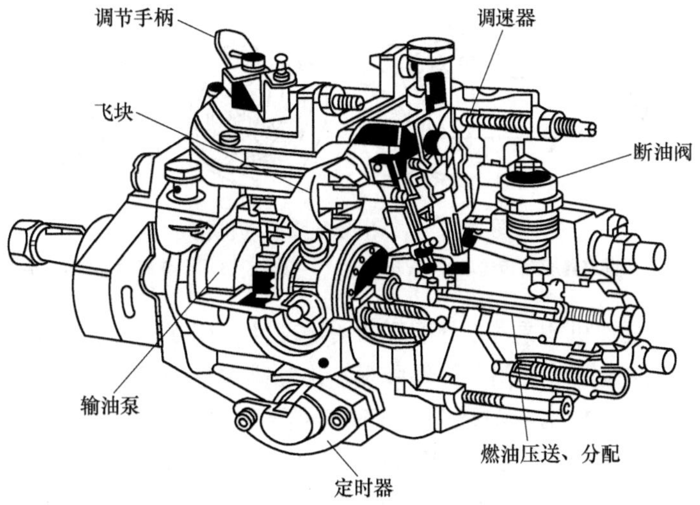

图5-25　VE型分配泵

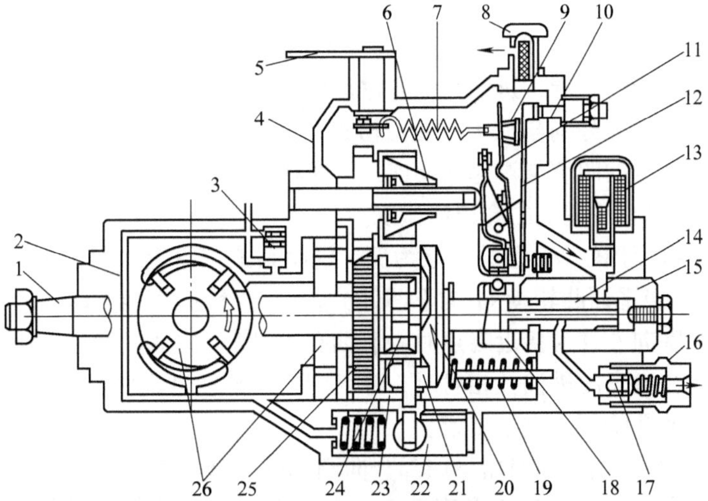

图5-26　VE型分配泵结构

1—驱动轴　2—泵体　3—调压阀　4—泵盖　5—调速手柄　6—飞锤　7—调速弹簧　8—回油电磁阀　9—稳定弹簧　10—最大油量调整螺钉　11—张力杆　12—调整杆　13—断油电磁阀　14—柱塞　15—柱塞套　16—出油阀紧座　17—出油阀　18—油量调节套筒　19—柱塞弹簧　20—平面凸轮盘　21—滚轮　22—喷油提前器活塞　23—滚轮支架　24—十字联轴器　25—调速器驱动齿轮　26—滑片式输油泵

（2）驱动机构　驱动机构由驱动轴1、调速器驱动齿轮2、滚轮支架3、滚轮4、十字联轴器5和平面凸轮盘6等组成，如图5-27所示。

工作时，驱动轴由发动机曲轴通过中间传动装置驱动。传动轴一方面带动滑片式输油泵转动，同时通过调速器驱动齿轮2带动调速器工作；另一方面，传动轴右端通过十字联轴器5带动平面凸轮盘6转动，凸轮盘上的凸轮数与发动机气缸数相同，并紧靠在滚轮4上，滚轮支承在滚轮支架3上，平面凸轮盘6在转动的同时，受滚轮4的作用，还做左右往复运动，用于驱动分配泵的柱塞也做转动和往复运动。

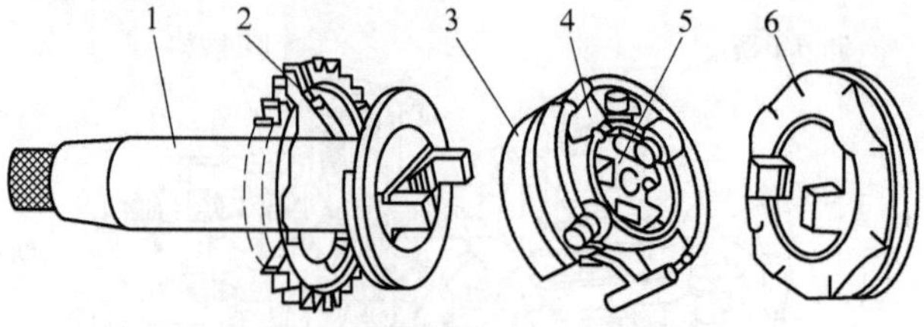

图 5-27　VE 型分配泵驱动机构

1—驱动轴　2—调速器驱动齿轮　3—滚轮支架　4—滚轮　5—十字联轴器　6—平面凸轮盘

（3）泵油机构　泵油机构是 VE 分配泵的关键部件，用来定时、定量产生高压油。它主要由柱塞、柱塞套、油量调节套筒、柱塞弹簧、出油阀偶件等组成，如图 5-28 所示。

柱塞 10 与柱塞套 3、柱塞与油量调节套筒 9 是两对精密偶件。在柱塞的左端开有定位孔 19（图 5-28b），与平面凸轮盘 11 的定位销 20 相啮合（图 5-28c），平面凸轮盘的运动，带动柱塞做相应的转动和往复运动；柱塞的右端开有四条相隔 90°的进油槽 13（图 5-28b）；中部开有一个出油孔 15、一条压力平衡槽 16 和泄油孔 18，柱塞还有中心油道与各进出油孔及泄油孔相通。

柱塞套 3 被固定在泵头 7 上（图 5-28a），其右端有一个进油孔，位置与柱塞的四个进油槽相对应，柱塞每旋转一周，进油孔与各进油槽各接通一次；中部开有一个出油孔，柱塞每转一周，柱塞套出油孔分别与柱塞出油孔相通一次。

油量调节套筒 9 上的凹坑与调速器相连，可在柱塞上左右移动，当柱塞向右运动到露出泄油孔 18 时，柱塞中心油道上的高压油泄压。

现以四缸发动机配用的 VE 型分配泵为例，说明其工作原理（图 5-28a）：

1）进油过程。当平面凸轮盘 11 的下凹部分转到与滚轮 12 接触时，在柱塞弹簧 8 的作用下，转动着的柱塞向左移动接近终点时，泄油孔 18 完全被油量调节套筒 9 所封闭。当柱塞的一个进油槽与柱塞套的进油孔相对时，泵腔中的燃油便进入柱塞中心油道，直至柱塞进油槽与柱塞套的进油孔错开，进油结束。

2）泵油过程。当平面凸轮盘由下凹部分向凸起部分转动到与滚轮接触时，柱塞由左向右运动，此时柱塞中心油道的油压急剧升高，当柱塞的出油槽与柱塞套的一个出油孔相对时，高压燃油便经出油孔、出油阀、高压油管，送到相应缸的喷油器中。

柱塞每转一周，对四缸柴油机，分别进油四次，出油四次，并向每个气缸喷油一次。

3）回油过程。柱塞在平面凸轮盘作用下继续右移，当柱塞的泄油孔露出，油量调节套筒 9 与泵腔相通时，柱塞中心油道中的高压油便流回泵腔，油压急剧下降，供油结束。

柱塞从出油槽与柱塞套出油孔接通到关闭的行程，称为柱塞的有效行程。有效行程越大，向外供油量越多。移动油量调节套筒 9 的位置，即可改变柱塞的有效行程，从而改变 VE 分配泵的供油量。

4）均压过程。柱塞上加工有压力平衡槽 16，它始终与泵腔相通。供油结束时，柱塞转过 180°时，柱塞上的压力平衡槽 16 便与该缸柱塞套出油孔相通泄压，使其与泵腔油压平衡，从而使各缸分配油路内的压力在燃油喷射前趋于均衡，保证各缸喷油量均匀。

（4）断油电磁阀　VE 型分配泵装有断油电磁阀，如图 5-29 所示。发动机起动时，将起动开关 13 闭合（旋至 ST 位置），从蓄电池 12 来的电流直接流过电磁线圈 1，产生的电磁吸力压缩回位弹簧 2 把阀门 3 吸上，使进油孔 4 打开，燃油进入泵油机构。

发动机起动后，将起动开关旋至 ON 位置，此时因电路串入了电阻 14，电流减少，但由于有油压作用，阀门仍保持开启。

发动机需要停止运转时，将起动开关旋至 OFF 位置，电路断开，阀门在回位弹簧 2 作用下落座，切断油路，停止供油。

（5）喷油提前器　VE 泵的喷油提前器属于液压式，其结构如图 5-30 所示。

滚轮座 2 通过传动销 4 和连接销 10 与提前器活塞 9 相连接。活塞右端有一小孔 A，与泵体内腔燃油相通。活塞左端安装有弹簧 11，与滑片式输油泵进油腔相通。发动机稳定运转时，活塞左右两端压力平衡，活塞和滚轮座不动。

发动机转速增加时，滑片式输油泵运转加快，泵腔油压升高，使提前器活塞 9 的右端压力大于左端，压缩弹簧，使活塞左移，通过传动销 4，带动滚轮座 2 顺时针旋转（逆着驱动轴方向旋转），导致滚轮 3 提早顶起平面凸轮，提早供油和喷油。发动机转速越高，泵腔燃油压力也越大，活塞左移越多，喷油也越早。

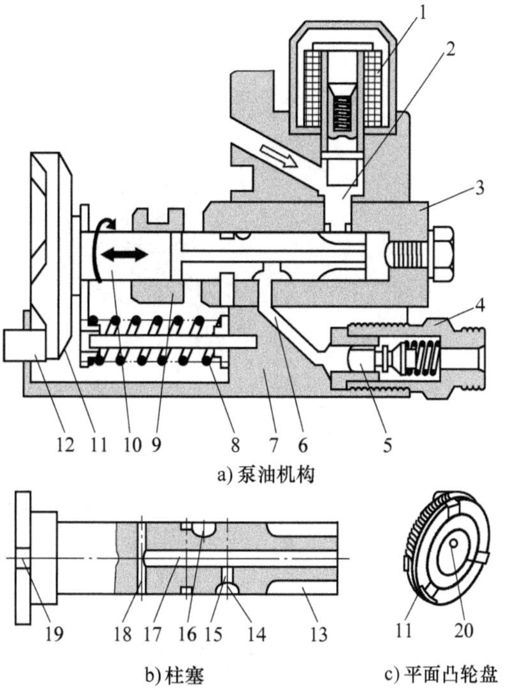

a) 泵油机构　b) 柱塞　c) 平面凸轮盘

图 5-28　VE 型分配泵泵油机构

1—断油电磁阀　2—进油孔　3—柱塞套　4—出油阀紧座　5—出油阀偶件　6—出油孔　7—泵头　8—柱塞弹簧　9—油量调节套筒　10—柱塞　11—平面凸轮盘　12—滚轮　13—进油槽　14—出油槽　15—出油孔　16—压力平衡槽　17—中心油道　18—泄油孔　19—定位孔　20—定位销

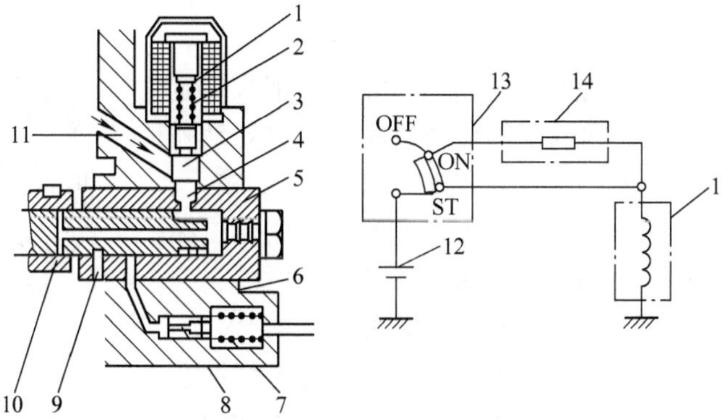

图 5-29　VE 型分配泵断油电磁阀

1—电磁线圈　2—回位弹簧　3—阀门　4—进油孔　5—柱塞套　6—泵头　7—出油阀弹簧　8—出油阀偶件　9—柱塞　10—油量调节套筒　11—进油道　12—蓄电池　13—起动开关　14—电阻

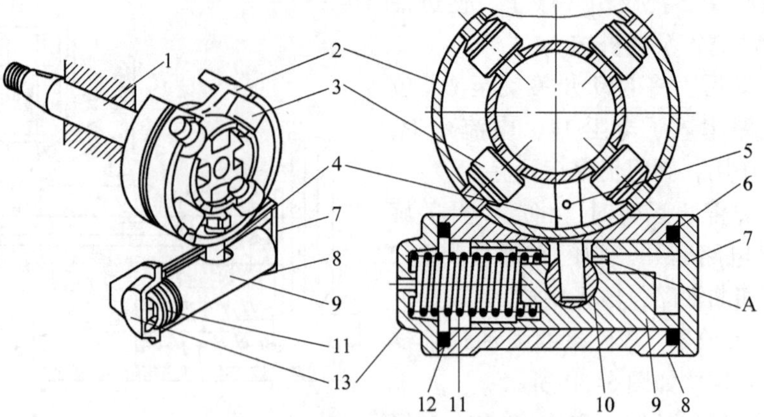

图 5-30　VE 型分配泵喷油提前器

1—驱动轴　2—滚轮座　3—滚轮　4—传动销　5—止动销
6、12—O 形圈　7—侧盖板　8—泵体　9—提前器活塞　10—连接销
11—弹簧　13—侧盖

5.4.5　柴油机喷油正时的调整

1. 供油提前角调节的必要性

供油提前角过大时，燃油在气缸内空气温度较低的情况下喷入，混合气形成条件差，燃烧前集油过多，会引起柴油机工作粗暴，怠速不稳和起动困难；过少时，将使燃料产生过后燃烧，燃烧的最高温度和压力下降，燃烧不完全和功率下降，甚至排气冒黑烟，柴油机过热，导致动力性和经济性降低。

最佳的供油提前角不是一个常数，应随柴油机负荷（供油量）和转速的变化，即随转速的增高而加大。

车用柴油机根据其常用的某个供油量和转速范围来确定一个供油提前初始角，初始角的获得可通过联轴器或转动喷油泵的壳体来进行微量调整。因柴油机转速变化范围较大，还必须使供油提前角在初始角的基础上随转速而变化。因此，车用柴油机多装有供油提前角自动调节器。

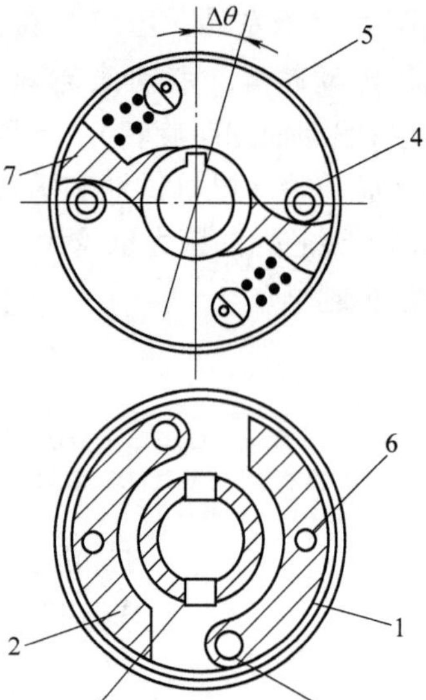

图 5-31　供油提前角自动调节器的工作原理图

1—主动盘　2—飞块　3—弹簧座
4—滚轮　5—从动盘　6—飞块销钉
7—从动盘臂　8—凸块

2. 供油提前角自动调节器的构造和工作原理

如图 5-31 所示，供油提前角自动调节器安装于喷油泵凸轮轴的前端，用联轴器来驱动，由主动件、从动件和离心件三部分组成。它是一个密封体，内腔充满润滑油。

1）当柴油机转速达设定值时：两个飞块在离心力的作用下绕其轴销向外甩开，滚轮迫使从动盘带动凸轮轴沿箭头方向转动一个角度 $\Delta\theta$，直到弹簧的张力与飞块的离心力平衡为止，这时主动盘又变成与从动盘同步旋转。此时，供油提前角等于初始角加上 $\Delta\theta$。

2）当柴油机转速再升高时：飞块进一步张开，从动盘相对于主动盘又沿旋转方向向前转动一个角度，这样，随转速的升高，提前角不断增大，直到最大转速。

3）当柴油机转速降低时：飞块收拢，从动盘便在弹簧力的作用下相对于主动盘后退一个角度，供油提前角便相应减小。

5.5 调速器

5.5.1 柱塞式喷油泵的速度特性及调速器的功用与形式

（1）柴油机的转矩特性与柱塞式喷油泵的速度特性　调速器是一种随柴油机负荷与转速的变化，自动调节喷油泵供油量，以限制或稳定转速的装置。柴油机不同于汽油机，其转矩特性（油量调节机构位置一定时，柴油机的转矩随转速而变化的关系）曲线比较平坦，如图 5-32 所示。这样就造成外界负荷的较小变化 ΔM（从 M_1 增加到 M_2），会使柴油机转速产生较大波动 Δn，工作稳定性差。尤其是柴油机高速工作时突卸负荷极易产生“飞车”（柴油机转速急剧升高无法控制的现象），导致曲轴、连杆、气缸和活塞损坏的严重事故。

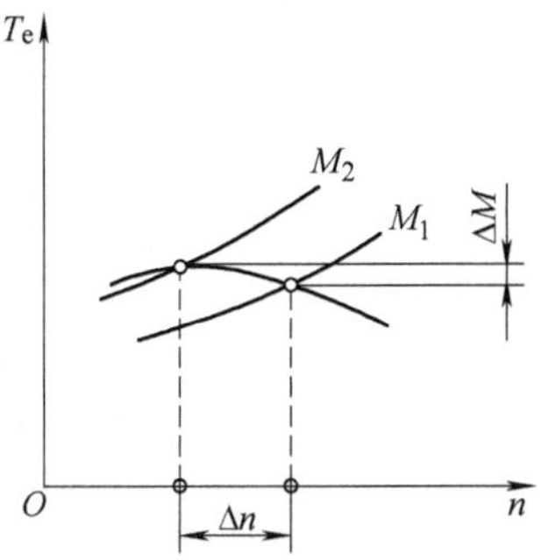

图 5-32　柴油机转矩特性

柴油机“飞车”的产生，还与柱塞式喷油泵的速度特性有关。

喷油泵的速度特性指喷油泵的供油调节拉杆位置一定时，每循环的供油量随油泵凸轮轴转速而变化的关系。随着柴油机转速升高，柱塞运动速度加快，因进回油孔的节流作用增强，导致出油阀提早打开，推迟关闭，使供油量加大。而供油量加大又反过来促进发动机转速升高，如此循环，最终造成“飞车”。汽车柴油机还常在怠速下运转，由于其转速波动大，造成怠速不稳，容易熄火，因此柴油机都安装有调速器。

（2）调速器的作用　调速器的作用是根据柴油机的负荷变化，自动调节喷油泵的供油量，以保证柴油机在各种工况下都能维持稳定运转。对在良好的道路上行驶的汽车来说，多用于限制柴油机的最高转速 n_{max} 和保持稳定的最低转速 n_{min}（怠速）。

1）限制最高转速。全负荷时，由于负荷的减小，转速将升高。转速超过最高转速 n_{max} 时，调速器开始自动减油，使转矩迅速减小，直到 n_T（停供转速）时即停止供油。n_{max} 与 n_T 差值一般不大于 200r/min。

2）保持平稳怠速。由于各种必然原因和偶然原因（冷却液温度、油温、机温、内部阻力、气门和喷油器因积炭影响关闭不严或短暂停喷等），会引起动力的变化，使怠速升高或降低。随转速的降低调速器自动加油，转矩增加；又随转速的升高调速器自动减油，转矩减小，使怠速保持稳定。

（3）调速器的分类　调速器有多种分类方法。

按作用原理分为机械离心式调速器（车用柴油机）、真空膜片式调速器（少数小功率柴油机）和复合调速器（机械离心式和真空膜片式合为一体）。

按调节范围分为两速式调速器和全速式调速器。

1）两速式调速器能保持柴油机平稳的怠速，防止游车或熄火；限制柴油机不超过某一最大转速，从而防止了超速（飞车）。至于中间转速，则利用人工调节供油量，多用于车用柴油机。

2）全速式调速器不仅能保持柴油机最低稳定转速和限制最大转速，还能根据负荷的大小保持和调节任一选定的转速的调速器，多用于工况多变和突变的柴油机，如矿用车、越野车、自卸车等。

5.5.2　简单机械离心式调速器的构造与工作原理

（1）简单机械离心式调速器构造　简单机械离心式调速器的结构主要由离心元件（飞块）、调速弹簧（压簧、拉簧、扭簧）、传动定位和调整机构（杆式、板式和杠杆之类）三大部分组成，如图5-33所示。

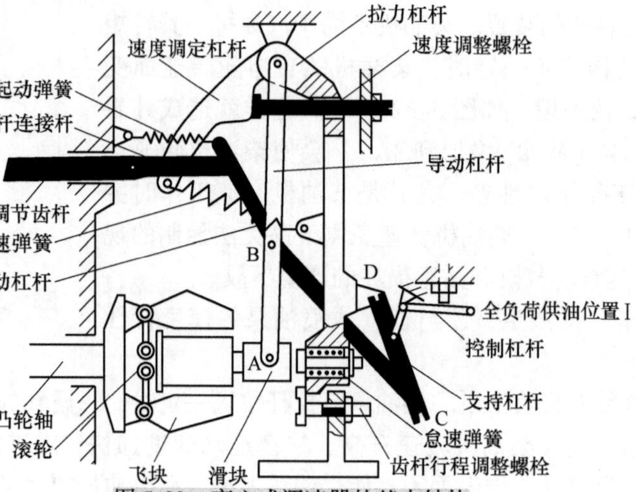

图5-33　离心式调速器的基本结构

1）大飞块和浮动杠杆的结构。如图5-34所示，其结构特点如下：

① 离心元件是两个大飞块，内装压缩式调速弹簧。外弹簧在怠速时起作用，高速时内外弹簧都起作用。

② 浮动式调速杠杆，杠杆比可变。

③ 操纵臂直接操纵调速杠杆。

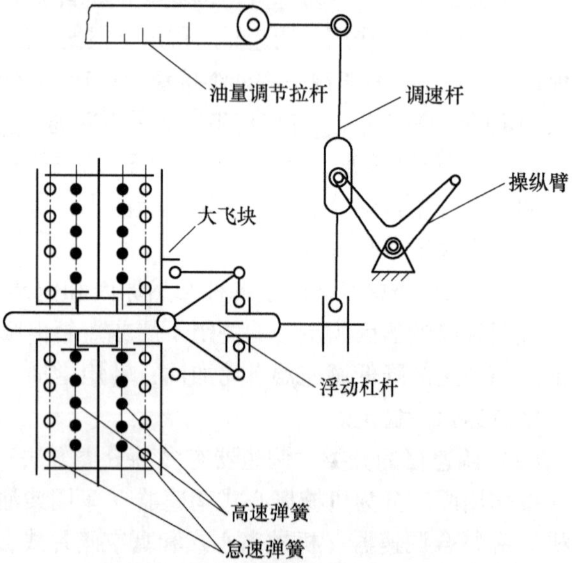

图5-34　大飞块和浮动杠杆的结构

2）锥形飞块和倒挂式调速杠杆机构。如图5-35所示，其结构特点如下：

① 两个飞块收拢时呈锥形，张开时呈圆柱形，其内臂联动。结构紧凑，灵敏度高。

② 调速杠杆通过支持杆和浮动杠杆间接地操纵齿杆，杠杆比大于1。

③ 摆动式拉力调速弹簧。

④ 操纵臂通过拉簧间接操纵调速杠

杆和供油齿杆，是全速式调速器（RSV）。

3）球盘式结构。如图 5-36 所示，其结构特点如下：

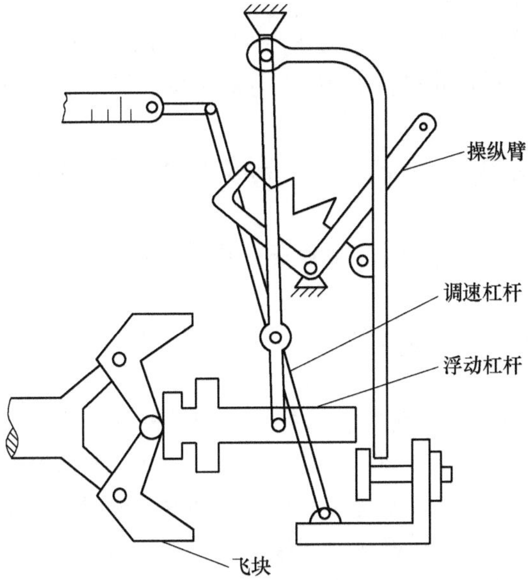

图 5-35　锥形飞块和倒挂式调速杠杆机构

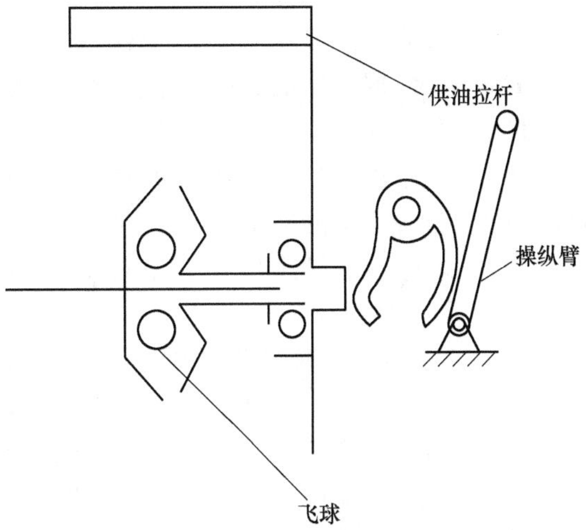

图 5-36　球盘式结构

① 飞球式离心元件，杠杆比等于 1，灵敏度差。

② 操纵臂间接操纵传动板和供油拉杆，是全速式调速器。

（2）简单机械离心式调速器的工作原理

1）柴油机不工作时：如图 5-37 所示，操纵臂和供油拉杆在熄火位置，调速弹簧的预紧力使滑套左移，飞锤收拢，离心推力 $F_A=0$，调速器不工作。

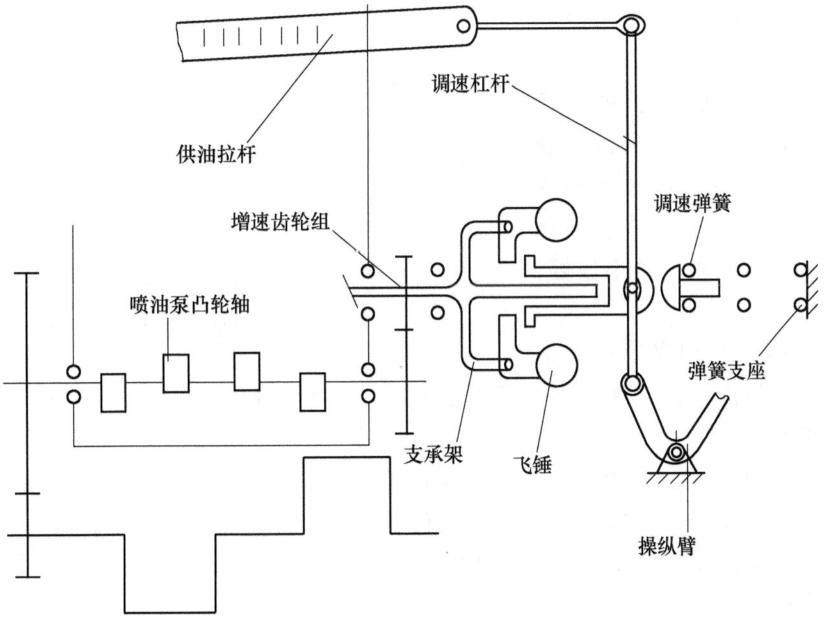

图 5-37　离心式调速器原理简图

2）柴油机工作时：操纵臂和供油拉杆处于某一工作位置。装在喷油泵凸轮轴后端的飞锤旋转，飞锤在离心力的作用下向外张开。离心力产生的轴向推力 F_A 和调速弹簧的推力 F_B 在某一转速下平衡，使调速器和喷油泵保持在相应位置处工作。

当柴油机转速变化，调速器转速变化，飞锤离心力及其推力 F_A 变化时，F_A 和 F_B 失去平衡，滑套位移，调速杠杆移动，供油量变化，柴油机的转矩 M_e 上升或下降，与变化了的负荷 M_Q 重新平衡，稳定到接近原来转速的位置。

① $M_e = M_Q$ 时，柴油机处于平衡状态，稳定地运转；$F_A = F_B$，滑套不动，调速器处于平衡状态，维持供油量。

② $M_e < M_Q$ 时，柴油机失去平衡，转速降低；$F_A < F_B$，滑套左移使调速器失去平衡，自动加油，又获得新的平衡。

③ $M_e > M_Q$ 时，转速升高，$F_A > F_B$，滑套右移，自动减油，又获得新的平衡。

3）工作原理的分析

① 一定的调速弹簧刚度和预紧力对应一定的柴油机转速。如果调速弹簧有两个刚度和预紧力，就能控制两个转速，这就是双速式调速器；如果调速器的预紧力可以由驾驶人任意决定，则能控制任意转速，这就是全速式调速器。双速式调速器和全速式调速器的最大区别除工作点不同外，关键在于是否直接操纵供油拉杆或利用调速器间接操纵供油拉杆。

② 柴油机稳定运转，必须达到两个平衡：一是柴油机的平衡状态 $M_e = M_Q$；二是调速器的平衡状态 $F_A = F_B$。

③ 人工调节和自动调节是互不干涉运动的代数和关系。人工调节的支点和自动调节的支点是互为支点、互不影响的关系，供油拉杆的位移量是驾驶人和调速器二者分别操纵或同时操纵所产生的位移代数和。

④ 调速器的稳定性。调速过程不是复位，而是在一定的转速范围内获得新的平衡点，这源于调速弹簧较之前略有变软或变硬。在一个平衡位置（选定的转速），由于负荷的变化，移动到另一个平衡位置以接近其原来的转速，此过程称为“过渡过程”。在过渡过程中，转速波动的幅度和持续的时间越小越好，如图5-38所示。

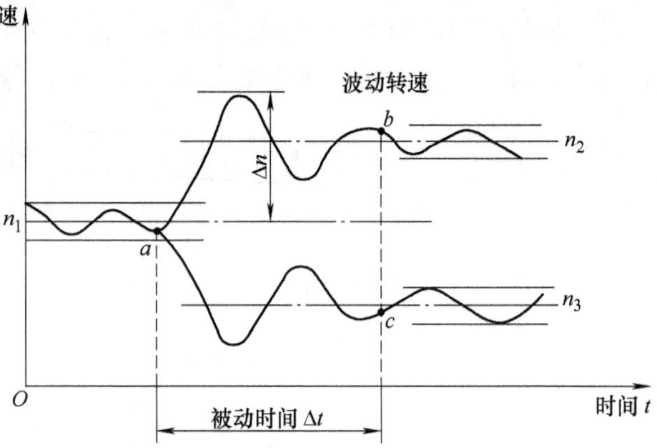

图5-38　调速器的过渡过程图

可见，负荷多变和突变的柴油机，在工作中其供油拉杆会在振荡中不断过渡。在一定范围内维持新的平衡，平衡是短暂的，不平衡是经常的。

（3）提高调速器灵敏度和稳定性的结构措施　调速器工作时，灵敏度和稳定性不够将导致柴油发动机“游车”。柴油机“游车”指调速器在工作中转速波动幅度过大，即忽高忽低运转，主要是运动零部件松动，调速器弹簧疲劳失调所致。提高柴油机调速器灵敏度和稳定性的主要方法如下：

1）用增速齿轮提高飞块的转速。

2）采用几个刚度不同的调速弹簧，在高速和低速工作区先后投入工作。

3）用变刚度调速弹簧，能代替几根弹簧在高低区工作（摆动式拉力调速弹簧）。

4）用可变的调速杠杆比。调速杠杆比指供油拉杆的位移量与滑套的位移量之比。

操纵臂在怠速位置时——滑动销向上移动，杠杆比较小，以提高怠速工况的稳定性。

操纵臂在高速位置时——滑动销向下移动，杠杆比较大，大的位移量可提高调速器的灵敏度，有效防止飞车事故。

5.5.3　几种常用调速器

（1）RAD 型两速调速器　RAD 型两速调速器（图 5-39）是一种离心式两速调速器，应用在解放 CA1091K3 型货车的 YC6102BD 型柴油机上。其作用是保证起动加浓、稳定怠速、正常工作时的油量调节和限制车速。其结构如图 5-40 所示。

1）起动加浓。如图 5-40 所示，起动前，将控制杠杆 1 推至全负荷供油位置。受调速弹簧 5 的拉动及齿杆行程调整螺栓 15 的限制，拉力杠杆 12 的位置保持不动。此时，支持杠杆 18 绕 D 点向逆时针方向转动，带动浮动杠杆 4 绕 B 点做逆时针方向转动，浮动杠杆的上端通过连杆 11 推动供油调节齿杆 7 向供油增加的方向移动。同时，起动弹簧 10 也对浮动杠杆施以一个向左的拉力，使其绕 C 点做逆时针方向的偏转，带动 B 点和 A 点进一步向左移动，结果滑套 16 推动飞块 17 直至处于向心极限位置为止。从而保证供油调节齿杆进入起动最大供油量位置，即起动加浓位置。此时的供油量约为全负荷额定供油量的 150% 左右。

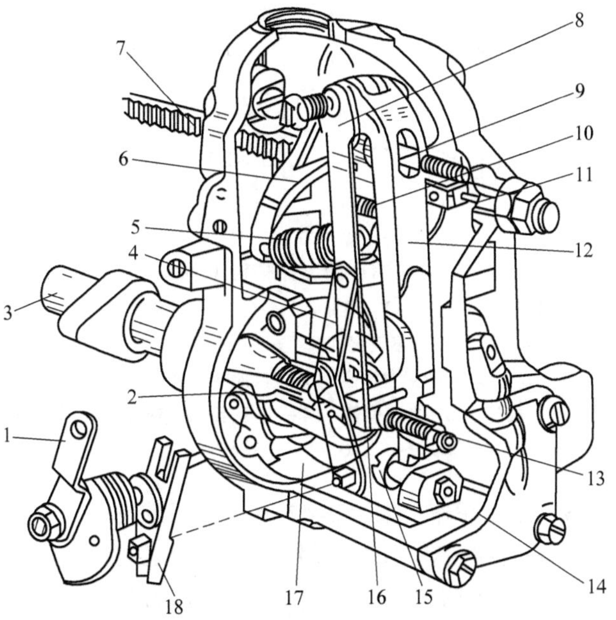

图 5-39　RAD 型两速调速器

1—控制杠杆　2—滚轮　3—喷油泵凸轮轴　4—浮动杠杆　5—调速弹簧　6—速度调定杠杆　7—供油调节齿杆　8—导动杠杆　9—速度调整螺栓　10—起动弹簧　11—连杆　12—拉力杠杆　13—怠速弹簧　14—调速器壳体　15—齿杆行程调整螺栓　16—滑套　17—飞块　18—支持杠杆

2）稳定怠速。怠速指完全放松加速踏板，发动机以最低稳定转速运转的状态。如图 5-41 所示，发动机起动后，将控制杠杆 1 拉到怠速位。此时，作用在滑套 15 上的有三个力：飞块的离心力、怠速弹簧 13 的作用力及起动弹簧 10 的作用力。当飞块离心力与怠速弹簧和起动弹簧的合力相平衡时，滑套便处于某一位置不动，亦即供油调节齿杆处于某一供油位置不动，发动机就在某一相应的转速下稳定运转。若发动机转速降低，飞块离心力减小，在怠速弹簧及起动弹簧的作用下，滑套将向左移动，使导动杠杆 8 绕上端支承点顺时针方向偏转，从而带动浮动杠杆 4 绕 C 点逆时针方向转动，使供油调节齿杆向供油量增加的方向移动，使发动机转速回升。若发动机转速升高，飞块离心力随之增大，使滑套向右移动，进一步压缩怠速弹簧。同时，带动导动杠杆绕其上端支承点逆时针方向偏转，从而使浮动杠杆绕 C 点顺时针方向转动，结果使供油调节齿杆向供油减少的方向移动，使发动机转速降低。因此起到了稳定怠速的作用。

同时，调节怠速转速可以通过调节怠速弹簧 13 的预紧力来实现。

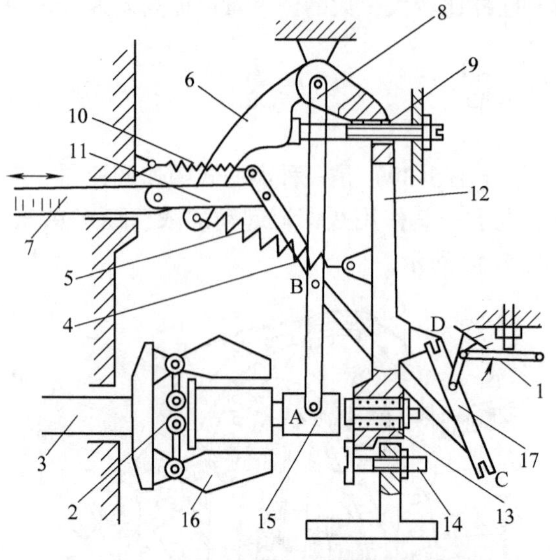

图 5-40　RAD 型两速调速器结构示意图

1—控制杠杆　2—滚轮　3—喷油泵凸轮轴　4—浮动杠杆　5—调速弹簧　6—速度调定杠杆　7—供油调节齿杆　8—导动杠杆　9—速度调整螺栓　10—起动弹簧　11—连杆　12—拉力杠杆　13—怠速弹簧　14—齿杆行程调整螺栓　15—滑套　16—飞块　17—支持杠杆

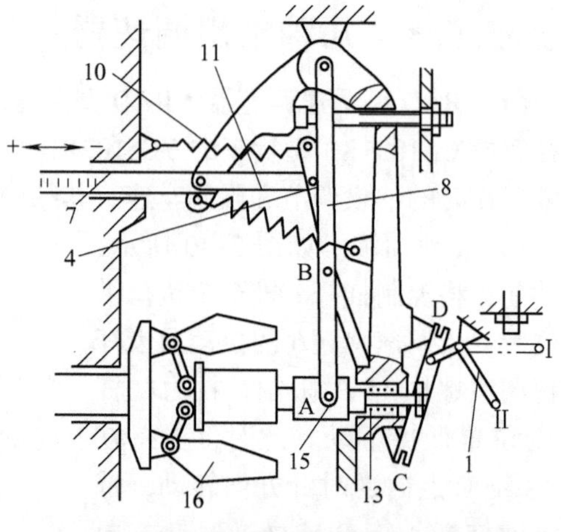

图 5-41　两速调速器稳定怠速工作示意图

1—控制杠杆　4—浮动杠杆　7—供油调节齿杆　8—导动杠杆　10—起动弹簧　11—连杆　13—怠速弹簧　15—滑套　16—飞块

3）限制超速。如图 5-42 所示，当发动机转速超过额定转速时，飞块离心力便能克服调速弹簧 5 的拉力，滑套 15 推动拉力杠杆 12 并带动导动杠杆 8 绕其上支点向右偏转，使 B 点移到 B′点、D 点移到 D′点，在拉力杠杆的带动下，支持杠杆 17 绕其中间支点顺时针方向偏转，使 C 点移到 C′点。由 B′、C′点决定了浮动杠杆 4 也发生了顺时针方向的偏转，带动供油调节齿杆 7 向供油减少的方向移动，从而限制发动机转速不超过额定转速。发动机的额定转速可以用速度调整螺栓 9 改变调速弹簧 5 的预紧力来调节。

4）正常工作时的油量调节。正常工作时，RAD 型两极调速器不参与油量调节机构的工作，供油量的调节完全由驾驶人操纵

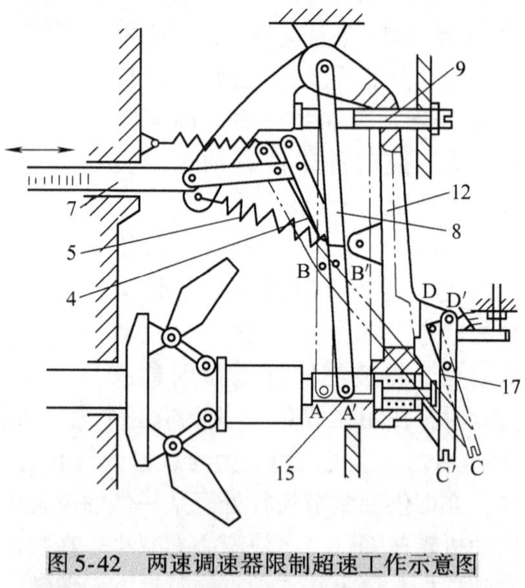

图 5-42　两速调速器限制超速工作示意图

4—浮动杠杆　5—调速弹簧　7—供油调节齿杆　8—导动杠杆　9—速度调整螺栓　12—拉力杠杆　15—滑套　17—支持杠杆

加速踏板进行控制。如图 5-43 所示，当发动机转速超过怠速转速时，怠速弹簧 13 被完全压入杠杆 12 内，滑套 15 直接与拉力杠杆的端面接触，此时怠速弹簧不再起作用。由于拉力杠杆被很强的调速弹簧 5 拉住，在发动机转速低于额定转速时，作用在滑套上的飞块离心力不能推动拉力杠杆。因此，导动杠杆 8 的位置保持不动，即 B 位置不会移动。若控制杠杆 1 位置一定，则浮动杠杆 4 的位置也固定不动，因此，供油调节齿杆 7 的位置保持不动，即供油量不会改变。若此时需要改变供油量，则驾驶人需通过改变控制杠杆的位置才能实现。

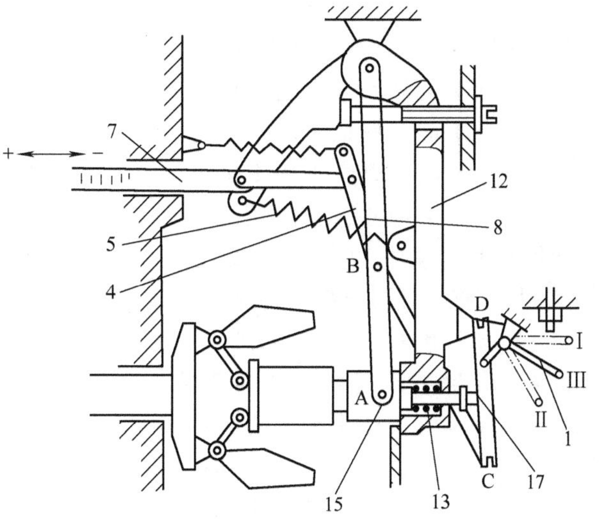

图 5-43　两速调速器在正常工作转速范围内的工作示意图

1—控制杠杆　4—浮动杠杆　5—调速弹簧　7—供油调节齿杆　8—导动杠杆　12—拉力杠杆　13—怠速弹簧　15—滑套　17—支持杠杆

（2）RFD 型两速调速器　RFD 型两速调速器和 RAD 型两速调速器同属于离心式两速调速器，主要应用在解放 CA6110 型和道依茨 BF6M1013EP 型柴油发动机上。其主要特点是相较 RAD 型两速调速器增加了转矩矫正器，能把部分负荷的转矩改变为一定限度的软特性，因此兼顾了全速调速器的某些功能。

图 5-44 为 RFD 型两速调速器的结构图。

RFD 型两速调速器的工作原理与 RAD 型两速调速器基本相同，只是矫正器参与中间状态的工作。矫正器的工作过程如图 5-45 所示。

驾驶人将踏板踩到中间某一位置时，负荷控制杆 19 既不接触怠速限位螺钉 20，也不接触全负荷限位螺钉 18。如果驾驶人踏板的位置不动，则 K 点的位置也不动。此时，发动机的转速比怠速滑套高，滑套顶块 22 的 B 端已把怠速弹簧 13 压过了一多半，怠速弹簧顶杆的尾端（T 点）碰到了转矩校正弹簧顶杆 14，把转矩校正弹簧 15 也压缩了一定数值。此

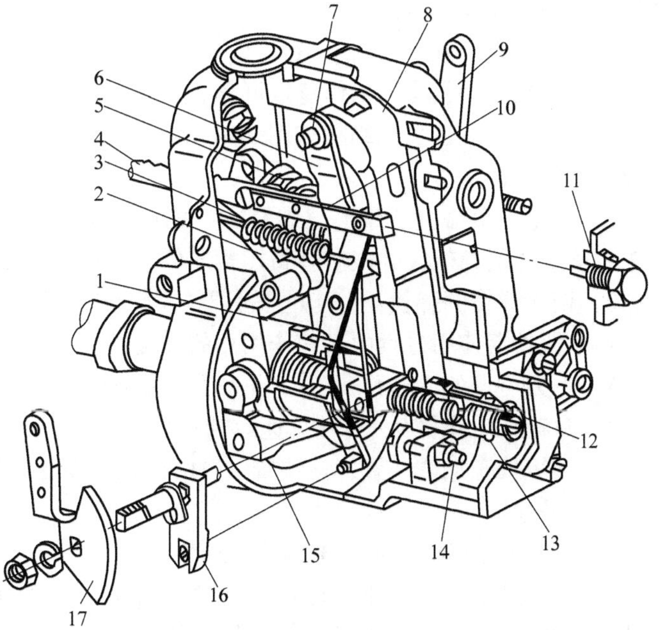

图 5-44　RFD 型两速调速器

1—浮动杆　2—调整杠杆　3—起动弹簧　4—供油量调节齿杆　5—调速弹簧　6—导杆　7—销轴　8—张紧杆　9—调速杆　10—连杆　11—减振弹簧　12—怠速弹簧　13—转矩校正弹簧　14—行程调节螺栓　15—飞块　16—拨叉杆　17—负荷操纵杆

时，若发动机在某一转速下运转，汽车也会在相应的某一车速下稳定行驶。如果此时汽车上坡行驶，行驶阻力变大，车速会下降，发动机转速也随之下降。与此同时，离心飞块1的转速也降低，离心力减小，转矩校正弹簧15便推动滑套顶块22及滑套23迫使离心飞块收拢。通过导杆7和浮动杆6使供油量调节齿杆3向右移动，增加供油量，导致发动机转速不再下降。反之，如果车辆位于下坡状态，则转矩矫正器会减少供油量，使发动机转速不再上升。综上，有了矫正器，只要驾驶人控制加速踏板位置不动，车速变化就很小。在该机构中，怠速弹簧13相对较软，主要是转矩校正弹簧15起校正作用。而转矩校正弹簧的预紧力是靠转矩校正弹簧调节螺钉16来调整的，而后者的位置是根据发动机转矩校正特性而设定的。

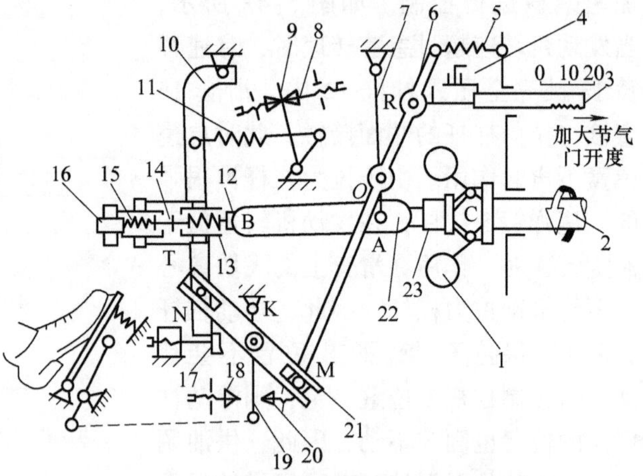

图5-45 RFD型两速调速器结构原理图

1—离心飞块 2—喷油泵凸轮轴 3—供油量调节齿杆 4—停油拨叉 5—起动弹簧 6—浮动杆 7—导杆 8—调速叉限位螺钉 9—调速杆 10—张紧杆 11—调速弹簧 12—怠速弹簧顶杆 13—怠速弹簧 14—转矩校正弹簧顶杆 15—转矩校正弹簧 16—转矩校正弹簧调节螺钉 17—张紧杆限位螺钉 18—全负荷限位螺钉 19—负荷控制杆 20—怠速限位螺钉 21—拨叉杆 22—滑套顶块 23—滑套

(3) RSV型全速调速器 RSV型全速调速器属于离心式全速调速器，一般与A型配用。其主要特点是结构紧凑、工作稳定可靠。

RSV型全速调速器的结构如图5-46所示。其结构和RAD型两速调速器基本相同，只是增设了如下结构：

1）可调全负荷供油量限位螺钉6，可限制拉力杠杆的全负荷位置；怠速调整螺钉11，用来调整怠速的高低，并限制弹簧摇臂向低速摆动的位置摆动。

2）调速弹簧的弹簧摇臂19上的调整螺钉20，用来调整调速弹簧预紧力的大小，以保证调速弹簧长期使用过程中高速作用点的准确性。

3）弹力可调的调速弹簧10，省去了专用怠速弹簧。

4）怠速稳定弹簧9，可使怠速运转平稳。

5）转矩校正加浓装置，该装置主要由校正弹簧5和转矩校正器顶杆7组成，以便在超速中运转平稳。

RSV型全速调速器的工作过程如下：

1）起动工况。起动前，起动弹簧12（图5-47）的预紧力通过浮动杠杆5、导动杠杆9和调速套筒2，使飞块1处于向心极限位置。起动时，驾驶人将加速踏板踩到底，使操纵杠杆10触及高速限位螺钉而置于起动位置A，浮动杠杆5把供油调节齿杆向左推至起动供油位置，使柴油机顺利起动。

2）怠速工况。发动机起动后，驾驶人松开加速踏板，操纵杠杆10转至怠速位置（图5-48）。这时，调速弹簧处于放松状态。飞块的离心力通过调速套筒推动导动杠杆向右偏

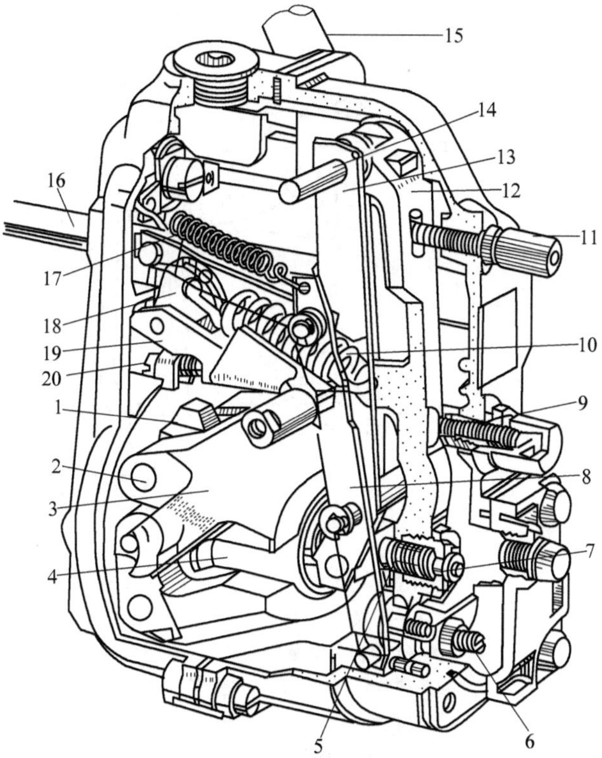

图 5-46　RSV 型全速调速器

1—飞块支架　2—飞块销　3—飞块　4—调速套筒　5—校正弹簧　6—可调全负荷供油量限位螺钉　7—转矩校正器顶杆　8—浮动杠杆　9—怠速稳定弹簧　10—调速弹簧　11—怠速调整螺钉　12—拉力杠杆　13—导动杠杆　14—轴销　15—操纵杆　16—供油调节齿杆　17—起动弹簧　18—弹簧挂耳　19—弹簧摇臂　20—调整螺钉

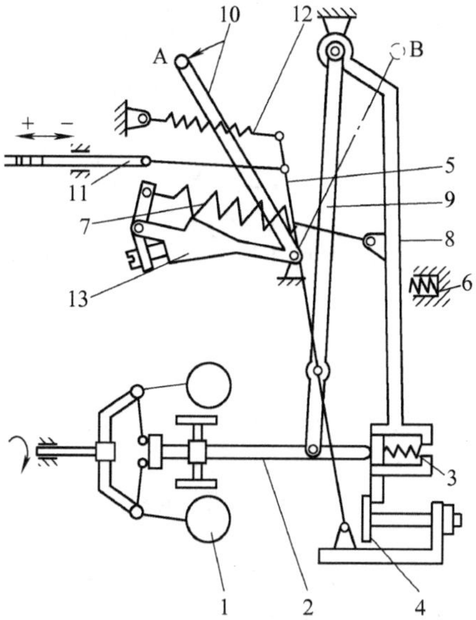

图 5-47　RSV 型全速调速器起动工况示意图

1—飞块　2—调速套筒　3—校正弹簧　4—全负荷供油量限位螺钉　5—浮动杠杆　6—怠速稳定弹簧　7—调速弹簧　8—拉力杠杆　9—导动杠杆　10—操纵杠杆　11—供油调节齿杆　12—起动弹簧　13—弹簧摇臂

转，并带动浮动杠杆以下端为支点做顺时针方向摆动，克服了较软的起动弹簧拉力，将供油调节齿杆拉回到怠速位置。与此同时，调速套筒也通过校正弹簧使拉力杠杆向右摆动，其背部与怠速稳定弹簧相接触。怠速的稳定平衡作用，由调速弹簧、怠速稳定弹簧和起动弹簧三者共同来保持。

如果此时转速升高，怠速稳定弹簧受到更大的压缩，则浮动杠杆会带动供油调节齿杆向减少供油的方向移动，以限制转速的上升。如转速降低，怠速稳定弹簧推动拉力杠杆向左摆动，通过调速套筒、导动杠杆和浮动杠杆使供油调节齿杆向增加供油的方向移动，以使柴油机转速稳定在原怠速值。

3）最高转速工况。驾驶人将加速踏板踩到底，使操纵杠杆处于极限位置 A（图 5-49）。此时，调速弹簧处于最大拉伸状态，拉力最大。张紧的调速弹簧将拉力杠杆拉靠在全负荷供油量限位螺钉上，并通过调速套筒、导动杠杆和浮动杠杆将供油调节齿杆推至全负荷供油位置，柴油机在额定工况下工作。此时，飞块的离心力与调速弹簧的作用力相平衡。

当负荷减小转速升高时，飞块离心力增大，调速套筒推动拉力杠杆向右摆动，同时导动杠杆、浮动杠杆使供油调节齿杆向供油减少的方向移动，导致发动机转速不再升高，从而限制了发动机的最高空转转速。

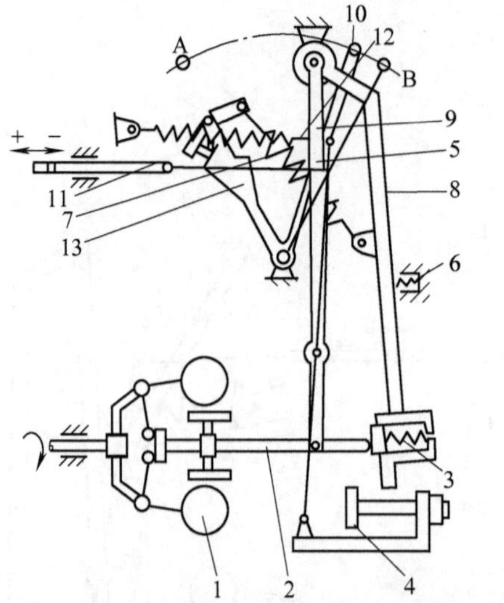

图 5-48　RSV 型全速调速器怠速工况示意图

1—飞块　2—调速套筒　3—校正弹簧
4—全负荷供油量限位螺钉　5—浮动杠杆
6—怠速稳定弹簧　7—调速弹簧　8—拉力杠杆
9—导动杠杆　10—操纵杠杆　11—供油调节齿杆
12—起动弹簧　13—弹簧摇臂

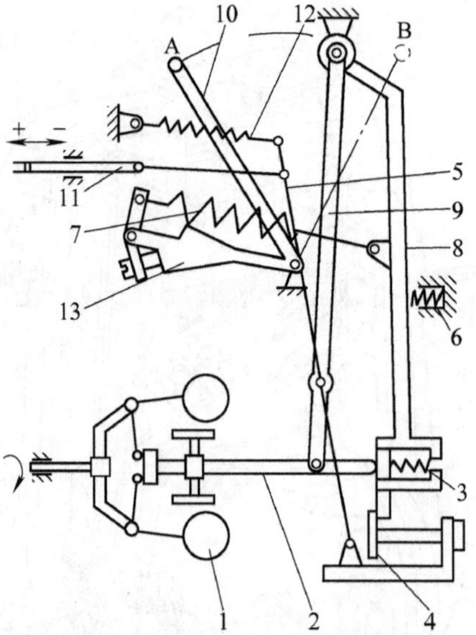

图 5-49　RSV 型全速调速器最高转速工况示意图

1—飞块　2—调速套筒　3—校正弹簧
4—全负荷供油量限位螺钉　5—浮动杠杆
6—怠速稳定弹簧　7—调速弹簧　8—拉力杠杆
9—导动杠杆　10—操纵杠杆　11—供油调节齿杆
12—起动弹簧　13—弹簧摇臂

4）超负荷工作工况。汽车经常发生较短时间内阻力突然增大的情况，如果此时柴油机已是满负荷工作，即供油量已是最大，则其会因转速突然降低而熄火。此时转矩校正装置会参与工作。

如图 5-50 所示，图 5-50a 为无转矩（油量）校正装置的情况。此时，柴油机稳定在最高转速运转，若外界超负荷使转速突然下降，则飞球惯性力减少，但是此时拉板 9 与凸肩的间隙已经不存在，油量调节拉杆 8 无法进一步左移加大供油量。因此，柴油机转速必然下降

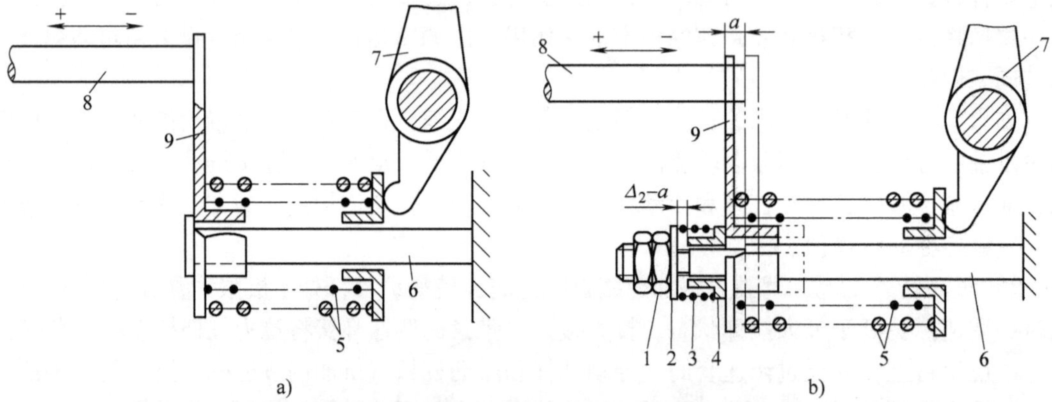

图 5-50　油量校正装置工作原理示意图

1—校正油量调节螺母　2—垫圈　3—校正弹簧　4—校正弹簧座　5—调速弹簧
6—额定供油量调节螺柱　7—调速叉　8—油量调节拉杆　9—拉板

甚至熄火。

图 5-50b 为加装了转矩（油量）校正机构的工作情况。额定供油量调节螺柱 6 的前部加装了可轴向滑动的校正弹簧座 4 和校正弹簧 3，两者共同组成校正装置。油量调节拉杆 8 和拉板 9 处于点划线表示的全负荷供油位置时，垫圈 2 和校正弹簧座 4 之间存在间隙 Δ_2。柴油机转速突然降低后，由于惯性力减少，调速弹簧 5 推动拉板 9 左移一个距离 a，即可增加供油量，以适应超负荷的需要。当 $a=\Delta_2$ 时，校正转矩（油量）达到最大，此时，弹簧座与垫圈接触。最大校正行程 Δ_2 可以通过调节螺母来调整。

5）一般工况。如图 5-49 所示，当驾驶人将操纵杠杆置于怠速与额定工况之间的任一位置时，调速弹簧的预拉力一定，柴油机便在相应的某一转速下稳定运转。此时，拉力杠杆尚未触及到全负荷供油量限位螺钉。发动机转速改变时，飞块离心力与调速弹簧作用力的平衡状态被破坏，调速套筒产生轴向位移，并通过导动杠杆、浮动杠杆带动供油调节齿杆轴向移动，自动减少或增加供油量，以维持柴油机在给定的某一转速下稳定运转。

6）停油工况。需要停车时，驾驶人将调速器操纵杠杆转至最右边的停车位置 B（图 5-49）。拨动供油调节齿杆右移至停油位置，使喷油泵停止供油，柴油机熄火停车。

5.6　柴油机燃料供给系统的辅助装置

5.6.1　柴油滤清器

柴油滤清器的作用是滤除柴油中的尘土、水分及其他机械杂质。柴油机的滤清器有粗滤器和细滤器两种。柴油粗滤器一般安装在输油泵之前，用来清除柴油中较大的杂质，滤芯主要有金属缝隙式、片式、网式、纸质式等几种。纸质滤芯具有滤清效果好、成本低、使用寿命长等优点，因此得到广泛应用。柴油细滤器一般安装在输油泵之后，用来清除柴油中的微小杂质，其滤芯有毛毡式、金属网式和纸质式等。

目前，多数柴油机设有两级滤清器（图 5-51），也有的只设单级滤清器。

5.6.2　输油泵

（1）作用和种类　输油泵的作用是保证低压油路的柴油正常流动，克服柴油滤清器和管路中的阻力，并以一定的压力向喷油泵输送足够量的柴油。

输油泵的机构形式常见的有活塞式、转子式、滑片式（分配式喷油泵装用）和齿轮式等几种。目前在柴油机上广泛应用的是活塞式输油泵。

（2）基本结构　图 5-52 为活塞式输油泵的结构图，主要由输油泵体 22、手泵活塞 6、出油阀 15、进油阀 3 及手油泵 5 等组成。

（3）工作原理

1）准备压油过程。如图 5-53 所示，喷油泵凸轮轴旋转，偏心轮推动滚轮、推杆和活塞向外运动，泵腔 A 因容积减小而油压升高，关闭进油阀，压开出油阀，柴油便由泵腔 A 通过出油阀流向泵腔 B。

2）吸油和压油行程。当偏心轮凸起部分转离滚轮时，活塞在弹簧的作用下内行，泵室 B 的油压增大，出油阀被关闭，柴油经油道流向滤油器。此时，泵腔 A 容积变大，压力下

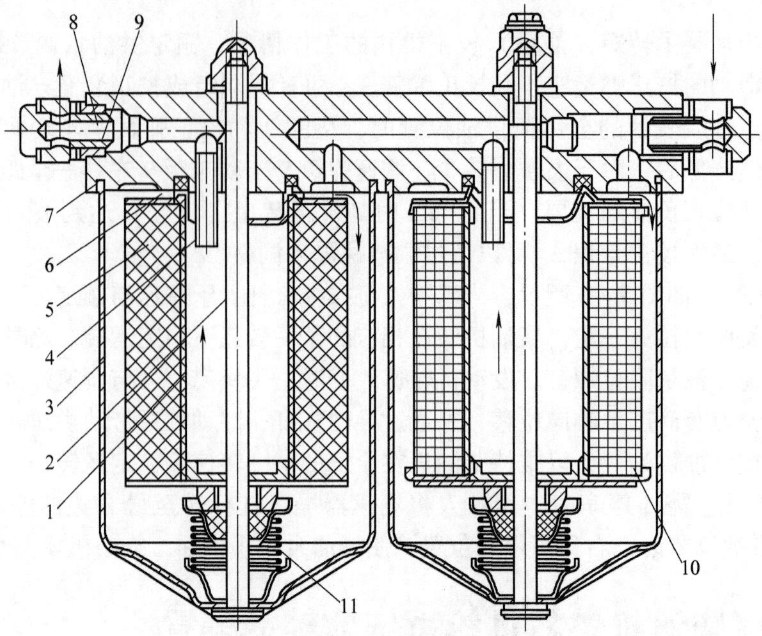

图 5-51　两级柴油滤清器

1—绸滤布　2—紧固螺杆　3—外壳　4—滤油筒　5—滤油毡　6—毛毡密封圈
7—橡胶密封圈　8—油管接头衬套　9—出油管接头　10—纸滤芯　11—滤芯衬垫

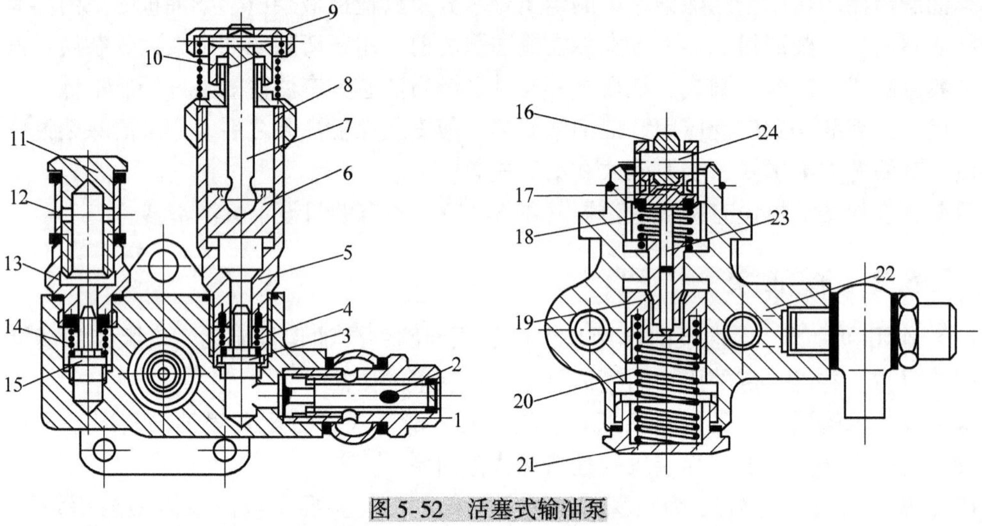

图 5-52　活塞式输油泵

1—进油管接头　2—滤网　3—进油阀　4—进油阀弹簧　5—手油泵　6—手泵活塞　7—手泵杆　8—手泵盖
9—手泵销　10—手泵拉柄　11—出油管接头　12—保护套　13—油管接头　14—出油阀弹簧　15—出油阀
16—滚轮　17—滚轮架　18—滚轮弹簧　19—活塞　20—活塞弹簧　21—螺塞
22—输油泵体　23—推杆　24—滚轮销

降，进油阀被吸开，柴油经进油口和进油阀流入泵腔 A。

3）输油量的自动调节。活塞的行程等于偏心轮的偏心距时，输油量最大。当喷油泵需要的油量减少时，泵腔 B 的油压将随之增高，推杆与活塞之间产生了空行程，即活塞的有效行程减小，输出的油量也减少。

4）手泵油。用手油泵泵油时，利用活塞在泵体内抽动，形成一定真空，进油阀被吸开，柴油被吸入泵体，然后再压入泵室A，并推开出油阀而输出。停止使用手油泵后，应将手柄拧紧在手泵体上，以防空气渗入油路，影响输油泵工作。

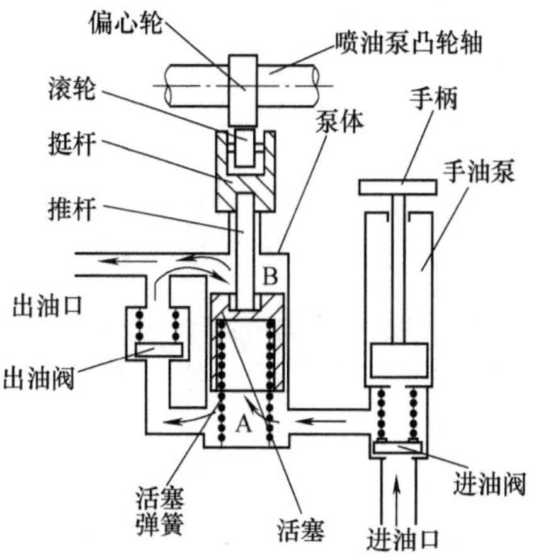

图5-53 活塞式输油泵工作原理图

5.6.3 柴油机的起动辅助装置

柴油机压缩比较大，因此其起动阻力矩较大，加上柴油机是压缩自燃，低温时起动更为困难。为了改善柴油机的起动性能，多采用起动辅助装置。其作用是降低起动阻力矩并改善燃料的着火条件。

降低起动阻力矩的措施是在柴油机配气机构的摇臂上加装减压机构，如图5-54所示，起动时人工将每个气缸的进气门压下1.0～1.5mm，以减小初次压缩的空气阻力，使起动转速得到提高。曲轴转速高时，突然放松减压机构，旋转件的动能使压缩终了的温度提高而着火燃烧。减压机构可驱动气门摇臂，也可驱动气门挺杆，压下进气阀实现减压，使气缸通过空气滤清器与大气相通。如果用排气阀减压，则排气管中的炭粒将被吸入气缸，加速气缸的磨损。

改善燃料着火条件有三种方式：一是在分开式的燃烧室中装电热塞来保证冷机起动性能，如图5-55所示，起动前接通电热塞电路，加热20～30s，温度可升高10～27℃，起动后即断开电路；二是对进入气缸的空气进行加热，目前常用火焰加热器对进气管加热；

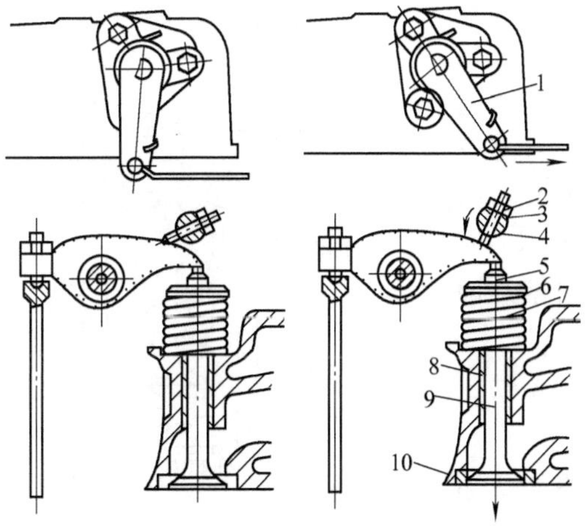

a) 非减压位置　　b) 减压位置

图5-54 减压机构示意图

1—手柄　2—锁紧螺母　3—调整螺钉　4—减压轴　5～10—气门机构

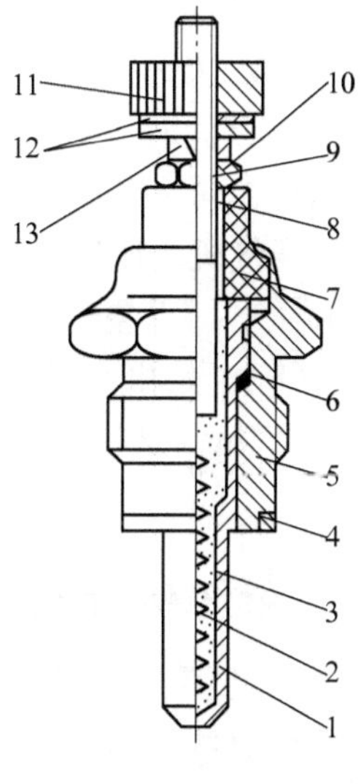

图5-55 电热塞的构造示意图

1—发热体钢套　2—电阻丝　3—填充剂　4—密封垫圈　5—外壳　6—垫圈　7—绝缘体　8—胶合剂　9—中心电极　10—固定螺母　11—压线螺母　12—压线垫圈　13—弹簧垫圈

三是在进气管上装起动液喷射器，用手动泵或电动泵将易燃的起动液喷入进气管（乙醚、丙烷、丁烷等），使其与空气一起进入气缸，在较低的压缩终了温度下发火引燃柴油。

5.6.4　废气涡轮增压

（1）废气涡轮增压器的构造　废气涡轮增压器结构形式繁多。废气涡轮增压器是由废气涡轮和压气机两部分组成的。如图5-56所示，废气涡轮增压器一般采用离心式压气机，故可依据所采用的涡轮机类型把废气涡轮增压器分为两大类：轴流式涡轮增压器和径流式涡轮增压器。目前，船用大、中型柴油机均采用轴流式涡轮增压器，径流式涡轮增压器仅用于中小型柴油机，车用柴油机多使用这一类型。

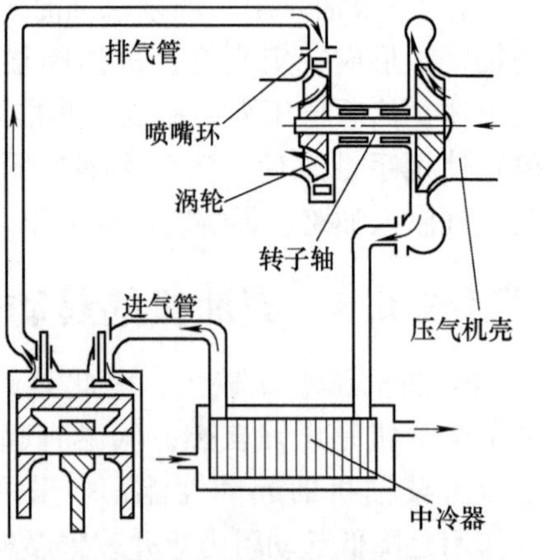

图5-56　废气涡轮增压器的基本结构

图5-57所示为Steyr-WD615型柴油机废气涡轮增压系统。其排气管制成分置式，1、2、3三个缸共用一根排气管，4、5、6缸共用一根排气管，分别经不同通道通往涡轮壳的排气喷嘴环再到涡轮。每根排气管里的排气间隔为240°，大于一个行程，使排气互不干扰，因此可以充分利用废气的脉冲能量驱动涡轮。另外，压力高峰后的瞬时真空有利于扫气。其中间冷却器5的作用是降低进气温度以提高其密度，增加充气量。

（2）废气涡轮增压器的工作原理　废气涡轮增压器的工作原理如图5-58所示。废气通过排气管经排气喷嘴环2进入涡轮壳，喷嘴环做成截面收缩式，使得废气进入壳体时速度提高，同时使涡轮3高速运转。涡轮3和压气机叶轮8固定在同一根轴上，因此叶轮8和涡轮3同速运转。空气经压气机增压后，进入扩压器7。扩压器7的进口小而出口大，因此空气转速下降而压力上升。压气机壳9的截面积也是由小到大，因此压力继续上升，经进气管10进入气缸。这样就达到了使用废气对系统增压的目的。

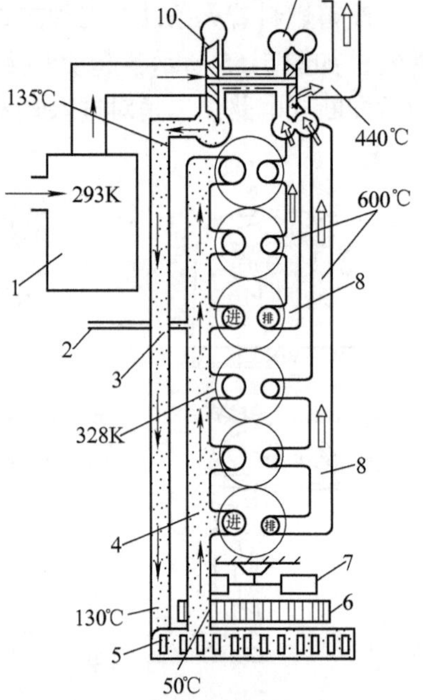

图5-57　Steyr-WD615型柴油机废气涡轮增压系统

1—空气滤清器　2—防冒烟限位器通气孔　3—连接管　4—进气管　5—中间冷却器　6—水箱　7—风扇　8—排气管　9—涡轮机　10—压气机

5.6.5　柴油机排气净化

（1）柴油机的主要排放污染物　柴油机燃烧的柴油主要成分是碳氢化合物，当其完全燃烧时只产生CO_2和H_2O。但因可燃混合气是在燃烧前和燃烧中的极短时间内形成的，混合气不均匀程度比较严重。在高温富氧环境下易生成氮氧化物（NO_x），在高温缺氧环境下燃油易发生裂解、脱氢，发生不完全燃烧生成一氧化碳（CO）和碳烟粒子，在低温及混合气过稀的条件下易生成未燃碳氢化物（HC）。燃油中含有的硫可使柴油机燃烧过程中生成二氧化硫（SO_2）及三氧化硫（SO_3）。其中，C 烟排放量比较大，约为汽油机的 20 倍，这是柴油机排放中重点要控制的对象之一。

表 5-1 所示为汽油机与柴油机排放污染情况的对比。

表 5-1 汽油机和柴油机的排放污染体积百分比对比

排放污染成分	汽油机	柴油机
CO	0.5% ~2.5%	<0.2%
HC	0.2% ~0.5%	<0.1%
NO_x	0.25% ~0.5%	<0.25%
SO_2	0.08%	<0.02%
C 烟	0.005 ~0.05g/m³	<0.25g/m³
铅	有	无

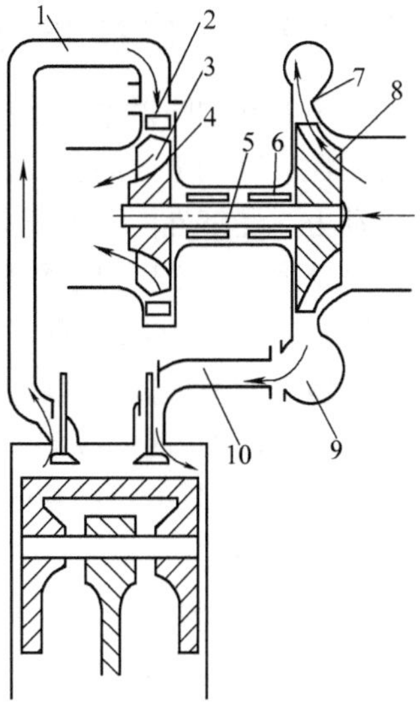

图 5-58 废气涡轮增压器工作原理

1—排气管 2—喷嘴环 3—涡轮 4—涡轮壳 5—转子轴 6—轴承 7—扩压器 8—压气机叶轮 9—压气机壳 10—进气管

（2）柴油机排气污染物的控制措施 柴油机排放物的控制，重点是固体颗粒 C 烟和 NO_x，其次是 HC。但 NO_x 与颗粒之间存在关联，即在一方改善的同时另一方会恶化，这就为柴油机的排放控制造成了特殊的困难。一般可采取以下措施减少排放污染。

1）减少喷油提前角。喷油提前角减少后，最高燃烧温度也随之下降，会减少 NO_x 的排放。喷油提前角减少，同时也会引起 C 烟增加和功率下降，因此应注意综合考虑。

2）采用分隔式燃烧室。分隔式燃烧室采用主、副燃烧室形式。副燃烧室中，混合气浓度大，且温度峰值低，不利于 NO_x 的形成；主燃烧室中，空气量多，且此时活塞已下行，因此最高温度低，也有利于减少 NO_x 的形成。同时，由于采用分级燃烧的方式，空气得到充分利用，产生的 HC、CO 也较少。

3）使用废气涡轮增压器增压。使用废气涡轮增压的柴油机，除 NO_x 外的所有排放物都减少，而在增压器中加入中冷器，则既能减少排放污染，又能提高柴油机性能。

4）使用进气管喷水或者柴油掺水。因水分蒸发吸收热量，柴油掺水降低了混合气中的柴油含量，从而降低了燃烧温度，可减少 NO_x 的生成，但因加水量少，一般不会影响功率，但加水容易生成腐蚀性物质。

5）安装 C 烟净化装置。安装 C 烟净化装置后，废气通过蒸发器的水层时，水吸热而蒸发，经过冷凝管，形成以碳粒为核心的水滴，最后被过滤器滤去，水滴流经回流管流回蒸发器。这种装置被隧道作业的铲车和自卸柴油车所采用。其问题是质量有所增加，且必须定期加水和清洗过滤器。

5.7 电控柴油喷射系统

柴油机电控燃油喷射系统的研发始于 20 世纪 70 年代，80 年代进入应用阶段，90 年代得到迅速发展。它对提高柴油机的动力性能、经济性能、运转性能和排放性能都产生了极大的影响。目前，柴油机电控技术在国外已经普及，在国内的应用也越来越多。其中使用较多的主要是柴油机电控燃油喷射系统。

5.7.1　电控柴油喷射的优点

传统的柴油喷射系统采用机械方式进行喷油量和喷油时间的调节和控制。由于机械运动的滞后性，其调节时间长，精度差，喷油速率、喷油压力和喷油时间难于准确控制，导致柴油机动力、经济性能不能充分发挥，排气超标。研究表明，一般机械式喷油系统对喷油定时的控制精度为2°CA（曲轴转角）左右。而喷油始点每改变1°CA，燃油消耗率会增加2%，HC排放量增加16%，NO_x 排放量增加6%。

与传统的机械方式比较，电控柴油喷射系统具有如下优点：

1）对喷油定时的控制精度高（高于0.5°CA），反应速度快。

2）对喷油量的控制精确、灵活、快速，喷油量可随意调节，可实现预喷射和后喷射，改变喷油规律。

3）喷油压力高（高压共轨电控喷油系统高达200MPa），不受发动机转速影响，优化了燃烧过程。

4）磨损零部件少，长期工作稳定性好。

5）结构简单，可靠性好，维修方便，适用性强，可以在新老发动机上应用。

6）具有自诊断、检测功能。

5.7.2　电控柴油喷射系统的组成及类型

1. 电控柴油喷射系统的组成

电控柴油喷射系统由传感器、电子控制单元（ECU）和执行机构三部分组成，如图5-59所示。传感器采集转速、温度、压力、流量和加速踏板位置等信号，并将实时检测的参数输入计算机；ECU是电控系统的“指挥中心”，对来自传感器的信息与储存的参数值进行比较、分析、运算，确定最佳运行参数；执行机构按照最佳参数对喷油压力、喷油量、喷油时间、喷油规律等进行控制，驱动喷油系统，使柴油机工作状态达到最佳。

2. 电控柴油喷射系统的分类

柴油机电控喷射系统根据喷油量的控制方式可以分为三大类，即位置控制系统、时间控制系统、时间－压力控制系统。

第一代柴油机电控喷射系统采用位置控制系统。它不改变传统的喷油系统的工作原理和基本结构，只采用电控组件，代替调速器和供油提前器，对分配式喷油泵的油量调节套筒或柱塞式喷油泵的供油齿杆的位置，以及油泵主动轴和从动轴的相对位置进行调节，以控制喷油量和喷油定时。其优点是无需对柴油机的结构进行较大改动，生产继承性好，便于对现有机型进行技术改造；缺点是控制系统执行频率响应仍然较慢、控制频率低、控制精度不够稳定。喷油量和喷油压力难于控制，而且不能改变传统喷油系统固有的喷射特性，因此很难较大幅度地提高喷射性能。

第二代柴油机电控喷射系统采用时间控制方式，其特点是在高压油路中，利用电磁阀直接控制喷油开始时间和结束时间，以改变喷油量和喷油定时。它具有直接控制、响应快、喷射压力高（峰值压力可达240MPa）等优点，主要缺点是其无法实现喷油压力的灵活调节，且较难实现预喷射或分段喷射。

第三代柴油机电控系统采用压力－时间控制方式（共轨式）。共轨式电控燃油喷射系统是比较理想的燃油喷射系统。它不再采用喷油系统柱塞泵分缸脉动供油原理，而是用一个设置在喷油泵和喷油器之间具有较大容积的共轨管，把高压油泵输出的燃油蓄积起来并稳定压力，再通过高压油管输送到每个喷油器上，由喷油器上的电磁阀控制喷射的开始和终止。电磁阀起作用的时刻决定喷油定时，起作用的持续时间和共轨压力决定喷油量，由于该系统采用压力时间式燃油计量原理，因此又可称为压力－时间控制式电控喷射系统。按其共轨压力的高低又分为高压共轨、中压共轨和低压共轨三种。

5.7.3　典型电控柴油喷射系统

（1）电控直列泵燃油供给系统　图 5-59 所示为电控直列泵燃油喷射系统工作原理图。在电控直列泵燃油系统中，由调速器执行机构控制调节齿杆的位置，从而控制供油量；由提前器执行机构控制发动机驱动轴和喷油泵凸轮轴之间的相位差，从而控制喷油时间。

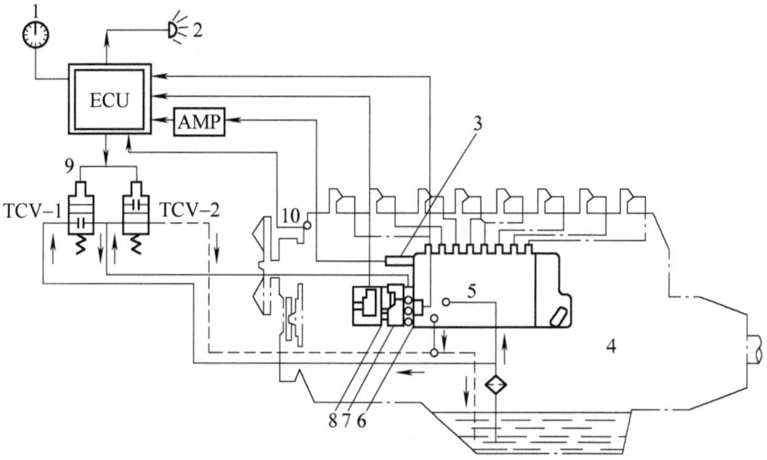

图 5-59　直列柱塞泵供油正时电控系统

1—转速表　2—故障指示灯　3—供油齿条位置传感器　4—柴油机　5—喷油泵
6—正时传感器　7—正时控制器　8—转速传感器　9—电磁阀　10—冷却液温度传感器

（2）电子控制分配泵燃油喷射系统　电子控制分配泵燃油喷射系统如图 5-60 所示，它根据传感器的信息检测出发动机的实际运行状态，由计算机完成如下控制：喷油量控制、喷油时间控制、怠速转速控制等。这种类型和直列式系统比较相似，只是喷油泵结构有区别。

（3）电子控制泵喷嘴　所谓电子控制泵喷嘴就是将压油机构紧缩到喷油器处，即高压油管长度为零的燃油系统。因为没有高压油管，所以高压系统的容积可以最大限度地减小，这对高压化非常有利。图 5-61 为电子控制泵喷嘴的工作原理图。

（4）高压共轨电控柴油喷射系统　高压共轨电控柴油喷射系统因喷油压力、时间、油量及喷油规律柔性可调，性能优越，被现代电控柴油汽车广泛采用。高压共轨电控柴油喷射系统基本组成如图 5-62 所示。从功能方面分析，电控共轨系统可以分为两大部分。

1）电子控制系统。电子控制系统可以分为三大部分：传感器、ECU 和执行器。

2）燃油供给系统。该系统主要由低压油路和高压油路组成。其部件主要有高压泵、调

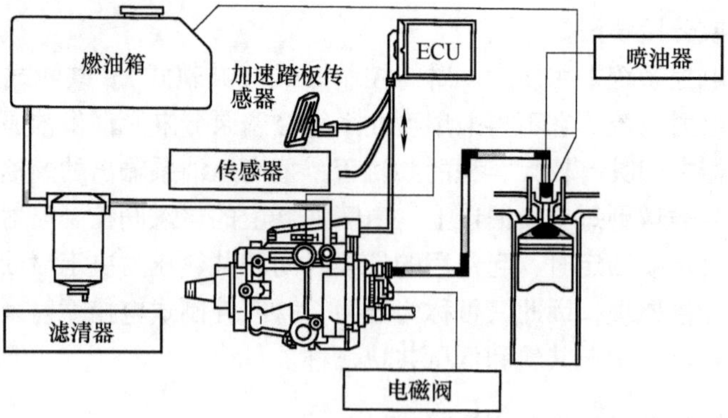

图5-60　电子控制式分配泵燃油喷射系统

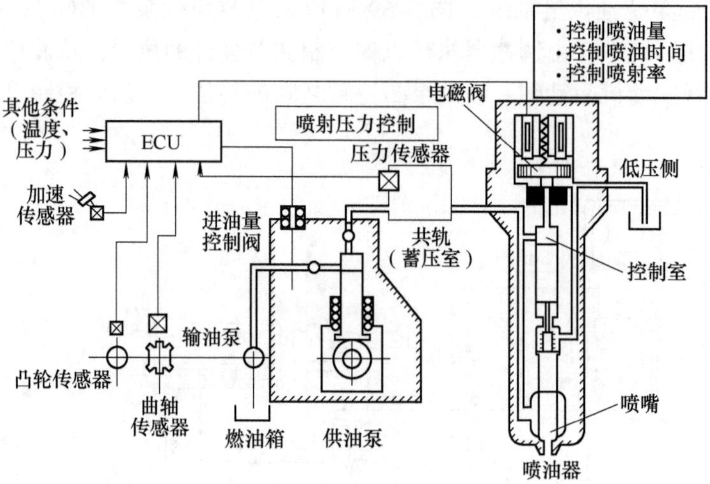

图5-61　电子控制泵喷嘴

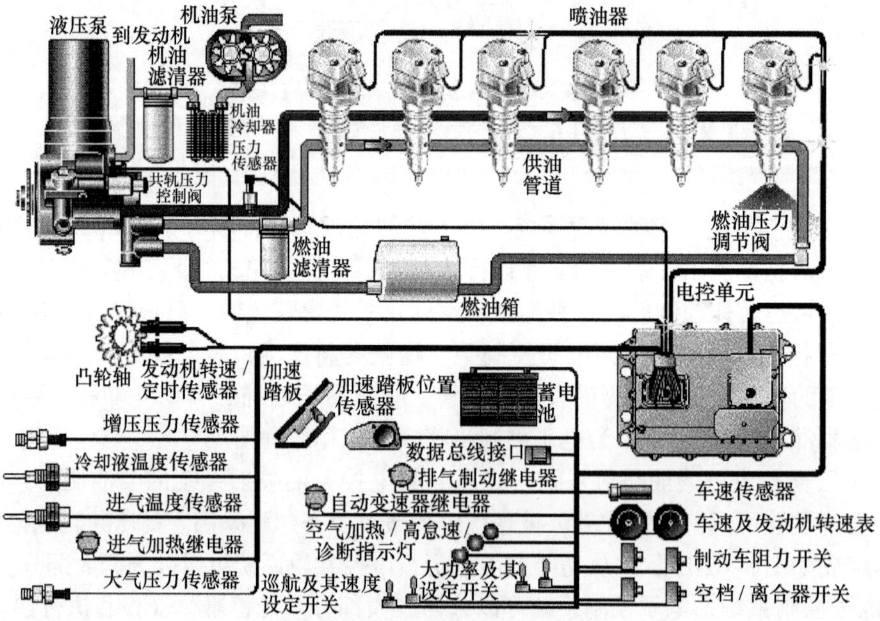

图5-62　电控高压共轨式燃油系统

压阀、高压存储器（共轨管）、电控喷油器等。

① 高压泵（图 5-63）。其作用是产生高压油。它采用三个径向布置的柱塞泵油元件 9，相互错开 120°，由偏心凸轮 8 驱动，出油量大，受载均匀。

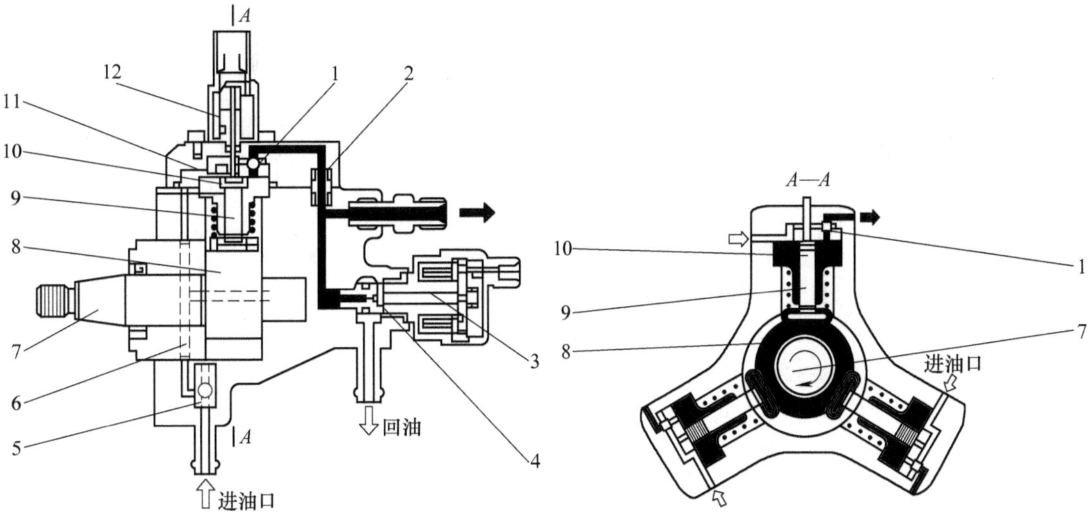

图 5-63　高压泵

1—出油阀　2—密封件　3—调压阀　4—球阀　5—安全阀　6—低压油路　7—驱动轴　8—偏心凸轮　9—柱塞泵油元件　10—柱塞室　11—进油阀　12—柱塞止回阀

工作时，从输油泵来的柴油流过安全阀 5，一部分经节流小孔流向偏心凸轮室供润滑冷却用，另一部分经低压油路 6 进入柱塞室。当偏心凸轮转动导致柱塞下行时，进油阀 11 打开，柴油被吸入柱塞室；当偏心凸轮顶起时，进油阀关闭，柴油被压缩，压力剧增，达到共轨压力时，顶开出油阀 1，高压油被送去共轨管。

在怠速或小负荷时，输出油量有剩余，可以经调压阀 3 流回油箱。还可以通过控制电路使柱塞止回阀 12 通电，使电枢上的销子下移，顶开进油阀，切断某缸柱塞供油，以减少供油量和功率损耗。

② 调压阀。它安装在高压泵旁边或共轨管上（图 5-64）。其作用是根据发动机负荷状况调整和保持共轨管中的压力。

当调压阀不工作时，电磁线圈 4 不带电，高压泵出口压力大于弹簧 2 的弹力，阀门 6 被顶开。根据输油量的不同，调节打开的程度。

当需要提高共轨管中的压力时，电磁线圈带电，给电枢 3 一个附加作用力，压紧阀门 6，使共轨管中的压力升高到与其平衡为止，然后调节阀门停留在一定开启位置，保持压力不变。

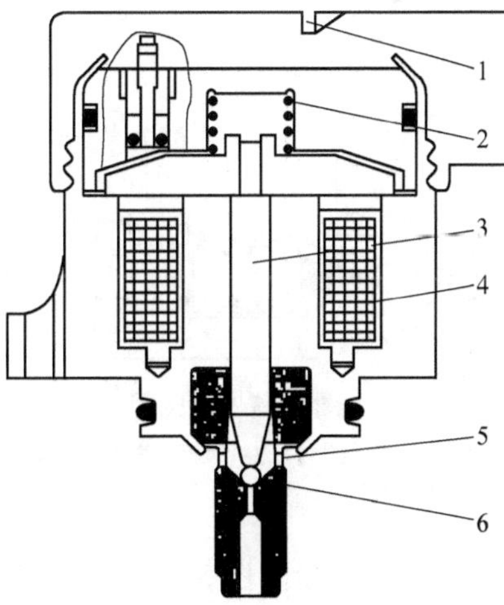

图 5-64　调压阀

1—电气接头　2—弹簧　3—电枢　4—电磁线圈　5—回油孔　6—阀门

③ 高压存储器（共轨管）。其作用是存储高压油，保持压力稳定。共轨管上安装有压力传感器、

限压阀和流量限制器，如图5-65 所示。

共轨压力传感器（图5-66）用固定螺纹6紧固在共轨管上，其内部的压力传感膜片4感受共轨压力，通过分析电路，把压力信号转换成电信号传至ECU进行控制。

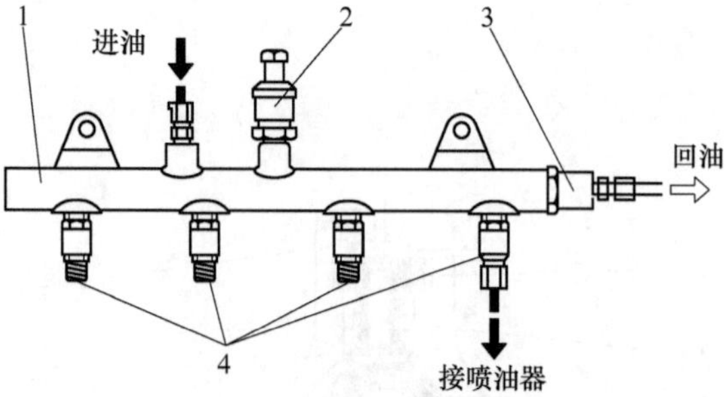

图5-65　高压存储器（共轨管）

1—共轨管　2—共轨压力传感器
3—限压阀　4—流量限制器

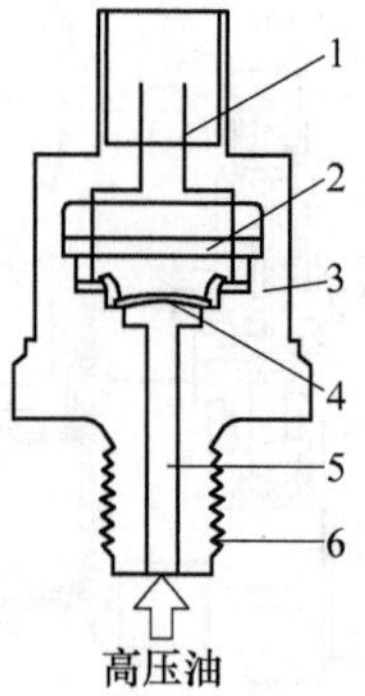

图5-66　共轨压力传感器

1—电气接头　2—分析电路　3—外壳
4—压力传感膜片　5—油道　6—固定螺纹

限压阀（图5-67）的作用是限制共轨管中的压力。当压力超过弹簧5 的弹力时，阀门2 打开卸压，高压油经通流孔3 和回油孔8 流回油箱。

流量限制器（图5-68）的作用是防止喷油器出现持续喷油。活塞2在静止时，受弹簧4的作用力，总是靠在堵头1端。在一次喷油后，喷油器端压力下降，活塞在共轨压力作用下向喷油器端移动，但并不关闭密封座面6，只在喷油器出现持续喷油，导致活塞下移量大时，才封闭通往喷油器的通道，切断供油。

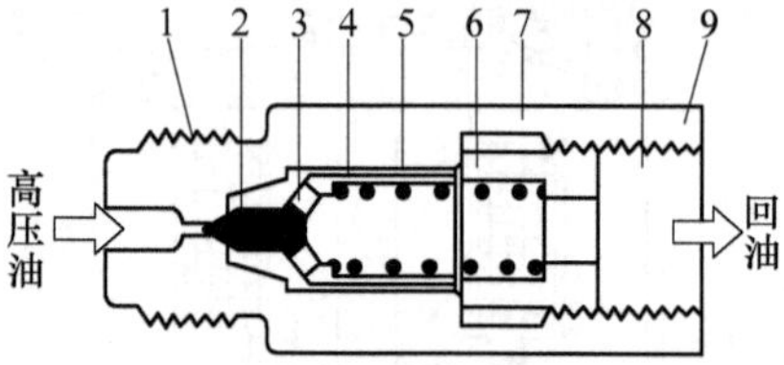

图5-67　限压阀

1—固定螺纹　2—阀门　3—通流孔　4—活塞　5—弹簧
6—限位件　7—阀座　8—回油孔　9—外壳

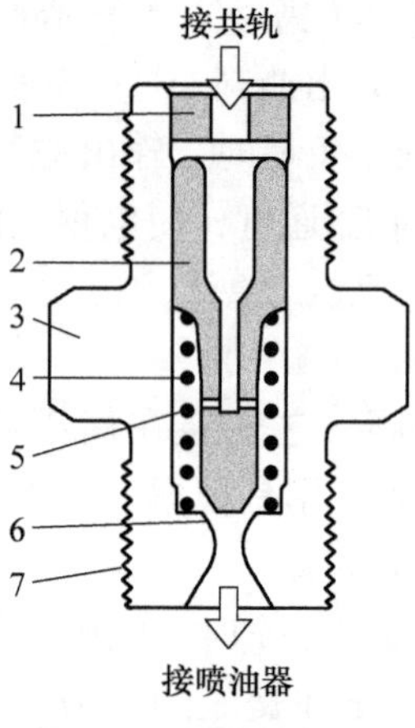

图5-68　流量限制器

1—堵头　2—活塞　3—外壳　4—弹簧
5—节流孔　6—密封座面　7—螺纹

④ 电控喷油器（图5-69）。电控喷油器是共轨柴油喷射系统的核心部件，其作用是准确控制喷油时间、喷油量和喷油规律。

电控喷油器的回油阀5受电磁阀3控制，电磁阀通电时，回油阀打开。由共轨来的高压油经进油口4进入喷油器内，有一部分高压油由进油量孔7流向控制室8，并作用在柱塞10

上，压向喷油器针阀 13，使其关闭密封锥面 14，停止喷油；另有一部分高压油经喷油器体 9 的斜油道进入喷油器针阀承压锥面 12，力图顶开针阀喷油。在喷油器不喷油时，电磁阀 3 不通电，回油阀 5 处于关闭状态，由于柱塞 10 上部的受压面积比针阀承压锥面大，使得作用在柱塞上的液压力大于作用在喷油器针阀承压锥面上的向上分力，针阀关闭。当电磁阀通电时，回油阀受电磁力作用打开，控制室 8 与回油孔 1 连通，使柱塞 10 上方的液压力小于喷油器针阀承压锥面 12 的向上分力，使针阀升起，喷油器喷油。喷油量大小取决于喷油嘴开启的持续时间（决定于 ECU 输出脉宽）、喷油压力及针阀升程等。由于高压喷射压力非常高，喷油嘴喷孔非常小（如 BOSCH 公司的 6 孔、直径 0.169mm 喷孔），使用中应特别注意柴油的高度清洁。

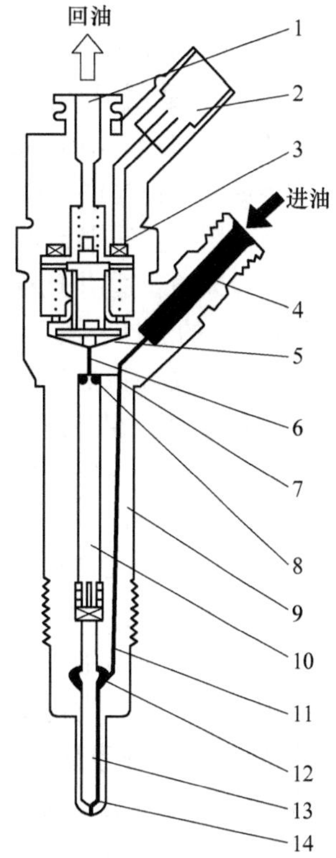

图 5-69　电控喷油器

1—回油孔　2—电气接头　3—电磁阀　4—进油口　5—回油阀　6—回油量孔　7—进油量孔　8—控制室　9—喷油器体　10—柱塞　11—进油通道　12—喷油器针阀承压锥面　13—喷油器针阀　14—密封锥面

3）传感与控制部分。传感与控制部分包括传感器、电子控制单元（ECU）和执行机构，其基本组成如图 5-62 所示。

高压共轨喷油器的喷油量、喷油时间和喷油规律除取决于柴油机的转速、负荷外，还跟众多因素有关，如进气流量、进气温度、冷却液温度、燃油温度、增压压力、电源电压、凸轮轴位置、废气排放等，因此必须采用相应传感器，采集相关数据，其采集的数据量达 15000 个/s。有关传感器的结构和原理与汽油机的电控汽油喷射系统的传感器基本相同。

由各种传感器采集的数据，都被送入 ECU，并与存储在里面的大量经过试验得到的最佳喷油量、喷油时间和喷油规律的数据进行比较、分析，计算出当前状态的最佳参数，其运算速度达 2000 万次/s。

通过 ECU 计算出的最佳参数，再返回去通过执行机构（电磁阀等）控制电动输油泵、高压油泵、废气再循环等机构工作，使喷油器按最佳的喷油量、喷油时间和喷油规律进行喷油，控制输出的速度达 2000 次/s 以上。其控制原理与汽油机电控燃油喷射相似，不再赘述。

5.8　柴油机燃料供给系统的维修

5.8.1　柴油机燃料供给系统的维护

（1）柴油机用油选择　柴油机的用油分燃料用油和润滑用油两类。

1）燃料用油选择。柴油机一般选用轻柴油作为燃料用油。国产柴油以凝点来区分牌号，凝点是柴油失去流动性而开始凝固的温度，是柴油低温流动性指标。对柴油机所用柴油选用原则如下：

① 5#轻柴油：适用于风险率为10%的最低气温在8℃以上的地区使用。

② 0#轻柴油：适用于风险率为10%的最低气温在4℃以上的地区使用。

③ －10#轻柴油：适用于风险率为10%的最低气温在－5℃以上的地区使用。

④ －20#轻柴油：适用于风险率为10%的最低气温在－14℃以上的地区使用。

⑤ －35#轻柴油：适用于风险率为10%的最低气温在－29℃以上的地区使用。

⑥ －50#轻柴油：适用于风险率为10%的最低气温在－44℃以上的地区使用。

2）润滑用油的选择。润滑油主要有润滑油和润滑脂两种类型。柴油机机油的性能指标主要是黏度，我国柴油机机油的牌号是按该机油100℃时的运动黏度值来表示的，黏度越大号数越大。一般来说，在保证润滑可靠的条件下，应选用黏度低的机油，以降低功率损失，有利于起动，机油的选用要根据发动机的配合间隙、工作状态、工作环境不同选择对应的质量等级和黏度等级，一般选用质量等级在CF、CH、CI级机油，黏度等级为5W-30，10W-40、15W-50和20W-50的柴机油。柴机油的储存及添加应按照规定方法进行。

润滑脂（俗称黄油）是黏稠的半固体膏状物质，具有强的黏附能力，起到良好密封、防腐和减振作用，特别适用于不能密封润滑、承压较大及不易经常添加润滑剂的摩擦零件部位润滑。一般选用2号合成钙基润滑脂。

（2）柴油机用水注意事项　柴油机冷却液用水应用清洁后的软水，井水、自来水属硬水，最好烧开沉淀后再用，散热器保持规定水位，不足时应及时添加以免因缺水造成事故。柴油机正式工作前应预热至40～60℃。正常工作冷却液温度保持在90～95℃。冬季停机待温度下降后再将水放出机外，并转动一下曲轴，使水泵等处的水都放净。

5.8.2　柴油机喷油器的检修

（1）喷油器的拆装

1）喷油器的拆卸。

① 喷油器的固定方式有压板固定、空心螺套固定和利用自身的凸缘固定三种。压板固定式喷油器在缸盖上正确的安装位置靠压板定位销固定。拆卸时，首先拆下高压油管和固定螺母，然后用木锤振松喷油器，取出总成，视需要可用专用拉器拉出。

② 从发动机上拆下喷油器总成后，应先清洗外部，然后逐一在喷油器手泵试验台上进行检验，检查喷射初始压力、喷雾质量和漏油情况，如质量良好就不必解体。

③ 分解时先分解喷油器的上部，旋松调压螺钉紧固螺母，取出调压螺钉、调压弹簧和顶杆，将喷油器倒夹在台虎钳上，旋下针阀体紧固螺母，取下针阀体和针阀。

④ 针阀偶件应成对浸泡在清洁的柴油里。如果针阀和针阀体难以分开，可用钳子垫上橡胶片夹住针阀尾端将其拉出。

2）喷油器的安装。

① 将针阀、针阀体、紧固螺母装到喷油器体上，螺母的拧紧力矩为60～80N·m。

② 从喷油器体上部装入顶杆、调压弹簧、调压螺钉，拧上调压螺钉紧固螺母。

③ 安装进油管接头。总成调试完毕后，安装护帽。

3）喷油器在发动机上的安装。

① 应检查安装到气缸盖上的喷油器伸出气缸盖底面的高度，玉柴YC6105QC为3.5～

3.7mm。安装高度不符合规定时，可拆下锥形垫圈，在喷油器紧固螺套与锥形垫圈体之间加垫片调整，或更换锥形垫圈。

② 锥形垫圈与气缸盖安装孔接触不严密时，可拆下锥形垫圈，加热后冷却减小其硬度后再安装。安装前用专用铰刀清除座孔内的积炭、污垢。

③ 喷油器体上的定位销（或定位块）安装时要嵌入座孔的定位槽内。紧固压板螺母拧紧力矩为 22～28N·m。压板的圆弧状凸起面应朝向喷油凸肩，以保证压紧力与喷油器轴线在同一平面内，有利于密封。

（2）喷油器的检修

1）喷油器的检查。

① 检查喷油器喷雾质量。准备一个同类型的标准喷油器和一个自制的“T”形三通接头，先观察两喷油器喷射的孔数是否一致。再将被检修的喷油器和对应的高压油管拆下，将三通接头接在喷油泵高压油管接头上，并将标准喷油器和被修喷油器分别接到三通接头上。让发动机怠速运转，观察两个喷油器的喷射角度和射程是否相当，若差别大，表明被检喷油器的喷孔堵塞，应及时疏通。若无三通接头，可将被检喷油器和标准喷油器分别装在高压油管接头上，用起动机驱动发动机运转，并作喷射比较，以观察被检喷油器的喷射质量。

若被检的喷油器喷油质量差，应将发动机熄火，用手指触摸两喷油器的喷嘴处，若被检喷油器的喷嘴有较多柴油，表明喷油器的针阀关闭不严。起动发动机让其空转，拧松某缸喷油器高压油管接头，若流出的柴油含有少量或大量气泡，说明喷油器针阀密封不严或卡在不关闭位置；若流出柴油清洁无气泡，而拧紧油管接头后，发动机转速没变化，且手摸油管脉动感很强，说明针阀卡死不喷油。

也可使用喷油器试验器进行检查，如图 5-70 所示，喷油器试验器由手动油泵、压力表和储油罐等组成。检查时把喷油器安装在试验器接头上，用手摇动手柄，观察喷雾状态。

② 检查喷油器的喷油压力。观察两个喷油器的喷油时刻，若同时喷油，表明被检喷油器的喷油压力正常。否则，应对调压弹簧进行调整并检查内部零件，以达到两个喷油器的喷油时刻一致。此外，还应观察两喷油器的停喷时刻是否一致，若不一致，应调整或更换被检喷油器的调压弹簧。

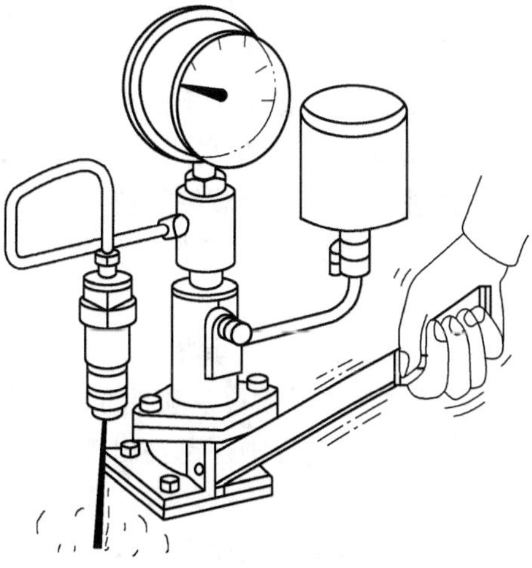
图 5-70　喷油器试验器

③ 喷油器喷射干脆程度的检查。每次喷油时，伴随针阀的开启应有明显、清脆的爆裂声，雾化锥脚符合规定，不得有后期滴油的现象。如喷雾质量达不到要求，应重新清洗喷油器或者更换针阀偶件。

2）喷油器检修。观察喷油器，针阀与针阀座的配合表面不得有烧伤或腐蚀等现象，针阀和轴针不得有变形或其他损伤，针阀偶件的配合可按照图 5-71 所示方法检验：将针阀体倾斜 60°左右，针阀拉出 1/3 行程，放开后针阀应能靠其自重自动滑入针阀座之中，重复多次上述动作，每次转过一定角度，如某位置不能平稳下滑，则应更换针阀偶件。

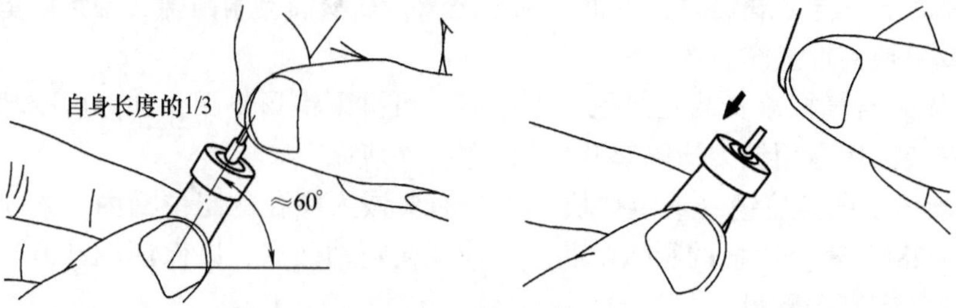

图5-71 针阀偶件的检验

3）喷油器零件的清洗。

① 用钢丝刷清理零件表面的积炭和脏物，喷油器体和针阀体的油道可用通针或直径适当的钻头疏通。

② 针阀体偶件应单独清洗。零件表面积垢的褐色物质也可用乙醇或丙酮等有机溶剂浸泡后再仔细擦除。最后将喷油器偶件放在柴油中来回拉动针阀清洗，堵塞的喷孔用直径0.3mm的通针清理，清理时注意避免损伤喷孔。

③ 清洗过的零件，用压缩空气吹去孔道中遗留的杂质，最后用汽油浸洗吹干备用。

5.8.3 柴油机喷油泵的检修

（1）A型柱塞式喷油泵的检修与调试　喷油泵磨损会导致其技术状况变差，供油量减少且供油时间滞后，使大量的燃油在补燃期燃烧，造成燃烧不完全，功率下降等故障。

1）喷油泵的拆卸注意事项。

① 拆装必须在室内清洁地方进行，尽量避免灰尘、沙土等环境。

② 拆卸前应该用清洁柴油将喷油泵的外部和拆装工具清洗干净。

③ 在拆下出油阀紧座、柱塞套定位螺钉、推杆体和导向螺钉后，其余零件即可从喷油泵体前后分别取出。如出油阀垫圈因长期压紧而变形，使出油阀座和柱塞套不能靠其自身质量自由取出，可用直径大于柱塞套外直径的清洁木棒从泵体后部推压柱塞套取出。

④ 柱塞偶件、出油阀偶件的工作面不能碰伤、刮伤，不能沾上污物，拆下后应在清洁柴油中清洗干净，成对装好放置，更换时必须成对更换。

⑤ 对有装配要求的部件，如齿条、调整螺钉等，应做标记表明原来的装配位置，以防止装配时装错位置。

⑥ 尽量使用专用工具拆装。

2）柱塞偶件的检修。喷油泵柱塞偶件表面粗糙度低、表面硬度和配合精度均非常高，但在长期的使用过程中还是会出现磨损。柱塞偶件磨损除了受燃油压力和流速等因素影响之外，还受到燃油中杂质的影响。当柱塞上行至顶面关闭套筒上的进油口后，燃油中直径相当于配合间隙的机械杂质就会被卡入间隙内成为磨料，当柱塞副磨损到一定程度时，便会造成泄漏，改变供油性能；另外，燃油泄漏量增加，使得供油开始时间延迟，供油停止时间提前，供油持续时间缩短，供油量下降；泄漏量增大，供油压力下降，喷油器雾化质量不良，柴油机不易起动，怠速不稳；由于各缸分泵机构磨损的差异，使得各缸循环油量不均匀度增大，发动机的工作将不平稳。因此，喷油泵检修首先应对柱塞偶件进行检修。

① 柱塞偶件的外观检验：观察柱塞表面是否有明显磨损痕迹、裂纹、扭曲等；观察柱

塞套的内圆柱面是否有锈蚀或者显著刻痕；观察柱塞头部斜槽、直槽及环槽边缘是否有剥落或锈蚀等现象。

② 柱塞滑动平顺性检查。用洁净的柴油仔细清洗柱塞副，并涂上干净的柴油后进行试验，如图 5-72 所示，将柱塞套倾斜 60°左右，拉出柱塞全行程的 1/3 左右。放手后，柱塞应在自重作用下平滑地进入套筒内。然后转动柱塞，在其他位置重复上述试验，柱塞均应能平稳地滑入套筒。

③ 柱塞偶件密封性检查。柱塞偶件的密封性检查可以使用喷油器试验器检查。先拆除分泵机构的出油阀，放掉泵内空气，再将喷油器试验器的高压油管接入出油阀接头上。移动供油量调节机构的齿条或拉杆将喷油器试验器的高压油管接入出油阀接头。移动供油量调节机构的齿条或拉杆，使喷油泵处在最大供油位置。转动喷油泵凸轮轴，使被测柱塞移动到行程的中间部位，柱塞顶面应完全盖住进油孔和回油孔。将喷油器试验器的压力调至 20MPa 后停止泵油，测定压力下降至 10MPa 的时间。同一喷油泵的所有柱塞偶件的密封性误差应在 5% 以内。

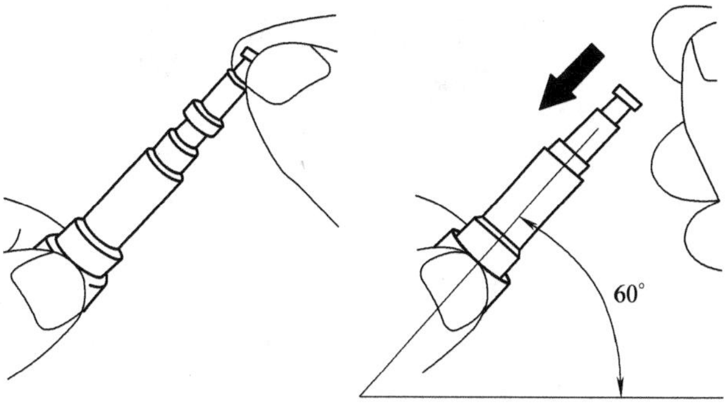

图 5-72　柱塞的滑动性检查

无试验设备时，也可用手指盖住柱塞套的顶部和进、出油口，使柱塞处于最大供油位置，另一只手将柱塞由最上方位置向下拉。此时，应感到有明显的吸力；放松柱塞后，柱塞应能迅速回到原位。否则，应用新柱塞偶件更换。

3）出油阀偶件的检修。出油阀的主要耗损也是磨损，多出现在密封锥面、减压环带和导向部分。密封锥面的磨损是停止供油时，弹簧力和高压油管内残余油压对阀座的冲击，以及燃油中机械杂质作用的结果。减压环带进入阀座时，被进入配合间隙内的机械杂质的切削作用导致的磨粒磨损。与出油阀相配合的出油阀座在密封的锥面和座孔圆周表面也会出现相应的磨损。

柱塞式喷油泵通常采用的是减载式出油阀。出油阀减压环带、密封面的磨损，使出油阀的减压作用减弱或消失，不能迅速停止喷油，甚至出现二次喷油或滴油。另外，还使减载作用不能灵敏地随发动机转速的增加而增强，当然，也就不能很好地校正进油孔节流作用所造成的转速越高，回油节流作用越强，供油越早，供油越多，与充气系数减小的不相协调的有害速度特性。这种现象破坏了减压作用，使供油速度曲线趋于平坦或稍向下倾斜。因此，出油阀的磨损，影响喷油正时和燃油的喷射规律或出现后期滴油的现象，将会引起发动机的不正常燃烧，甚至出现冒黑烟以及功率下降等故障。

① 出油阀偶件的外观检验。观察出油阀减压环带是否有严重的磨损痕迹，锥形密封面阀座是否有金属脱落或严重磨损、锈蚀等。如有以上现象，则应更换新件。

② 出油阀的滑动平顺性检验。在有柴油湿润状态下，使出油阀偶件处于垂直状态，把出油阀抽出 1/3 左右，放手后，出油阀应能受重力作用落座。否则说明出油阀工作有卡滞现象。应对出油阀偶件进行修理或者更换。

③ 出油阀的密封性试验。如图5-73所示，如用手指堵塞出油阀座的下方孔，出油阀下落到减压环带进入阀座时应能停住，如图5-73a所示。在此位置时，用手指轻轻压入出油阀，放松手指后，出油阀应能马上弹回原位置，如图5-73b所示。手指从下端面移开时，出油阀应在自重作用下完全落座。

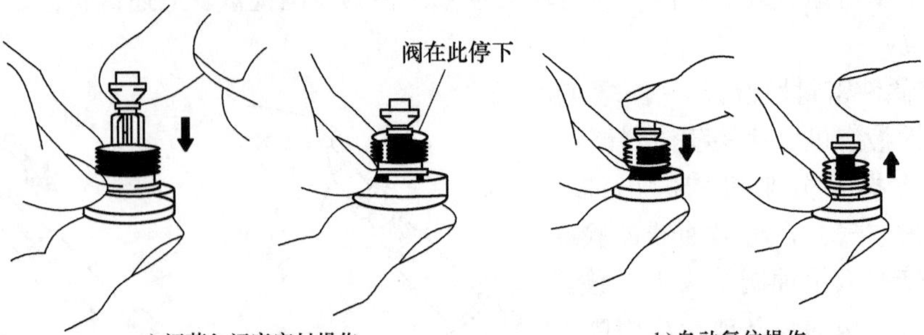

a) 阀落入阀座密封操作　　b) 自动复位操作

图5-73　出油阀的密封性试验

4）A型喷油泵的调试。为提高喷油泵的修理质量，喷油泵修理和试验的场地应是无尘的恒温环境。试验时，环境温度对其供油的影响较大。由于柴油黏度与温度有直接的关系，温度较低时，柴油黏度较大，柱塞的泄漏较少使供油量增加，这种现象在磨损的柱塞上表现得尤其为明显。试验表明：温度从40℃降至20℃时，供油量可增加20%～40%。温度再次降低时，柴油黏度过大使其流动阻力过大，供油量反而减少。因此，试验时的温度应维持在40℃左右。喷油泵调试项目主要有供油时间调整和供油量调整。但供油量与调速器的性能有关，应先调整调速器，最后再调整供油量和供油均匀度，而调整供油量往往需要改变供油拉杆的位置，又会反作用于调速器的工作，因此供油量与调速器的调整需要反复校核。

喷油泵现在一般采用专用仪器进行调整。如图5-74所示，喷油泵实验台可进行供油时间及供油量的调整。

① 喷油泵的安装。喷油泵的安装在实验台上应该牢固可靠，喷油泵凸轮轴与实验台传动轴应保持同轴度。由于不同喷油泵型号尺寸的差异，在底座间应选用高度合适的垫块，联轴器胶木接盘的长孔与十字轴接头的配合不能有明显晃动。

图5-74　喷油泵调试台

喷油泵固定后应运转平稳，无异响。泵上有燃油限压阀时，要安装回油管；无限压阀的，要堵住其回油孔。喷油泵运转前，应检查补足喷油泵与调速器之间的润滑油，再进行一定时间的磨合运转。然后，向喷油泵供油，将低压油路的压力调整至100MPa左右，并对低压油腔放气。最后，拧松标准喷油器内的放气螺钉。起动喷油泵，使其转速逐渐增加到 400r/min 左右。转动操纵臂，使其达到最大供油位置并进行排气，排除高压油路的空气后，拧紧放气螺钉，使喷油泵转速增加至 600～800r/min，在最高转速位置继续运转 3～5min 后停机。

检查过程中应注意观察以下项目：凸轮轴转动是否平顺；各衬垫及接头处是否有渗漏现象；各部轴承是否过紧，温度是否过高；运动部位有无异响；各分泵的供油是否正常，操纵臂、供油拉杆及其他操纵部位是否有运动阻滞现象。如发现异常情况，必须在排除异常后，才能进行喷油泵和调速器的调试。

② 供油时间的调试。供油时间的调整方法有溢油法和测时管法两种：溢油法精度高，操作方便，但只有在实验台有高压油路时才能使用；测时管法设备简单，测量精度也比较好，但是操作较麻烦，工作效率不高。

a. 溢油法。所谓溢油法是利用油泵实验台配置的高压燃油泵，先将燃油加压至 44MPa 以上，送入喷油泵的低压油腔。当柱塞处于下止点时，柱塞套上的进油口未被遮盖，高压燃油即从低压油腔顶开出油阀经高压油管，自标准喷油器的放气油管流出。然后转动凸轮轴，使柱塞上行。当柱塞顶部边缘刚好将进油口遮住时，高压燃油被阻断，回油管马上停止回油。此时即为该柱塞开始供油的时刻，其数值可以从指示装置中读出。试验时，从第 1 缸开始。先将实验台的变速手柄置于“0”位，油路转换阀控制杆置于高压供油位置，并拧松标准喷油器的放气螺钉。然后起动油泵电动机，柴油从标准喷油器的放气油管流出后，将调速器的操纵臂置于最大供油位置。再慢慢转动试验台传动轴，当第 1 缸喷油器放气油管刚停止出油并使传动轴停住时，检查喷油泵联轴器上的刻线是否与喷油泵壳前端面的刻线对正，如图 5-75 所示。如果联轴器上刻线超前，说明供油开始时刻过晚，应调整滚轮组件的有效高度，将调整螺钉拧出或增加调整垫片厚度；如果联轴器上刻线滞后，说明供油开始时刻过早，应减小滚轮组件的有效高度。第 1 缸柱塞供油开始时刻调整后，以此为基准，按柴油机工作顺序，调整其他缸柱塞供油开始时刻的误差，应控制在 ±0.5 的范围内。在调试过程中，若放气油管的燃油有断续现象，说明燃油压力过低，此时应将其余喷油器的放气螺钉拧紧，只保留被测气缸的喷油器回油管。这样，可使燃油压力提高。用溢油法检验新喷油泵或换新柱塞副的喷油泵的供油开始时刻比较准确，用于柱塞副磨损的喷油泵，因配合间隙加大，高压油渗漏，回油不干脆，测量误差较大。

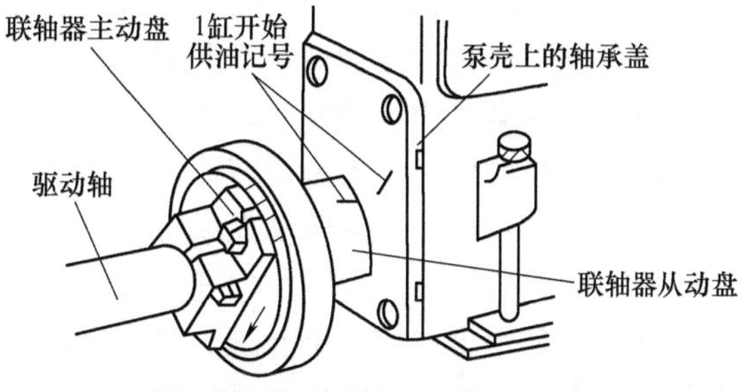

图 5-75　喷油泵联轴器上的刻线与喷油泵壳前端面的刻线

b. 测时管法。测时管的结构如图 5-76 所示。试验前，先将测时管装在 1 缸的出油阀接头上，转动喷油泵凸轮轴使分泵泵油，直至测时管不冒气泡为止。将多余燃油除去，

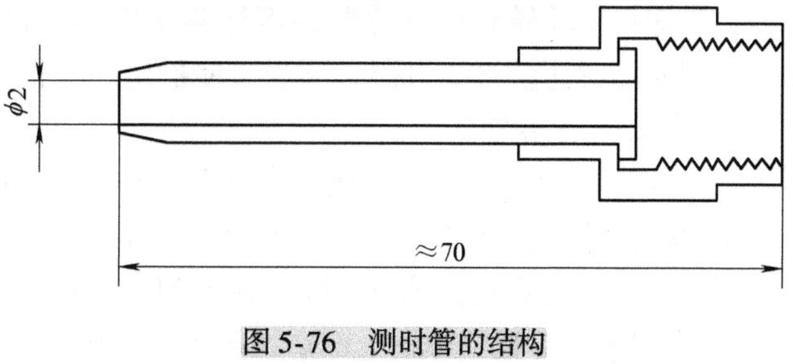

图 5-76　测时管的结构

使管内燃油刚好与管口齐平，然后缓慢转动凸轮轴，管口油面上凸时停止转动，此时即为第一分泵的供油开始时刻，查看联轴器刻线，并按前述方法调整和测试其余各缸分泵。在调试中选用哪种方法，应根据条件确定。

③ 供油量的调整。喷油泵的供油量调整包括额定转速供油量、怠速供油量、起动供油量、校正供油量以及停机供油量等项目。各种供油量是由柴油机制造厂经过反复试验确定的，可根据规定数据来调整。额定转速供油量保证柴油机在额定负荷时所需油量；怠速供油量指柴油机节气门完全关闭，加速踏板完全松开，且对外无功率输出并保持最低转速稳定运行运转的工况下的供油量；起动供油量用以保证发动机的起动，比额定负荷供油量约高 50%；校正供油量用于短时超负荷，停机供油量是停机的保证。

供油量不均匀度的调整以额定转速供油不均匀为核心。由于柴油机额定转速下运行的机会最多，一般规定：额定转速供油不均匀度不应大于 3%；怠速供油不均匀度不应大于 30%；起动和短时超负荷运转时供油不均匀度可以放宽些。调整喷油泵供油量首先要使调节拉杆与拨叉、调节齿杆与齿圈、齿圈与控制套筒的相互安装位置符合要求。如果安装位置不正确，会因最大供油量过大或过小而造成返工。

$$\text{各缸供油不均匀度} = \frac{2\times(\text{最大供油量}-\text{最小供油量})}{\text{最大供油量}+\text{最小供油量}}$$

额定转速供油量的调整，使喷油泵以额定转速运转，转动操纵臂至最大供油位置，将供油杯放到接油位置，喷油 100 次，观察各缸供油量。不合标准或不均匀时，松开调节齿圈或柱塞拨叉的夹紧螺钉，将柱塞控制套相对于调节齿圈移动一定距离，再紧固螺钉，即可改变供油量。调整时要判断增加或减少供油量的移动方向，当看到操纵臂向增加供油方向转动时，再根据控制套筒的旋转方向或柱塞拨叉的移动方向，确定应该向哪边移动。

怠速供油量的调整，当额定转速供油量及其不均匀度调整合适后，使喷油泵在怠速下运转，缓慢向增加供油量方向转动操纵臂，当标准喷油器前端开始点油时，固定好操纵臂，喷油 100 次观察其供油量，若不均匀度不符合要求，应按上述方法再进行调整。

供油量调整中出现的几个问题。若一个缸达不到要求，应检查出油阀是否卡住。开动实验台的输油泵，再松开标准喷油器的放气螺栓，若油管不断点油，说明出油阀卡住或出油阀弹簧折断，或是出油阀偶件圆锥密封面不合要求，应检查修理或更换新偶件。如果更换出油阀偶件仍无效，则应拆下柱塞偶件检查或更换。若两个缸达不到要求，且额定供油量均匀度调整怠速供油试验时，出现一个缸多另一个缸少的情况，则拆下这两个缸的出油阀偶件，将它们对调使用往往都能达到要求。

如果一个柱塞供油不稳定，即或大或小，应检查调节齿圈固定螺钉是否松动，柱塞凸块在控制套筒直槽中间隙是否过大，柱塞与柱塞套筒的配合是否松动。

如果把操纵臂转到停止位置仍不能停止供油，可能是调节齿杆或拉杆的安装位置不正确，或调速器停止供油螺钉调整不当，使额定转速供油量超过标准，应逐步查找原因。

（2）VE 泵的拆检

1）VE 型喷油泵的拆卸。从发动机上拆卸喷油泵的步骤如下：

① 确定一缸上止点位置，用飞轮摇柄，慢慢转动发动机，将正时销插入凸轮轴齿轮上的正时销孔，为防止正时销被切断，在找到上止点后，从正时销孔中拔出正时销。

② 将喷油泵轴锁紧螺栓上的垫块取下，以锁死泵轴。

③ 拧下接近孔盖和泵轴上的螺母。

④ 用齿轮拔出器从泵轴拔下齿轮。

⑤ 拧下喷油泵安装螺母，从发动机上取下 VE 泵。

2）VE 泵的检修

① 更换油封。用油封拔出器取出油封，检查油封的密封面是否有划伤和毛刺，如有毛刺，允许进行少量修整，修整后必须进行彻底清洗吹干。安装新油封时，用保护套筒将油压调节到位，套筒应为与油封外圆（金属表面）接触的深套筒。

② 停油电磁阀的检查与更换。电磁阀故障将导致油泵一直处于停油位置，发动机无法起动。判断电磁阀是否损坏的方法之一是通以约 12V（对 12V 电器系统）或 24V（对 24V 电器系统）的直流电，电磁阀若正常，可听到较弱的“咔哒”声。若无，说明电磁阀损坏。

更换电磁阀时，应在新电磁阀上装好 O 形圈，将电磁阀拧入油泵分配头，拧紧时按照要求力矩拧紧。

③ 出油阀总成的检查与更换。出油阀总成磨损过多，如出油阀密封面、出油阀和出油阀座表面等损坏时应该进行更换。更换时注意出油阀总成与密封垫的拧紧力矩应该按照规定力矩拧紧，一般为 30N·m。

5.8.4　柴油机调速器的检修

（1）柴油机调速器的保养注意事项

1）柴油机长期停放或熄火时，应将调速手柄放在停车位置，使调速弹簧处于放松状态，以免因长期处于张紧状态而产生塑性变形。

2）经常检查调速器各螺栓、螺母、销子等的连接情况，如有松动应及时紧固。

3）经常检查调速器各转动部件是否灵活可靠，发现问题应及时排除。

4）调速器弹簧外露部分应保持清洁，以免灰尘、杂物等卡住弹簧，造成调速器失灵。

（2）调速器的检修

1）检查调速器的调速弹簧。调速弹簧如折断或变形应更换新件。可将其取下用仪器检验其弹力；若无试验仪器时，可找一标准弹簧作比较。若弹力稍有下降，可通过调节螺钉调整弹簧的预拉力以恢复其正常工作；若弹力太弱时则应更换。

2）飞块支架及铰链连接部位的检修。对采用飞块结构的双速调速器，应保证飞块、支架及销轴三者的配合间隙。如飞块支承孔和飞块推脚磨损严重，使飞块实际摆动中心向内偏移，飞快推脚半径缩短，在发动机转速一定的情况下，调速套筒的位移量较未磨损前小，从而影响调速器的调速特性。若上述三者的配合达不到技术条件的要求，可通过镗削飞块销轴孔，更换加粗的销轴来解决。

3）飞球、调速滑盘内表面及调速杠杆短臂的圆弧面磨损检查。对飞球式两速调速器，检修时应注意：飞球磨损严重而失圆，或调速滑盘内表面磨出凹槽，以及调速杠杆短臂的圆弧面磨损严重，会造成调速杠杆短臂与推力轴承间隙增大，使调速器转速升高，应及时调整，必要时更换新件。调整时，可在推力轴承与调速滑盘之间增加适当厚度的垫片，以恢复调速杠杆短臂与推力轴承之间的配合间隙，保证调速器正常工作。若更换飞球，应同时更换所有飞球，并应注意飞球的规格必须与原来的相符。装配时，不允许在飞球上涂抹润滑脂，以免造成调速器失灵，甚至“飞车”。

4）调速套筒的检修。在调速弹簧为拉力弹簧的调速器中，其调速套筒环槽与浮动杠杆横销的磨损使配合间隙超过规定时，可将浮动杠杆上的横销和调速套筒一起拆下，拆下后转动90°以后再装复，以减小配合间隙。调速器套筒的衬套磨损后，应更换新衬套。修理后，调速套筒在轴上应运动自如无卡滞。调速套筒轴承，视情更换。调速器各操纵连接部位应连接可靠，运动灵活，配合间隙符合规定。在操纵臂位置不变动的情况下，供油拉杆或齿杆的轴向位置游动量应为0.5～1mm。

5）检查调速杠杆长臂叉口磨损情况。磨损严重时，会使叉口与调节齿杆球头的配合松旷，导致柴油机转速不稳，严重时导致齿杆球头脱离叉口，造成“飞车”事故。因此，发现叉口磨损严重应及时更换新件。

（3）调速器的调试　调速器的调速内容主要是高速和怠速起作用转速。其次是全程调节、起动加浓、校正加浓及各部位限制位置的检查与调整。

1）高速起作用转速的调试。当柴油机在额定转速工作时，供油拉杆或齿杆位置固定在额定供油位置。当柴油机转速超过额定转速时，离心元件上产生的惯性力作用在调速套筒上，使供油拉杆或齿杆向减油方向移动，从而起到限制最高转速的作用。

试验时，使喷油泵转速逐渐增加到接近额定转速，将调速器的操纵臂推向最大供油位置。然后缓慢增加喷油泵的转速，同时注意供油拉杆和齿杆位置的变化，开始向减少供油量方向移动时的转速，就是高速起作用的转速。如这时的转速达不到技术条件的要求，可通过调节调速弹簧的预紧度来实现。对于两速调速器，可直接调节调速弹簧的预紧度。图5-77所示的B型泵两速调速器，将高速弹簧座向内旋入，增加高速弹簧的预紧度，即可提高高速作用转速。

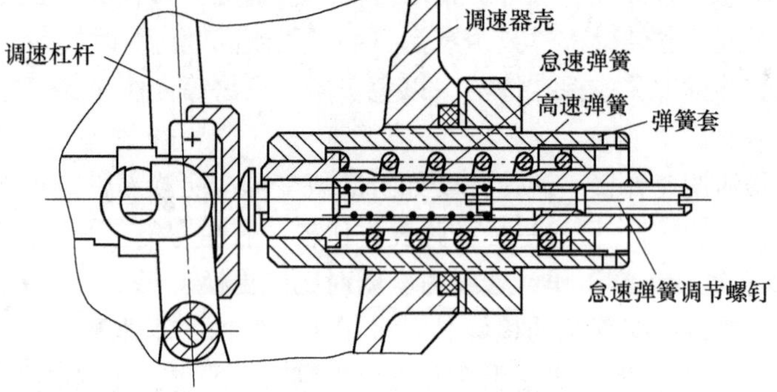

图5-77　B型泵调速弹簧结构

图5-78所示的调速器，可通过弹簧座的旋入或退出来改变高速起作用的转速。

对于以五十铃DH100型柴油机使用的RAD调速器为代表的杠杆式调速器，可以通过高速调整螺钉来改变调速杠杆对高速弹簧的拉紧力，从而改变高速起作用转速，如图5-79所示。

2）怠速起作用转速的调试。限制柴油机额定转速的原理相似，当柴油机以怠速转速运转时，飞块零件产生的离心作用在调速套筒上的轴向力与怠速弹簧相平衡。当某种原因造成发动机运转阻力增大使转速降低时，离心零件产生的离心惯性力不足以平衡怠速弹簧，使供油拉杆或齿杆向增加供油量的方向移动。

试验时，使喷油泵的转速低于正常怠速值，缓慢转动操纵臂，在喷油泵刚刚开始供油时，立即固定操纵臂的位置，然后再慢慢增加喷油泵转速。同时注意观察供油拉杆或齿杆位置的变化，其开始向减少供油量方向移动时的转速，便是调速器怠速起作用的时刻。如此时的转速与技术条件的要求不符合，可用调节怠速弹簧弹力的方法使其达到要求。

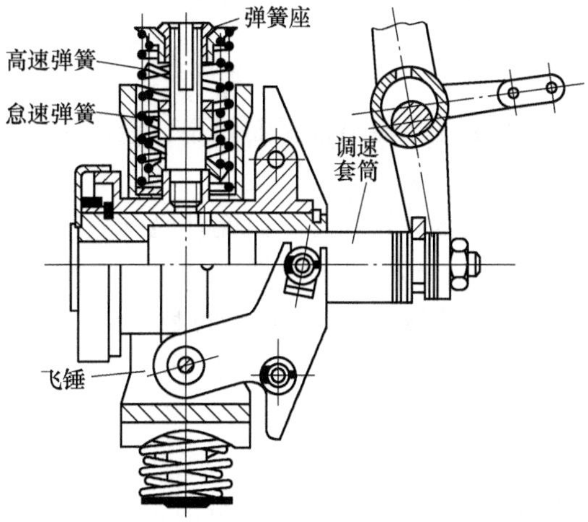

图 5-78　飞块式两级调速器

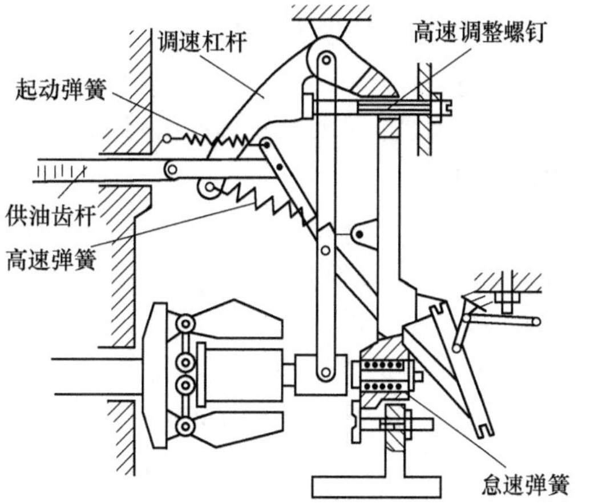

图 5-79　RAD 型两速调速器示意图

对两速调速式调速器，可调节弹簧座（图 5-78）或怠速弹簧调节螺钉（图 5-79）。需要指出的是，如图 5-78 所示的调速器结构，弹簧座位置变动的同时改变高速弹簧和怠速弹簧的预紧度。若只需变动一项，就必须配合增减高速弹簧或怠速弹簧下的调整垫片进行调整。如怠速转速符合要求，而高速过低，此时需将调节螺母向内拧进，并同时减小怠速弹簧调整垫片厚度，以便高速和低速均符合规定。此外，在调整时，要对两侧飞块做到同时调整，以保证飞块能平衡运转。

5.9　柴油发动机燃油供给系统常见故障与排除

1. 喷油器故障

喷油器出现故障时，发动机多有下列现象：单缸或多缸有敲击声；发动机完全熄火或间歇性熄火；耗油量增加；排气管大量冒烟；发动机过热。

（1）故障原因

1）喷孔堵塞或喷油器表面积炭。

2）喷油器安装松动或喷油器调压弹簧折断。

3）针阀座脏污或积炭，针阀关闭不严。

4）针阀卡死在阀体内，或喷油器破裂。

5）喷油器调压弹簧失调或折断。

6）喷油器偶件严重磨损或腐蚀。

7）喷油嘴和喷油器体间接合表面脏污。

（2）故障检修

1）使发动机低速运转并拧松某气缸的喷油泵高压油管，对喷油器断油来确定有故障的喷油器，若发动机工作没有变化，即可确定该喷油器有故障。

2）对喷油器积炭、喷孔堵塞或针阀座脏污等，应清除或更换喷油器。

3）对于排气歧管温度偏高或偏低的气缸喷油器应拆检。在拆下喷油器时，不要弄弯油管。为防损伤回油管，应将连接喷油器的回油管总成拆下。

4）对针阀卡死在阀内或喷油器壳体损坏的，能修则修，不能修应换新件。

2. 喷油器喷油很少或不喷油

（1）**故障原因**

1）喷油器的针阀与阀体配合过紧，或针阀被杂物卡住，使出油截面减小，造成出油少甚至不出油。

2）喷油泵不泵油或泵油量很少，使油压难以克服调压弹簧弹力，因此针阀开启很小或不开启，喷油器的喷油也减少甚至不喷油。

3）喷油器上的积炭将喷孔堵塞或部分堵塞，造成出油的喷孔少，出油量也减少。

4）喷油器的调压弹簧弹力过大，使喷油泵的油压难以顶开针阀或使针阀开启很小，便又立即关闭，出油也少或不出油。

（2）**故障检修**　检查针阀与阀体的活动情况，若因杂质造成过紧或卡住，去掉杂质后喷雾良好的喷油器可继续使用，若喷雾仍欠佳，则应更换。管路有气应排净，若有积炭可清除后看喷孔的畅通情况，仍旧不通时，可换新件。调整调压弹簧弹力，查看喷雾质量好坏。若因喷油泵压力不足引起，应维修喷油泵。

3. 喷油器针阀卡死

柴油机使用中，喷油器严重积炭，会使喷油器针阀卡死。若喷油器针阀卡死在针阀开启位置，则会出现严重的燃烧不良，排气管排出大量黑烟。若针阀卡死在针阀关闭位置，该喷油器就不能喷油，该气缸也不会工作。

（1）**故障原因**

1）喷油器的喷油压力调整不当，或供油时间过迟。

2）喷油器安装不良而造成漏气，长时间使喷油器局部温度过高而被烧坏。

3）喷油器渗油或滴油，或使用了不清洁的柴油。

4）发动机无负荷低速运转时间过长，或长时间超负荷工作。

（2）**故障检修**　把烧坏了针阀的喷油器卸下来，放在柴油中浸泡一会，然后用较软的物体去除针阀上的积炭，若针阀能自由移动，可涂上机油使针阀与阀座进行适当研磨，即可继续使用。若针阀不能移动甚至拔不出来的，可更换新件。总之，应根据喷油针阀烧坏的原因，进行必要的检修和调整，避免再次出现针阀烧坏的现象。

4. 喷油器的喷油压力过低

（1）**故障原因**

1）喷油器调压弹簧的调压螺钉、锁紧螺母松动，或调压弹簧压力过小、折断。

2）喷油器的针阀导向部分与阀体间隙大，造成泄漏，针阀锥面密封不良，造成喷油压力降低。

3）喷油器与喷油器阀体接触面不平而漏油，使喷油泵的高压油泄压。

4）喷油泵的泵油压力不足，导致喷油压力低。

（2）**故障检修**

1）拧紧调压螺钉、锁紧螺母（应在调试后紧固），对阀座与喷油器壳体接触面间隙大或密封不严的，一般研磨不见效时，应更换喷油器或喷油器壳体，使喷油器阀座与壳体密封。不密封的可在喷油试验器上检查。若不合格时，应更换喷油器偶件，使其出油压力提高。

2）做喷油压力试验：以 60 次/min 的速度压动喷油器试验器的手柄，同时观察喷油过程中压力表上的读数。同台发动机各气缸喷油器的喷油压力差不超过 980kPa。若喷油的压力不符合规定，可拧动喷油器的调整螺钉进行调整，拧入螺钉，喷油压力提高，反之则降低。喷油压力应以压力表上指针摆动的始点为准，调好后锁紧护帽。

3）检查针阀不能上下动的原因并排除。

5. 喷油器雾化不良

喷油器雾化不符合要求时，便会出现发动机功率下降、转速不稳定、有敲击声、排气管冒黑烟、起动困难或耗油量增多等现象。

（1）故障原因　柴油的雾化形成，是喷油泵将提高一定压力后的柴油，压送到喷油器的环状喷油腔。在喷油器调压弹簧弹力的作用下，将柴油体积尽可能缩小，使其密度最大、压强最大。当柴油压力大于喷油器开始喷油压力时，便克服弹簧弹力将针阀顶开，柴油便由喷孔喷入燃烧室。喷入燃烧室的柴油体积剧烈膨胀，形成雾状即雾化。

1）喷油器调压弹簧调整不当或自身弹力下降。根据喷油器工作原理可知，柴油喷射压力的大小取决于调压弹簧预紧力。预紧力小，柴油喷射压力不足，柴油雾化不良。

2）柴油黏度过大。黏度大的柴油，油分子之间相互吸引力大，喷出的油粒直径大，即雾化不良；柴油黏度的大小，除取决于其标号外，还受温度的影响。温度高时，柴油黏度小，反之，则黏度大。

3）喷油器针阀与阀座表面粗糙度对雾化的影响很大。当喷油器工作时，针阀锥面与阀座的锥面高频冲击振动，产生塑性挤压，常出现锥面疲劳裂纹、脱层或变形。另外还会有机械杂质、液力冲刷或腐蚀等因素，使针阀密封面破坏而滴漏油，导致喷油压力下降，致使柴油雾化不良。

4）喷油器针阀导向部分磨损影响柴油雾化。针阀的导向部分工作时频繁地往复运动，使与其配合偶件发生摩擦和磨损，导致喷油时会有一些柴油从偶件的间隙中漏回柴油箱，因此降低了喷油器的喷油压力，引起雾化不良。

（2）故障检修

1）用喷油器试验器进行试验检查，或就喷油泵本身进行试验，方法见“喷油器的喷油压力过低”。

2）调整调压弹簧弹力，若雾化良好，则表明是弹力不良造成的；若喷油器回油量较大，则表明是针阀偶件磨损过度或针阀锥面磨损等引起。

3）若在喷油器试验器上检查雾化良好，而在车上检查雾化差，则应更换牌号较低的柴油。再试验，若雾化良好，表明柴油黏度大引起雾化差，否则应检查喷油泵。

4）对喷油器做密封性检验。在喷油器试验器上，当压力接近标准压力时，以 10 次/min 左右的速度缓慢按动手泵柄，直至达到喷射压力开始喷油。在此过程中，喷油器不应渗漏。喷射结束后，允许喷嘴处有微量潮湿，但不能形成滴油现象，否则为不合格。

6. 喷油提前角过大

喷油提前角指从喷油开始到活塞到达上止点时曲轴所转过的角度。最佳喷油提前角是在柴油机额定转速与全负荷下通过试验确定的，它的数值因所使用的柴油性质和发动机的实际工作情况而异。

（1）故障原因

1）喷油泵滚轮体调整螺钉调整不当。滚轮体调整螺钉调得过高，使喷油泵柱塞上方泵腔内的燃油压力提前升高泵油，造成喷油器提前喷油，即喷油提前角大。

2）联轴器调整不当。指喷油泵的驱动轴与喷油泵的凸轮轴的连接是由联轴器实现的。因此，用联轴器可以改变喷油泵凸轮轴的转角，以调整喷油提前角。提前角大时，喷油器也因提前供油而往外喷油。也就是说，喷油提前角的调整是通过对喷油泵的供油提前角的调整实现的。

3）喷油器的喷油压力调整不当。若喷油器的喷油压力低，喷油泵的泵油压力未达到规定压力时，喷油器便会提前喷油，即喷油过早。因气缸压力未达相应值，燃油燃烧不完全。

4）喷油泵出油阀和喷油器针阀关闭不严。因出油阀和喷油器的磨损、弹簧弹力减弱、折断或机械杂质等影响，均会造成出油阀或喷油器针阀关闭不严，喷油泵就会使燃油过早地喷入燃烧室。

（2）故障检修

1）检查引起出油阀和喷油器关闭不严的原因并加以排除。

2）检查喷油提前角。应根据有关规定进行。先检验调整第一缸柱塞供油时刻，再以此为基准按发动机工作顺序，依次检调各缸柱塞供油时刻间隔角度。检验方法有溢油法、测时管法和不解体检测等方法。

检查时，把喷油泵第一缸的高压油管拆下，转动发动机曲轴并注意观察喷油泵出油阀油面高度，油面开始上升，说明供油开始，曲轴停止转动。此时，观察飞轮壳检视孔上指针所指飞轮上的刻度值，是否与最佳喷油提前角相符。若未到最佳喷油提前角就开始喷油，表明提前角过大；反之，超过最佳喷油提前角，则说明提前角过小。调整时，转动曲轴，使飞轮上的最佳喷油提前角对正飞轮壳检视孔上指针。松开喷油泵联轴器上的固定螺钉，并转动喷油泵凸轮轴，转至喷油泵第一缸出油阀口油面开始上升为止，然后拧紧联轴器固定螺钉。

7. 发动机运转尚正常，但冒黑烟多

（1）故障原因

1）燃油质量太差，或喷油泵供油太多。

2）喷油时间过早，混合质量差，燃烧不完全。

3）空气滤清器部分堵塞使燃烧不完全。

4）超负荷或柱塞与套筒调整后变位，加大了供油量。

5）喷油泵各缸供油不均或喷油器喷油质量差，使燃烧不完全。

6）调速器失效而供油量过多，最大油量限止螺钉失调。

7）喷油泵老化（在调整时改变了原位，加大供油量）而冒黑烟。

（2）故障检修　个别气缸喷油过多，可以用停止喷油的方法进行检查。使某气缸断油（逐缸检查），如此时不冒黑烟，发动机运转无变化或变化很小，则说明此缸喷油器有故障或喷油泵供油过多。

检查该缸喷油泵调节齿轮锁紧螺钉是否松动，造成供油过多。如完好，可拆下喷油器检查喷油情况。若喷油不良，应研磨喷油针阀或更换新件。

检查调速器飞锤有无卡滞现象，引起供油多。

经上述检查若没有发现故障，则可将连接盘的紧固螺钉松开，将喷油时刻调迟。如黑烟消失，而发动机不振抖，说明喷油时间过早，应检查喷油时间是否失准。若属正常，应再检查供油提前角是否过早（减小滚轮体上垫块厚度或调低滚轮体上螺钉高度）。

8. 发动机运转尚正常，但冒白烟

（1）故障原因

1）喷油时间过迟或各缸喷油间隔角不一致。

2）喷油器喷油时有滴漏，雾化不好，喷油压力低，而使燃油没有得到完全燃烧排出。

3）燃油系中有水或空气。

（2）故障检修

1）此故障多属于喷油器的喷雾不良，可用逐缸断油法检查喷油器的喷雾情况，或拿到喷油器试验器上检查。

2）若发动机运转无力、过热，还有低沉的敲击声，应先检查万向节连接盘的固定螺栓情况及键与键槽情况。若松动或磨损，应修复。

3）用调整提前供油的方法看白烟是否消失。若没有好转，可检查滚轮体调整螺钉是否失调。

4）检查喷油器滴油原因，判断是喷油压力低还是针阀磨损等造成，并排除。

5.10 柴油发动机燃油供给系统故障案例分析

案例 1

故障现象：一辆后轮驱动的长城哈弗 CUV，行驶里程约 4 万 km，搭载 GW2.8TC 型增压共轨柴油机、5 速手动变速器。因意外油底壳碰碎，造成烧瓦故障。在某保险公司定点修理厂修复后，发动机始终无法起动。

故障诊断与排除：GW2.8TC 型柴油机采用了 BOSCH 公司的 CRS2.0（第二代）高压共轨式供油系统，系统的最大供油压力为 145MPa，供油过程由 BOSCH EDC16C39 型电控单元进行控制。GW2.8TC 型柴油机电控系统主要由各种传感器、ECU、执行器及连接线束等组成。传感器有：冷却液温度传感器（负温度系数、2 个端子）、曲轴位置传感器（电磁感应式、2 个端子）、凸轮轴相位传感器（霍尔效应式、3 个端子）、脚踏板位置传感器（双电位级式、6 个端子）、空气流量传感器（热膜式、带进气温度、5 个端子）、共轨压力传感器（压敏元件式、3 个端子）以及大气压力传感器（在 ECU 内）、燃油含水率传感器（3 个端子）等。

ECU 控制的执行器有：喷油器电磁阀、高压油泵的进油计量比例电磁阀、EGR 电磁阀等。ECU 根据加速踏板位置传感器、空气流量传感器、凸轮轴位置传感器、曲轴位置传感器等的信号，确定共轨内的燃油压力，ECU 通过占空比信号控制高压油泵上的进油计量比例电磁阀，实现所需的共轨压力。再根据共轨压力传感器的信号，实现对进油计量比例电磁阀的反馈控制，从而实现共轨压力的闭环控制；通过喷油器上的电磁阀，控制供油提前角、供油量和供油规律。在电控高压共轨系统中，高压油泵是独立的燃油压力源，ECU 除了直接控制供油系统内的有关执行器外，还控制EGR装置、预热塞、空调、电风扇等与柴油机工作有关的其他装置的工作。

接修该车后，试车，无着火迹象。用元征X-431故障诊断仪（V50程序）读故障码，无故障码。

GW2.8TC型增压共轨柴油机，起动不着火故障可能的故障原因有：防盗系统故障；电源电压不正确；主继电器不能闭合；熔丝、导线连接或插头不良；配气正时不正确；曲轴位置传感器损坏；凸轮轴位置传感器损坏；共轨压力传感器损坏；没有燃油或燃油品质不正确；燃油系统有空气；低压油路堵塞或漏气；预热电路（冬季）故障；高压油泵或进油计量比例电磁阀故障（不能建立高压）；ECU故障；喷油器电磁阀故障。

据原维修该车的技师介绍，他们已经仔细检查过防盗、主继电器、相关的传感器及执行器的插头连接、油路放气、燃油品质、配气相位、凸轮轴位置传感器、喷油器电磁阀及ECU的电源电路和搭铁电路等，均未发现故障；同时，对比更换过曲轴位置传感器、共轨压力传感器以及ECU，但是故障依旧。

考虑到GW2.8TC型增压共轨柴油机的曲轴位置传感器、凸轮轴位置传感器及共轨压力传感器故障，进油计量比例电磁阀故障、喷油器电磁阀故障（两个以上），发动机不可能打着火，决定对上述内容进行重点检查。

（1）曲轴位置传感器检查　测量曲轴位置传感器与信号轮间的间隙约为1.3mm左右，曲轴位置传感器信号线圈的电阻为0.8kΩ，起动时用示波器测量输出波形，上述检查均未发现异常。

（2）凸轮轴位置传感器检查　测量凸轮轴位置传感器电源端子的电压为4.9V，信号及搭铁电路、与ECU电路连接检查、波形检查等都正常。

（3）共轨压力传感器检查　测量共轨压力传感器电源端子的电压为5V，信号及搭铁电路、与ECU电路连接检查等均正常；点火开关置于ON位时，用诊断仪读数据流，共轨压力传感器输出的信号电压值为0.5V，正常，起动时共轨压力超过20MPa，也正常。

（4）进油计量比例电磁阀检查　测量进油计量比例电磁阀的电阻值为2.5Ω，与ECU电路连接检查等也正常。

（5）喷油器电磁阀检查　测量4个喷油器电磁阀的电阻值，为0.3～0.4Ω，与ECU电路连接检查等也正常。用试灯的两个端子分别插在喷油器电磁阀线束侧的端子上，起动发动机，试灯时亮时灭，说明喷油器控制电路正常，起动时喷油器回油管回油正常，上述检查说明喷油器起动时应该能喷油。

上述检查说明，几个重要的传感器及执行器应该正常，而ECU已排除过故障，同时说明起动时喷油器应该可以喷油，为何发动机仍然不着火？难道正时不对，经仔细检查正时记号，正确。同时通过测量气缸压力来验证，也正常，说明配气正时正常。检查至此，未能发现故障原因。但是凭经验，仍然怀疑是重要的传感器及执行器故障造成的。是否是飞轮与曲轴的安装位置错误，导致曲轴位置传感器给ECU输入了错误的曲轴位置信号。拆下传动轴、变速器、离合器等，摇转发动机使1缸处于上止点位置（可通过观察曲轴前端的带轮记号确定），发现“T”装配标记号，果然不在正上方位置（顺时针偏离大约30°曲轴转角）。

故障排除：按记号装配好飞轮及离合器、变速器、传动轴等后，起动发动机，发动机顺利起动，故障排除。

案例 2

故障现象：一辆捷达 SDI，发动机号：AQW000135；底盘号：33029970；行驶里程数：38.9 万 km；行车偶尔自动熄火，熄火后难着车。

故障检修：先用 VAG.1552 进入 01（发动机系统）读取故障码，没有故障码。再进入 01～08 读取各传感器数据流，在显示组 003 第四区发现 EGR 控制阀占空比长时间为 4%，其他相关数据流正常。更换 EGR 控制阀，读取其数据流，占空比变为 94%，试车，发动机各工况运转正常，交车。

第二天一早，该车返修回来，车主反映故障依旧。我们再用 VAG.1552 检测，没有任何发现，与车主一同试车 1h，仍没有找到蛛丝马迹，但在与车主交谈中，了解到每次采取高压柴油管排空方法才容易着车，故障应是油路有空气或供油不足引起的，但柴油泵才换三个月，坏的可能性很低；显示组 013 及试车时发动机各工况运转良好，也表明高压喷油器损坏的可能性也不高。油路方面只剩下柴油滤清器，但车主说刚换了一个星期。再仔细观察该滤芯发现是非原厂的，更换正厂的滤芯，交车试用。

故障排除：三天后，电话跟踪回访，车主说故障没有出现。一周后再回访，一切正常，故障排除。副厂滤芯相对便宜，但油水分离差，过滤效果也差，一些劣质的滤芯只用一些普通的纸装在里面过滤，泡在柴油里面发胀，令滤芯里面的柴油减少，系统供油不足，引起偶尔行车熄火。

练习与思考题

1. 填空题

1）柴油机与汽油机相比，具有________、________、________、________等优点，因此目前重型汽车均以柴油机作动力。

2）柴油机燃料供给系统由________、________、________、________四套装置组成。

3）柴油机燃料供给装置由________、________、________、________、________、________、________和________等组成。

4）废气涡轮增压器由________、________、________等三部分组成。

5）柴油机混合气的形成和燃烧过程可按曲轴转角划分为________、________、________和________四个阶段。

6）按结构形式，柴油机燃烧室分成两大类，即________燃烧室，其活塞顶面凹坑呈________、________、________、________及________等；________燃烧室，包括________和________燃烧室。

7）现代柴油机形成良好混合气的方法基本上有两种，即在________和利用________形成混合气。

8）长型孔式喷油器由________、________和________三大部分组成。________是喷油器的主要部件，它由________和________组成，二者合称为针阀偶件。针阀中部的锥面用来承受油压，称为________；针阀下端的锥面用来密封喷油器内腔，称为________。

9）喷油器油束的特性可用油雾油束的________、________和________来表示。

10）喷油泵按其作用原理不同，可分为________喷油泵、________和________喷油泵三类，目前大多数柴油机采用的是________喷油泵。

11）国产系列喷油泵分为________、________、________、________和________、________、________等系列。东风和解放系列中型载货柴油车均采用________型喷油泵。

12）柴油机燃料供给系统的________与________，________与________，________与________，称为柴油机燃料供给系统的“三大偶件”。

13）A型喷油泵由________、________、________和________四大部分组成。其泵体采用________结构，其油量调节机构采用________，Ⅱ号泵的泵体是________结构，油量调节机构采用________。

14）P型喷油泵与A型泵和Ⅱ号泵相比，在结构上有一系列特点，其泵体采用________结构，分泵总成采用________，油量调节机构采用________，润滑方式采用________润滑。

15）两速式调速器工作的基本原理是利用________旋转产生的________与调速弹簧的________之间的平衡过程来自动控制________的位置，达到限制最高转速和稳定最低转速的目的。

16）RFD型调速器与RAD型调速器结构上的主要区别是除了有负荷控制手柄外，还有________，它与________装在同一根摆动轴上，从而使调速弹簧端部的一端由________变为________式，调速弹簧的预紧力可随________的摆动变化。

17）全速式调速器中，调速弹簧的________在发动机工作过程中是________的，而两速式调速器中调速弹簧的最大________是________的。

18）与A型喷油泵配用的两速式调速器可分为________、转速感应元件、________、________、________及________装置等六大部分。其转速感应元件采用________。

19）为了弥补喷油泵安装时造成的喷油泵________与驱动齿轮________的________误差，通常采用________，并利用它可用小量的角位移调节________，以获得最佳的________。

20）柴油滤清器一般都是________的，其滤芯材料有________、________、________、________及________等。目前广泛采用________的。

21）输油泵形式有活塞式、________、________、________等几种，而目前都采用________。活塞式输油泵由________、________、________、________及________等组成。

22）汽车的公害有三个方面：一是________；二是________；三是________。其中________的影响最大。

23）汽车排放物污染的来源主要有________、________、________。

24）解决排放物污染的途径有两条：一是研制________；二是对现有发动机的________。对后者的主要措施有________和________两个方面。

2. 解释名词术语

1）喷油提前角

2）供油提前角

3）备燃期

4）速燃期

5）缓燃期

6）后燃期

7）全速式调速器

8）柴油机“飞车”

9）最佳喷油提前角

10）排放物净化

11）排气再循环装置

3. 选择题

1）柴油机混合气是在（　　）内完成的。

A. 进气管　　B. 燃烧室　　C. 化油器

2）喷油器工作间隙泄漏的极少量柴油经（　　）流回柴油箱。

A. 回油管　　B. 高压油管　　C. 低压油管

3）柴油机燃烧过程中，气缸内温度达最高时在（　　）。

A. 后燃期　　B. 速燃期　　C. 缓燃期

4）YC6105QC 柴油机采用花瓣型燃烧室，它属于（　　）。

A. 涡流室燃烧室　　B. 直接喷射式燃烧室　　C. 预燃室燃烧室

5）旋进喷油器端部的调压螺钉，喷油器喷油开启压力（　　）。

A. 不变　　B. 升高　　C. 降低

6）喷油泵滚轮挺柱体高度调整螺钉升高，使该缸的供油提前角（　　）。

A. 不变　　B. 增加　　C. 减小

7）喷油泵每次泵出的油量取决于柱塞的有效行程长短，而改变有效行程可采用（　　）。

A. 改变喷油泵凸轮轴与柴油机曲轴的相对角位移

B. 改变滚轮挺柱体的高度

C. 改变柱塞斜槽与柱塞套筒油孔的相对角位移

8）A 型喷油泵各缸供油量不均匀时，可调整（　　）来改善。

A. 出油阀弹簧的预紧度

B. 滚轮挺柱体高度

C. 调节供油齿圈与控制套筒的相对角位移

9）P 型喷油泵的泵体采用（　　）结构。

A. 整体式　　B. 分体式　　C. 全封闭箱式

10）两速式调速器的高速调速弹簧预紧力愈大，则最高转速（　　）。

A. 不变　　B. 愈高　　C. 愈低

11）装置喷油泵联轴器，除可弥补主、从动轴之间的同轴度误差外，还可以改变喷油泵的（　　）。

A. 每循环供油量　　B. 各缸的供油间隔角　　C. 供油提前角

12）松开喷油泵联轴器的连接螺栓，按喷油泵凸轮轴旋转方向转动凸轮轴，可以使供油提前角（　　）。

A. 加大　　B. 减小　　C. 不变

4. 问答题

1）简述柴油机燃料供给系统的作用。

2）简述柴油机燃料供给系统燃油的供给路线。

3）简述柴油发动机进气增压的作用。

4）简述高压共轨电控柴油喷射系统的主要组成零部件。

第6章 润滑系统

基本思路：

润滑系统是汽车的“血液系统”，不仅关系到汽车发动机能否正常工作，还关系到汽车发动机的使用寿命。对本章的学习关键要把握住润滑油（机油）的流动路线，根据润滑油的流动路线来掌握润滑系统相关零部件的结构、作用及检修方法。

6.1 概述

6.1.1 润滑系统的功用

发动机工作时，传力零件的相对运动表面（如曲轴与主轴承、活塞与气缸壁、正时齿轮副等）之间必然产生摩擦。金属表面之间的摩擦会增大发动机的内部功率消耗，使零部件工作表面迅速磨损。另外，摩擦产生大量的热可能导致零件工作表面烧损，致使发动机无法运转。因此，为保证发动机正常工作，必须将相对运动的工作面加以润滑，也就是在摩擦表面上覆盖一层润滑油，使金属表面形成一层薄的油膜，以减小摩擦阻力，降低功率的损耗，减轻磨损。

润滑系统的基本作用有润滑、清洗、冷却、密封、防锈等。润滑系统不间断地把机油送到各运动部件及摩擦表面，清除摩擦面上的磨屑，并加以冷却。在气缸壁和活塞环之间存在油膜，还可起到密封气缸的作用。机油流经的部件表面均不易生锈。倘若有摩擦运动的表面得不到润滑，不仅消耗功率，零部件很快磨损，还会导致摩擦运动的部件表面烧蚀熔化，使发动机无法继续运转，或者机件磨损严重，发动机的使用寿命变短。

6.1.2 润滑方式

发动机各运动零件的工作条件不同，所承受的负荷和相对运动速度不同，因此对润滑的要求也不同。为此，应根据发动机类型和润滑部位的不同，采用不同的润滑方式。发动机的润滑方式主要有：

（1）压力润滑 压力润滑是利用机油泵使润滑油产生一定的压力，连续不断地送到各摩擦表面间进行润滑。此法适用于摩擦表面载荷重，运动速度高，且摩擦表面没有外露的运动零件，如主轴承、连杆轴承、凸轮轴轴承和气门摇臂轴等部位。

（2）飞溅润滑 借助运动零件飞溅起来的油滴或油雾润滑摩擦表面。此法适用于裸露在外面、载荷较轻及相对滑动速度又比较小的零件，如气缸壁、凸轮、正时齿轮、摇臂工作表面与气门杆、活塞销与活塞销座及连杆小头等部位。

（3）注油润滑 在发动机辅助系统中，有些零件需采用定期加注润滑脂的方式进行润滑，如水泵轴承、发电机轴承、起动机轴承等。

（4）自润滑 近年来，有些发动机上采用了含有耐磨材料（如尼龙、二硫化钼等）的轴承来代替加注润滑脂的轴承。这种轴承使用中无需加注润滑脂，故称为自润滑轴承。

目前，汽车发动机润滑系统多采用压力润滑与飞溅润滑相结合的复合式润滑系统。

6.1.3 润滑系统的组成

1. 润滑系统的组成

发动机润滑系统的一般组成如图6-1所示。

（1）油底壳 用来储存润滑油。在大多数发动机上，油底壳还起到为润滑油散热的作用。

（2）机油泵 它将一定量的润滑油从油底壳中抽出加压后，源源不断地送至各零件表面进行润滑，维持润滑油在润滑系统中的循环。机油泵大多装于曲轴箱内，也有些柴油机将机油泵装于曲轴箱外面，机油泵一般通过凸轮轴、曲轴或正时齿轮来驱动。

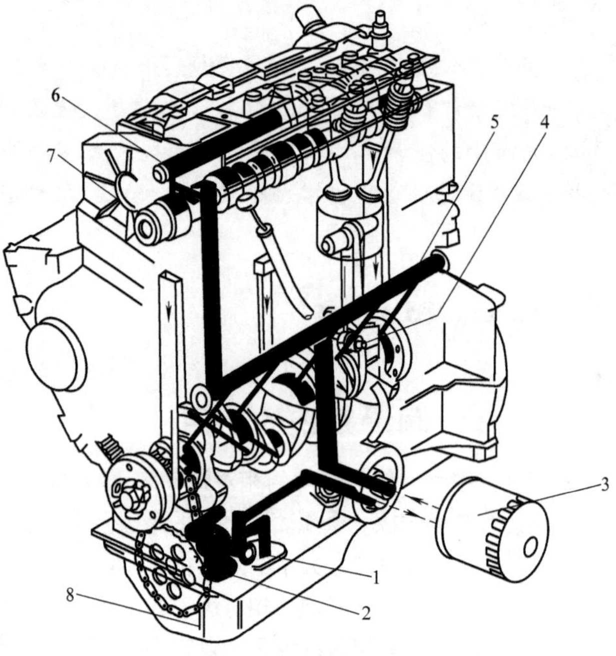

图6-1 润滑系统的组成

1—机油集滤器 2—机油泵 3—机油滤清器 4—机油压力传感器 5—主油道 6—摇臂轴 7—凸轮轴 8—油底壳

（3）机油滤清器 用来过滤掉润滑油中的杂质、磨屑、油泥及水分等杂物，使送到各润滑部位的都是干净清洁的润滑油。机油滤清器分粗滤器和细滤器两种，二者并联在油道中。机油泵输出的机油大多数通过粗滤器，只有很少部分通过细滤器。但汽车每行驶5km左右，机油被细滤器滤清一次。

（4）机油集滤器 它多为滤网式，能滤掉润滑油中粒度大的杂质，其流动阻力小，串联安装于机油泵进油口之前。

（5）主油道 它是润滑系统的重要组成部分，直接在缸体与缸盖上铸出，用来向各润滑部位输送润滑油。

（6）**旁通阀及限压阀** 旁通阀与粗滤器并联，粗滤器发生堵塞时，旁通阀打开，机油泵输出的润滑油直接进入主油道。机油细滤器进油限压阀用来限制进入细滤器的油量，防止进入细滤器的油量过多，导致主油道压力降低，进而影响润滑。

（7）**机油泵吸油管** 它通常带有收集器，浸在机油中。作用是避免油中泡沫和杂质进入润滑系统。

（8）**机油散热器** 机油散热器的作用是加强润滑油的冷却，保持润滑油的温度在正常的工作范围内（70～90℃）。主要应用在一些热负荷较高的发动机上。

（9）**机油压力表、温度表、机油标尺** 机油压力表、温度表及机油标尺主要用于使驾驶人掌握发动机润滑系统的工作状况。

2. 典型车型的润滑系统及油路

（1）EQ6100Q 型汽油机润滑系统及油路

1）EQ6100Q 型汽油机润滑系统油路组成如图 6-2 所示。

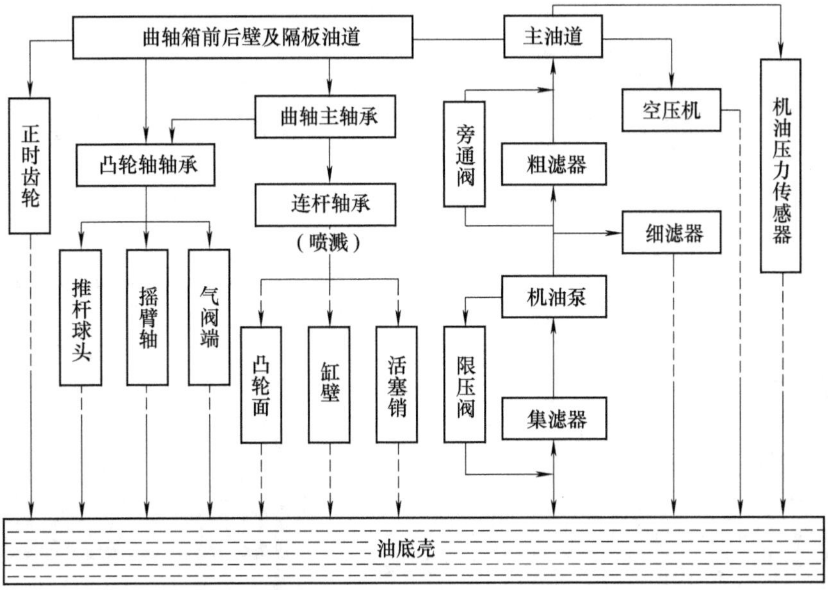

图 6-2 EQ6100Q 型汽油机润滑系统的油路组成

2）EQ6100Q 型汽油机润滑油路。发动机工作时，润滑油路为油底壳→集滤器→机油泵→细滤器（10%）→油底壳→粗滤器（90%）→主油道→曲轴主轴承。

发动机工作时，机油经固定式集滤器初步过滤后进入机油泵，由机油泵输出的油分为两路：大部分（90%）的机油经粗滤器后进入纵向主油道，并由此流向各运动零件的工作表面；小部分机油经进油限压阀流入细滤器，滤去细小杂质后流回油底壳。

进入主油道的润滑油由曲轴上的七条并联的横向油道流到曲轴主轴承中，然后经曲轴上的油道流入连杆轴颈处。其中，第一、二、四、六、七条横向油道里的部分润滑油流向凸轮轴轴承。流入第五道凸轮轴轴承中的机油，从轴颈上的泄油孔流出，以防将后油堵盖压出。第三条横向油道里的部分润滑油流向机油泵和分电器驱动轴。用油管从主油道前端引出部分润滑油到空气压缩机曲轴中心油道，润滑空气压缩机的曲轴和连杆轴承处，然后经空气压缩机下方的回油管流回到发动机的油底壳中。在曲轴箱前端拧入喷油嘴通过油道与主油道连通，以润滑正时齿轮。凸轮轴的第二、四轴颈上有两个半圆形节流槽，润滑油经该槽间歇地通过摇臂轴的第一和第四支座上的油道输送到两根中空带孔的摇臂轴内，以润滑摇臂孔。

（2）润滑系统的主要特点

1）机油泵限压阀限制润滑系统内的最高油压，防止因压力过高而造成过分润滑及密封垫圈发生泄漏现象。油压超过正常工作范围时，机油压力克服弹簧张力使球阀打开，部分机油在泵内泄回进油端而不输出，保持润滑油路内油压正常。正常的油压应为150～600kPa。

2）粗滤器旁通阀：装在粗滤器上。若粗滤器的滤芯被杂质堵塞时，机油便顶开旁通阀直接进入主油道，以保证发动机各部件有足够的润滑油。

3）细滤器进油限压阀：装在细滤器上。当润滑油路中油压低于100kPa时，进油限压阀不开启，机油细滤器停止工作，保证主油道内的油压足够。

4）机油散热器开关：装在细滤器上。气温高于293K（20℃）时，驾驶人控制打开此开关，使部分机油流经机油散热器冷却，以保持机油的散热性能。

5）机油散热器安全阀：装在细滤器上。油压高于400kPa时，机油散热器安全阀开启，使部分机油经此阀泄入油底壳，防止散热器损坏。

6）在主油道上安装了机油压力表传感器和机油压力过低警告灯传感器。当主油道内的油压低于100kPa时，传感器的触点接通使警告灯发亮，此时应立即停车检查。

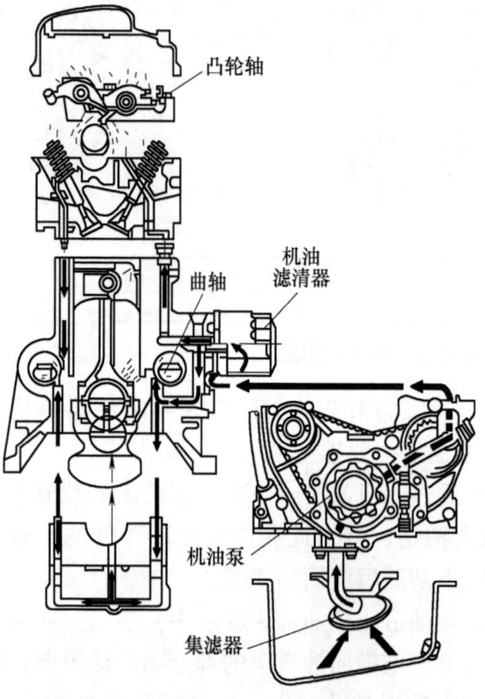

图6-3　本田轿车发动机的润滑油路

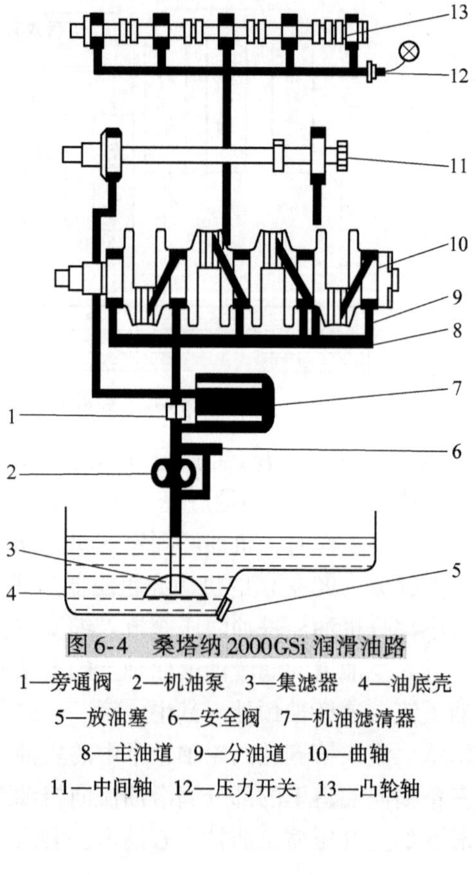

图6-4　桑塔纳2000GSi润滑油路

1—旁通阀　2—机油泵　3—集滤器　4—油底壳
5—放油塞　6—安全阀　7—机油滤清器
8—主油道　9—分油道　10—曲轴
11—中间轴　12—压力开关　13—凸轮轴

(3) 本田轿车发动机润滑系统及油路 图6-3所示为本田轿车发动机的润滑油路。其曲轴主轴承、连杆轴承及凸轮轴和摇臂轴上各轴承等均采用压力润滑方式，摇臂、活塞、活塞环、气缸壁等部位则采用飞溅润滑方式。

(4) 桑塔纳2000润滑系统及油路 图6-4所示为桑塔纳2000GSi润滑油路。

油底壳内的润滑油经集滤器滤掉大的机械杂质后，被机油泵压入机油滤清器后分三路送出。第1路经主油道后分为两支：一支送入曲轴主轴承分油道，润滑主轴承，经曲轴内油道滑润连杆大端轴承，再经连杆内油道润滑连杆小端轴承后回到油底壳；另一支则进入中间轴的轴承（AJR型发动机无中间轴）后流回油底壳。第2路从主油道进入凸轮轴的轴承后再润滑气门机构，然后流回油底壳。第3路，在主油道油压太高或流量太大的情况下，润滑油冲开安全阀，流回油底壳。

机油滤清器上设有旁通阀，起动压力为0.18MPa。机油滤清器堵塞时，润滑油通过压力开关短路进入主油道，防止发动机运动副因缺润滑油而烧坏。

6.2 润滑系统主要部件的构造

6.2.1 机油泵

机油泵的功用是保证机油在润滑系统内循环流动，并在任何发动机转速下都能以足够高的压力向润滑部位输送足够量的机油。

机油泵常用的结构形式有齿轮式和转子式两类。齿轮式机油泵又分内啮合齿轮式和外啮合齿轮式，一般把后者称为齿轮式机油泵。此外，部分车型使用叶片式机油泵。

(1) 外啮合齿轮式机油泵 外啮合齿轮式机油泵的优点是效率高，功率损失小，工作可靠，使用非常广泛，如国产桑塔纳、捷达和奥迪等轿车都采用齿轮泵。其主要缺点是需要中间传动机构，制造成本相对较高。

外啮合齿轮式机油泵的工作原理如图6-5所示，在机油泵泵体内装有一对主、从动齿轮，两齿轮与壳体内壁间的间隙很小。发动机工作时，齿轮按图示箭头方向旋转，右边的进油腔因齿轮啮合而容积增大，产生一定的真空度，润滑油便从进油口被吸入并充满油腔。随着齿轮旋转，其所存的润滑油被带到左边的出油腔。由于出油腔轮齿进入啮合状态，轮齿间容积减小，油压升高，机油便经出油口送进发动机油道。机油泵通常由凸轮轴上的斜齿或曲轴前的齿轮驱动。发动机工作时，驱动机油泵不停运转，同时把润滑油输送到各润滑部件，保证其得到足够的润滑。

(2) 内接齿轮式机油泵 内接齿轮泵也称内啮合齿轮式机油泵，其结构如图6-6所示。内接齿轮泵的工作原理与外啮合齿轮式机油泵相同。内接齿轮泵的外齿轮是主动齿轮，套在曲轴前端，通过花键由曲轴直接驱动。内接齿轮是从动齿轮，装在机油泵体内，泵体固定在机体前端。

因为内接齿轮泵由曲轴直接驱动，无需中间传动机构，所以零件数量少，制造成本低，占用空间小，使用范围较广。但这种机油泵在内、外齿轮之间有一处无用的空间，使机油泵的泵油效率降低。另外，如果曲轴前端轴颈太粗，机油泵外形尺寸随之增大，则发动机驱动机油泵的功率损失也相应有所增加。

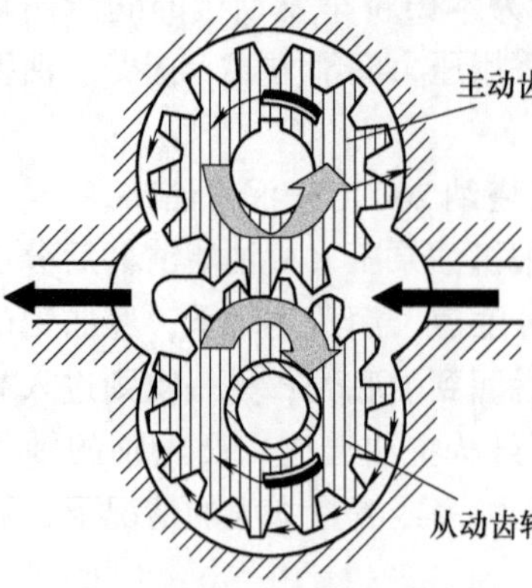

图6-5　外啮合齿轮式机油泵的工作原理

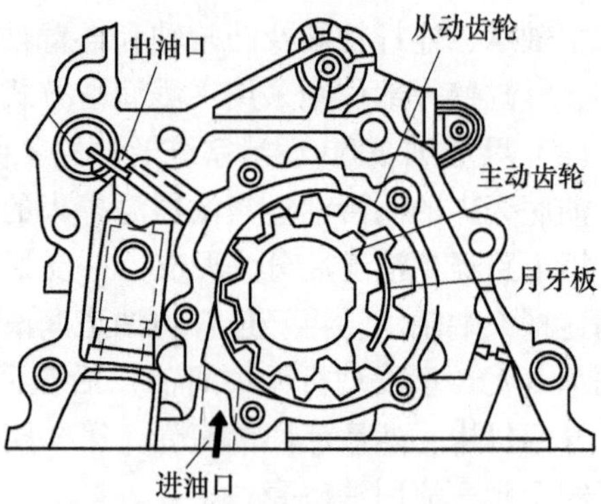

图6-6　内接齿轮泵工作原理

（3）转子式机油泵　如图6-7所示，转子式机油泵主要由内、外转子，机油泵体及机油泵盖等零件组成。内转子固定在机油泵传动轴上，外转子自由地安装在泵体内，并与内转子啮合转动。内、外转子之间有一定的偏心距，且内转子一般比外转子少一个齿。

转子式机油泵的优点是结构紧凑，供油量大，供油均匀，噪声小，吸油真空度较高。机油泵装在曲轴箱外且位置较高时，用这种机油泵比较合适。如广州标致发动机、天津夏利TJ7100型轿车发动机、日本丰田部分发动机等均采用该类型的机油泵。

转子式机油泵的工作原理如图6-8所示。主动内转子带动从动外转子一起沿同方向转动。通常内转子有四个凸齿，外转子有五个凹齿，这样内、外转子旋转时同向但不同步。内、外转子工作面的轮廓是一对共轭曲线。机油泵工作时，内、外转子每个齿的齿形轮廓线保证在任何角度时总有一点接触，从而使内、外转子间形成四个工作腔。

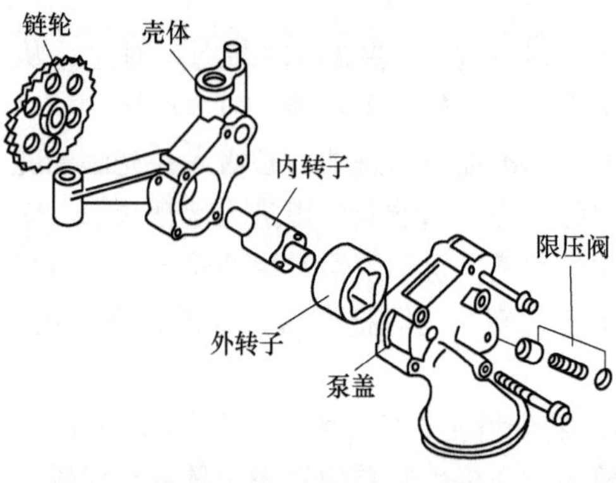

图6-7　转子式机油泵的结构

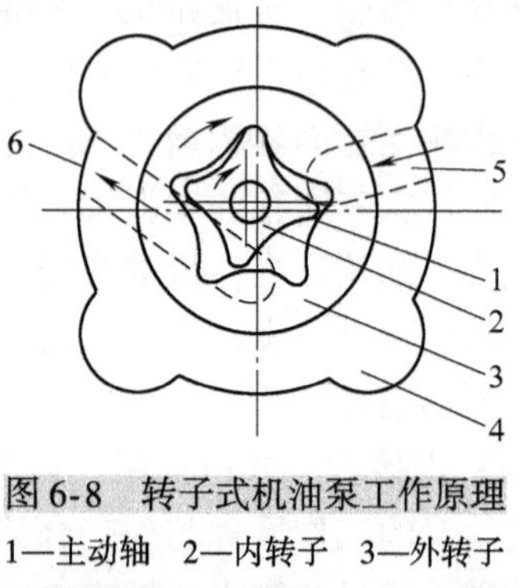

图6-8　转子式机油泵工作原理

1—主动轴　2—内转子　3—外转子
4—油泵壳体　5—进油口　6—出油口

随着转子的转动，这四个工作腔的容积不断变化。某一工作腔转到进油口时，由于转子间脱离啮合，容积增大，产生真空，润滑油经进油口吸入工作腔内。该工作腔转到出油口时，容积减小，油压升高，润滑油经出油口被压出。

（4）叶片式机油泵　叶片式机油泵也称为离心叶片式机油泵，其结构如图6-9所示，主要由偏心转子、叶片、弹簧及泵壳等零件组成。叶片式机油泵主要靠叶片、转子和泵壳三者间的容积变化来工作。偏心转子由曲轴带动旋转，由于离心力的作用，叶片与壳体紧密接触。叶片转过进油腔时，由于壳体、叶片与偏心转子所密封的容积增大，使内部真空度增加，与吸油腔相通的一边开始吸油；同时与出油腔相通的另一边的密封容积逐渐减小，使其压力不断增大，起到压油作用。

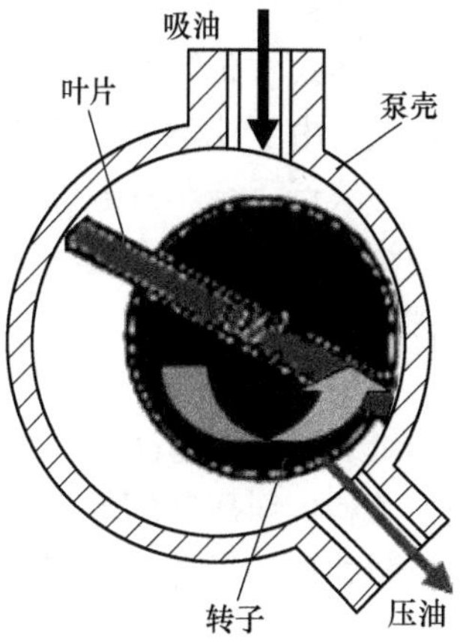

图6-9 叶片式机油泵

（5）安全阀 机油泵必须在发动机各种转速下都能供给足够量的机油，以维持足够的机油压力，保证发动机的润滑。机油泵的供油量与其转速有关，而机油泵的转速又与发动机转速成正比。因此，在设计机油泵时，都是使其在低速时有足够大的供油量。但是，高速时机油泵的供油量明显偏大，机油压力也显著偏高。另外，在发动机冷起动时，机油黏度大，流动性差，机油压力也会大幅度升高。为了防止油压过高，在润滑油路中设置安全阀或限压阀。一般安全阀装在机油泵或机体的主油道上。当安全阀安装在机油泵上时，如果油压达到规定值，安全阀开启，则多余的机油返回机油泵进口。如果安全阀安装在主油道上，则当油压达到规定值时，多余的机油经过安全阀流回油底壳。

6.2.2 机油滤清器

1. 机油滤清器的作用及种类

机油滤清器的作用是滤除机油中的金属磨屑、机械杂质和机油氧化物。金属磨屑、尘土、水、积炭等混入润滑油，以及燃烧气体和空气对润滑油的氧化作用，容易使机油变脏或变质，这不仅会加速运动零件的磨损，还会使油污堵塞油道，造成供油不足，从而引起机件损伤等事故。为减少或清除这些杂质，保持机油的清洁，延长机油的使用寿命，在汽车发动机润滑系统中都应该加装滤清器。

为保证滤清效果，一般都采用多级滤清器：集滤器、机油粗滤器和机油细滤器。

（1）集滤器 集滤器一般是滤网式的，安装在机油泵进油管上，用于滤除较大的杂质。通常分为浮筒式和固定式集滤器两种。

浮筒式集滤器结构如图6-10所示。它由浮筒、滤网、浮筒罩及吸油管等构成，浮筒是空心的。它利用浮筒的浮力，始终浮在机油面上，能吸入油面上较清洁的润滑油，但油面上的泡沫易被吸入，使机油压力下降，润滑可靠性降低。这种集滤器的滤网有弹性，中央有环口，平时依靠滤网本身的弹性，使环口紧压在罩板上。罩的边缘有缺口，与浮筒装合后便形成狭缝。

机油泵工作时，机油从罩板与浮筒间的狭缝被吸入，经过滤网滤除粗大的杂质。若滤网被杂质堵塞，则滤网上方的真空度就会增大，于是克服滤网的弹力，使滤网上升，环口离开浮筒罩，机油便直接从滤网中央的环口进入吸油管，以保证机油的供给不中断。

固定式集滤器固装在油平面下，吸入的机油清洁度稍逊于浮筒式，但可防止泡沫吸入，润滑可靠，结构简单，已逐步取代浮筒式集滤器。

（2）机油粗滤器 机油粗滤器用来滤去机油中粒度较大（直径为0.1mm以上）的杂

质。它对机油的流动阻力较小，通常串联在机油泵与主油道之间，属于全流式滤清器。粗滤器根据滤芯的不同，有各种不同的结构形式。传统的粗滤器多采用金属片缝隙式，由于质量大，结构复杂，制造成本高等缺点，金属片缝隙式粗滤器已基本被淘汰；现代汽车发动机普遍采用纸质式粗滤器。

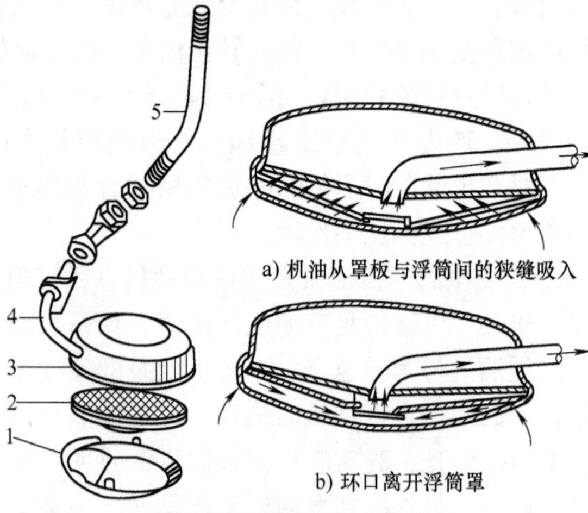

图 6-10　浮筒式机油集滤器

1—罩　2—滤网　3—浮筒　4—吸油管　5—固定管

图 6-11 所示为东风 EQ6100-1 型发动机的纸质滤芯式粗滤器。粗滤器壳体由铸铁上盖和板料压制的外壳组成。滤芯用经过树脂处理的微孔滤纸制成，为了增大过滤面积，微孔滤纸一般都折叠成波纹形，滤芯的两端由环形密封圈密封。滤芯内装有金属丝网或用带有网眼的薄铁皮作为滤芯的骨架。粗滤器工作时，润滑油由上盖进油孔进入滤芯周围，通过滤芯滤清后，从出油孔流出，进入主油道。滤芯被积污堵塞，内外压差达到 0.15 ~ 0.17MPa 时，旁通阀即被顶开，大部分润滑油不经滤芯滤清，直接进入主油道，以保证主油道所需的润滑油量。

有些发动机的机油滤清器除设置旁通阀外，还加装单向阀。发动机停机后，单向阀将滤清器的进油口关闭，防止润滑油从滤清器流向油底壳。在这种情况下，重新起动发动机时，润滑系统能迅速建立起油压，从而减轻因起动时供油不足引起的零件磨损。

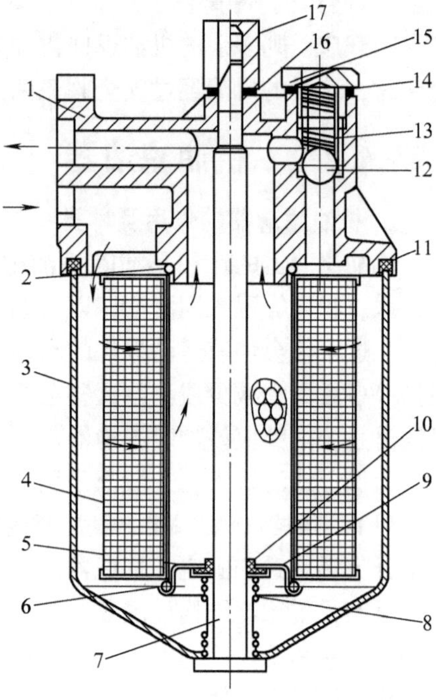

图 6-11　纸质机油粗滤器

1—上盖　2、6、10、11、14、16—密封圈　3—外壳　4—滤芯　5—托板　7—拉杆　8、13—弹簧　9—垫圈　12—旁通阀　15—阀座　17—螺母

（3）机油细滤器　机油细滤器用来滤去润滑油中粒度较小（直径为 0.001mm 以上）的杂质。它对润滑油的流动阻力较大，与主油道并联，属于分流式滤清器。分流式滤清器有过滤式和离心式两种类型。过滤式存在着滤清与通过能力之间的矛盾，而离心式具有滤清能力高、通过能力大且不受沉淀物影响等优点。因此，车用发动机多以离心式机油滤清器作为分流式机油细滤器。

图 6-12 所示为 EQ6100-1 型发动机的离心式机油细滤器。滤清器外壳上固定带中心孔的转子轴。转子体下端有两个按中心水平对称且方向相反的喷嘴。转子体套在转子轴上可自由转动。压紧螺母将转子盖与转子体紧固在一起。转子体下面装有推力轴承，上面装有支承垫，并用弹簧压紧，以限制转子轴向窜动。滤清器盖用压紧螺母装在滤清器壳体上，并使转子密封。

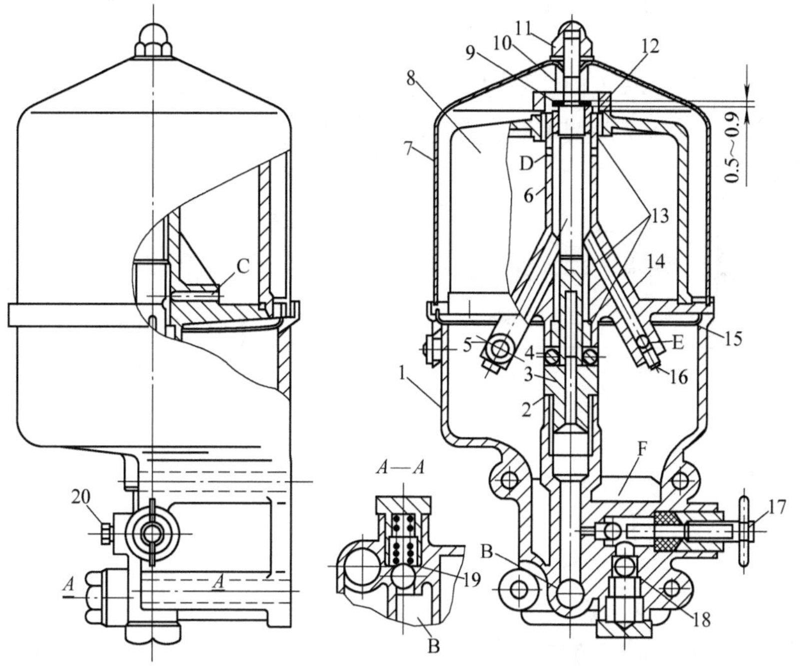

图6-12 EQ6100-1型发动机的离心式机油细滤器

1—壳体 2—锁片 3—转子轴 4—推力轴承 5—喷嘴 6—转子体端套 7—滤清器盖 8—转子盖 9—支承垫 10—弹簧 11—压紧螺套 12—压紧螺母 13—衬套 14—转子体 15—挡板 16—螺塞 17—调整螺钉 18—旁通阀 19—进油限压阀 20—管接头 B—滤清器进油孔 C—出油孔 D—进油孔 E—通喷嘴油道 F—滤清器出油口

来自机油泵的润滑油进入细滤器后，由底座和转子中心孔道进入转子总成内腔，然后进入转子体，从两个喷嘴喷出。在反作用力的作用下，转子及其内腔的润滑油高速旋转。油压越高，转子体转速越快，油压达到约0.3MPa时，转子转速可达5000~6000r/min。在离心力作用下，润滑油中的杂质被甩向转子盖内壁并沉积下来，达到滤清润滑油的目的。洁净的润滑油则不断从喷嘴喷出，并经出油口流回油底壳。

当主油道压力低于0.1MPa时，进油限压阀关闭，此时润滑油不经过细滤器，全部进入主油道，以保证发动机的可靠润滑。

离心式细滤器滤清能力强、通过性好，且不需更换滤芯，只需定期清洗即可。但它对胶质滤清效果较差，一般只作分流式细滤器。

复合式机油滤清器将粗滤芯装在细滤芯外面，形成粗、细滤芯串联在一起的复合式结构。复合式滤清器串联在主油道上，粗、细滤芯有各自的安全阀与旁通阀。

该类型的滤清器成本低，结构紧凑、工作可靠，滤芯可定期更换。BJ492QA型汽油发动机采用的就是这种机油滤清器。

2. 机油滤清方式

机油滤清的方式主要有两种：全流式和分流式。

在分流式过滤方式中，滤清器与主油道并联，如图6-13所示，只有一部分机油通过滤清器被滤清，大部分机油被直接泵入发动机主油道，这种形式在多年以前的发动机上采用。

全流式机油滤清器串联于机油泵和主油道之间，如图6-14所示，全部机油都经过滤清。如果滤清器堵塞，则机油顶开滤清器上的旁通阀直接进入主油道。目前在轿车上普遍采用全流式机油滤清器。

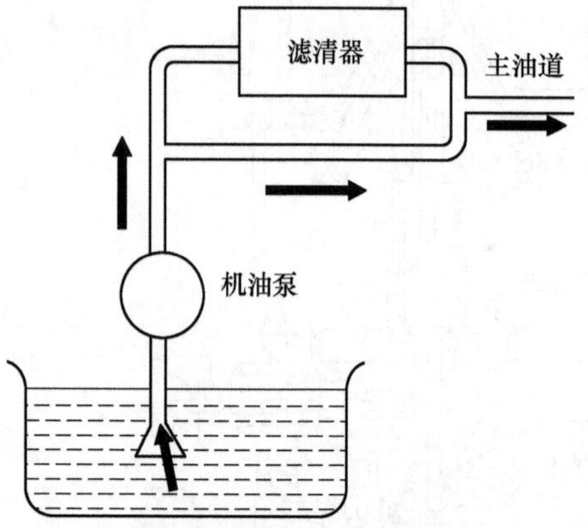

图6-13　分流式过滤方式

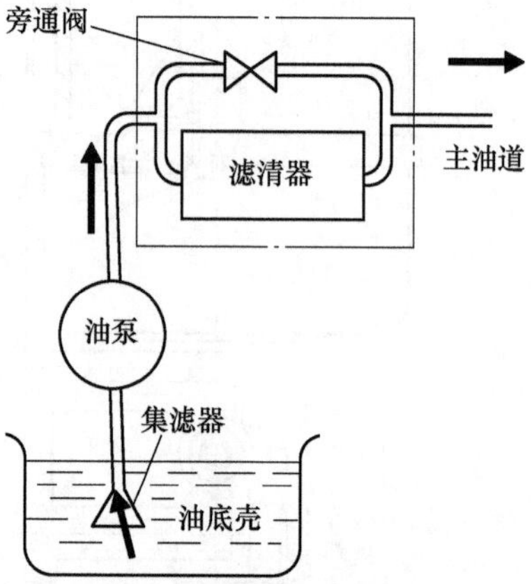

图6-14　全流式过滤方式

6.2.3　机油散热器与机油冷却器

一些热负荷较大的发动机，如大功率柴油机等，除利用油底壳对机油进行散热外，还设有专门的机油散热装置，这些装置分为机油散热器和机油冷却器。

（1）机油散热器　机油散热器和冷却液散热器结构基本相同，布置在冷却液散热器前，利用风扇风力使机油冷却。机油散热器主要有空气冷却式机油散热器和水冷却式机油散热器。

空气冷却式机油散热器是以空气为介质带走机油热量的一种冷却机油的装置。其结构如图6-15所示。水冷式机油散热器是以水为冷却介质冷却机油的一种装置。主要结构由带散热片的油管和水冷室组成，如图6-16所示。

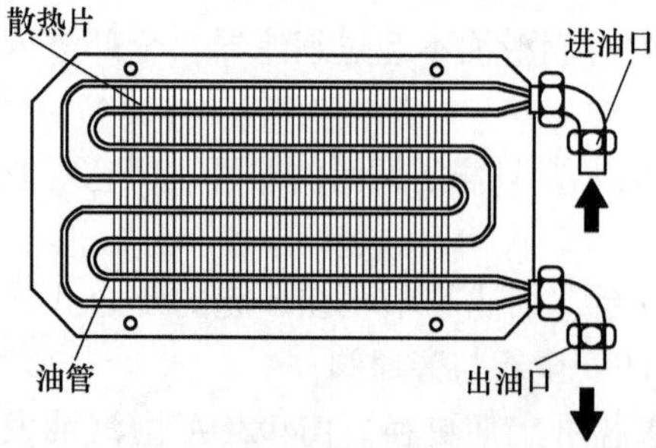

图6-15　风冷式机油散热器

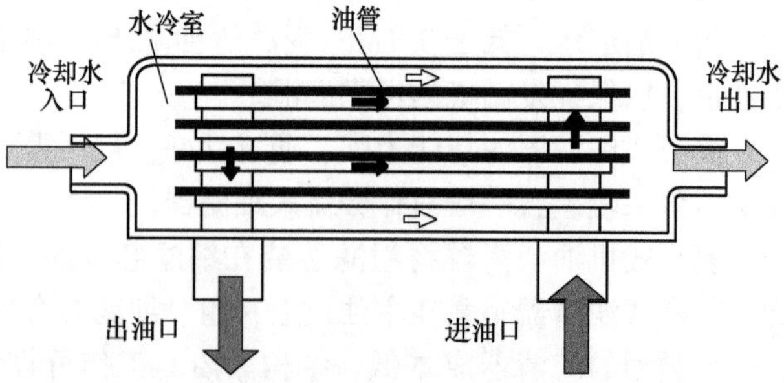

图6-16　水冷式机油散热器

（2）机油冷却器　机油冷却器利用发动机冷却液对机油进行冷却。冷却器油路与主油道串联，因为冷却液温度能自动控制，所以润滑油温度也能得到一定控制。

发动机机油冷却器也可分为风冷式和水冷式两类。风冷式机油冷却器很像一个小型散热器，利用汽车行驶时的迎面风对机油进行冷却。这种机油冷却器散热能力大，多用于赛车及热负荷大的增压发动机上。但是风冷式机油冷却器在发动机起动后需要很长的暖机时间才能使机油达到正常的工作温度，因此普通轿车上很少采用。水冷式机油冷却器外形尺寸小，布置方便，且不会使机油冷却过度，机油温度稳定，因此在轿车上使用广泛。

（3）本田 F-20A 型发动机机油散热器与滤清器　本田 F-20A 型轿车发动机采用的散热器如图 6-17 所示。利用发动机冷却系统的冷却液流经散热片间的缝隙，带走机油与散热片间交换的热量，从机油滤清器出来的机油，通过冷却后再进入主油道。

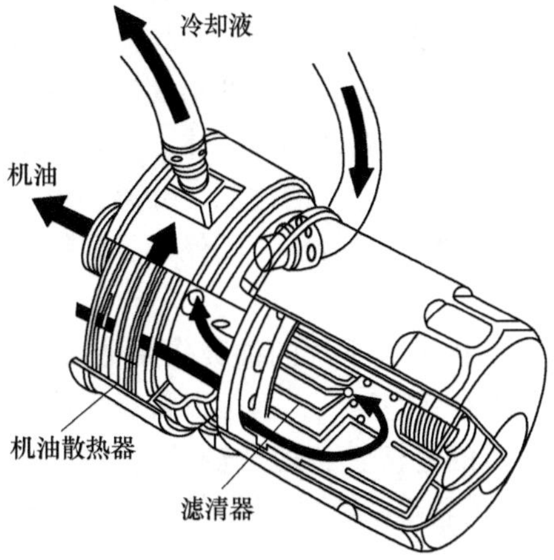

图 6-17　本田 F-20A 型发动机机油散热器和滤清器

6.2.4　曲轴箱通风装置

1. 曲轴箱通风的作用

发动机工作时，总有一部分可燃混合气和废气经活塞环窜到曲轴箱内，窜到曲轴箱内的可燃混合气凝结后会使机油变稀，性能变坏。废气内含有水蒸气和二氧化硫，水蒸气凝结在机油中形成泡沫，破坏机油供给，这种现象在冬季尤为严重；二氧化硫遇水生成亚硫酸，亚硫酸遇到空气中的氧生成硫酸，这些酸性物质的出现不仅使机油变质，还会使零件受到腐蚀。而且可燃混合气和废气窜到曲轴箱内，曲轴箱内的压力增大，机油会从曲轴油封、曲轴箱衬垫等处渗出而流失。流失到大气中的混合气会加大发动机对大气的污染。

发动机装有曲轴箱通风装置就可以避免或减轻上述现象，因此，发动机曲轴箱通风装置的作用是：

1）防止机油变质。

2）防止曲轴油封、曲轴箱衬垫渗漏。

3）防止各种油蒸气污染大气。

2. 曲轴箱通风的种类

曲轴箱通风包括自然通风和强制通风，现代汽油发动机常采用强制式曲轴箱通风，又称 PCV 系统。发动机工作时，进气管真空度使新鲜空气经空气滤清器、空气软管进入气缸盖罩，再由气缸盖和机体上的孔道吸入曲轴箱。在曲轴箱内，新鲜空气和曲轴箱气体混合后经气缸盖罩、PCV阀和曲轴箱气体软管进入进气管，最后经进气门进入燃烧室烧掉。根据不同的发动机工况，PCV阀的开度不同，通过的空气量也不同。常见的曲轴箱通风方式主要有以下几种：

（1）普通式　曲轴箱内的油蒸气通过机油管的加油口直接与大气相通。这种通风方式不需要专门的机件，各种油蒸气直接排入到大气中去，对大气产生了污染，因此它适用于要求不高的一些拖拉机上的内燃机。

（2）呼吸器式　曲轴箱内的油蒸气通过一个呼吸器式装置与大气相通。这种呼吸器装置是一个过滤装置，可将有害气体吸附，防止污染大气。呼吸器用螺栓固定在气缸体的一侧，底部的侧面有一进气口与曲轴箱相通，上部的出气口用橡胶管与大气相通。呼吸器内部焊有两层填满镀锌钢丝的过滤网，以分离油雾和气体。发动机工作时，窜入曲轴箱的各种气体由呼吸器的进气口进入呼吸器，经过滤网的过滤、分离，最后，干净的空气由出气口经橡胶管排出。由于有两层过滤网，油雾极少排出，既保证了曲轴箱内的压力平衡，又可防止曲轴箱内的油气对大气的污染。

（3）强制通风式　利用发动机进气系统的抽吸作用抽吸曲轴箱内的气体，这种通风方式叫强制通风。这种通风方式结构有些复杂，但可以将窜入曲轴箱内的可燃混合气和废气回收使用，不仅有利于提高发动机的经济性，还减轻了发动机的排放污染，因此在现代汽车发动机上广泛使用。

图6-18所示为北京Jeep切诺基曲轴箱强制通风装置示意图，其主要结构包括PCV空气滤清器、计量阀及管道等。

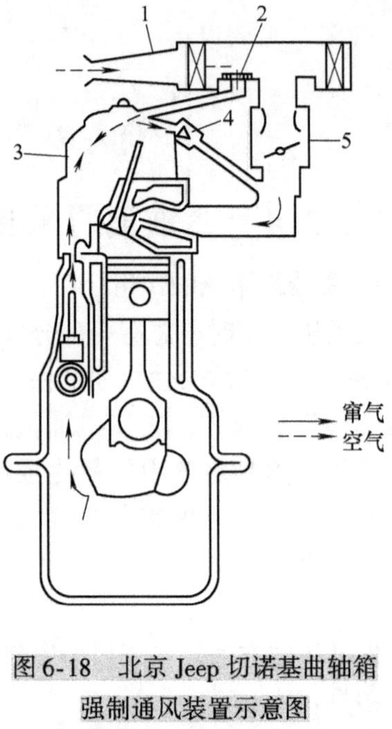

图6-18　北京Jeep切诺基曲轴箱强制通风装置示意图

1—空气滤清器　2—PCV空气滤清器　3—气门室罩　4—计量阀　5—化油器

发动机工作时，在进气管真空度作用下，新鲜空气由空气滤清器壳上的PCV空气滤清器进入，沿与气门室罩后端相连的软管流到发动机中，并与窜气相混合，再经计量阀，沿与气室门罩前端相连的软管流入进气管。发动机在不同工况下，窜气量有所不同。为使发动机正常工作，要求吸入进气管的气体流量，即通风量应随窜气量的变化而变化，即窜气量多时通风量能自动增大，而窜气量少时通风量能自动减少，这由计量阀来实现。计量阀的工作原理如图6-19所示。发动机负荷较大时，窜气量较多。此时节气门开度较大，进气管真空度较低，计量阀处于图6-19a所示的位置，气体流通截面较大，通风量相应较大；发动机在怠速或小负荷时，窜气量较少，此时，由于节气门开度较小、进气管真空度较高，计量阀被吸到图6-19b所示的位置，气体流通截面减小，通风量相应较小；如果发动机发生回火，进气管压力将大大增加，计量阀在进气管压力与弹簧弹力的作用下移到图6-19c所示位置，将通风软管堵死，防止了回火火焰沿通风软管传进曲轴箱而引起曲轴箱爆炸。

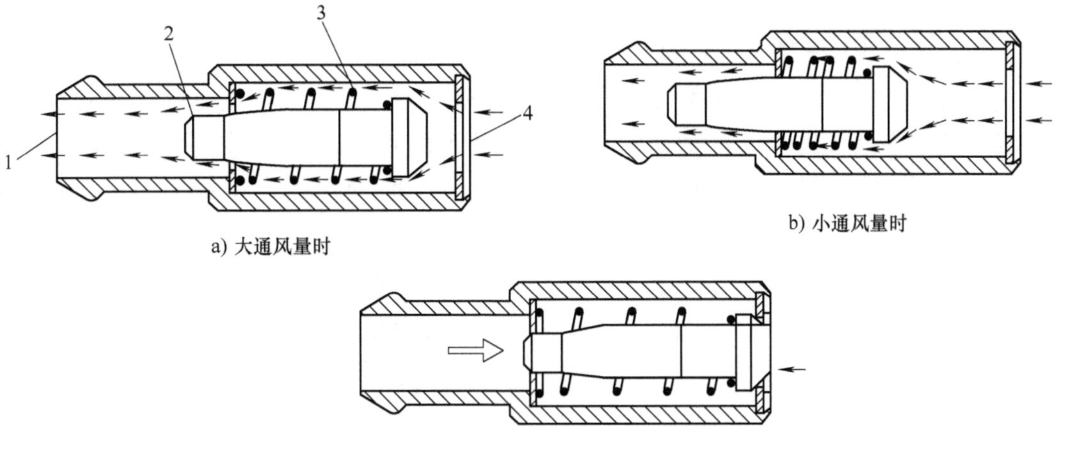

a) 大通风量时

b) 小通风量时

c) 堵死时

图6-19 计量阀的工作原理

1—到进气管 2—计量阀 3—弹簧 4—通气门室罩

6.3 润滑系统的维修

6.3.1 润滑系统的维护

润滑系统维护应注意养成良好的驾驶习惯，定期检查机油液面，液面过高不仅会增加发动机运转时的阻力，造成不必要的功率损失，还会造成机油泄漏；液面过低，会因润滑不良而损坏发动机，因此发动机油面过低应检查发动机机油有无泄漏和不正常的机油消耗；起动发动机前打开点火开关，机油平面指示灯和机油压力指示灯亮，起动发动机后应熄灭。如有异常现象必须停车检查。使用适当黏度的机油，机油黏度过低，则油膜容易损坏而产生零件卡住现象；黏度过高，则将产生零件移动的附加阻力致使发动机起动困难，功率损失增加。因此更换机油时，尽可能参阅驾驶人手册上厂商建议使用的黏度。

1）根据气候选用机油。环境温度较低时，选用黏度较小的机油，便于发动机起动；环境温度较高时，选用黏度较高的机油，便于部件运动时保持油膜。

2）根据车况选用机油，车况较好的发动机，配合间隙较小，可选用黏度较小的机油，车况较差的发动机，配合间隙较大，可选用黏度较大的机油。

3）柴油机有较高的燃烧压力，加上柴油含硫燃烧后产生亚硫酸稀释机油，因此柴油机应选用能中和亚硫酸的柴油机专用机油。

定期更换发动机机油，最好不要添加机油，如果长期添加机油，会使发动机内部油污积炭越积越多，堵塞机油集滤器，造成发动机运动部件得不到润滑而严重损坏发动机机件。对于汽车发动机润滑系统，做好定期维护工作，不仅可以延长发动机的使用寿命，还可以减少不必要的经济损失。

6.3.2　机油泵的修理

机油泵是润滑系统中的重要部件，它的技术状况直接影响润滑系统的工作状况。机油泵经长期工作受到磨损时，将造成泵油压力降低和泵油量减少，以及其他机械故障。桑塔纳2000GSi的机油泵结构如图6-20所示。以桑塔纳2000GSi型发动机为例，其检修过程如下：

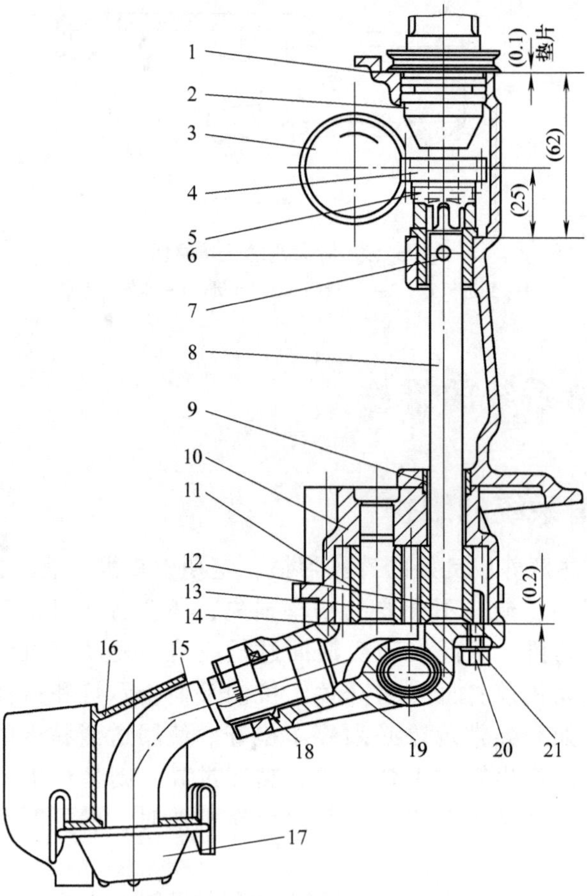

图6-20　AFE型发动机的机油泵

1—密封垫片（0.1mm）　2—分电器轴　3—中间轴驱动齿轮　4—分电器从动齿轮　5—定位销　6—机油泵轴上支承座　7—定位螺孔　8—机油泵轴　9—机油泵轴下支承及定位套　10—机油泵壳体　11—机油泵从动齿轮　12—机油泵主动齿轮　13—从动齿轮轴　14—衬垫（0.2mm）　15—吸油管　16—吸油管支承套　17—集滤器　18—O形密封圈　19—机油泵盖　20—短螺栓　21—垫片

（1）机油泵的拆卸

1）旋松分电器轴向限位卡板的紧固螺栓，拆下卡板。

2）拔出分电器总成。

3）拧松并拆下两个机油泵壳与发动机机体连接的长紧固螺栓，将机油泵及吸油部件一起拆下。

4）拧松并拆下吸油管组紧固螺栓，拆下吸油管组，检查并清洗滤网。

5）旋松并取下机油泵盖短螺栓，取下机油泵盖组，检查泵盖上限压阀（旁通阀）。观察泵盖接合面的磨损情况。

6）分解主从动齿轮，再分解齿轮和齿轮轴。

（2）机油泵的安装与试验　机油泵的安装与拆卸顺序相反。但安装时应更换垫片，注意各螺栓的拧紧力矩。机油泵装复后，用手转动机油泵齿轮，应转动自如，无卡滞现象。将机油灌入机油泵内，用拇指堵住油孔，转动泵轴应有油压出，并能感到有压力。

机油泵装车后，通过压力表观察润滑油压力。在发动机温度正常的情况下，怠速运转时，润滑油压力不应低于19.4kPa；发动机高速运转时，润滑油压力不应大于49.0kPa。如不符合标准，应调整限压阀，可在限压阀弹簧的一端加减调整垫圈的厚度，使机油压力达到规定值。

（3）机油泵的检修

1）检查齿轮啮合间隙。检查时，将机油泵盖拆下，用塞尺在互成120°角的三个位置测量机油泵主、从动齿轮的啮合间隙，如图6-21所示。新机油泵齿轮啮合间隙为0.05mm，磨损极限值为0.20mm。

2）检查机油泵主、从动齿轮与机油泵盖接合面的间隙。主、从动齿轮与机油泵盖接合面间隙的检查方法如图6-22所示，正常间隙应为0.05mm，磨损极限值为0.15mm。

3）检查机油泵主动轴的弯曲度。将机油泵主动轴支承在V形架上，用百分表检查弯曲度。如果弯曲度超过0.03mm，则应对其进行校正或更换。

4）检查主动齿轮与机油泵壳的配合间隙。主动齿轮轴与机油泵壳的配合间隙应为0.03～0.075mm，磨损极限值为0.20mm。否则应对轴孔进行修复。

5）检查机油泵盖。机油泵盖如有磨损、翘曲和凹陷超过0.05mm，应以车、研磨等方法进行修复。

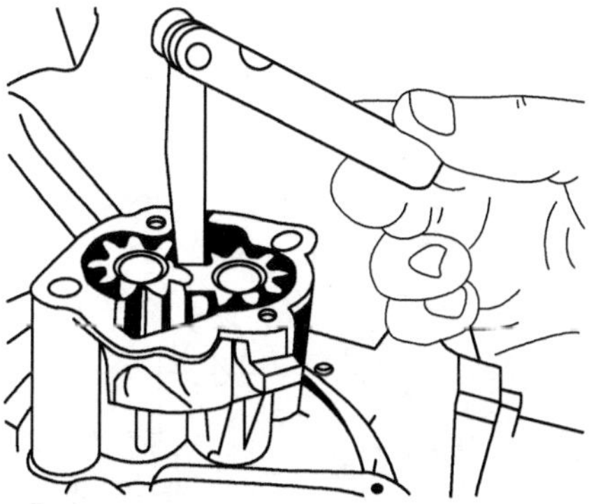

图6-21　检查机油泵齿轮啮合间隙

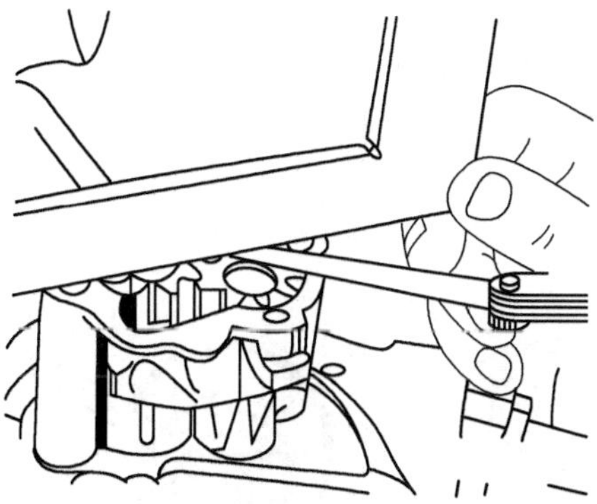

图6-22　检查机油泵主、从动齿轮端面间隙

6）检查限压阀。检查限压阀弹簧有无损伤、弹力是否减弱，必要时予以更换。检查限压阀配合是否良好、油道是否堵塞、滑动表面有无损伤，必要时更换限压阀。

6.3.3 机油滤清器的检修

机油滤清器在使用过程中应该在规定周期内进行维护与更换。发动机的机油滤清器为一次性、可分解的元件，因此需要拆开维护。应严格执行定期更换规定，其使用周期为：新车行驶1000~5000km磨合后，应更换发动机的润滑油和机油滤清器；从磨合后起，每行驶10000km，更换一个机油滤清器；根据发动机润滑油的污染程度，可以视情况缩短机油滤清器的更换周期。

以桑塔纳2000为例，其整体式机油滤清器的更换步骤如下：

1）趁热放出发动机机油。

2）用专用工具拆卸机油滤清器，如图6-23所示。更换时，注意清洗滤清器安装表面。

3）安装新滤清器时，应在密封圈上涂上干净的机油，如图6-24所示。若不涂机油，安装时密封圈与接合面发生干摩擦，密封圈易翘曲和损坏，造成密封不良而漏油。

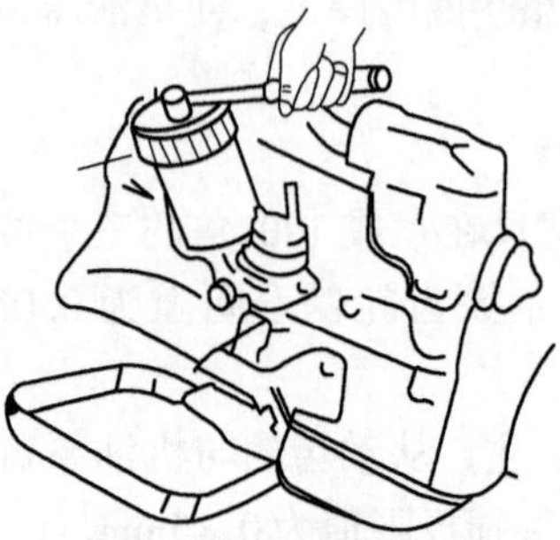

图6-23　拆卸机油滤清器

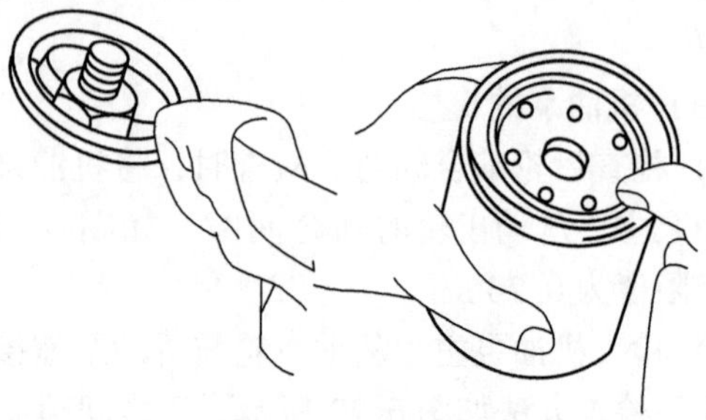

图6-24　密封圈上涂机油

4）用手轻轻拧紧机油滤清器，直到感觉有阻力为止，再用专用工具重新拧紧机油滤清器3/4圈，如图6-25所示。

6.3.4　机油压力开关的检测

测试机油压力开关前应保证机油液面正常，点火开关接通时机油警告灯应该闪亮；发动机机油温度约为80℃。以桑塔纳2000GSi为例，其检测方式如下：

1）拔下低压开关（0.025MPa，棕色绝缘层），将其拧到V. A. G1342机油开关测试仪上，如图6-26所示。

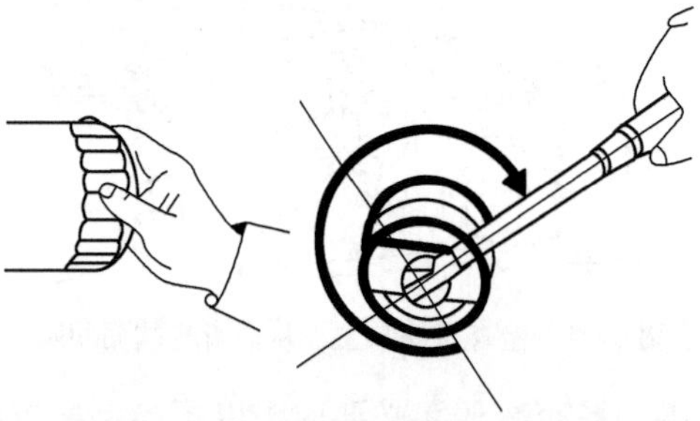

图6-25　用专用工具拧紧机油滤清器

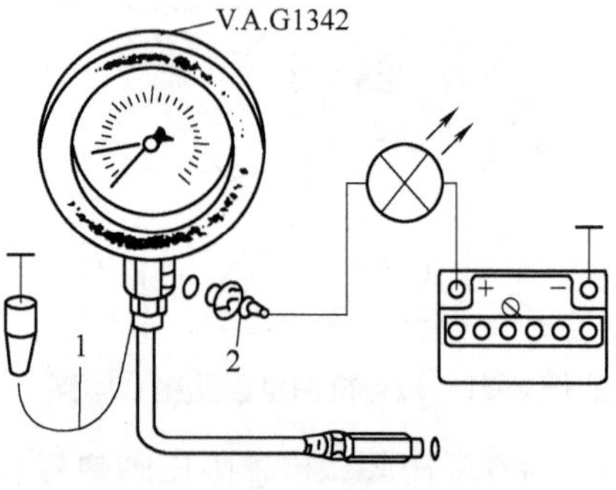

图6-26　检查机油压力开关

1—棕色导线　2—机油压力开关

2）将测试仪拧到机油滤清器支架低压油压开关的位置上。

3）将测试仪的棕色导线搭铁。

4）将二极管测试灯 V. A. G1527 连接到机油压力开关和蓄电池正极上。发光二极管必须点亮。

5）起动发动机，并缓慢提高发动机转速。

6）机油压力为0.015～0.045MPa时，测试灯必须熄灭，否则更换机油压力开关。

7）将二极管测试灯拧在高压油压开关上（0.18MPa，白色绝缘层）。

8）当机油压力为0.16～0.2MPa时，发光二极管必须点亮，否则更换机油压力开关。

9）继续提高发动机转速。在2000r/min转速和80℃的机油温度下，机油压力应至少维持在0.2MPa，否则说明机油压力开关有问题。

6.3.5 发动机机油压力的检测

机油压力的检查步骤如下：断开机油压力开关连接导线。拧下机油压力开关，并装上机油压力测试仪 V. A. G1342（图6-26）。将机油压力开关装到 V. A. G1342 上。起动发动机（机油温度约为80℃），改变发动机工作状态，读取机油压力表上的读数：怠速时，机油压力为100～250kPa，转速为3000r/min时机油压力为300～500kPa。若未达到上述规定值，则应更换带限压阀的滤清器支座或机油泵。

6.3.6 机油质量的检查

对车辆机油进行的检查主要是对机油量的多少、机油内是否混入水、机油颜色和质量等进行检查。如果油量少则需要添加机油；如果发现混入水造成缸垫损坏，就要更换机油。其检查步骤如下：

1. 检查机油口盖

拧下机油加油口盖，将它反过来观察底部，这时可以在加油口盖底部看到旧油甚至脏油的痕迹，这属于正常现象。如果加油口盖底面有一层具有黏稠度的深色乳状物，而且还有与油污混合的小水滴，这就是不正常的情况了，可能是气缸垫、气缸盖或气缸体有损坏，造成冷却液渗入机油中造成的。如果有这种情况发生，被污染的机油会对发动机内部造成危害。

2. 机油油量的检查

1）起动发动机暖机直至机油温度高于60℃，将发动机熄火，并使汽车停在水平路面上。等待数分钟，待机油回流至油底壳后方可进行下面步骤。

2）拔出机油标尺，用干净布擦净标尺后重新插入。再次拔出机油标尺，读取油位，机油标尺上的油位标记如图6-27所示，其中a表示不可加机油；b表示可加注机油，加注后油位可达a区；c表示必须加注机油，使油位达到区域b某一位置即可。

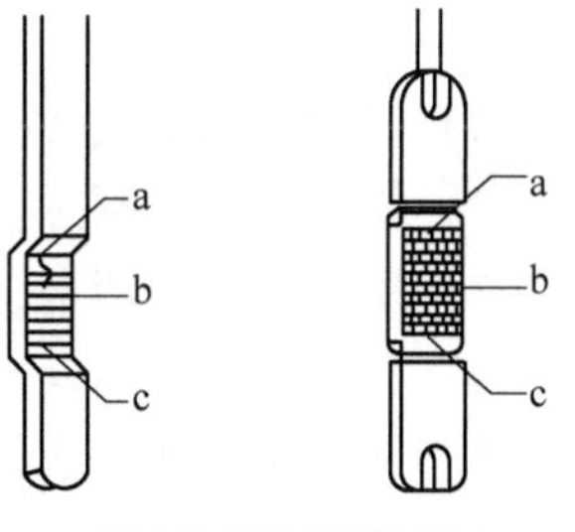

图6-27 机油标尺

a、b、c—机油位标记

3. 通过尾气检查

如果排气是蓝烟，表明气门油封失效，机油进入气缸燃烧室；还可能是活塞环与气缸壁间隙过大或活塞环断裂等故障；或是由于发动机润滑油的密封和油封老化及损坏，造成机油泄漏，消耗过多的机油。

4. 机油颜色

机油颜色可以采用油迹对比法检查。取两片洁净的白纸，在纸上分别滴下同种新机油和正在使用的机油各一滴。比较二者变化情况，如果在用的机油中间黑点里有较多的硬沥青质及炭粒等，表明机油滤清器的滤清作用不良，但并不说明机油变质；如果机油中间黑点较小且色较浅，周围的黄色痕迹较大，油迹的界线不很明显而且是逐渐扩散的，说明机油仍可继续使用；如果黑点较大，且油是黑褐色，均匀无颗粒，黑点与周围的黄色油迹界线清晰，有明显的分界线，则说明机油已变质，应及时更换。

6.4　润滑系统常见故障诊断与排除

6.4.1　机油压力过低

（1）故障现象　发动机在运转过程中，机油压力指示灯点亮，油底壳油面增高，并有水分或者浓重的汽油味。

（2）故障原因　图6-28所示为机油压力过低的原因分析。

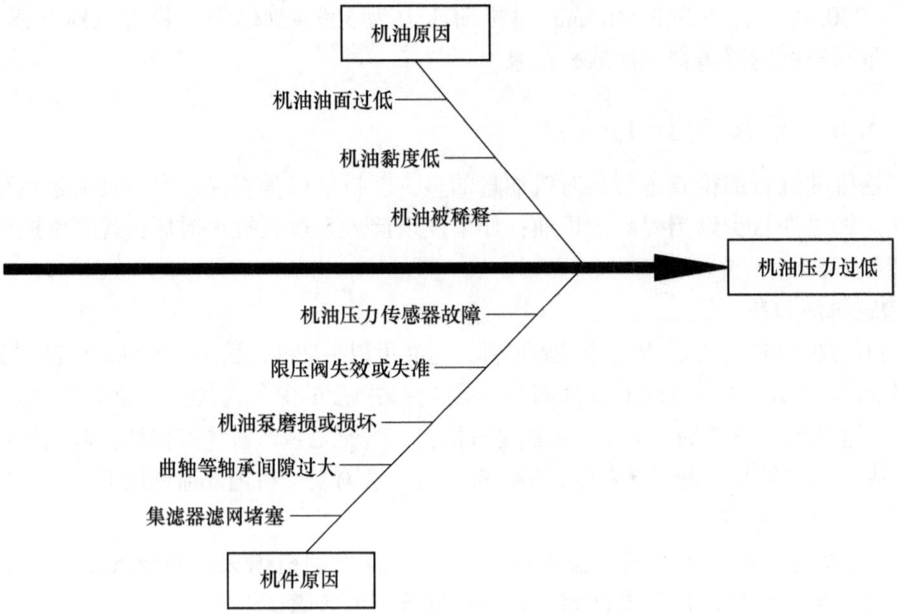

图6-28　机油压力过低的原因分析

1）机油量不足或者机油黏度过低。

2）机油泵减压阀过软或调整不当。

3）机油滤清器堵塞，机油滤清器旁通阀弹簧过软。

4）机油泵工作不良。

5）润滑系统油路或各密封部位有漏油现象。

6）曲轴主轴承、连杆轴承或凸轮轴轴承间隙过大。

7）机油压力指示灯或压力开关失效。

8）气缸垫损坏，气缸盖、气缸体有裂纹使冷却液漏入油底壳。

（3）故障诊断与排除　发动机机油压力过低的故障诊断如图6-29所示。

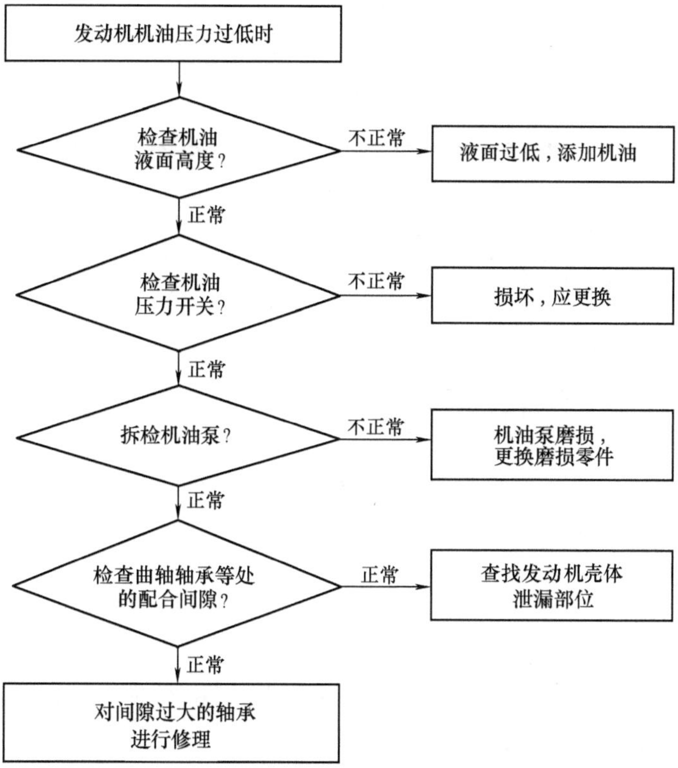

图6-29 机油压力过低故障诊断框图

1）发动机起动后，机油压力指示灯不亮，而运转一段时间后，机油压力指示灯点亮。此时应拔出机油尺，检查油底壳内机油量，并检查机油是否有水珠和汽油味。必要时添加机油、更换气缸垫或检查活塞与气缸的密封性。

2）发动机运转中，机油压力指示灯突然点亮，说明润滑系统有严重泄漏，应检查排除。

3）运转中，机油压力指示灯始终点亮，应先检查机油量和机油黏度，再检查机油压力指示灯及油压开关是否正常。然后，拆下机油压力开关，短时间起动发动机，若机油喷出无力，则检查机油滤清器、机油泵、机油进油管、机油滤清器旁通阀或机油泵减压阀是否有故障，应视情检修或者更换新件。如上述情况正常，则应检查曲轴主轴承、连杆轴承和凸轮轴间隙是否过大，并视情修理。

6.4.2 机油压力过高

（1）故障现象 冷车起动时，机油表指示0.5MPa以上；接通点火开关，机油表即有表示，起动后增至0.5MPa以上。

（2）故障原因 图6-30所示为机油压力过高的主要故障原因。

1）机油滤清器堵塞且旁通阀开启困难。

2）曲轴箱通风阀（PCV阀）堵塞。

3）气缸体主油道堵塞。

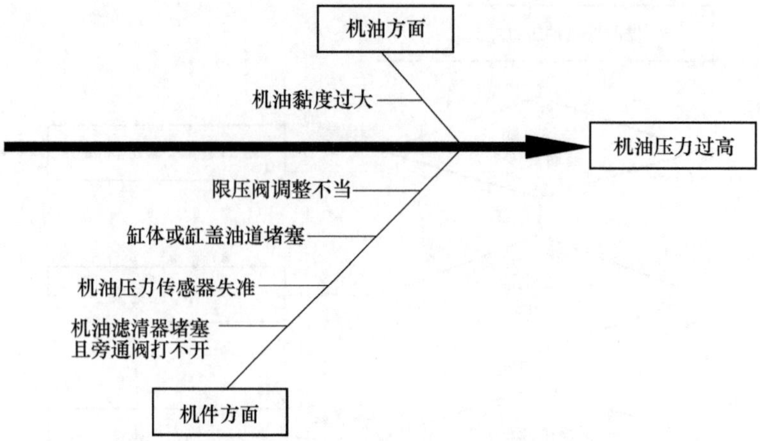

图6-30　机油压力过高原因分析

4）新装配的发动机曲轴轴承或者连杆轴承间隙过小。

5）机油黏度过高。

6）限压阀调整不当。

7）机油压力表或传感器失效。

（3）故障诊断与排除　机油压力过高的故障诊断如图6-31所示，其故障诊断步骤如下：

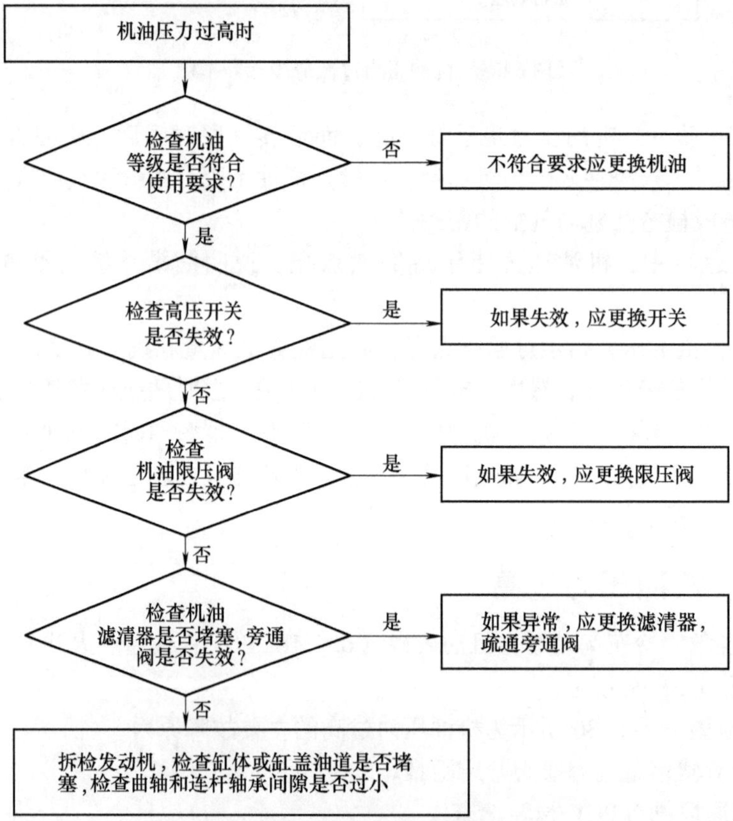

图6-31　机油压力过高的故障诊断框图

1）拔出机油尺检查润滑油黏度，若黏度过大，应进行更换。

2）拆下曲轴箱通风管检查PCV阀，若堵塞，则是由于曲轴箱通风不良引起，应更换PCV阀。

3）在机油传感器位置安装机油压力表，起动发动机，怠速运转，观察机油压力表的读数。

① 若机油压力达到标准值，说明机油压力传感器或机油压力表故障，应更换。

② 若机油压力高于规定值，则拆下旁通阀，取出旁通阀弹簧，起动发动机怠速运转，若此时机油压力正常，则说明是机油滤清器堵塞、旁通阀开启困难引起机油压力过高；若故障现象依旧，则调整限压阀调整螺栓，此时机油压力下降，说明是限压阀调整不当引起的。

4）在缸盖主油道上安装压力表检测机油压力，如果机油压力过低，则说明主油道到缸盖之间有堵塞，应修复。

5）对于刚大修好或者新装配的发动机，转动曲轴感觉其旋转灵活性，若转动时感觉很重，则有可能是由曲轴装配过紧引起机油压力过高。

6.4.3 机油消耗过多

（1）故障现象　机油消耗量比平时明显增加。汽车发动机机油的消耗有不同的计量方法。调整发动机机油用g/(hp[⊖]·h)计算较为科学，汽油机为0.3～0.4g/(hp·h)，柴机油为0.4～0.6g/(hp·h)，但由于汽车运行工况多变，很少采用这种计算方法；也可用发动机润滑油与燃料消耗的质量百分率计算。现在较普遍的是按汽车行驶里程计算机油消耗，正常消耗0.3L/1000km，不过同类型发动机不同车型，客车、货车、自卸车、半挂车等单位行程的润滑油消耗率超过0.5L/1000km，则可认为发动机润滑油消耗量过多。

（2）机油消耗过大的主要原因

1）活塞与缸壁间隙过大。

2）活塞环磨损或损坏，活塞环安装不正确。

3）曲轴箱的机油油面过高。

4）进气门导管磨损过度。

5）油路有渗漏现象。

6）发动机转速过高。

7）曲轴箱通风不良。

8）基础油闪点过低。

（3）故障诊断与排除　机油消耗过多的故障诊断如图6-32所示。

6.4.4 油底壳油面自行升高

（1）故障现象　发动机工作过程中，油底壳油面明显升高。

（2）故障原因分析　引起发动机油底壳油面自行升高（机油增多）的总体原因是冷却液或燃油漏到了油底壳中。

1）气缸套下部的橡胶密封圈损坏、气缸垫损坏、气缸套破裂或有气孔等，导致冷却液进入曲轴箱。

⊖ 1hp=745.7W

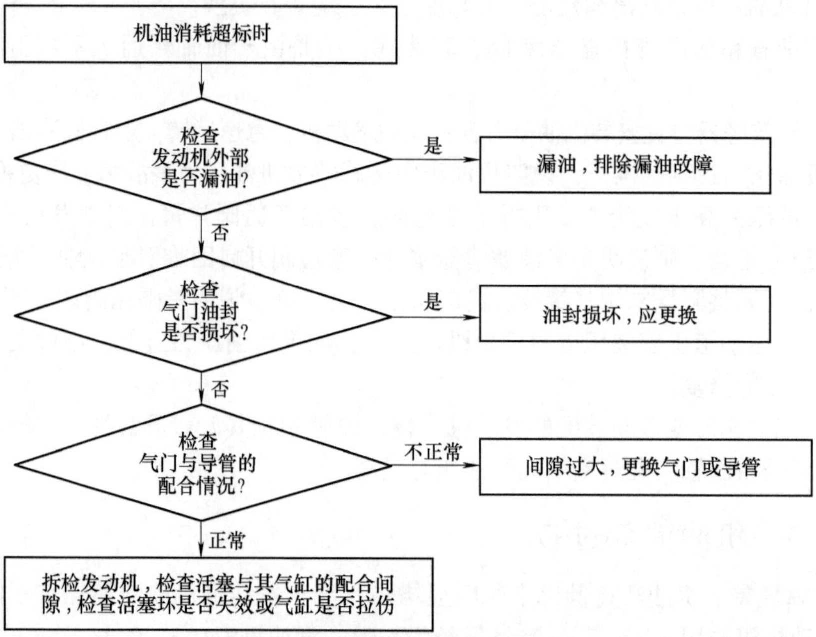

图6-32　机油消耗过多故障诊断框图

2）燃油或混合气及燃烧的废气大量窜入曲轴箱，在曲轴箱凝结成液体后和机油混在一起。

（3）故障诊断与排除

1）将发动机熄火静置几小时后，拧下油底壳螺塞，如有水流出，则为油底壳进水；如无水流出，则可能是油底壳进入燃油。

2）如确诊为油底壳进水，首先应将气门室卸下，将散热器加满冷却液，观察缸盖水道是否有漏水处，如无漏水处，可将油底壳卸下，静置一段时间后，观察发动机底部何处滴水。根据滴水部位，进一步判别是阻水圈漏水还是气缸垫漏水。如有水，多是阻水圈漏水，应更换阻水圈；如无水，则多是气缸体和气缸盖结合面处漏水，对此情况，可做断火试验，哪缸工作不良为哪缸进水。应检查气缸垫质量和气缸体及气缸盖是否翘曲变形，气缸套间是否有裂纹。若缸垫有问题，可更换气垫；如结合面翘曲，铣削加工缸体或缸盖结合面，消除其变形；如有裂纹，可用胶粘剂粘补或焊补。

6.4.5　机油易变质

（1）故障现象　机油在使用过程中，质量不断变化，润滑性能逐渐变坏，使发动机磨损增大，并有可能引起事故。

（2）故障原因分析　机油变质的原因如图6-33所示，主要有：

1）润滑油受热氧化，会生成胶质和炭渣，阻碍活塞的运动，甚至使活塞环粘结在活塞环槽内，引起密封不良和机件过热，造成严重磨损。

2）发动机工作时，一部分燃烧生成物与气缸内冷凝水结合，生成酸性物质混入润滑油，其对机件有腐蚀作用。

3）空气中的灰沙、机件磨损下来的金属屑和燃烧后的炭渣等机械杂质混入润滑油中，

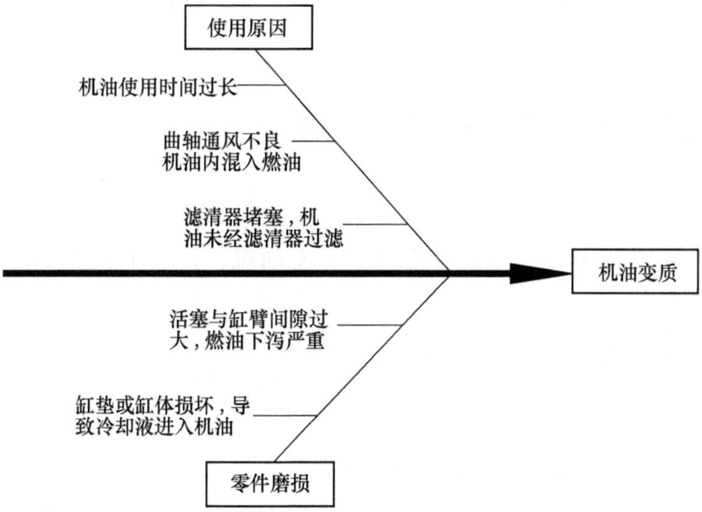

图6-33 机油变质的原因分析

会加速机件磨损。

4）由于混合气燃烧不完全、汽油泵膜片漏油或者曲轴箱通风不畅，一部分汽油混入润滑油中，使润滑油黏度显著降低，失去润滑性能；气缸垫密封不良，冷却液混入润滑油，也会影响到润滑油的性能，并加速机件、金属的锈蚀。

（3）机油变质预防措施

1）经常查看机油的油位。此项检查应在发动机起动之前或停机10min后进行。补充机油时应注意清洁并严格检查是否有渗漏现象。

2）经常检查机油的质量。在检查油位时，应注意检查机油的污染程度，机油尺上的机油不应有变色（机油变黑现象除外）现象。当机油达到使用的间隔里程或达到换油指标时，应及时更换机油。

3）适时更换机油。

4）选用合适的机油。选择合适的机油是保证发动机正常工作的重要因素：严禁柴油机、汽油机机油混用；在保证柴油机可靠润滑的前提下，机油黏度应尽可能小些；应尽量使用多级油。

5）避免机油温度过高而氧化变质。保证水冷式发动机冷却系统工作状况良好，避免过热。当冷却系统出现异常时，应及时检查并排除。保证曲轴箱通风装置工作状况良好，定期清洗通风管、通风阀；保持机油温度为70～80℃；适时打开机油散热器开关；保持正常的机油油面高度。

6）把好清洁关。防止脏物、杂质进入润滑系统；定期更换机油滤清器；彻底清洗润滑系统，定期更换机油；检查机油中是否混入水分；更换或添加机油时也应防止雨雪或其他杂质进入机油；当气缸盖、机体有裂纹，缸套阻水圈老化失效或缸垫冲坏时，应及时维修；拆卸缸盖时一定要先将冷却液放净，以防冷却液流入油底壳。

7）避免柴油或汽油流入机油。

8）避免缸内废气对机油的侵蚀。活塞与缸套、气门与气门导管的配合间隙过大时，燃烧室内的高温高压废气会由此窜入曲轴箱，加速机油的老化变质，并形成胶质、积炭及酸性有害物质。因此，要及时更换磨损超限的上述配合件，恢复其正常配合间隙，保持良好的密封作用。

6.5 润滑系统故障案例分析

案例1

故障现象：一辆2002年款红旗车，搭载488发动机，行驶里程为18万km，高速出现严重烧机油冒蓝烟现象。

故障诊断与检修：根据车主描述，怠速和中速时发动机一切正常，持续一段高速后故障出现。此车在不久前，曾经因加注的冷却液有质量问题，导致缸垫与缸盖均受到不同程度的腐蚀，于是在别厂更换了新的缸盖与缸垫，不久后便出现了上述故障。试车发现，行驶70km左右后，排气管冒出极重的蓝烟，与那些应该大修的发动机相比烟度要高20~30倍。收油后持续一会儿蓝烟消失。靠边停车检查，发现进气道及空滤内有残存的机油。观测得知，进气道与气门室盖间只有一个管路相通，就是PCV阀管路，即曲轴箱通风管路。因为缸盖是新的，没有对它进行太多考虑。于是对油气分离器等进行了清洗，并把PCV阀至进气歧管中间的管路更换成透明管路，再次试车。故障重现时，发现透明管路内充有大量的机油并向进气歧管流动、参与燃烧，致使排气管冒出大量蓝烟。打开气门室盖罩观察到PCV阀在气门室罩的最上方，如果机油串到PCV阀处，前提必须是气门室罩内的机油高度达到PCV阀进口处，才会被吸入进气道并进入燃烧室燃烧。正常情况下，气门室内是不会存有太多机油的，多余的机油都应从回油孔返回油底壳，除非是回油的速度慢于气缸盖的上油速度。488发动机是液压气门顶结构，需要大量的机油来调整气门间隙并润滑凸轮轴等部件，然后从缸盖预留的几个回油孔流回油底壳。在缸体的主油道测试孔安装油压表，起动发动机观察油压表，怠速油压表读数为260~280kPa。踩加速踏板，随发动机转速的升高，油压表读数也逐渐升高。发动机转速2800r/min时压力为530kPa，且不再随发动机转速的升高而升高。此现象表明机油泵的供油压力基本正常，机油泵的卸压阀工作正常。由此，可以判定润滑油路的上油速度没有问题。接下来该查机油的回油情况，最终还是把问题锁定在新换的缸盖上。找回了原车的旧缸盖，拿过来一对比，一目了然，新缸盖的几个回油孔，比原车缸盖的回油孔直径小近一半。

故障排除：按原车的尺寸扩孔后装车，故障不再出现。

案例2

故障现象：一辆帕萨特B5轿车，累计行驶里程为8万km。在一次涉水时，因气缸进水，导致连杆弯曲，正时带跳齿。在其他修理厂维修后，该车在高速（大于80km/h）行驶时，机油压力报警器报警。

故障诊断与检修：接车后，首先测量机油压力，发现怠速和中速机油压力正常。由于该车只是在高速时机油压力才报警，故可能是机油集滤器滤网堵塞、机油供给装置或机油压力报警装置出现故障，于是更换了机油高压开关。检查机油压力报警线路及机油滤清器座，未发现问题。经过认真分析，认为该故障现象发生在进水后。于是拆下发动机油底壳，对相关部件进行了仔细检查，发现在气缸体下部用来润滑气缸活塞连杆组件的喷油器（大部分车没有，往往被忽视）已变形裂开，固定喷油器的特制空心螺栓已断开了一半。由此断定这就是引起该故障的根本原因。在帕萨特B5发动机上，为了改善其润滑效果，除靠连杆大端飞溅润滑外，还在气缸体的下部增加了专门的喷油器以进行喷油润滑。连杆弯曲后，活塞下行时超出正常的下止点位置，其下边缘正巧撞到喷油器上，使喷油器变形裂开，形成了一个卸压孔。在发动机怠速或小负荷时，机油泵供油压力低，损坏的喷油器卸压也小，机油压力稍低于标准值不会引起机油压力报警器报警；而当发动机在中负荷或大负荷时（车速大于80km/h），由于机油压力增高，损坏的喷油器的机油泄漏量随之增大，造成油道内的机油压力远达不到发动机润滑系统所需的正常压力，导致机油压力报警器报警。

故障排除：将损坏的喷油器及固定螺栓更换并装复后，试车恢复正常，故障排除。

练习与思考题

1. 填空题

1）发动机润滑系统主要有________、________、________、________、________、________等作用。

2）现代汽车发动机多采用________和________相结合的综合润滑方式，以满足不同零件和部位对润滑强度的要求。

3）根据与主油道的连接方式不同，机油滤清器可以分为________和________两种。机油泵泵出的机油，85%~90%经过________滤清后流入主油道，以润滑各零件，而10%~15%的机油量进入________滤清后直接流回油底壳。

4）曲轴箱的通风方式有________和________两种。

2. 选择题

1）汽车发动机各零件最理想的摩擦形式是（　　）。

A. 干摩擦　B. 半干摩擦　C. 液体摩擦　D. 半液体摩擦

2）机油细滤器上设置低压限制阀的作用是（　　）。

A. 机油泵出油压力高于一定值时，关闭通往细滤器油道

B. 机油泵出油压力低于一定值时，关闭通往细滤器油道

C. 使进入机油细滤器的机油保持较高压力

D. 使进入机油细滤器的机油保持较低压力

3）润滑系统中旁通阀的作用是（　　）。

A. 保证主油道中的最小机油压力　B. 防止主油道机油压力过大

C. 防止机油粗滤器滤芯损坏

D. 在机油粗滤器滤芯堵塞后仍能使机油进入主油道内

4）上海桑塔纳轿车发动机油路中只设一个机油滤清器，该滤清器采用（　　）。

A. 全流式滤清器　B. 分流式滤清器　C. 离心式滤清器　D. 过滤式纸质滤芯滤清器

5）上海桑塔纳轿车发动机油路中分别设有两个报警装置，它们的作用是（　　）。

A. 低速油压不足时同时报警　B. 高速油压不足时同时报警

C. 低速油压不足和高速油压不足分别报警

D. 低速油压过高和高速油压过高分别报警

6）机油泵常用的形式有（　　）。

A. 齿轮式与膜片式　B. 转子式和活塞式

C. 转子式与齿轮式　　D. 柱塞式与膜片式

7）曲轴箱通风的目的主要是（　　）。

A. 排出水和汽油　　B. 排出漏入曲轴箱内的可燃混合气与废气

C. 冷却润滑油　　D. 向曲轴箱供给氧气

8）单向流量控制阀的作用是（　　）。

A. 防止怠速时混合气被吸入曲轴箱内　B. 防止高速时混合气被吸入曲轴箱内

C. 防止怠速时机油被吸入气缸　　D. 防止怠速时曲轴箱内气体吸入气缸冲淡混合气

3. 问答题

1）润滑系统有哪些作用？

2）限压阀与旁通阀各有什么作用？

3）为什么机油泵输出的机油不全部流经细滤器？

4）离心式细滤器的转子体是如何转起来的？为何要设进油低压限制阀？

5）如何检查发动机内的机油量？油量过多或过少有何害处？

第7章 冷却系统

基本思路：

现代汽车发动机大都采用水冷系统，对本章的学习和研究无疑要以水的流动路线为基础，把冷却系统的主要零部件有机结合在一起，并了解其结构、作用及工作特征，这样对本章的学习和研究就会起到事半功倍的效果。

7.1 概述

7.1.1 冷却系统的作用及类型

（1）冷却系统的作用　内燃机工作时，可燃混合气燃烧和运动零件之间的摩擦产生大量热量，温度高达1927～2527℃，与高温气体接触的发动机零件受到强烈加热，如果对发动机不采取必要的冷却措施，将不能保证其正常工作。

发动机冷却系统的作用就是使工作中的发动机得到适度的冷却，从而使发动机保持在最适宜的温度范围内工作。水冷式发动机的正常冷却液温度一般为80～90℃。

冷却不足时，将使发动机温度过高，造成的危害主要有：燃烧室发生异常燃烧，早燃或爆燃倾向增大，使发动机不能正常工作；各部位因热膨胀而变形，使正常间隙被破坏，导致活塞“咬缸”、轴瓦“抱轴”、柴油机因柱塞卡死而“飞车”等严重事故；降低充气效率，减少进气量，导致发动机功率下降；发动机润滑油因温度过高而变稀，使润滑效果下降，加速零件的磨损；金属的力学性能被破坏，造成零件的变形及破坏。

发动机冷却过度时，将导致发动机过冷，造成的危害主要有：进入气缸的可燃混合气（或空气）温度较低，难于点燃且燃烧迟缓，造成发动机起动困难，功率下降，燃油消耗增大，污染加重；润滑油黏度增大，流动性差，造成润滑不良，既加剧了机件磨损，又增大了功率消耗；燃料燃烧后生成的水蒸气容易冷凝成水，并与酸性气体形成酸类物质，严重腐蚀摩擦表面；因温度较低，未汽化的燃料会冲刷摩擦表面（缸壁、活塞、活塞环等）上的油膜并稀释润滑油，导致润滑效果下降，机件磨损加剧。

（2）冷却系统的类型 根据冷却介质不同，发动机的冷却方式有风冷式和水冷式两种。

7.1.2 风冷系统

风冷系统以空气为冷却介质，铝合金气缸体和气缸盖，表面均布有散热片（图7-1）。风冷系统具有结构简单、质量小、故障少、使用维修方便等优点，但冷却不可靠，主要应用于单缸汽油机或柴油机，在汽车发动机上使用非常少。

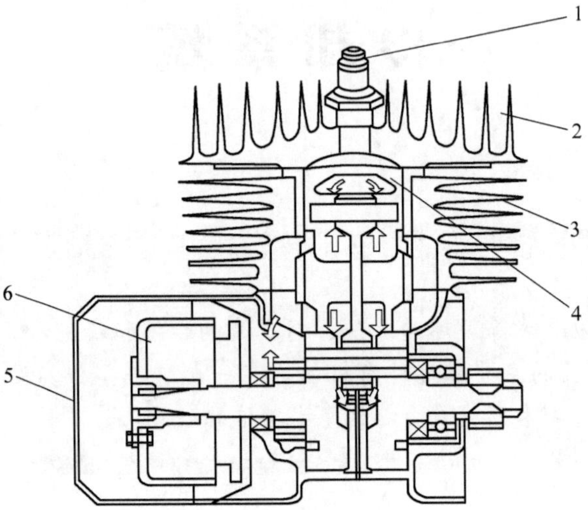

图7-1 风冷系统

1—火花塞 2—气缸盖散热片 3—缸体散热片 4—活塞
5—气缸导流罩 6—风扇及带轮

7.1.3 水冷系统

水冷系统以冷却液（或水）为冷却介质，通过冷却液的不断循环，从发动机水套中吸收多余热量并散发到大气中。根据冷却液循环方式不同，水冷系统又可以分为蒸发式（利用水的温度差使冷却液在发动机中循环流动）、自然循环（冷却液在管道中自然流动）、强制循环（水泵强制冷却液在发动机中循环流动）三种方式，目前汽车上普遍采用的是强制循环水冷系统。

强制循环水冷系统一般由水泵、水套、散热器、百叶窗、风扇、硅油离合器、分水管、节温器、冷却液温度表等组成。图7-2所示为桑塔纳2000GSi发动机用强制循环水冷系统。冷却液在水泵的作用下，流经气缸体及气缸盖吸收热量，然后沿着水管流入散热器。利用汽车行驶速度及风扇的强力抽吸，使气流由前向后高速通过散热器，不断将流经散热器的高温冷却液的热量散发到大气中，使冷却液温度下降。冷却后的水流至散热器的底部后，被水泵再次压入发动机的水套中，如此循环便将发动机工作时产生的大量热量不断带走，从而保证发动机正常工作。

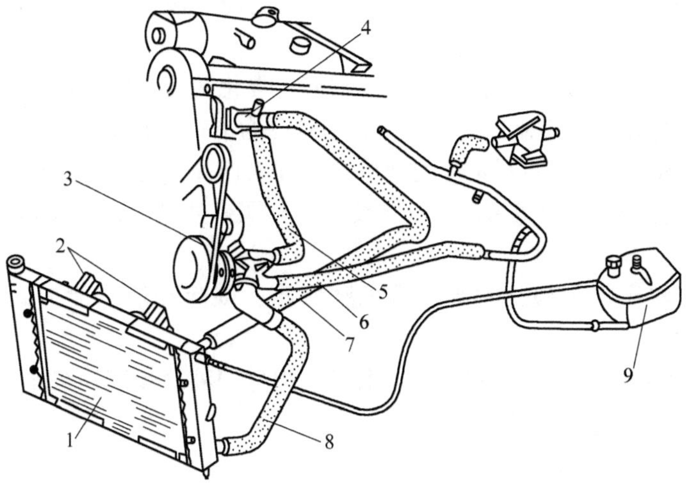

图7-2 桑塔纳2000GSi发动机水冷系统示意图

1—散热器 2—风扇 3—水泵
4—机体进水口（进入气缸体、气缸盖水套） 5—旁通水管
6—暖气回水进水泵水管 7—机体冷却液出口与散热器进水口接管
8—散热器出水管 9—膨胀罐

7.1.4 冷却液的特点与选用

冷却液是汽车发动机不可缺少的一部分。它在发动机冷却系统中循环流动，将发动机工作中产生的多余热能带走，使发动机能以正常工作温度运转。冷却液不足时，会使发动机内的冷却液温度过高，导致发动机机件的损坏。冷却液除具有冷却作用外，还具有冬季防冻、防腐蚀、防水垢等功能。

汽车常用的冷却液有水及加有防冻剂的防冻液。

（1）水冷却液 指直接用水作冷却液，它具有简单方便的优点。但水沸点低，易蒸发，需经常添加。而且不宜添加河水、井水等含矿物质的水，以免产生水垢，导致冷却系统散热不良。应添加雨水、雪水或离子交换水。更应注意的是，水在严寒季节易结冰，需放水过夜，否则其结冰时体积膨胀，会造成胀裂机体、气缸盖的严重事故。

（2）防冻液 现代轿车普遍采用防冻液，以提高冷却液的防冻和防沸能力。例如，桑塔纳系列轿车采用以乙二醇为基料的冷却液（乙二醇的质量占45.6%、水的质量占54.4%），其冰点在-25℃以下，沸点在106℃以上。不同的冷却液有不同的冰点和沸点，可以根据发动机使用条件选用。有的冷却液还添加有防锈剂、泡沫抑制剂等，这有利于减轻冷却系统锈蚀和冷却液泡沫产生，提高冷却效果。

专用冷却液一般呈深绿色或深红色，有一定的毒性，使用时应注意。发现冷却液泄漏应及时检查并添加。

（3）冷却液使用注意事项

1）要坚持常年使用冷却液，要注意冷却液使用的连续性。只在冬季使用冷却液的观点是错误的，因为冷却液不仅具有防冻功能，还具有防腐、防沸、防垢等作用。

2）要根据汽车使用地区的气温，选用不同冰点的冷却液，冷却液的冰点至少要比该地区最低温度低10℃，以免失去防冻作用。

3）要针对各种发动机的结构特点选用冷却液，强化转速高的发动机，应选用高沸点冷却液；缸体或散热器用铝合金制造的发动机，应选用含有硅酸盐类添加剂的冷却液。

4）要购买经国家指定的检测站检测合格的冷却液产品，应向商家索要检测报告、质量保证书、保险以及使用说明书等资料，切勿贪便宜购买劣质品，以免损坏发动机，造成不必要的经济损失。

5）冷却液的膨胀率一般比水大，若无膨胀罐，则冷却液只能加到冷却系统容积的95%，否则会溢出。

6）如果发动机冷却系统原先使用的是水或换用另一种冷却液，在加入新的一种冷却液之前，务必要将冷却系统冲洗干净。

7）不同型号的冷却液不能混装混用，以免起化学反应，破坏各自的综合防腐能力，用剩后的冷却液应在容器上注明名称，以免混淆。

8）在使用后，若因冷却系统渗漏引起散热器冷却液液面降低，应及时补充同一品牌的冷却液，若液面降低是因水蒸发所致，则应向冷却系统添加蒸馏水或去离子水，切勿加入井水、自来水等硬水；当发现冷却液中有悬浮物、沉淀物或发臭时，证明冷却液已起化学反应，已变质失去功效，应及时地清洗冷却系统，并更换新冷却液。

9）若购买的是浓缩冷却液，如乙二醇型浓缩冷却液，可以按比例添加适量的纯水，以配制出适合本地区气温的冷却液。

7.2 冷却系统主要部件的构造

7.2.1 冷却系统的主要部件

图7-3所示为桑塔纳轿车冷却系统的零件分解图。其主要部件有：

（1）散热器　散热器俗称水箱，安装在发动机前的车架横梁上，其作用主要是散热。冷却液经过散热器后，其温度可降低10～15℃。散热器一般用铜或铝制成，其后装有风扇。

散热器的结构如图7-4所示，主要由上水箱、下水箱、散热器芯和散热器盖等组成。在上、下水箱上分别装有进水管及出水管，它们分别用软管与发动机气缸盖上的出水管口及水泵的进水管口连接。上、下水箱上常设有放水开关。

散热器芯一般有管片式和管带式两种形式，如图7-5所示。

图7-5a所示为管片式散热器芯结构示意图，它由散热管和散热片组成。散热管是焊在上、下水箱之间的直管。作为冷却液的通道，散热管有扁管和圆管之分。扁管与圆管相比，在容积相同的情况下有较大的散热表面。扁管都焊在多层的散热片上，这种形式的散热器具有芯部散热面积大、气流阻力小、结构刚度好及承压能力强等优点。它的缺点是制造工艺比较复杂。

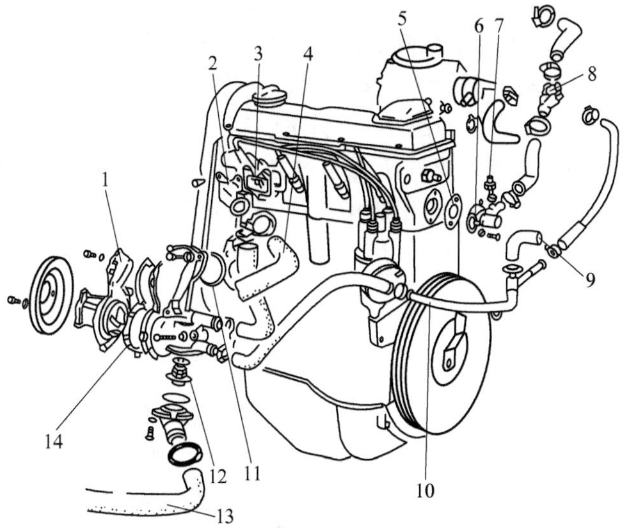

图 7-3　冷却系统零件分解图

1—水泵　2—缸盖接口　3、5—密封垫　4—橡胶管
6—接管　7—冷却液温度传感器　8—热敏开关
9—通向暖风热交换器的冷却液管　10—冷却液管
11—O 形圈　12—节温器　13—下橡胶弯管　14—密封垫圈

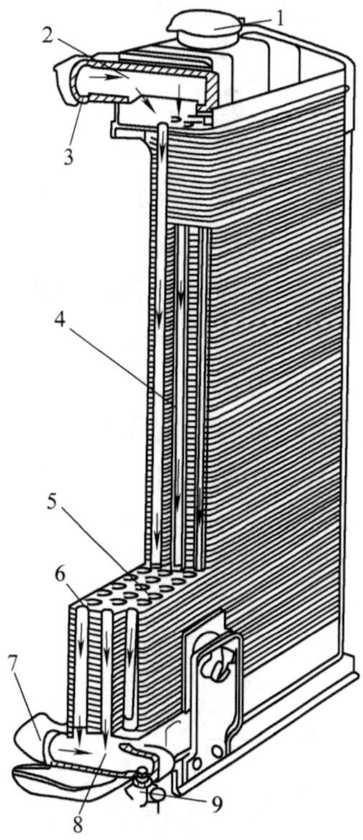

图 7-4　散热器的结构

1—散热器盖　2—上水箱
3—散热器进水管　4—散热器芯
5—散热管　6—散热片
7—散热器出水管　8—下水箱
9—放水开关

a) 管片式　　b) 管带式

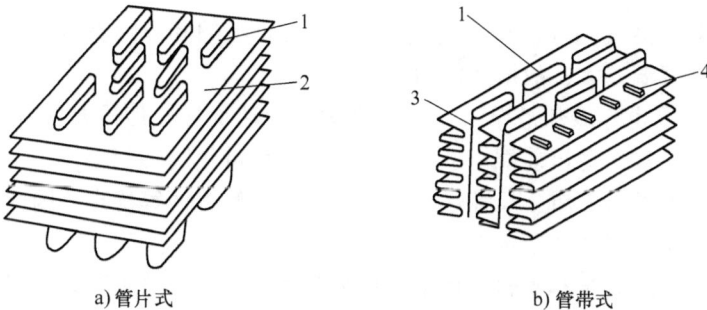

图 7-5　散热器芯的结构

1—散热管　2—散热片　3—散热带　4—缝孔

图 7-5b 为管带式散热器芯示意图，它由散热管及波形散热带组成。散热管为扁管并与波形散热带相间地焊在一起。与管片式散热器芯相比，管带式散热器芯的散热能力强，制造简单，质量小，成本低，现代发动机应用较多。但其缺点是结构刚度差。

传统的散热器芯多由黄铜制造，但近年来更多的是用铝制造，而且有些散热器的上、下水箱由复合塑料制造，使散热器质量大为减小。

常见水冷系统散热器盖具有自动阀门，发动机热状态正常时，阀门关闭，将冷却系统与大气隔开，防止水蒸气溢出，并使冷却系统内的压力稍高于大气压力，从而增高冷却液的沸点，防止冷却系统发生“开锅”现象。但如果冷却系统中水蒸气过多，则将使冷却系统压力过大，可能导致发动机散热器破裂。因此必须在加水口处设置排出水蒸气的通道。在冷却系统内压力过高或者过低时，自动阀门即开启以使冷却系统与大气相通。

压力式散热器盖的构造如图7-6所示。装有空气阀和蒸气阀的散热器盖紧扣在加水口上。发动机热状态正常时，两阀在弹簧力作用下都处于关闭状态。当冷却系统内蒸气压力低于大气压力0.01~0.012MPa时，空气阀便开启，如图7-6a所示。空气从蒸气排出管进入散热器，以防止散热器被大气压瘪。当冷却系统内蒸气压力超过大气压力0.026~0.037MPa时，蒸气阀便开启，如图7-6b所示。此时将从蒸气排出管中放出一部分冷却液到补偿水桶，使冷却系统内的压力下降。提高冷却系统的蒸气压力，可以提高冷却液的沸点，从而扩大散热器与大气的温差以增强散热能力。

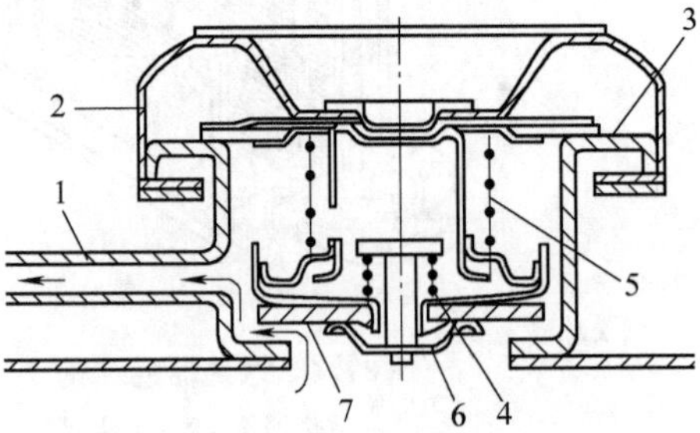

a) 空气阀打开状态

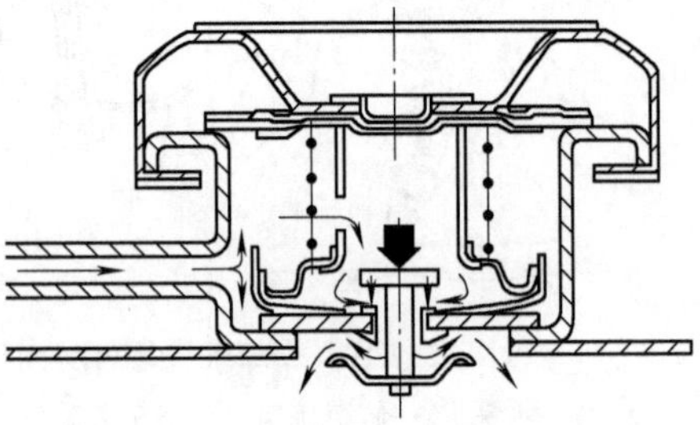

b) 蒸气阀打开状态

图7-6　压力式散热器盖的构造

1—溢流管　2—加压盖　3—散热器盖　4—空气阀弹簧　5—蒸气阀弹簧　6—空气阀　7—蒸气阀

轿车散热器盖的蒸气阀开启压力可达0.1MPa，而水的沸点可升高至120℃。显然，这种散热器与环境空气温差大，故散热能力较强。

(2) 水泵　水泵也称冷却液泵，其功用是对冷却液加压，使冷却液在冷却系统内循环流动。水泵一般安装在发动机前端，通常与风扇一起用带轮同轴驱动。

离心式水泵具有结构简单、尺寸小、排水量大、维修方便等优点，因此在汽车发动机上被广泛使用，其结构如图7-7所示。

在叶轮与球轴承之间装有水封，用来防止水泵内的冷却液沿水泵轴渗漏。水封中的弹簧通过水封环将水封皮碗的一端压在水封座圈上，而将皮碗的另一端压在夹布胶木密封垫圈上。夹布胶木密封垫圈在弹簧的压力下与水泵叶轮毂的端面贴合。密封垫圈上有两个凸耳卡在水泵上的槽孔内。因此，在水泵工作时，水封不随水泵轴旋转。水泵壳体上有泄水孔C，位于水封之前。一旦有冷却液漏过水封，便可从泄水孔泄出，以防止冷却液进入轴承而破坏轴承的润滑。

离心式水泵的工作原理如图7-8所示，当水泵叶轮旋转时，水泵中的冷却液被叶轮带动一起旋转，并在离心力的作用下被甩向水泵壳体的边缘，同时产生一定的压力，然后从出水

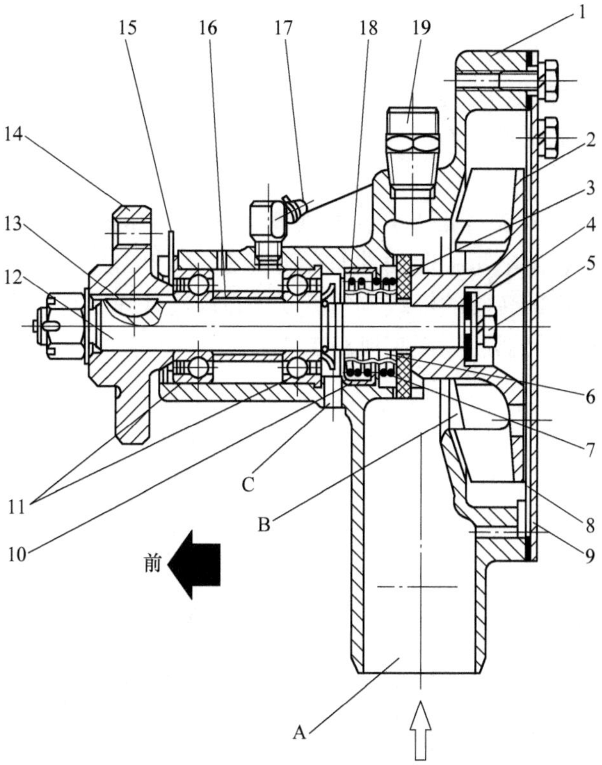

图 7-7 离心式水泵的结构

1—水泵壳体 2—叶轮 3—密封垫圈 4、8—衬垫 5—螺栓 6—水封皮碗 7—弹簧 9—水泵盖 10—水封座圈 11—轴承 12—水泵轴 13—半圆键 14—凸缘盘 15—轴承卡环 16—隔离套 17—润滑脂嘴 18—水封环 19—管接头 A—进水口 B—水泵内腔 C—泄水孔

管流出。在叶轮的中心处，由于冷却液被甩出而压力下降，散热器中的冷却液在水泵进口与叶轮中心的压差作用下经进水管流入叶轮中心。

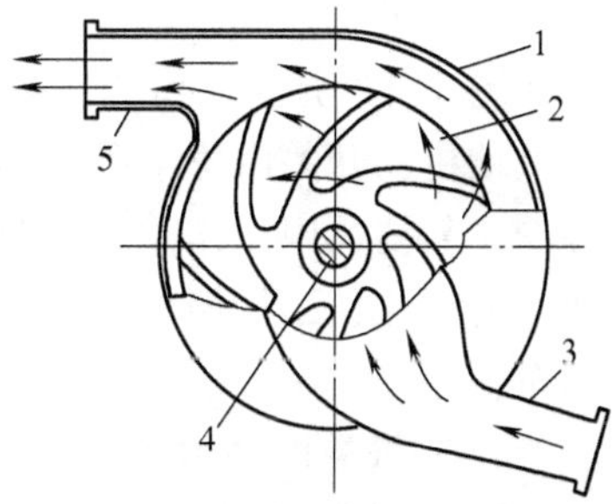

图 7-8 离心式水泵工作原理

1—水泵壳体 2—水泵叶轮 3—进水口 4—水泵轴 5—出水口

(3) 补偿水桶　现代轿车发动机冷却系统都采用自动补偿封闭式散热器，它的特点是在散热器的右侧增设了一个补偿水桶，也可以称作储液罐或者副水箱，用软管连接到散热器的蒸气导出口，如图 7-9 所示。

补偿水桶的作用是减少冷却液的损失，当冷却液温度升高，体积膨胀时，散热器中多余的冷却液流入补偿水桶中；而当冷却液温度降低时，体积收缩，散热器产生一定真空，补偿水桶中的冷却液又被吸回到散热器中。同时散热器上水箱也可以做得小些，这样冷却液损失很少，驾驶人也不必经常检查冷却液量。

补偿水桶上一般印有两条液面高度标记线：“DI”（低）与“GAO”（高），或者“FULL”（满）与“ADD”（添加）。冷却液温度在 50℃ 以下时，液面高度应不低于“DI”

或者“ADD”线，否则应该补充冷却液，同时注意补充冷却液时不应该超过“GAO”或“FULL”线，以避免冷却液溢出。

(4) 风扇　冷却风扇的功用是吸进空气，加速冷却液的冷却，从而增强散热器的散热能力，同时对发动机其他附件也有一定的冷却作用。通常安装在散热器后面并与水泵同轴驱动。

汽车发动机水冷系统多采用低压头、大风量、高效率的轴流式风扇。其结构如图7-10所示。该类型的风扇常和发电机一起由曲轴带轮通过V带驱动。发动机工作时，曲轴带动风扇旋转，空气沿着风扇旋转轴的轴线方向流动。在风扇外围设有导风罩（图7-10），使风扇吸进的空气全部通过散热器，以提高风扇工作效率。

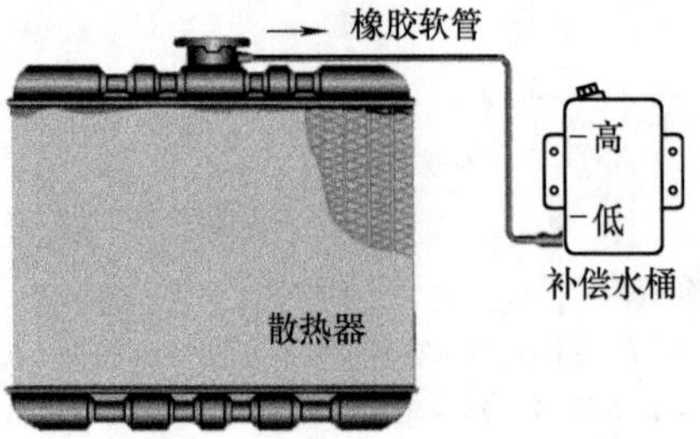

图7-9　补偿水桶与闭式散热器

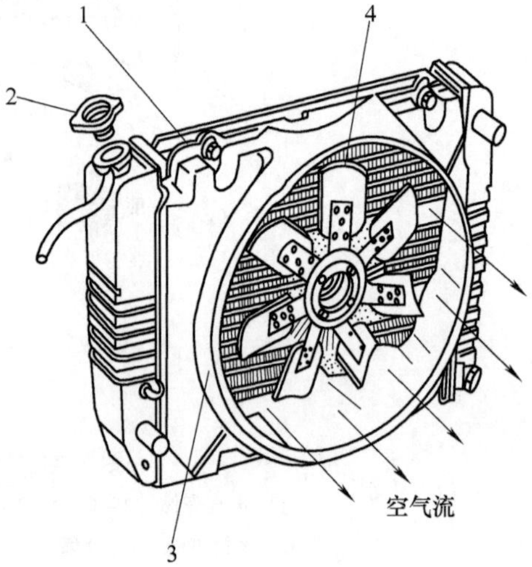

图7-10　冷却风扇

1—散热器　2—加液口　3—导风罩　4—风扇

很多轿车开始采用以蓄电池为动力的电动风扇，如图7-11所示。其转速与发动机转速无关，电动机的开关由位于散热器上的温度传感器控制，需要风扇工作时即自行起动。这种风扇无动力损失，结构简单，布置方便，非常适合轿车使用。

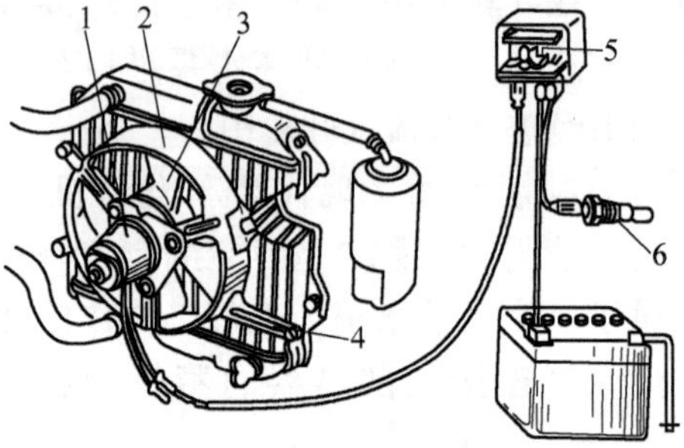

图7-11　电动风扇

1—电动机　2—护风罩　3—风扇框架

4—风扇叶片水泵　5—继电器

6—温度传感器（开关）

(5) 冷却液温度显示系统

1）冷却液温度显示系统的作用。冷却液温度显示系统的作用是由冷却液温度传感器感测发动机冷却液温度的变化，并通过装在仪表板上的冷却液温度指示表显示出来，以提醒驾驶人注意发动机的温度变化。

2）冷却液传感器的结构及原理。热敏电阻式冷却液温度传感器采用热敏电阻制成（图7-12），工作温度范围为 $-20\sim130℃$，一般安装在发动机缸体、缸盖的水套或节温器壳内并伸入水套中，与冷却液直接接触，用来检测发动机的冷却液温度，并向发动机ECU（电控单元）传送信息。

3）冷却液温度显示系统工作原理。图7-13所示是热敏电阻式冷却液温度传感器与电磁式冷却液温度指示表联用的冷却液温度显示系统。

电磁式冷却液温度指示表（点画线框内部分）中装有两个垂直安装的线圈 L_1 和 L_2，L_1 和传感器并联，L_2 和传感器串联。线圈 L_1 和 L_2 的中间装有带指针的衔铁。

点火开关接通后，电流流过冷却液温度指示表和传感器。冷却液温度较低时，传感器内热敏电阻的阻值较大，流经线圈 L_1 和 L_2 的电流相差不多，但 L_1 匝数多，产生的磁场强，使衔铁带动指针向左偏转，指针指向低温刻度。冷却液温度升高时，热敏电阻的阻值减小，线圈 L_2 中的电流明显增大，电磁力也增大，使衔铁带动指针向右偏转，冷却液温度表的指针指向高温刻度。

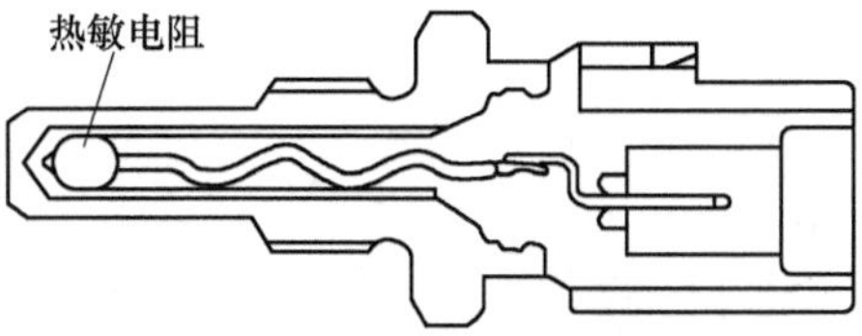

图7-12 冷却液温度传感器

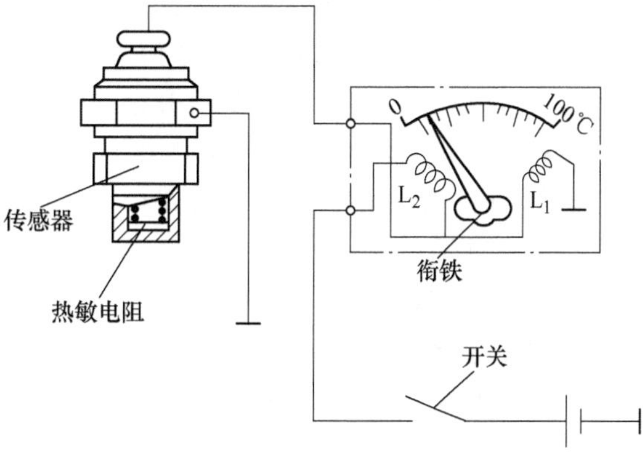

图7-13 冷却液温度显示系统

7.2.2 冷却强度的调节装置

冷却强度调节装置主要有：百叶窗、硅油风扇离合器、节温器等。

（1）百叶窗 有些货车和大客车发动机在散热器前面装有百叶窗，其作用是通过改变吹过散热器的空气量来调节发动机的冷却强度，以保证发动机经常在适当的温度范围内工作。在发动机冷起动或暖机期间，冷却液的温度较低，这时将百叶窗部分或完全关闭，以减少吹过散热器的空气流量，使冷却液的温度迅速升高。

百叶窗可由驾驶人通过驾驶室内的手柄来使其开闭，也可用感温器自动控制。图7-14所示是货车上使用的散热器百叶窗的自动控制系统。控制系统的感温器安装在散热器进水管上，用来感测来自发动机的冷却液温度。在发动机冷起动或暖机期间，百叶窗关闭。当发动机达到正常工作温度后，感温器打开空气阀，使制动空气压缩机产生的压缩空气进入空气缸，并推动空气缸内的活塞连同调整杆一起下降，带动杠杆使百叶窗开启。

（2）硅油风扇离合器 硅油风扇离合器的作用是利用流经散热器的空气温度来控制风扇转速的变化，其结构如图7-15所示。硅油风扇离合器安装在风扇和风扇带轮之间。

硅油风扇离合器的前盖、壳体和从动板用螺钉组成一体，靠轴承安装在主动轴上。风扇安装在壳体上。为了加强硅油的冷却效果，前盖板上铸有散热片。从动板与前盖之间空腔为储油腔，其中装有硅油（油面低于轴中心线），从动板与壳体之间的空腔为工作腔。主动板固定连接在主动轴上，主动轴与水泵轴连接。主动板与工作腔壁有一定间隙，用毛毡圈密封防止硅油漏出。从动板上有进油孔A，平时由阀片关闭，若偏转阀片，则进油孔可打开。阀片的偏转靠螺旋状双金属感温器控制。从动板上有凸台限制阀片最大偏转角。感温器外端固定在前盖上，内端卡在阀片轴槽内。从动板外缘有回油孔B，中心有漏油孔C，以防静态时从阀片轴周围泄漏硅油。

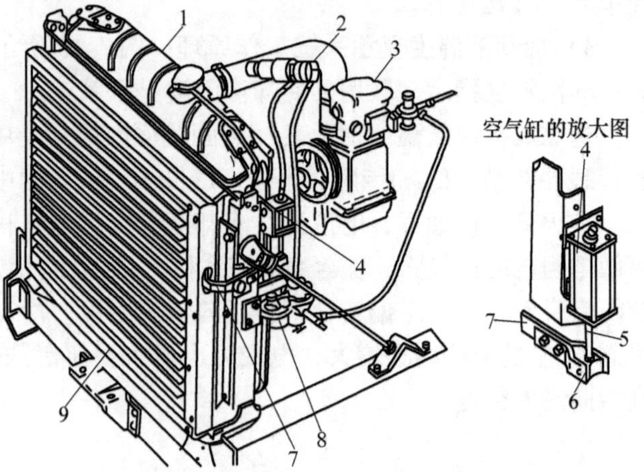

图7-14 百叶窗自动控制系统

1—散热器 2—感温器 3—制动空气压缩机 4—空气阀 5—调整杆 6—调整螺母 7—杠杆 8—空气滤清器 9—百叶窗

发动机冷起动或小负荷下工作时，冷却液通过散热器的气流温度不高，进油孔被阀片关闭，工作腔内无硅油，离合器处于分离状态。主动轴转动时，因密封毛毡圈和轴承的摩擦，使风扇随同壳体在主动轴上空转打滑，转速极低。

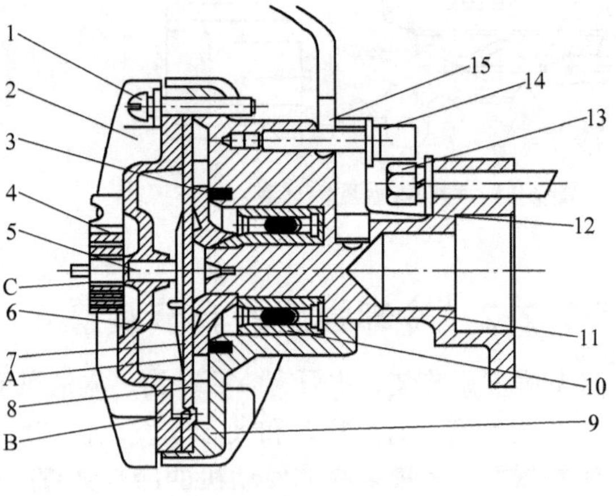

图7-15 硅油风扇离合器

1—螺钉 2—前盖 3—密封毛毡圈 4—双金属感温器 5—阀片轴 6—阀片 7—主动板 8—从动板 9—壳体 10—轴承 11—主动轴 12—销止板 13—螺栓 14—内六角螺钉 15—风扇 A—进油孔 B—回油孔 C—漏油孔

发动机负荷增加时，冷却液和通过散热器的气流温度随之升高，感温器受热变形而带动阀片轴及阀片转动。当流经感温器的气流温度超过65℃时，进油孔A被完全打开，于是硅油从储油腔进入工作腔。硅油十分黏稠，主动板即可利用硅油的黏性带动壳体和风扇转动。此时风扇离合器处于接合状态，风扇转速迅速提高。主动板转速高于从动板，因此受离心力作用从主动板甩向工作腔外缘的油液压力，比储油腔外缘的油液压力高，油液从工作腔经回油孔B流向储油腔，而储油腔又经进油孔A及时向工作腔补充油液。由此可见，在离合器接合风扇转动时，硅油在储油腔和工作腔之间循环流动，这样可防止工作腔内的硅油温度过高，黏度下降，进而影响离合器的正常工作。为使硅油从工作腔流回储油腔的速度加快，缩短风扇脱开时间，在从动板的回油孔B旁，有一个刮油凸起伸入工作腔缝隙内，使回油孔一侧压力增高，回油加快。

发动机负荷减小，流经感温器的气流温度低于35℃时，感温器恢复原状，并带动阀片将进油孔关闭，工作腔中的油液继续从回油孔流回储油腔，直到甩空为止。

（3）节温器

1）节温器的功用。节温器的作用是根据发动机冷却液温度的高低，打开或关闭冷却液通向散热器的通道保证发动机在最适宜的温度下工作。

2）节温器的结构。汽车发动机装用的节温器多为石蜡式节温器（图7-16），它主要由主阀门、副阀门、推杆、壳体和石蜡等组成。推杆的一端固定在支架上，另一端插入胶管的中心孔内。石蜡装在胶管与节温器壳体之间的腔体内。

3）节温器的工作原理。如图7-17所示，温度较低时，石蜡呈固态，主阀门被弹簧推向上方与阀座压紧，处于关闭状态（图7-17a）。此时，副阀门开启，冷却液进行小循环，来自发动机水套的冷却液经副阀门、小循环水管直接进入水泵，被泵回到发动机水套内。

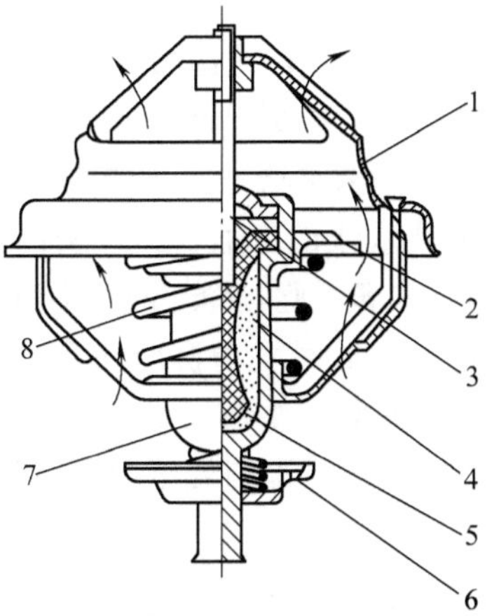

图7-16 石蜡式节温器的构造

1—支架 2—主阀门 3—推杆 4—石蜡 5—胶管 6—副阀门 7—节温器壳体 8—弹簧

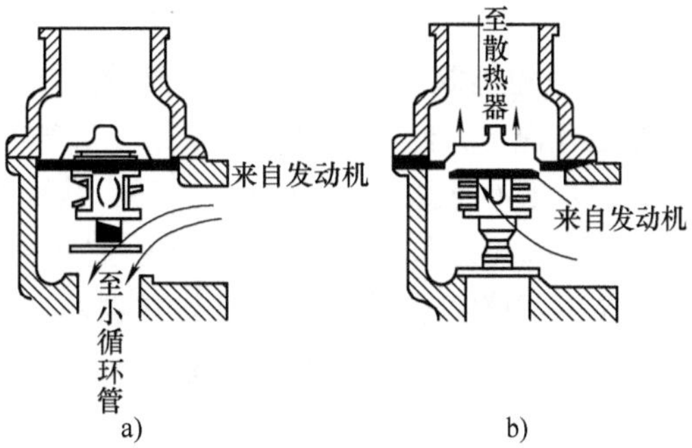

图7-17 节温器工作原理

温度升高时，石蜡逐渐熔化成液态，体积膨胀，迫使胶管收缩对推杆端部产生向上的推力。由于推杆固定在支架上，推杆对胶管、节温器壳体产生向下的反推力。当冷却液温度升高到一定值时，反推力克服弹簧的弹力使胶管、节温器壳体向下运动，主阀门开始开启，同时副阀门开始关闭。当冷却液温度进一步升高到一定值时，主阀门完全开启，而副阀门也正好关闭小循环水路（图7-17b）。此时，来自发动机水套的冷却液全部经过散热器进行大循环。冷却液温度在主阀门开始开启温度与完全开启温度之间时，主阀门和副阀门均部分开启，在整个冷却系统内，部分冷却液进行大循环，部分进行小循环。

主阀门从开始开启到开至最大时的温度因车型而异，如桑塔纳JV型发动机节温器，主阀门开始开启温度应为85℃，完全开启时的温度应为105℃。一般货车发动机节温器的开启温度较低，如CA6102发动机节温器，主阀门开始开启温度应为76℃，完全开启时的温度应为86℃。

7.2.3 冷却液的流动路线

冷却液在冷却系统内的循环流动路线有两条：一条为大循环，另一条为小循环。大循环是冷却液温度高时，水经过散热器而进行的循环流动；小循环是冷却液温度低时，水不经过散热器而进行的循环流动，图7-18为大小循环示意图。

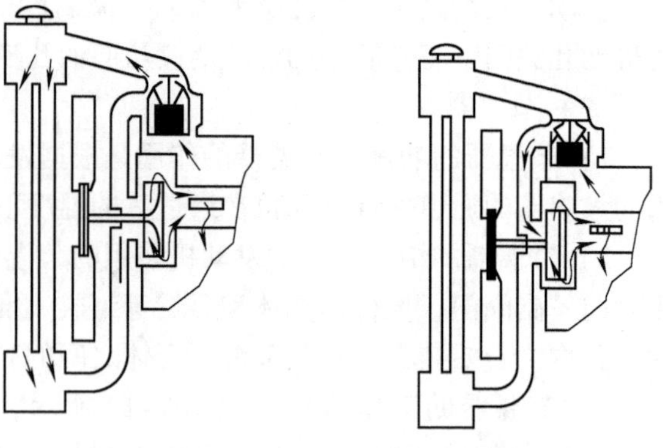

图7-18 大小循环示意图

冷却系统的大小循环流量通常利用节温器来控制。节温器装在冷却液循环的通路中（一般装在气缸盖的出水口处），根据发动机负荷大小和冷却液温度的高低自动改变水的循环流动路线，以调节冷却系统的冷却强度。

发动机在正常热状态下工作，即冷却液温度高于80℃时，节温器阀门打开通往散热器的通道，同时关闭通往水泵的旁通管，冷却液全部流经散热器，形成大循环，此时冷却液的流动路线为：散热器→水泵→发动机缸套→出水管→节温器→散热器。当冷却液温度低于70℃时，节温器阀门关闭通往散热器的通道，同时打开通往水泵的旁通管，水套内的水只能由旁通孔流出，经旁通管进入水泵，又被水泵压入发动机水套。此时冷却液并不流经散热器，只在水套与水泵之间进行小循环，从而防止发动机过冷，此时发动机冷却系统进行小循环，其冷却液流动路线为：水泵→缸套→出水口→小循环水管→水泵。发动机的冷却液温度在70～80℃范围内时，通往散热器的通道和通往水泵的旁通管道均处于半开启状态，此时一部分水进行大循环，而另一部分水进行小循环。

7.3 冷却系统的维修

7.3.1 冷却系统的使用与维护保养

冷却系统经过长时间的使用，加上用生水或质量不高的冷却液，会在散热器、缸体的水套中产生大量的水垢、铁锈和泥沙，使冷却效率降低。因此，使用普通水的冷却系统，每六个月应清洗一次。其他使用冷却液冷却系统的发动机，应在更换冷却液或大修发动机时，彻底清洗一次冷却系统。

（1）检查冷却液　在清洗冷却系统时，如果发动机处于热状态，不要直接打开散热器盖，以防热水喷出烫伤。须等待发动机冷却后，再用抹布裹着打开散热器盖。如果散热器内还有残余压力，打开时会听到排气的声音，应注意防护。

如果冷却液不足，应补充开水到溢出为止。尽量避免加生水（添加生水会产生水垢）。如果冷却液变得污浊或充满水垢，应将冷却液全部放掉，并清洗冷却系统。

（2）清洗冷却系统

1）简单清洗。洗涤时，应放净旧冷却液，给发动机冷却系统加满清洁水（自来水），起动发动机运转5min后放出。放出的水若比较污浊，应重复上述步骤直至水清为止。

2）彻底清洗。发动机散热性能不好、冷却系统水垢过多时，可使用专用的散热器清洗剂进行清洗。冷却系统洗涤步骤如下：

起动发动机，使其温度达到正常的工作温度后，停机并放净冷却液，将混有清洗剂的清洗液加入到冷却系统中。起动发动机，使发动机温度达到正常工作温度并怠速运转20～30min，然后使发动机停机，放出清洗液。

用清洁的水冲洗冷却系统5min后，在其内注满清洁的水，再起动发动机使其运转10min后放出即可。如果排出的液体较脏，应继续用清水反复清洗直到放出清水为止。

清洗冷却系统时，如果发动机温度低于正常温度（85℃），则节温器阀不能打开，清洗液只做小循环，并不在散热器和缸体水套中循环。因此，必须保持在正常温度。

在清洗冷却系统后，应再次检查散热器冷却液情况。如果散热器口有气泡出现，说明冷却系统内混有空气。常见的原因是气缸内的气体进入冷却系统，应到维修厂排除故障。

（3）冷却液的更换　发动机冷却系统清洗完毕后，应重新加注冷却液，以桑塔纳2000GSi为例，其冷却液的更换步骤如下。

1）排放冷却液。排放冷却液时，按以下步骤进行：

① 将冷暖风开关拨至warm（热）位置，将暖气阀全开。

② 打开散热器盖。

③ 拆下夹箍，如图7-19所示，拉出冷却液软管，放出冷却液。用容器收集冷却液，以便以后使用。

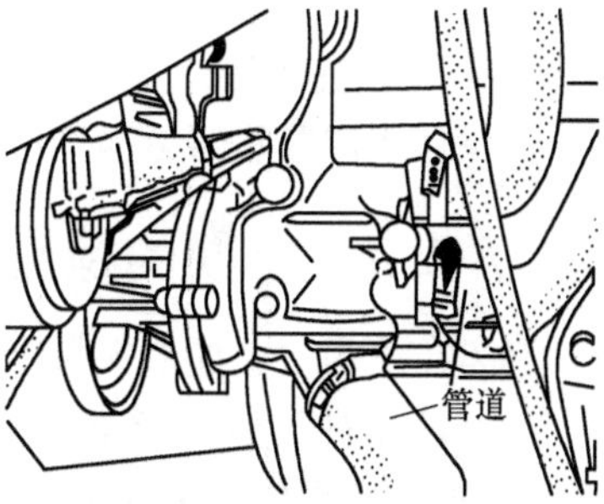

图7-19　拆下管道的夹箍

2）添注冷却液。添注冷却液时，按以下步骤进行：

① 将冷暖风开关拨到warm（热）位置，将暖气阀全开。

② 添注冷却液至膨胀罐上的最高点标记处。

③ 拧上散热器盖。

④ 使发动机运转至风扇转动。

⑤ 检查冷却液面，必要时补充冷却液至最高标记处。

7.3.2　散热器的检查与修理

散热器的主要异常是管道沉积水垢，散热片与散热管堵塞，散热管裂纹或脱焊而漏水，以及机械损伤等。其检修步骤如下。

（1）清洁散热器外表面

1）用水冲洗散热器芯，清除其表面的灰尘，如有油污，应用清洗剂洗净；然后从外部察看散热器上、下水箱及芯子，不得有渗漏现象，散热器框架不得有断裂和脱焊现象。散热器芯上如果嵌有杂物，可用细钢丝进行清理。如果散热器片有倒伏，则应扶正。散热器如有扭斜、变形，应压校平整。

2）检查散热器的紧固情况。散热器应当紧固可靠，前后晃动应无松动现象。散热器与水泵风扇叶片间距离应保持适当。

3）检查散热器盖。散热器盖与散热器加水管间的密封垫如有损坏应更换。在车辆使用中，如果发现发动机出水管被吸瘪，则说明散热器盖的进气阀门损坏，应检修或更换散热器盖。

4）检查补偿水桶的连接管是否有漏气或堵塞现象，发现有漏气或堵塞现象应排除，以防补偿散热器的冷却液回不到散热器内。

（2）清洗散热器　发动机大修时必须清洗散热器，以去除散热器内的水垢。先拆除节温器，向冷却系统中加入专用清洗剂和水后，运转发动机20min。待冷却后排出水和清洗剂，再把水流从软管上直接引入散热器，冲洗出松动脱落的水垢。还要进行逆向冲洗，即水在压力作用下，以与正常流向相反的方向冲洗散热器。清洗散热器还可采用拆卸下散热器，放入洗涤器中清洗的方法：向洗涤器内加入含有3%～5%碳酸钠的水溶液并加热到80～90℃；将散热器放入洗涤器中5～8h后取出；再将散热器放入温水池中清洗干净。

（3）检查散热器泄漏情况　散热器经外部清洗及清除水垢后，应进行水压试验，检查是否漏水。在散热器水道中通入49～98kPa的压缩空气，并浸在水中，观察散热器冒气泡的情况及部位，冒气泡处即为漏水部位，应及时做标记，以便焊修。

（4）散热器损伤的修理　上、下水箱和外层散热管破漏可用锡焊修复；破漏处较大时，可用铜皮烫锡后，对破漏处进行锡焊修补；如果内层水管破漏，可将外层散热片剪下，用尖烙铁直接焊修。在损坏严重时，允许将个别水管压扁，焊死继续使用；或更换新水管。这种方法中，散热片与散热管修复不易全面，使散热效率降低，因此更换和堵焊的散热管数量受一定限制。一般散热器散热管的更换数量应不多于25%，堵焊的散热管应不多于3根。超过此限度，应更换散热器。散热器修复后，应再次进行密封性试验，按规定压力加压后，1min内不允许有泄漏现象。对多处有泄漏的散热器应予更换。对少量几处泄漏的散热器，应予以焊补或用散热器堵漏剂进行修复。

7.3.3　水泵的检查与修理

汽车在使用中，如果水泵出现故障或损坏，可做以下检查和修理。

（1）水泵的拆装与安装

1）把水泵壳体夹紧固定在夹具中或台虎钳上。

2）拧松V带轮紧固螺栓，拆下V带轮。

3）分解前盖与泵壳，但注意分批次拧松紧固螺栓。

4）用拉具拆下V带轮凸缘。再用拉具拆下水泵叶轮，注意防止损坏叶轮。

5）压出水泵轴和轴承，并分解水泵轴与轴承。

6）压出水封、油封。

7）放松水泵壳体，换位夹紧，拆下进水口接头的紧固螺栓，取下接管。

8）拆下密封圈，拆下节温器。

水泵的安装顺序与拆卸顺序基本相反，但需更换所用衬垫及密封圈。安装时注意：叶轮与泵壳的轴向间隙，叶轮与壳体的径向密封处间隙，轴承的润滑条件。

（2）水泵的检查

1）检查泵体及带轮有无磨损及损伤，必要时应更换。

2）检查水泵轴有无弯曲、轴颈磨损程度、轴端螺纹有无损坏。

3）检查叶轮上的叶片有无破碎、轴孔磨损是否严重。

4）检查水封和胶木垫圈的磨损程度，如超过使用限度应更换新件。

5）检查轴承的磨损情况，可用表测量轴承的间隙，如超过0.10mm，则应更换新的轴承。

6）水泵及座的修理。水泵取出后，可按顺序进行分解。分解后应将零件进行清洗，再逐一检查，看其是否有裂纹、损坏及磨损等缺陷，如有严重缺陷则应更换。

水封及座的修理：水封如磨损起槽，可用砂布磨平，如磨损过度应更换；水封座如有毛糙刮痕，可用平面铰刀或在车床上修理。在大修时应更换新的水封组件。

在泵体上具有下列损伤时允许焊修：长度在30mm以内，不伸展到轴承座孔的裂纹；与气缸盖接合的凸缘有破缺部分；油封座孔有损伤。水泵轴的弯曲不得超过0.05mm，否则应更换。叶轮叶片破损应更换。水泵轴孔径磨损严重应更换或镶套修复。检查水泵轴承是否转动灵活或有异常响声，如有说明轴承有问题，应予更换。水泵装配好后，用手转动一下，泵轴应无卡滞，叶轮与泵壳应无碰擦；然后检查水泵排水量，如有问题，应检查原因并排除。

7.3.4 节温器的检查与更换

1）节温器的主要技术参数见表7-1。

表7-1 节温器的主要技术参数

项目	参数	项目	参数
型号	A型	阀门全部开启温度/℃	95±1.5
		阀门升程/mm	<8（95℃时）
阀门开始开启温度/℃	82±1.5		

2）检查节温器阀门的工作状况。

① 检查阀门能否关闭严密。

② 检查阀门弹簧是否变形、失效。

③ 检查橡胶阀门是否老化、变形、变曲。

④ 检查阀门处是否有污物粘附，若有，应清理。根据阀门的工作状况，若有使阀门失效的现象，应更换节温器。

3）检查节温器排气阀处是否有污物堵塞，必要时，应清理。

4）节温器阀门开启温度的检查。

① 节温器阀门开启温度的规定：JU68Q发动机装用的节温器在冷却液温度为80.5～83.5℃时，阀门开始开启；冷却液温度为95℃时，节温器阀门应完全打开，阀门的升程应不小于8mm。

② 节温器阀门开启温度的检查方法。将节温器放置于装有水的烧杯中，如图7-20所示。将烧杯置于电炉上，逐步将水加热。在烧杯中插入温度计，观察冷却液温度。观察节温器阀门开启情况：若阀门在规定温度开始开启，到全开温度时，阀门升程符合要求，则节温器的蜡质元件工作正常；若在规定的温度范围内，阀门不开启，或者阀门在过低或过高的温度开启，则必须更换节温器，以保证发动机在最佳温度条件下工作。

7.3.5 风扇的检修

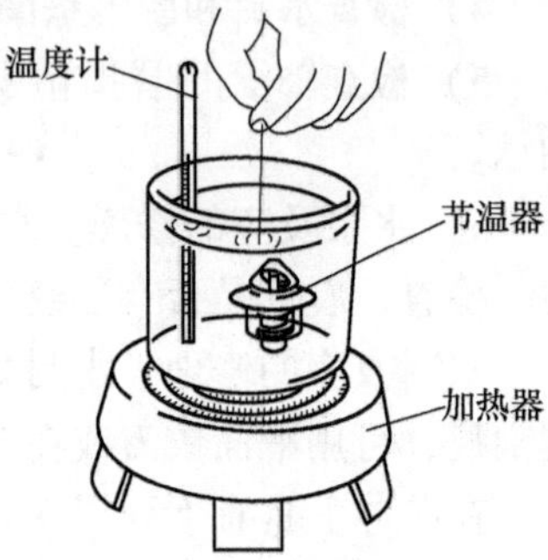

图 7-20 节温器阀门开启温度检查

(1) 风扇叶片的检修 风扇叶片出现变形、弯曲、破损后，应及时更换。由于风扇连接板强度不足或其他原因，使风扇叶片向前弯曲或扭转变形，破坏了风扇叶片原设计的角度，使其丧失平衡性能，会影响通过散热器的空气流速和流量，降低散热器的冷却能力，甚至打坏散热器，加速水泵轴承、水封的损坏，并大幅增大风扇的噪声。

(2) 电动风扇热敏开关的检修 冷却液温度高于98℃时风扇不转，应先检查熔丝是否熔断。如果熔丝良好，再拔下热敏开关插头，将两插片直接接通。此时若风扇仍不转，表明电动冷却风扇损坏，应更换；若两插片接通后风扇转动，表明热敏开关损坏，应更换热敏开关(热敏开关应以25N·m力矩拧紧)。

热敏开关也可用万用表检查，如图7-21所示。将热敏开关拆下并放入水中，然后逐渐加热并用万用表电阻档测量热敏开关接线端与外壳间的电阻。冷却液温度达到93~98℃时，万用表指针应指示热敏开关导通；冷却液温度下降至88~93℃时，万用表指示热敏开关断开(电阻为无穷大)。否则表明热敏开关损坏，应更换新件。

图 7-21 热敏开关的检查

(3) 硅油风扇离合器的检修 硅油离合器常见的故障类型主要有：

1) 双金属片感温器损坏。双金属片感温器损坏后，硅油风扇离合器不能随散热器后方空气温度的变化而分离和结合，而是始终处于分离状态，造成发动机温度过高。

2) 硅油泄漏。硅油是风扇离合器的传动介质，当硅油泄漏达到一定程度后，动力传递失效。

3) 硅油风扇传动销折断，造成出油阀片在弹簧力的作用下，离开出油口常开，使储油室内的硅油进入工作腔，并使风扇离合器处于常结合状态，导致发动机温度升高过慢。

4) 硅油离合器的检修步骤如下：

① 冷状态下的检查：发动机停止运动一段时间后，用手扳动风扇叶片，应较为费劲。当发动机起动并冷车中速运转1~2min后，再用手扳动风扇时，应较为轻松。这些均属硅油风扇工作正常的情况。当发动机在正常工作温度下熄火时，风扇工作腔内充满硅油，风扇的主、从动盘之间仍保持一定的相对固定连接关系，当发动机停止运转一段时间或经相当程度冷却后，用手拨动叶片时应感到较为费劲(有时温度低时风扇转不动，可能是硅油不能马上回流所致)。当发动机起动并冷车中速运转1~2min后，工作腔内硅油已流回蓄油室，而蓄油室内硅油因温度低，阀片未能开启而不能流至工作腔内，主、从动盘之间失去联结关系，用手拨动叶片时，感到较为轻松。把双金属螺旋弹簧末端从固定槽中撬出，然后逆时针转动双金属螺旋弹簧，观察转轴，应能转动，直到转不动为止。试验后，再将双金属螺旋弹簧末端压入固定槽内，如转轴不能转动，则说明离合器已损坏，应更换总成。

② 热状态下的检查：若发现冷却液温度不断升高，甚至沸腾，除应检查风扇传动带等常见的故障外，还应着重检查硅油风扇。将发动机起动后，其温度接近90～95℃时，仔细倾听风扇响声，并观察风扇转速的变化，如几分钟内噪声明显增大，转速迅速提高，以至全速运转，表明阀片已开启，出油孔已打开，硅油已流入工作腔使主从动盘接合，说明硅油风扇工作良好。这时，若将发动机熄火，并用手拨动风扇叶片，应感到十分费劲。硅油风扇离合器在散热器后面的空气温度达到88℃时应能接合；当温度下降到77℃或更低温度时，应能分离。松开风扇后面的锁止器螺母，将锁止器插到主动轴的两个孔内，随后拧紧两个螺母，让汽车行驶一段路程后，看发动机冷却液的温度，若温度下降，则说明硅油风扇离合器损坏，已不能接合。

工作正常的硅油风扇离合器壳接缝处不应有漏油现象，如有，应送修或更换。感温器损坏时应更换；若其起作用温度误差过大，应予以调整。感温器金属片的移位是极小的，过大或过小均不能使阀片处于合适的位置。若反复调整均不能满意，可将阀片位置重置。

7.4 冷却系统的常见故障诊断与排除

7.4.1 冷却液温度过高

（1）故障现象 运行中的汽车，在百叶窗完全打开的情况下，冷却液温度表指针经常指在100℃以上，且散热器伴随有“开锅”现象；燃烧室内出现“炽热点”，发动机熄火困难；汽油机易发生爆燃或早燃，柴油机易发生早燃并导致工作粗暴。出现这些现象，可判定发动机有冷却液温度过高的故障发生。

（2）故障原因及处理方法

1）冷却液不足。按规定补充冷却液。

2）风扇带松弛、沾油打滑或断裂。调整带的张紧度或更换。

3）混合气过稀。调整混合气浓度。

4）水套和分水管积垢或堵塞。清理水套和分水管。

5）水泵工作性能不良。检修或更换水泵。

6）点火时间不当。调整点火提前角。

7）燃烧室内积炭过多。清洗燃烧室。

8）风扇离合器接合时间过晚或打滑。检修或更换风扇离合器。

9）散热器的进水管或出水管凹瘪。检修或更换散热器水管。

10）节温器主阀门不能打开或打开时间过迟。检修或更换节温器。

11）散热器内部水垢堵塞或外部过脏。清洗散热器。

12）百叶窗不能完全打开。检修百叶窗及控制机构。

13）电动风扇性能不良。检修或更换电动风扇。

14）温控开关或冷却液温度传感器和控制器失效。检修或更换温控开关、冷却液温度传感器或控制器。

7.4.2　冷却液温度过低

（1）故障现象　汽车在冬季运行时，冷却液温度表和冷却液温度传感器技术状况良好的情况下，发动机达不到正常的工作温度；发动机动力不足，油耗增加。出现这些现象，可判定发动机有冷却液温度过低的故障发生。

（2）故障原因分析及处理方法

1）百叶窗关闭不严，检修百叶窗及控制机构，如有问题应及时排除。

2）风扇离合器接合过早。检修或更换风扇离合器。

3）温控开关闭合太早。检修或更换温控开关。

7.4.3　冷却液消耗过多

（1）故障现象　冷却液消耗过多指冷却液比正常情况下消耗过快的现象。

（2）故障原因及排除　发动机冷却液消耗过多的主要原因有冷却系统内部渗漏，冷却系统外部渗漏和散热器盖开启压力过低。

通过目测检查外部有没有漏水的痕迹，确定有无外部渗漏；通过检查机油是否发白（乳化）或在发动机冷却液温度正常时排气是否冒白烟确定内部是否渗漏。此外还可用专用手动压力测试器进行就车检测。

封闭的冷却系统，只有在冷却液过热，温度超过其沸点时才会发生损耗。驾驶方式不当或冷却气流受到阻碍常会引起过热。一般引起过热的原因有：

① 冷却空气流量减少。如果散热器损坏、阻塞，或在散热器护栅上装了附加灯光，都会使冷却空气流量减少。

② 散热风扇不工作，或工作不正常。

③ 车辆行驶在陡坡上档位太低，或行驶在长坡上，或环境温度过高。

7.5　冷却系统故障案例分析

案例1

故障现象：一辆奥迪A6轿车在市区无法正常行驶，怠速运转时间过长则发动机冷却液温度过高，同时仪表板中的冷却液温度警告灯点亮。冷却液从储液罐的上盖中溢出。停车检查发现电动冷却风扇不转。

故障检查：据车主反映该车因发动机冷却液温度过高曾多次进行维修，曾换过温控开关，第一次更换后试车时正常，即发动机电控冷却风扇能正常运转，但出厂后不久发动机又出现冷却液温度过高而电动冷却风扇不运转的故障。给电动冷却风扇连接了临时控制线，用手动开关在驾驶室内根据冷却液温度表的指示进行人工控制。首先拔下温控开关的插头，用连接线分别连接温控开关的端子1、3和1、2。打开点火开关至“ON”档，发现冷却电动风扇仅有高速，没有低速，这表明又出现了新的故障。

检查低速线路系统，发现低速串联电阻断路，该元件安装在左前翼子板内衬板下部的前方。拆下前风窗的储液罐即可卸下其两个紧固螺钉，再拆开左前挡泥衬板，从下部取出该元件，修复后装复。在温控开关的插头处，用连线方式试验，电动冷却风扇运转正常，低速恢复，说明电动冷却风扇的电路系统已正常。

重新插好温控开关的插头后试车，发动机怠速进行40min左右，仍然出现冷却液温度过高而风扇不转的现象。用手摸上、下水管，感觉温度基本一致，这表明发动机冷却循环系统是正常的，而且怠速进行40min才出现故障，说明冷却系统的冷却效果也是良好的。因此判定发动机冷却液温度过高是温控开关不起作用，致使电动冷却风扇不能正常工作造成的。由于车主反映曾换的温控开关质量不好，于是又换了一个新的温控开关，试车，故障仍然没有排除。

停机后用手摸温控开关周围的水槽壁，感到烫手，而摸温控开关铜帽部位并不太热，说明温控开关所感受的温度与冷却液本身的温度不同步，不能及时准确地反映发动机冷却液的温度，从而造成发动机冷却液温度过高而电动冷却风扇不转的故障。经过分析，认定温控开关传感器周围可能存有异物。再次拆下温控开关，发现安装孔不向外流冷却液。此前更换温控开关时，怕冷却液损耗，因此更换动作非常快，再者上次认为故障点不在此，没有注意到这一现象。用螺钉旋具捅该孔，突然冷却液从该孔流出并掉出一块水垢。故障原因原来在此。

故障排除：对温控开关的安装孔内部周围进行清洁，装上原来的温控开关，重新加注冷却液后试车，故障排除。

案例2

故障现象：一辆捷达王（GTX）乘用车，行驶里程为6万km，开空调时冷却液温度高。

故障诊断与检修：该车在怠速时冷却液温度正常，打开空调后，冷却液温度急剧上升。笔者怀疑是冷凝器过脏造成散热不良，于是打开散热隔栅查看，冷凝器很干净，但此时冷却液温度已经达到110℃，而风扇依然是低速运转，这显然不正常。在冷却液温度达到105℃时，风扇就应该高速运转。发动机熄火后（点火开关处于点火位置），打开空调开关，用一根导线短接空调高压开关。此时能听到风扇继电器吸合的声音，但风扇不转。用试灯检测风扇插座接头，短接时风扇电源有电。怀疑风扇损坏，但是更换一新风扇后高速档也不转。再次短接高压开关时，用万用表检测风扇高速档电压，仅为8V。至此，可以确定风扇控制器出现故障。

故障排除：更换新的风扇控制器后，故障排除。

练习与思考题

1. 填空题

1）发动机的冷却方式一般有________和________两种。

2）发动机冷却液的最佳工作温度一般是________℃。

3）冷却液的流向与流量主要由________来控制。

4）水冷系统冷却强度主要可通过________、________、________等装置来调节。

5）散热器芯的结构形式有________和________两种。

2. 解释术语

1）冷却液小循环

2）冷却液大循环

3）自动补偿封闭式散热器

3. 选择题

1）使冷却液在散热器和水套之间进行循环的水泵旋转部件称为（　　）。

A. 叶轮　　B. 风扇　　C. 壳体　　D. 水封

2）节温器中使阀门开闭的部件是（　　）。

A. 阀座　　B. 石蜡感应体　　C. 支架　　D. 弹簧

3）冷却系统中提高冷却液沸点的装置是（　　）。

A. 水箱盖　　B. 散热器　　C. 水套　　D. 水泵

4）水泵泵体上溢水孔的作用是（　　）。

A. 减少水泵出水口工作压力　　B. 减少水泵进水口工作压力

C. 及时排出向后渗漏的冷却液，保护水泵轴承　　D. 便于检查水封工作情况

5）如果节温器阀门打不开，发动机将会出现（　　）的现象。

A. 温升慢　　B. 热容量减少　　C. 不能起动　　D. 怠速不稳定

6）采用自动补偿封闭式散热器结构的目的，是为了（　　）。

A. 降低冷却液损耗　　B. 提高冷却液沸点

C. 防止冷却液温度过高使蒸气从蒸气引入管喷出伤人

D. 加强散热

7）加注冷却液时，最好选择（　　）。

A. 井水　　B. 泉水　　C. 雨雪水　　D. 蒸馏水

8）为在容积相同的情况下获得较大散热面积，提高抗裂性能，散热器冷却管应选用（　　）。

A. 圆管　　B. 扁圆管　　C. 矩形管　　D. 三角形管

9）发动机冷却系统中锈蚀物和水垢积存的后果是（　　）。

A. 发动机温升慢　　B. 热容量减少

C. 发动机过热　　D. 发动机怠速不稳

4. 问答题

1）水泵的作用是什么？

2）发动机温度过高或过低有哪些危害？

3）分别写出解放CA6102型汽车发动机冷却液大小循环时冷却液流经路线。

4）试述蜡式节温器的工作原理。

5）取下节温器不用，可能会给发动机带来哪些危害？

第8章 发动机的装配与磨合

基本思路：

发动机的装配与磨合是对前面各章内容的一次综合，是根据前面各章节拆装要求进行的整体组合。对相关系统或零部件的要求应根据我们已掌握的知识进行确认，把发动机的几条线有机整合，特别是力的传递路线、气体的流动路线、燃油的流动路线、冷却液的流动路线、润滑油的流动路线和电的传导路线。

8.1 发动机的装配与调试

发动机装配是把新零件或者修理合格的零件、组合件和辅助总成，按照工艺和技术条件装配成完整的发动机，并对其进行磨合。发动机的装配、磨合质量对发动机的修理质量有重大影响，特别是大修对发动机的使用寿命影响很大。

8.1.1 发动机装配注意事项

发动机的结构形式多样，装配过程中应注意以下事项：

1）注意发动机铭牌上的型号等技术参数。有些发动机，由于其配套的车型和生产厂家不同，可能有多种变型，其功率、转速及相应的零部件尺寸和结构也可能不同。如果在构件或装配过程中不注意这些细节问题，很可能在装配后造成一些自己难以判断的故障。例如，135系列柴油机，由于此系列柴油机变型较多，有工程机械用、发电机组用、船用、机车用等多种形式。每台型号柴油机的某些零件不能替代或混用，如活塞就有十几种，其燃烧室形式和某些尺寸均不一样，替代可能会引起机械故障。

2）易损零件、紧固锁止件全部换新，如自锁螺母、弹簧垫片等。

3）必须认真清洗发动机内外表面及润滑油道，并做好预润滑，预润滑剂必须清洁，品质符合发动机工作要求。

清洗环节是发动机装配过程中关键的一环，它直接影响发动机的初期磨合和使用寿命，拆卸下来的发动机零部件及机体，必须用汽油、柴油或其他清洁剂清洗干净，然后用压缩空气仔细吹净内外表面的杂质颗粒，特别是缸盖、进气管和机体内部的拐角处，更应认真清洗干净。

4）应按使用说明书或其他有关技术数据进行装配，尽量使用专用器具，按规定紧固力矩、紧固方法和顺序紧固螺栓。

对于没接触过的机型，若不了解其内部构造和原理，则第一次修理时，应先查找有关说明书或文件资料，了解有关的技术数据和结构，做到心中有数，不盲目拆卸，必要时做些记录。装配时应按有关数据进行测量和装配，确保每一个装配尺寸都在允许范围内。如活塞与缸套、轴瓦、活塞环的开口间隙等必须符合要求，否则出现故障就不容易判断。

5）注意正确的装配方法和装配记号，装配间隙必须符合技术条件。零部件或总成只有用正确的装配方法才能保证装配质量。装配活塞与活塞销时，如果二者是过盈配合，则应加热活塞至100～200℃后再进行装配，否则冷装配不但费力，而且易使活塞变形，影响与缸套的配合间隙，造成拉缸等故障。同时，也要注意有些零部件的装配方向，如活塞头部一般都打有箭头作为标记，装配时一般朝前，斜切口式连杆装配时，必须按原来的方向装配，否则会引发机械故障。

6）正确地进行调试。发动机的调试工作是发动机修理过程中的最后一个环节，调试的正确与否直接影响发动机的使用性能和排放要求，调试的主要内容包括气门间隙的调整，供油提前角的调整和机油压力的调整等，使其符合规定的要求。

8.1.2　发动机的装配顺序与调整

发动机装配顺序因发动机结构不同而异，但基本顺序是一样的。以凸轮轴顶置式发动机为例，其装配顺序如下：

1. 曲轴飞轮组的安装

1）将飞轮装在曲轴后端凸缘盘上，安装时先用两个定位螺栓定位，再紧固螺母。螺母紧固时应对角交叉进行，紧固力矩为137～147N·m。

2）在曲轴主轴承座上安装、固定好主轴承（轴承油孔与轴承油道孔对正），在轴瓦表面涂上薄机油。

3）将曲轴安装在主轴承座上。将不带油槽的主轴承装入主轴承盖，将各道主轴承盖按原位装在各道主轴颈上并按规定力矩依次拧紧主轴承螺栓。螺栓拧紧分2～3次完成，拧紧顺序为4、3、5、2、6、1、7，由中到外交叉进行，紧固力矩为170～190N·m，拧紧后用不大于30N·m力矩应能转动曲轴，否则应在主轴承座和主轴承盖间加装垫片。

4）在曲轴前端轴依次装上曲轴正时齿轮、挡油盘、扭转减振器总成、起动爪等。

2. 活塞连杆组的安装

1）将活塞销、连杆小头孔内涂上薄机油，将活塞放入90℃以上热水内加热后取出活塞，迅速将活塞销铳入活塞销座、连杆小头孔内，以连接活塞与连杆，在销座两端环槽内用尖嘴钳装上活塞销锁环（安装时注意活塞顶部边缘缺口与连杆体、连杆盖凸点朝向同侧，即发动机前方）。

2）用活塞环装卸钳依次装上气环、油环，安装时注意扭曲环不可装反（内切扭曲环一般装于第一道环槽，边缘槽口向上；外切扭曲环一般装于第二、三道环槽，边缘槽口向下）。

3）将各道环槽端隙按一定角度错开（三道气环按 120°错开，第一道环端隙应避开活塞销座及侧压力较大一侧）。用活塞环箍箍紧活塞环，用手锤木柄轻敲活塞顶部，使活塞进入气缸至连杆大头与曲轴连杆轴颈连接，装上连杆盖，按规定力矩拧紧连杆螺栓螺母，拧紧力矩为 80～100N·m。

4）将活塞连杆总成装进发动机前，要检查它的垂直度误差，使之符合要求。润滑活塞、活塞环和缸套内表面，然后利用活塞环夹箍将活塞连杆总成装入缸套，如图 8-1 所示。装配时要注意：

① 杆身和连杆盖上的标记要一致，如图 8-1 所示。

② 3 个活塞环的开口相互错开 120°。

③ 全部活塞应属同一质量组，如图 8-2 所示的标记 1。

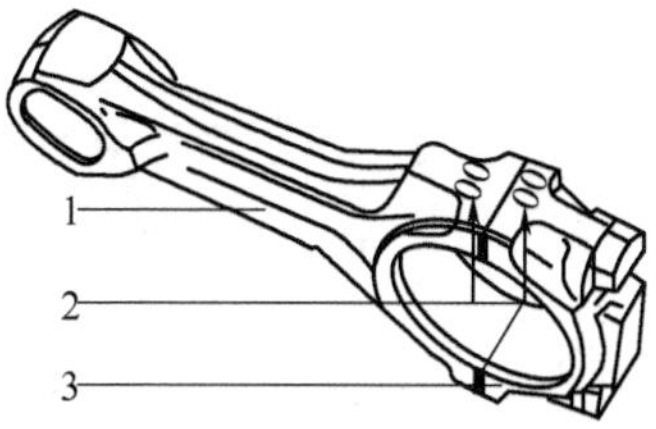

图 8-1　连杆总成

1—杆身　2—标记　3—连杆盖

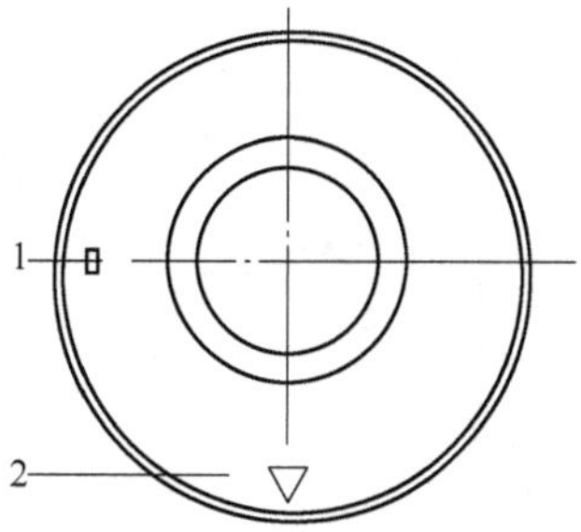

图 8-2　活塞顶部标记

1—质量标记　2—方向标记

④ 活塞顶部的标记应朝向前方，或者是活塞裙部的凹槽与机油喷嘴在同一侧，如图8-2 所示标记 2。

⑤ 装配连杆轴瓦时，标有 STELO 字样的为上瓦，标有 CAP-PELLO 字样的为下瓦，如图 8-3 所示。

⑥ 装配第四缸活塞总成时，应将活塞置于上止点位置，以便于装上连杆盖。

⑦ 活塞连杆总成装配好后，用塞尺和校直规检查上止点时，活塞凸出缸体平面的高度一般应该在 0.35～0.65mm 的范围内，如图 8-4 所示。

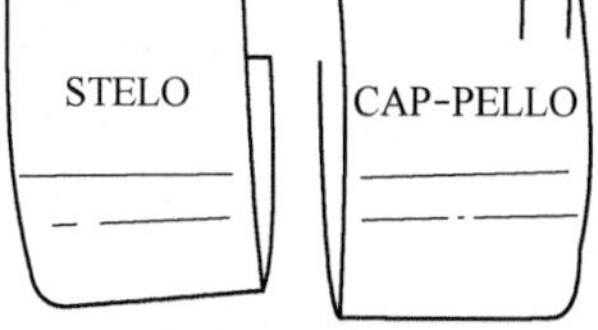

图 8-3　连杆轴瓦

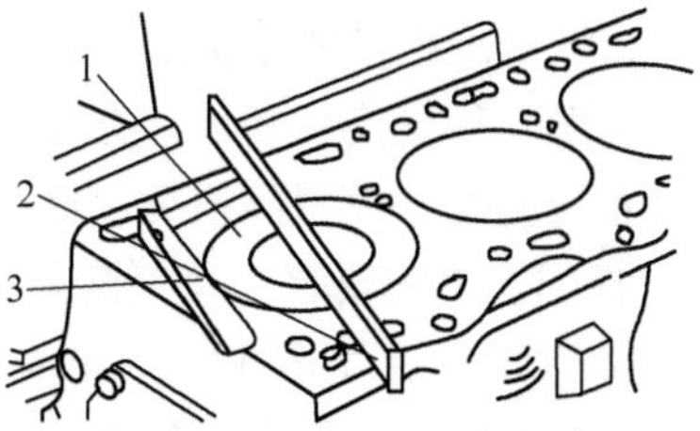

图 8-4　活塞凸出气缸量的检查

1—活塞顶部　2—校直规　3—塞尺

3. 配气机构和正时机构的安装

（1）气门的安装　将气门油封压装于气门导管上，安装时，油封一定要压到位，防止油封变形或损坏。装上气门弹簧和弹簧座，给气门杆上涂少许润滑油，按原次序插入气门导管内，用专用工具压紧气门弹簧，装上锁片。

（2）安装正时齿轮和张紧轮　凸轮轴正时齿轮的齿数为曲轴正时齿轮齿数的两倍。正时齿轮、正时齿带上都有正时记号，装配时应将正时记号对准，以保证正确的配气相位和点火正时。张紧轮主要用于调整正时齿带张力的大小。

（3）正时齿带的安装　正时齿带的安装按下列步骤进行：

1）将正时齿带套在曲轴齿轮和中间轴齿轮上。

2）曲轴传动带轮用一只螺栓固定。

3）凸轮轴正时齿轮标记与气门室罩上平面对齐，如图 8-5 所示。

4）曲轴传动带轮上止点记号和中间轴齿轮上记号对齐，如图 8-6 所示。

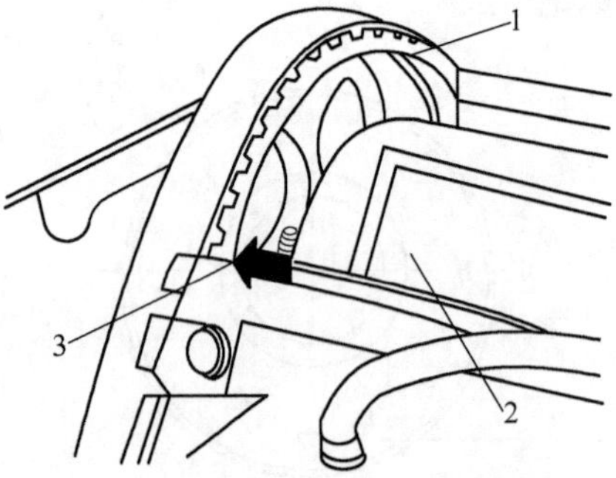

图 8-5　凸轮轴正时齿轮标记与气门室罩上平面对齐（箭头所指）

1—凸轮轴正时齿轮　2—气门室罩　3—记号对齐

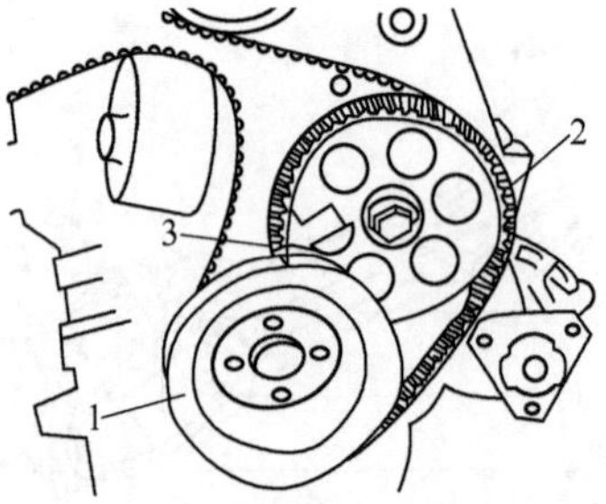

图 8-6　对齐曲轴传动带轮与中间轴齿轮的正时记号

1—曲轴传动带轮　2—中间轴齿轮　3—正时记号

5）将正时齿带套到凸轮轴正时齿轮上。

6）按图 8-7 所示箭头方向转动张紧轮，以张紧正时齿带。用拇指和食指捏住凸轮轴齿轮和中间轴中间的正时齿带刚好可以扭转 90°。如果张紧程度不符，可松开张紧轮螺母，进行第二次调整。

正时齿带经长期使用后，会发生硬化、龟裂、剥离、脱落、磨损、纤维松散等缺陷，严重时会折断。如发现上述情况，一般均须更换为新件。张紧轮出现异常的声音或不平稳以及摇晃时，说明已损坏，必须更换。

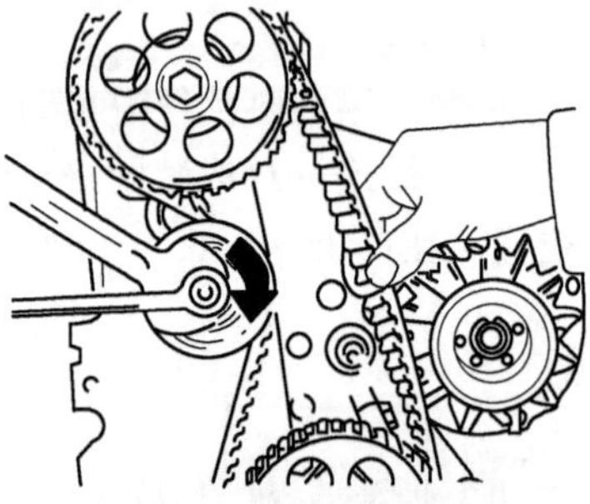

图 8-7　齿形传动带张紧度检查与调整

（4）气门室罩的安装　将气缸盖和气门室罩的密封表面上密封胶的残渣清理干净，防止安装后发生漏油现象。在干净的气缸盖密封表面上涂以新密封胶，涂胶层要均匀适量。在密封胶开始固化以前，将气门室罩安装在气缸盖上，注意不得使密封胶接触到其他零部件上。安装气门室罩紧固螺钉，以规定力矩拧紧。螺钉不可拧得过紧，以免损坏铝合金的气门室罩。为防止气门室罩的变形，在拧紧螺钉时，应按照常用的交叉方式来进行。

（5）气门间隙的检查和调整　在配气机构的相关章节中有详细讲解，这里不再重复。

（6）凸轮轴的安装

1）先不装挺杆，把凸轮轴装入轴承中，用百分表或塞尺检查凸轮轴轴向间隙，使用极限为0.15mm。轴向间隙合适后再拆下凸轮轴。

2）将气门挺杆涂以润滑油，插入相应各导孔内。

3）安装凸轮轴时，将轴承和轴颈涂上润滑油，把凸轮轴放在轴承孔上。第一缸凸轮必须朝上。凸轮轴转动时，曲轴不可使活塞置于上止点，否则会伤及气门及活塞顶部。安装轴承盖，上下两半部要对准，如图8-8所示。按照与拆卸相反的顺序拧紧轴承盖，先对角交替拧紧第2、3轴承盖，紧固力矩为20N·m，凸轮轴轴承盖安装时注意上下对准位置，然后装上第1、4轴承盖，装上凸轮轴并拧紧，紧固力矩为80N·m。

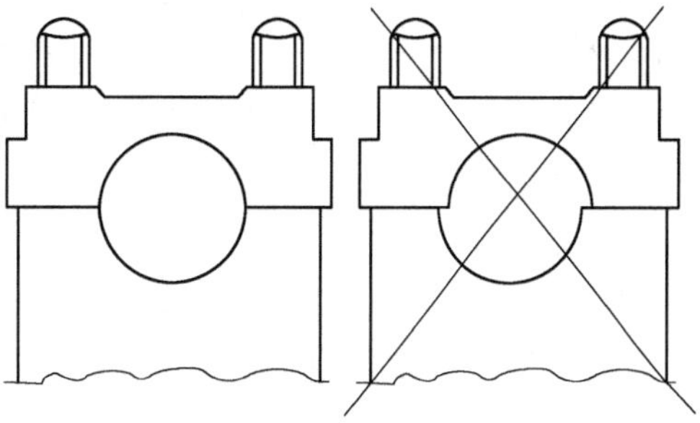
图8-8　凸轮轴承盖的安装位置

4）在油封的唇边和外围涂上薄油，将油封放入专用导管平整压入。注意不要压到头，否则会堵塞回油孔。

5）先装半圆键，再压上正时齿轮，拧紧固定螺钉，力矩为80N·m。

（7）正时齿轮安装　装配正时齿带时应注意曲轴正时齿轮和凸轮轴正时齿轮与正时齿带的正时记号对齐，以保证发动机有正确的配气相位。正时齿带张紧力应适当，过大会加速传动带磨损，过小会打滑，影响发动机的配气相位。

富康轿车发动机正时齿带的调整方法如图8-9所示。首先用专用工具插入张紧轮的方形孔，并挂上重块，然后慢慢拧松张紧轮锁紧螺母，让正时齿带张紧，再按照规定的力矩拧紧张紧轮锁紧螺母，紧固力矩为23N·m，最后拆下正时齿带张紧力调节专用工具。

4. 气缸盖总成安装

（1）安装注意事项

1）安装前，首先检查气缸盖和机体平面是否平整，当不平度和翘曲度超过允许尺寸和极限时应修理。安装旧的气缸垫时应仔细检查，如有损坏，应及时更换。

2）气缸垫、气缸盖的结合面要擦洗干净，不得有油污和机械杂质，不允许在结合面涂润滑脂。因为在高温下润滑脂会燃烧产生积炭，使结合面密封性下降，冲坏气缸垫。

3）气缸垫的安装方向必须正确。如气缸盖和气缸体均为铸铁，应将气缸垫光滑面朝向气缸体；如气缸盖是铝合金而气缸体是铸体，气缸垫光滑面应朝向气缸盖；如气缸盖和气缸体均为铝合金，气缸垫光滑面应朝向气缸体。

4）气缸盖螺母拧紧顺序为：从中间开始向两侧交叉对

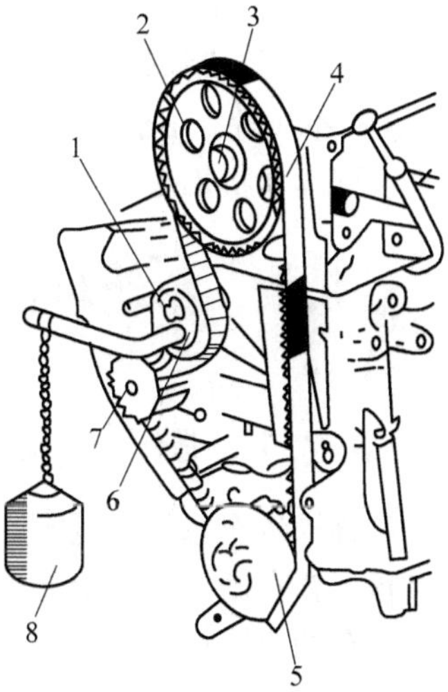

图8-9　富康轿车发动机正时齿带的调整方法

1—张紧轮锁紧螺母
2—凸轮轴正时齿轮
3—螺栓　4—正时齿带
5—曲轴正时齿轮　6—张紧轮
7—水泵齿轮　8—试验重块

称进行，分2~3次拧紧，且拧紧力均匀，不要过大。

5）气缸盖安装后，起动发动机，待温度达到正常后，按规定顺序、转矩复查一次。

（2）安装步骤

1）把气缸垫安装在气缸体上平面，记号、位置按照要求对准。

2）将已组装好的气缸盖总成平稳、轻轻对准位置放下，应避免移动气缸垫。

3）把螺栓放入，按规定顺序和力矩分次均匀拧紧。

5. 机油泵及油底壳的安装

机油泵安装时应更换垫片，并注意各螺栓的拧紧力矩，还应注意传动齿轮与凸轮轴上的驱动齿轮的啮合要准确，传动轴和油泵要保持良好的同心度。机油泵装复后，用手转动机油泵齿轮，应转动自如，无卡滞现象。将机油灌入机油泵内，用拇指堵住油孔，转动泵轴应有油压出，并能感到有压力。

机油泵装车后，通过压力表观察润滑油压力。在发动机温度正常的情况下，怠速运转时，润滑油压力不应低于19.4kPa；当发动机高速运转时，润滑油压力不应大于49.0kPa。如不符合标准，应调整限压阀，可在限压阀弹簧的一端加减调整垫圈的厚度，使机油压力达到规定值。

曲轴箱附件安装完毕后安装油底壳，油底壳密封件应更换新件，并按规定力矩对称拧紧。

6. 其他附件的安装

1）安装进、排气歧管。

2）安装气缸盖出水管、节温器和冷却液温度传感器、水泵。

3）安装燃油喷射装置。

4）安装加机油管、标尺、机油滤清器、机油感应塞。

5）将风扇、曲轴箱通风管道、空气压缩机、交流发电机、起动机、动力转向油泵等依次安装到发动机机体上。

8.2 发动机的磨合

8.2.1 磨合试验的目的

磨合指汽车总成或机构组装后，为改善零件摩擦表面几何形状和表面物理机械性能的运转过程。新车磨合期，指新车出厂后，初次行驶一段距离以使发动机各部件磨合顺畅的时期。新车的磨合里程一般为1000~3000km。而对汽车的磨合来说，主要是发动机总成的磨合。总成磨合是修理工艺过程中的一个重要工序，是有关总成从修理装配状态转入工作状态的过渡，磨合质量对总成修理质量和大修间隔里程有重大影响，因此，发动机大修后必须经过磨合才能投入使用。

发动机磨合的意义主要有：

（1）形成与零件正常工作条件相适应的配合性质

1）扩大配合表面的实际接触面积。新零件和经过修理的零件，由于表面微观粗糙和各种误差，装配后配合副的实际接触面积仅为设计面积的1/1000~1/100，配合表面上单位实际接触面积的载荷可达设计值的百倍甚至千倍。微观接触面在高应力、高摩擦热作用下就容易产生塑性变形和粘着磨损，引起咬合和粘结等破坏性故障。因此，使新零件在特定的磨合规范下运动，粗糙表面的微观凸点镶嵌并产生微观机械切削现象，使实际接触面积不断扩大，在短期内形成适应正常工作条件的配合表面。

2）形成适应工作条件的表面粗糙度。每一种工作条件均有相应的表面粗糙度，零件加工的表面粗糙度与工作条件的要求差距甚大。在磨合中才能形成适应工作条件的表面粗糙度。

3）改善配合性质。由于磨合磨损形成了适应工作条件的实际接触面积和表面粗糙度以及配合间隙，不仅显著地提高了零件综合抗磨损性能，还减少了其摩擦阻力与摩擦热量，故磨损率降低，提高了大修发动机的可靠性与耐久性。

（2）改善配合副的润滑效能　磨合使配合间隙增大到适应正常工作条件的配合间隙，改善了润滑油的泵送性能，增大了配合副润滑油流量，不仅改善了配合副的润滑效能，还有利于保持正常的工作温度和配合表面的清洁。

（3）提高发动机的可靠性与耐久性　金属在低于或近于疲劳极限下，磨合一定的时间，“实现次负荷锻炼”，可以明显地提高金属零件的抗磨损能力和抗疲劳破坏能力，从而提高机械的可靠性与耐久性。发动机全部磨合过程由微观几何形状磨合期、宏观几何形状磨合期、适应最大载荷表面准备期三个时期组成。微观几何形状磨合期内（第一时期），微观粗糙表面因微观机械加工作用逐渐展平，表面金属被强化，显微硬度成倍提高，产生剧烈的磨损，增大配合间隙，形成适应摩擦状态下的工作表面质量。宏观几何形状磨合期内（第二时期），零件表面形位误差部分得以消除，磨损量逐渐减小，机械损失减弱。适应最大载荷表面准备期内（第三时期），零件磨损率和发动机动力性、经济性逐渐稳定，故障率降低，可靠性提高。后两个磨合时期发动机装有限速片，在限速限载条件下的运行过程中完成，称为“汽车磨合”。第一时期磨合则于出厂前在台架上完成，称为“发动机磨合”。

因此，对于新车和大修过后的车辆发动机进行磨合试验是十分必要的。

8.2.2　磨合试验及磨合规程

磨合试验是发动机修理工艺的最后一道工序，通过磨合可改变零件相互运动表面的微观几何形状及其硬度，并减少零件相互运动表面的不平度，扩大接触面积，以保证发动机在额定负荷下能正常工作。

发动机磨合分冷磨合与热磨合两个阶段。冷磨合是由外部动力驱动总成或机构的磨合。而发动机自行运转的磨合则称为热磨合。发动机自行空运转磨合称为无载热磨合；加载自运转磨合称为负载热磨合。发动机的磨合质量在材料、结构、装配质量等条件已定的情况下，主要取决于磨合时的转速、载荷、磨合时间以及润滑油品质。因此，由磨合转速、载荷和磨合时间组成了发动机的磨合规范。

1. 冷磨合规范

冷磨合规范主要由冷磨合转速、冷磨合载荷、冷磨合时间及相应润滑条件等部分组成，见表 8-1。

表8-1　发动机冷磨合规范

阶　段	曲轴转速/（r/min）	磨合试验时间/min	阶　段	曲轴转速/（r/min）	磨合试验时间/min
1	250～300	50	3	700	30
2	400～500	40			

（1）冷磨合转速　起始转速一般为400～500r/min，终止转速一般为1200～1400r/min。起始转速不能过低，尤其是对于自润滑磨合的发动机，其曲轴溅油能力不足，机油泵输油压力过低，不能满足配合副的大摩擦阻力和摩擦热对润滑、冷却及清洁能力的需求，势必引起配合副破坏性耗损；起始转速亦不能过高，因为高摩擦阻力和高摩擦热有限制。

发动机磨合的关键是气缸、活塞环、活塞和曲轴与轴承等配合副的磨合，配合面上的载荷主要是由连杆活塞组的质量和离心力形成的。研究表明，在1200～1400r/min范围内，单位面积上的载荷最大，超过或低于此转速，反而减小，影响磨合效率，如图8-10所示。磨合转速采取四级调速。无级调速磨合效率低，在每级转速下，随着表面质量的改善，磨损率逐渐下降至平衡状态。为了提高磨合效率，采用有级调速，如图8-11所示。

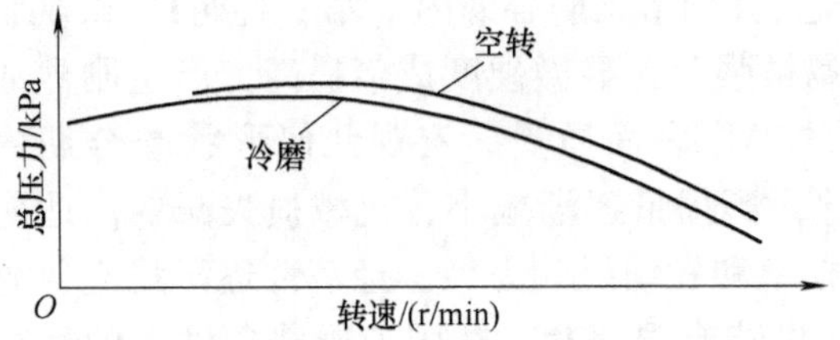

图8-10　连杆轴颈上的总压力与转速关系

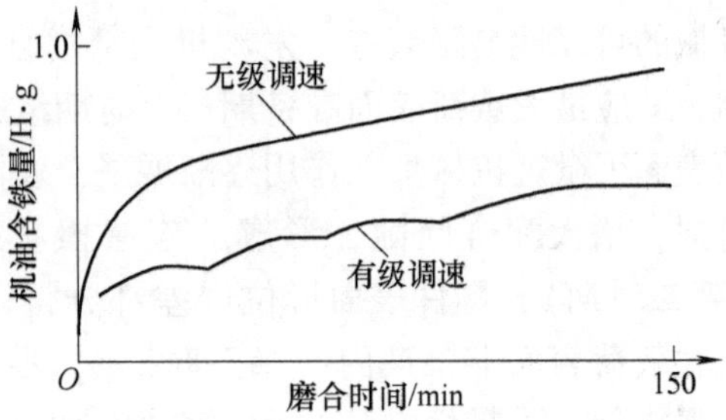

图8-11　冷磨合磨损特性

（2）冷磨合载荷　冷磨合一般无需额外加载，实践证明，装好气缸盖，堵死火花塞螺孔，借助气缸的压缩压力来增加冷磨载荷是极为有益的。

（3）磨合时间　冷磨合的总时间为1.5～2h，具体磨合时间应根据零件加工质量和装配情况来确定。

（4）冷磨合的润滑条件　现行的润滑方式主要有自润滑、油浴式润滑和机外润滑三种方式。

实践证明，机外润滑方式效果最佳，对提高磨合效率极为有利。所谓机外润滑是指由专门的泵送系统，将专门配制的黏度较低的硫化极性添加剂含量高的专用发动机润滑油，以较大的流量送入发动机进行润滑的润滑方式。不但使摩擦表面松软，加速磨合过程，而且润滑、散热以及清洁能力很强，还可以提高磨合过程的可靠性。

2. 热磨合规范

热磨合指发动机在冷磨合基础上装上全部附件，并以发动机自身发出的动力进行运转磨合的过程，又称为热试。热磨合可以分为无负荷热磨合和有负荷热磨合。

（1）无负荷热磨合　无负荷热磨合是为有载荷磨合做准备，应注意各摩擦部件的发热情况，尤其要注意观察机油压力和冷却液温度的变化情况。运转中可把冷却液温度由70℃逐渐升至90℃，观察发动机有无异常情况。然后分别以正常工作温度和不同转速试转，观察机油压力的变化情况。

(2) 有负荷热磨合　发动机进行有负荷热磨合的主要原因：一方面为了在有负荷的情况下对零件表面进行磨合；另一方面为了检验发动机的功率恢复情况，同时也是为了发现并排除往往在无负荷磨合时不易发现的发动机故障。

发动机热磨合规范见表 8-2。

表 8-2　发动机热磨合规范

磨合试验过程	曲轴转速/(r/min)	负荷/kN	磨合试验时间
无负荷热磨合	800 ~ 1000	0	30
	1000 ~ 2000	36.7	30
有负荷热磨合	1400	37.6	20
功率试验	1600	110.3	15

发动机热磨合后应重点检查、调整的部位：

1) 观察各部衬垫、油封和水封工作是否正常。

2) 查看电流表、机油压力表及冷却液温度表工作状态是否正常。

3) 检查发动机的气缸压力大小。

4) 检查发动机各缸工作时是否有不正常响声，如有异响应排除。

5) 调整点火装置和怠速等。

8.3 发动机总成修理竣工技术条件

8.3.1 一般技术要求

发动机总成修理竣工一般技术要求是：

1) 装备齐全、按规定完成了发动机磨合，无漏油、漏水、漏气、漏电现象。

2) 加注的润滑油量、牌号以及润滑脂符合原厂规定。

3) 无异响，急加速时无突爆声，不回火，消声器无“放炮”声，工作中无异响。

4) 润滑油压力和冷却液温度正常。

5) 气缸压力符合原厂规定，气缸压力差，汽油机应不超过平均压力的 8%，柴油机不超过 10%。

6) 四冲程汽油机转速在 500 ~ 600r/min 时，以海平面为准，进气歧管真空度应在 57.2 ~ 70.5kPa 范围内。其波动范围，六缸机不超过 3.5kPa，四缸机不超过 5kPa。

8.3.2 主要使用性能

发动机总成修理竣工技术主要使用性能有：

1) 发动机在正常工作温度下，5s 内能起动。柴油机在 5℃，汽油机在 -5℃ 环境下，起动顺利。

2) 配气相位差不大于 2°30′。

3）加速灵敏，速度过渡顺滑，怠速稳定，各工况工作平稳。

4）最大功率和最大转矩不低于原厂规定的90%。

5）最低燃料消耗率不得高于原厂规定。

6）发动机排放限值符合相关规定。

二级维护竣工的发动机除装备齐全有效之外，还必须进行性能检测。要求能正常起动，低、中、高速运转均匀、稳定，冷却液温度正常，加速性能好，无断火、回火、“放炮”等现象。发动机运转稳定后应无异响。无负荷功率不小于额定值的80%。

8.3.3 发动机试验

发动机试验一般在发动机实验台上进行，发动机试验的一般故障排查步骤如下：

1. 发动机起动前排查

1）检查机油液面、燃油油路、冷却液路是否正常，是否有泄漏现象。

2）检查发动机外围件是否完好，主要包括所有的连接件。

3）检查排风是否开启。

2. 一般发动机难于起动排查

1）确定线束是否通电（查继电器，有发热现象及啮合时有明显声响，ECU连接正确），确认转速传感器、凸轮轴位置传感器、柴油发动机轨压传感器工作是否正常。

2）检查起动机是否通电，起动电动机是否转动等现象。

3）检查起动转速是否过低，起动后发动机是否发闷（先检查测功机本身是否带负荷、转动发动机的难易，再确定机油的正常性，最后检查缸内是否有水或油）。

4）检查燃油系统内是否有空气，柴油发动机排空再起动。

5）检查进气系统是否有堵塞，直接导致空气流动不畅。

6）检查点火正时是否正确，主要表现为冒烟却不起动。

7）气门间隙的检查。

8）以上均正常，对电喷柴油机，可以试着更换ECU或重新进行标定。

3. 一般功率不足现象排查

1）如果是电喷柴油机，首先确定ECU的标定MAP是否准确；确定ECU是否存在自动保护。

2）检查进气系统，包括中冷器前端及后端的进气管是否有泄漏及进气堵塞现象（特别注意空气滤清器的检查）。

3）检查燃油系统是否存在燃油泄漏现象，油压不足。

4）检查废气系统，主要包括增压器废气进口及排气歧管的废气泄漏，这将直接导致涡轮前端压力不足。

5）检查机油压力。发动机试验应保证正常的机油压力，确保增压器的正常冷却及润滑。

6）检查中冷器冷却效率及压力损失的大小，效率不高的表现为中冷后温度偏高，中冷前后压力损失过大。

7）测气缸压力和窜气量，数据不正常将影响许多方面。

8）检查各气缸工作是否正常。主要对喷油器和火花塞做检查。如果有缺缸或缺火，则表现为发动机不正常抖动。

9）在以上方面均正常的情况下，建议检查测功机运转是否正常，测功机不正常工作往往会导致功率显示的严重缺少。

4. 一般发动机异响的排查

1）任何气体泄漏，主要包括进气系统及排气系统的泄漏检查。

2）摇臂及气门间隙的检查，表现为比较有节奏的机械撞击声。

3）增压器的啸叫声（比较尖锐）。

4）发动机有节奏地上下起浮声响，很有可能为游车或是发动机振动。

5）注意前端轮系的传动带声响。

6）注意任何零部件缺油所发出的金属干摩擦的特殊声响，包括转向助力泵。

7）如果为发动机内部的声响则应拆机检查。

5. 一般参数报警的排查

1）中冷后温度（50℃ ±5℃）报警，首先确定冷却液路是否缺水及连接正确与否；再检查冷却液路是否堵塞导致流量不足（清洗过滤网及排空）。

2）涡轮前温度（>760℃）报警，如果温度突然上升，主要是进气量不足，燃料的过量空气系数过小导致，请检查进气系统是否存在泄漏及空气滤清器是否堵塞。

3）中冷后压力（>140kPa）报警，一般设为压力过高报警。针对该问题，主要检查增压器有没有卡死，如果压力过低，查进气系统泄漏及堵塞，其次为发动机自身的保护。

4）机油压力报警，一般设定为过低报警（<100kPa），首先检查发动机周围是否有机油泄漏，其次检查机油液面高度（如果采用外接水冷，则注意检查外接冷却液是否和机滤冷却器互通），机油油路是否堵塞，主要针对机油滤清器及传感器的连接橡皮管进行检查。

5）机油温度（>140℃）报警，如果连接的是外围冷却管道，则首先检查管道是否缺水及堵塞，其次是确定连接的进出口是否正确；然后检查涡轮前温度；如果连接的是发动机自身循环的冷却管路，还应注意冷却液温度是否过高等。

6）进油温度（>50℃）报警，主要为燃油冷却系统的排查。

7）冷却液温度（>100℃）报警，首先确定 PID 温度设置的准确性及工作是否正常；其次检查冷却液面高度；然后检查冷却液管路是否有空气，外循环冷却液是否打开。如发动机带 EGR，则需要检查 EGR 冷却管是否和冷却液管路相通。

练习与思考题

简答题

1）发动机装配应注意哪些事项？

2）活塞连杆组的安装应注意哪些事项？

3）配气机构和正时机构的安装应注意哪些事项？

4）发动机磨合时应注意哪些事项？

第9章 转子发动机

基本思路：

本章通过力的传递路线来研究转子发动机的基本结构；通过燃油的流动路线来研究转子发动机的供油系统；通过气的流动路线来研究转子发动机的进、排气系统；通过润滑油的流动路线来研究转子发动机的润滑系统；通过冷却液的流动路线来研究转子发动机的冷却系统；通过电的传导路线来研究转子发动机的点火和控制系统。这样可使读者更易掌握和了解转子发动机的工作原理和工作流程。

9.1 转子发动机概述

转子发动机又称米勒循环发动机，是20世纪50年代出现的一种结构新颖的内燃机，由德国人菲加士·汪克尔博士发明。与往复活塞式发动机的活塞做直线运动不同，转子发动机采用三角转子的旋转运动来控制燃气压缩和排放，将转子的旋转运动直接转化为曲轴的功率输出。目前主要是马自达旗下车型采用转子发动机。

1. 汽车用转子发动机的优点

与往复活塞式内燃机相比，汽车用转子发动机的优点主要有：

1）体积小、重量轻，结构简单，便于降低车辆重心。转子发动机没有曲柄连杆机构，因此大大减小了发动机高度，同时降低了车辆重心和质量。

2）均匀的转矩特性。转子发动机一个气缸同时有3个工作腔处于工作状态，因此转矩输出较往复活塞式发动机更加均匀。

3）有利于高速发动机的发展。活塞转子与主轴转速比为1:3，因此不需很高的活塞转速即可实现发动机的高转速。

4）可靠性和耐久性好。这主要是因为转子的转速是发动机转速的1/3，同时转子发动机省掉了一些高速运转的部件，如摇臂和连杆等，使发动机工作更为可靠。

2. 汽车用转子发动机的主要缺点

与往复活塞式内燃机相比，汽车用转子发动机的主要缺点如下：

1）工艺和成本要求高，维修不方便。转子发动机技术比较尖端，制作工艺要求比较高，成本比较高。除了一直坚持使用转子发动机的马自达公司，目前在汽车领域并没有普及。

2）转子发动机油耗较大，尾气排放难以达标。这主要是因为转子发动机燃烧室的形状不太有利于完全燃烧，火焰传播路径较长，使得燃油和机油的消耗量较大。另外，转子发动机只能用点燃式，不能用压燃式，因此不能采用柴油。

3）功率输出轴位置比较高，令整车布置安排不便。

4）转子发动机的密封性要求高。转子组件一旦超过磨损极限，必须更换整个转子总成。

9.2　转子发动机的基本结构及主要零部件

9.2.1　转子发动机机体结构

转子发动机的机体部分如图 9-1 所示，主要由转子（前/后）、偏心轴、转子外壳（前/后）、前面侧壳体、中间壳体、后面侧壳体、发动机前端盖、飞轮和附件等组成。

图 9-1　转子发动机的机体

三角转子也称三角旋转活塞，是转子发动机的主要部件之一，其构造如图 9-2 所示。转子上装有气体密封件、机油密封件及转子轴承。此外，转子上还镶嵌有内齿圈，以保证转子在气缸内做行星运动。

转子发动机中，三角转子起到往复活塞与连杆的作用。转子发动机工作时，三角转子受到高温、高压气体的直接作用，并且转速也较高。因此转子必须具有足够的强度、刚度和较小的质量。制造转子的材料多为高强度的合金铸铁、稀土球墨铸铁和可锻铸铁等。

转子内腔设置许多肋，这样做的目的是减小转子的质量并保证转子有足够的强度和刚度。这些肋把内腔分隔成几个冷却腔，用来冷却转子的壁面。这可避免转子温度过高，因为转子温度过高会引起不正常的燃烧及气体密封件失效。水冷式转子发动机大都用润滑系统的机油来冷却三角转子。其工作原理为：来自主轴的机油油道经转子轴承上的油孔及转子轴承上的喷油孔进入转子内的冷却腔，同时利用转子做行星运动时所产生的惯性力使机油冲刷转子受热面的内壁，将热量带走。

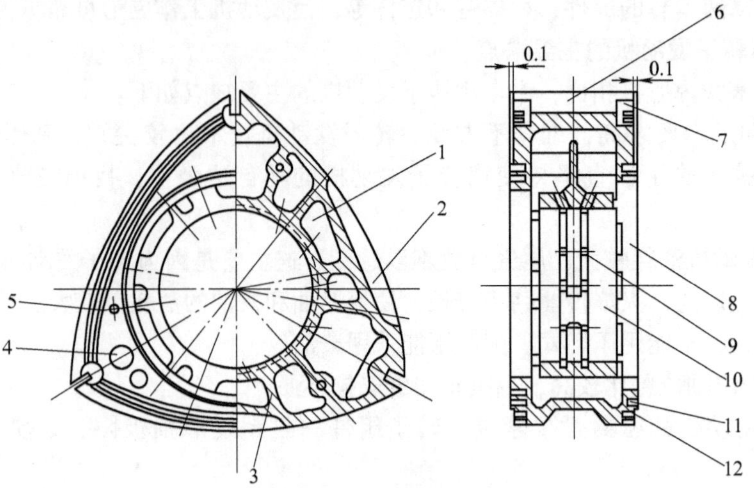

图 9-2 三角转子的结构

1—冷却腔 2—燃烧室凹坑 3—肋 4—质量平衡孔 5—气压平衡孔 6—径向密封槽 7—密封销孔 8—内齿圈座 9—喷油孔 10—转子轴承座 11—油环槽 12—端面密封条槽

三角转子的端面上加工有油环槽，主要作用是安装油环，以防止机油通过端面间隙漏入工作腔。转子端面上还设有两道端面密封条槽，在角顶设有密封销孔及径向密封片槽，它们都是用来安装气体密封件的。

横贯转子的两个端面有气压平衡孔，主要作用是使转子两侧的气体压力始终保持平衡。这是因为转子端面虽装有气体密封件，但难免会漏气。当两个端面漏气程度不一样时，三角转子两侧的压力不等，在此压力差作用下，将把转子由一侧推向另一侧，致使转子端面被端盖或者中间隔板擦伤。

气缸体及端盖是转子发动机的主要固定件之一，其结构如图 9-3 及图 9-4 所示。

转子发动机的三角转子的三个弧面与气缸体内壁构成三个相互独立的工作腔，每个工作腔所进行的 4 个工作过程中，其同名工作过程均发生在气缸内的同一部位，因此，气缸体及端盖各部位的受力和受热情况差别比较大。为使气缸体及端盖在转子发动机工作时，不至于产生机械变形及热变形，气缸体和端盖应具有足够的机构强度和刚度及良好的散热能力，温度分布应该尽可能均匀。为此，气缸体及端盖材料一般是导热性好的铝合金或者高硅铝合金（摩擦表面进行镀铬、喷钢等硬化处理），也可采用合金铸铁或球墨铸

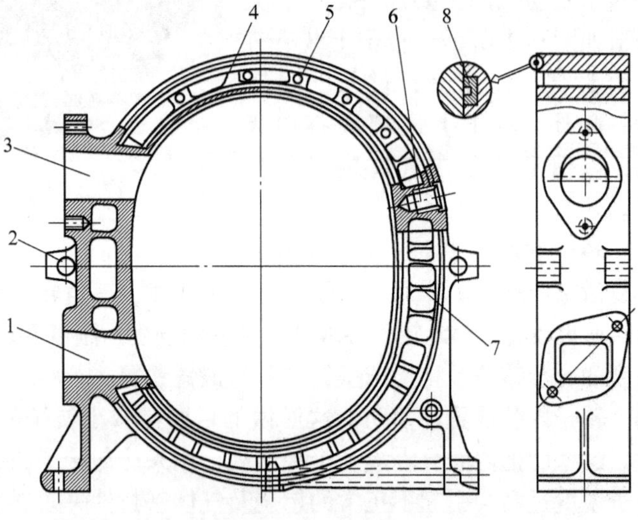

图 9-3 转子发动机气缸体

1—排气孔 2—定位销孔 3—进气孔 4—气缸型面 5—紧固螺栓孔 6—火花塞孔 7—肋 8—密封槽及密封铅条

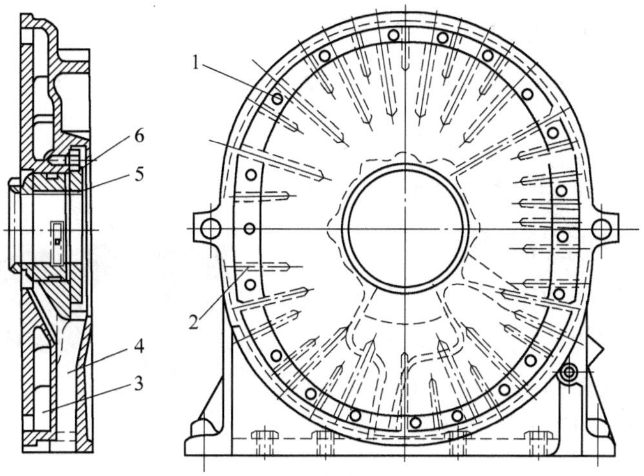

图9-4 转子发动机的端盖

1—紧固螺栓孔 2—肋 3—冷却液套

4—机油回油通道 5—主轴承 6—紧固螺栓

铁。在气缸体及端盖设计时，除了具有足够的厚度外，还在气缸体及端盖内设置许多长短不一、疏密不一的肋。这样做既可增强气缸体的强度和刚度，又能引导冷却液流动，便于降温及平衡温差。

气缸体及端盖之间需要严格密封，通常在气缸体的端面加工出封闭的密封槽，在槽内埋入铅条或耐热橡胶条等。

9.2.2 转子发动机供油系统

转子发动机的供油系统如图9-5所示，主要由油箱、燃油泵总成、燃油泵继电器、燃油泵电阻、燃油泵速度控制继电器、活性炭罐、喷油器及油管等组成。

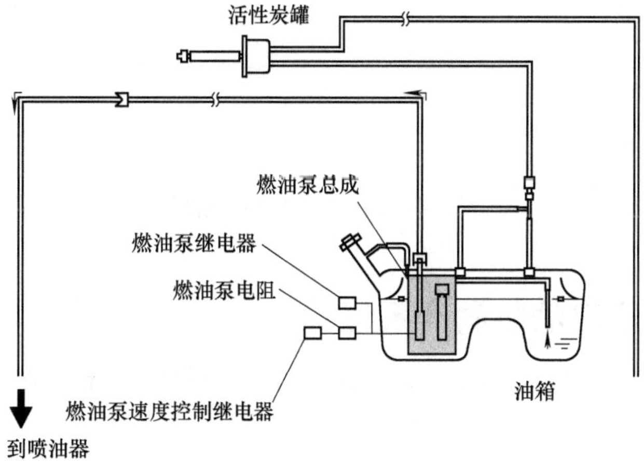

图9-5 转子发动机的供油系统

9.2.3 转子发动机进气系统

转子发动机的进气系统如图9-6所示，主要由空气滤清器、电子节气门体、稳压箱、进气管道等组成。

9.2.4 转子发动机排气、排放控制系统

转子发动机排气系统如图9-7所示，主要由排气歧管、三元催化转化装置、消声器及排气管等组成。排放控制系统与往复活塞式发动机相似，主要包括三元催化转化装置、二次空气喷射装置、PCV系统、油箱蒸气控制系统等。

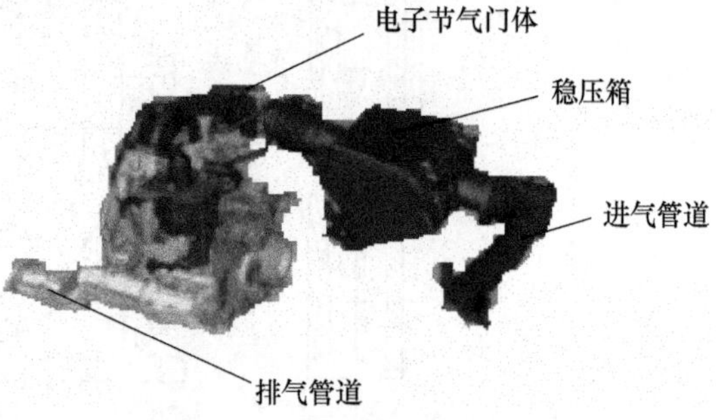

图9-6 转子发动机的进气系统

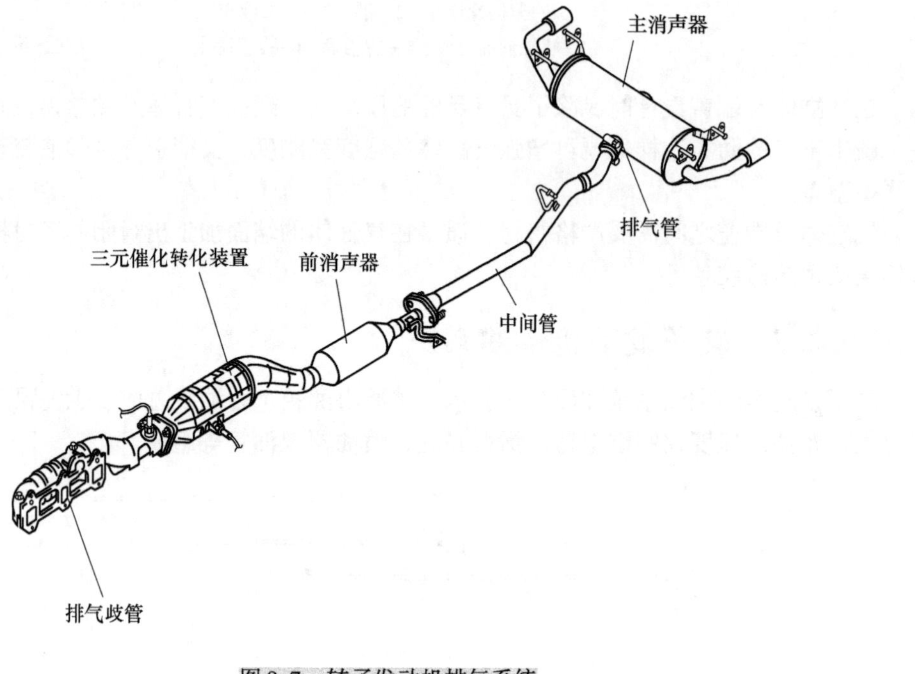

图9-7 转子发动机排气系统

9.2.5 转子发动机润滑系统

转子发动机润滑系统如图9-8所示，主要由计量式机油泵、机油散热器、机油泵、机油滤网、油底壳、机油滤清器、油压调节阀等组成。

9.2.6 转子发动机冷却系统

转子发动机的冷却系统如图9-9所示，主要由冷却系统盖、节温器、水泵、冷却液储备箱、散热器和冷却风扇组件等组成。

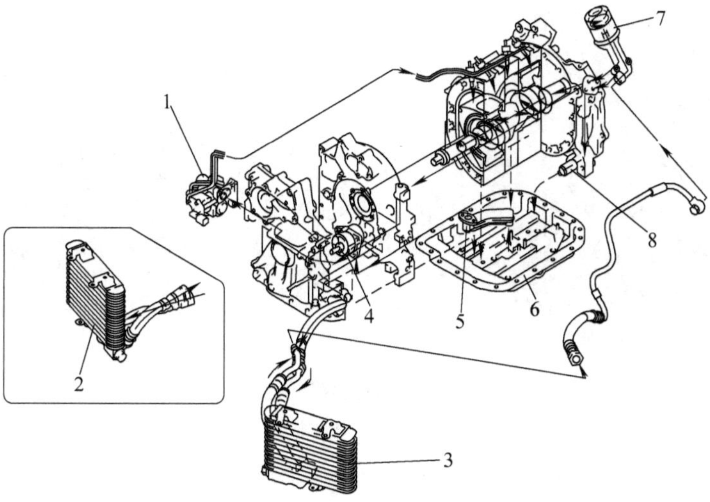

图 9-8　转子发动机润滑系统的组成

1—计量式机油泵　2、3—机油散热器　4—机油泵　5—机油滤网
6—油底壳　7—机油滤清器　8—油压调节阀

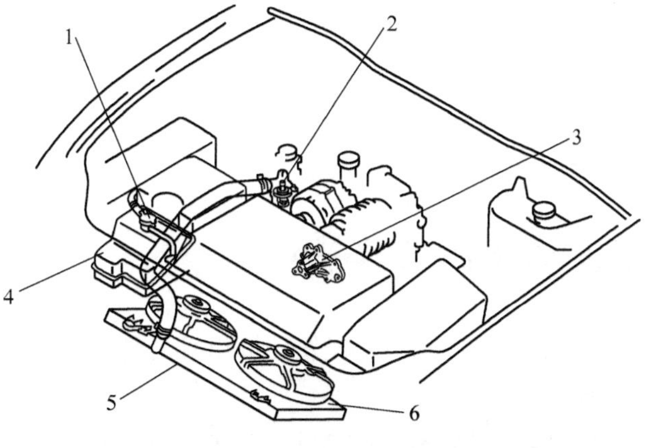

图 9-9　转子发动机冷却系统

1—冷却系统盖　2—节温器　3—水泵　4—冷却液储备箱　5—散热器　6—冷却风扇组件

9.2.7　转子发动机点火系统

转子发动机点火系统如图 9-10 所示，主要由电源、点火线圈、火花塞、高压线及控制 ECU 等组成。

9.2.8　转子发动机控制系统

转子发动机的控制系统主要由传感器、ECU、执行器三大部分组成。马自达 RX-8 主要的控制系统功能见表 9-1。

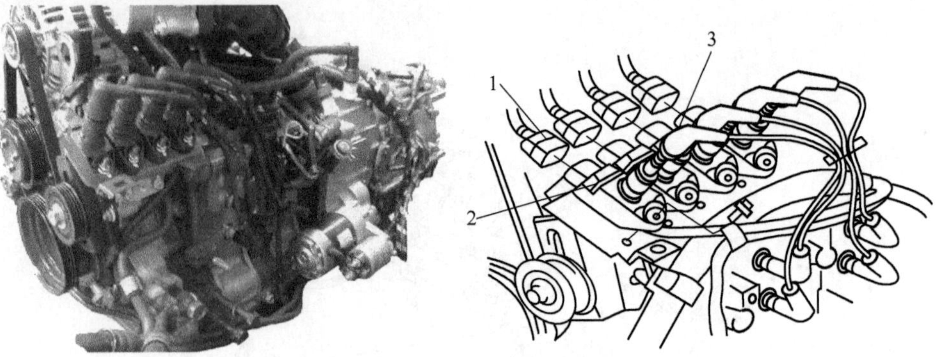

图9-10　转子发动机的点火系统

1—连接器　2—点火线圈　3—高压线

表9-1　马自达RX-8主要的控制系统功能

功能控制	1	主继电器控制	功能控制	9	二次空气喷射控制
	2	电子节气门控制		10	计量式机油泵控制
	3	电子节气门继电器控制		11	油箱蒸气净化控制
	4	可变动态进气系统（S-DAIS）控制		12	氧传感器加热器控制
	5	燃油喷射控制		13	A/C切断控制
	6	燃油泵控制		14	电动风扇控制
	7	燃油泵速度控制		15	发电机控制
	8	点火正时控制		16	CAN系统控制

9.3　转子发动机的工作流程

四冲程转子发动机工作流程与往复活塞式发动机相似，也包括进气、压缩、做功、排气4个行程，如图9-11所示。

进气行程：当三角转子的角顶C转到进气孔右边的边缘时，BC工作腔开始进气，在位置1，进排气孔相通，进排气重叠。这时BC工作腔的容积最小，相当于往复式发动机的上止点位置。随着转子继续转动，BC工作腔的容积逐渐增大，可燃混合气不断被吸入气缸。当转子自转90°（主轴转270°，转子发动机中转子与主轴转速比为1∶3，通过相互啮合的齿轮确定）到达位置5时，BC工作腔的容积达到最大，相当于往复式发动机的下止点位置，进气行程结束。

压缩行程：随着三角转子的继续转动，角顶B越过进气孔的左侧边缘，压缩行程开始，BC工作腔的容积逐渐缩小，压力越来越大，到达位置8时，转子自转180°（主轴旋转540°），BC工作腔容积达到最小，相当于往复式发动机的上止点位置，压缩行程结束。

做功行程：在压缩行程终了时，火花塞跳火，高温高压的气体推动三角活塞继续转动，BC工作腔的容积逐渐增大，当角顶C达到排气孔右侧边缘时，在位置11，转子自转270°（主轴旋转810°），BC工作腔的容积达到最大，相当于往复式发动机的下止点位置，做功行程结束。

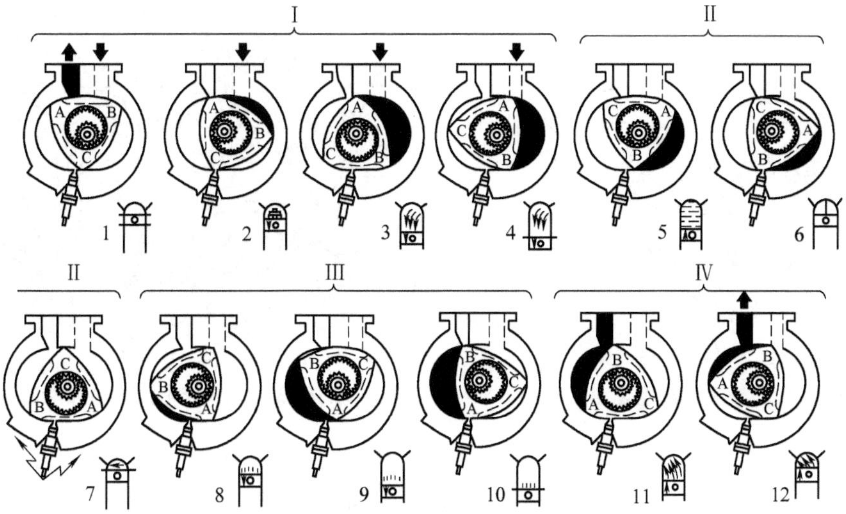

图 9-11　转子发动机的工作流程

Ⅰ—进气行程　Ⅱ—压缩行程　Ⅲ—做功行程　Ⅳ—排气行程

排气行程：三角转子角顶 C 转过排气孔右侧位置时，排气行程开始，最终三角转子回到位置 1，排气行程结束，转子自转 360°（主轴转三周），一个工作循环结束。同时，CA 工作腔、AB 工作腔也分别完成一个工作循环。

9.4　转子发动机的日常保养

转子发动机在日常保养中应注意以下问题：

1）转子发动机的燃油必须使用 97#以上的汽油。

2）应定期更换发动机润滑油，更换过程中应注意以下几点：

① 每 6 个月或行驶 5000km 更换。

② 一般采用 SL 5W-30 矿物油。

③ 车辆在使用频繁的情况下应每周检查一次机油量及机油质量。在对机油进行补充时，应将机油加到机油尺的上限，但不能多加，如图 9-12 所示。

3）注意检查带轮张紧力和形变。在带轮之间的任意位置都可以检查传动带的张紧力。而传动带的形变只能在规定的带轮之间检查，如图 9-13 所示。

4）添加冷却液时，绝对不能添加矿泉水或自来水。矿泉水中的矿物质会对发动机缸体造成腐蚀。自来水中的漂白剂也会腐蚀缸体。

5）汽车每行驶 12 个月或 10000km 需更换一次燃油滤清器总成。

6）空气滤清器每行驶 10000km 应进行清洁，每行驶 40000km 应更换。如车辆经常使用于多尘、多沙及湿度大的地区，应清洗空气滤清器滤芯，必要时更换的间隔时间应比以上建议的间隔时间短。

7）汽车每行驶 40000km 或火花塞间隙过小/过大时（火花塞间隙在 1.15 ~ 1.25mm 间为正常）应更换火花塞。拖后端的火花塞，为了防止将其错误地安装到先导端，在火花塞的终端涂蓝色油漆进行识别。

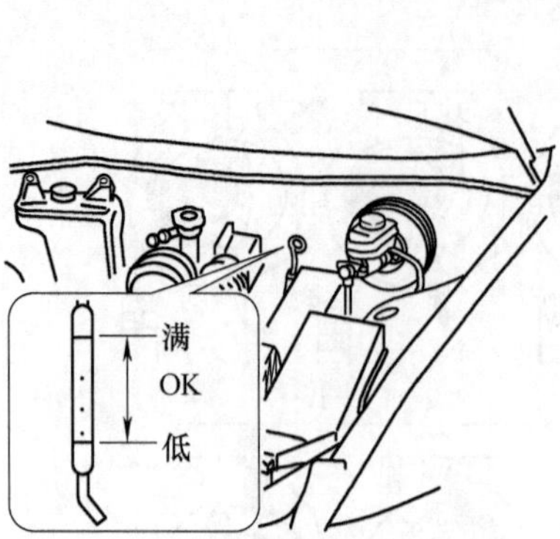

图 9-12　加机油应注意适量

图 9-13　检查带轮张紧力和形变

练习与思考题

1. 转子发动机有哪些特点？
2. 转子发动机主要组成零部件是什么？
3. 简述转子发动机的工作流程。

参 考 文 献

[1] 徐瑾. 汽车原理与构造［M］. 北京：中国劳动社会保障出版社，2007.
[2] 曹晓华，崔淑华. 汽车运用基础［M］. 北京：高等教育出版社，2004.
[3] 郭新华. 汽车构造［M］. 北京：高等教育出版社，2005.
[4] 廖发良. 汽车典型电控系统的结构与维修［M］. 北京：电子工业出版社，2007.
[5] 刘仲国. 丰田凌志轿车故障诊断与维修手册［M］. 北京：机械工业出版社，2003.
[6] 李东江. 广州本田雅阁系列轿车维修手册［M］. 北京：北京理工大学出版社，2001.
[7] 张春华. 广州本田飞度轿车维修手册［M］. 北京：机械工业出版社，2005.
[8] 王运朋. 丰田汽车维修手册［M］. 广州：广东科技出版社，2000.
[9] 周若柔. 汽车构造［M］. 北京：中国劳动出版社，1999.
[10] 张弟宁. 汽车维修［M］. 北京：人民交通出版社，1999.